民法3

我妻　榮
有泉　亨
遠藤　浩
川井　健
野村豊弘

親族法・相続法
Civil Law

第4版

勁草書房

第4版　はしがき

　我妻榮先生が書かれた『民法』は、その後有泉亨先生、遠藤浩先生、川井健先生によって改訂がなされ、長く読み継がれてきた。私自身、学生時代にこの本で勉強しただけでなく、大学の教員になってから教科書として利用してきた。我妻先生から直接に講義を受ける機会はなかったが、大学院時代に東京大学の判例研究会でいろいろと教えを受けた。また、有泉先生、遠藤先生、川井先生からも、研究会などを通じて直接教えていただいたことも少なくなかった。このたび、はからずも第3巻を私が改訂することになった。改めて、通読したが、全体として小型の教科書であるにもかかわらず、歴史的な経緯を丁寧に説明し、その上での深みのある解釈論に説得されるところが少なくなかった。

　第3版が刊行されてから7年が経過した。その間に重要な最高裁判決がいくつか出されている。とくに非嫡出子の相続分を嫡出子の相続分の2分の1とする900条4号について違憲とする最大判平成25・9・4民集67巻6号1320頁、6か月の再婚禁止期間を定めた733条について違憲とする最大判平成27・12・16民集69巻8号2427頁は極めて重要であり、その後に最高裁判決に従った改正が行われた。また、法制審議会における5年余の審議を経て、平成29年に債権法の大改正が行われた。親族法・相続法を直接の対象とするものではないが、本書の記述を改める必要のあるところも少なくない。さらに、平成30年には成年年齢を20歳から18歳に引き下げる改正（これに合

i

わせて、婚姻適齢が男女18歳になった)、相続法の改正(配偶者の居住権の新設、遺言、遺留分制度の改正など)が行われ、令和元年には特別養子の対象を15歳まで拡大する改正が行われた。

そこで、これらの新しい判例、法改正を取り入れて、改訂した。その際、なるべく、我妻先生以来のこれまでの記述をできる限り維持することとしたが、簡潔に過ぎるあまり分かりにくいところは、若干加筆して、読みやすくした。本書がこれからも読者に愛されることを切望する。

改訂に当たっては、勁草書房編集部部長の竹田康夫氏にお世話になった。心からお礼を申し上げる。

令和2年2月

野村　豊弘

第3版　はしがき

　親権停止制度の新設などの平成23年改正民法や平成25年施行の家事事件手続法等，最新の法令・最高裁判例に対応させ、本書を7年ぶりに改訂した。改訂作業を通して、本書をあらためて通読したが、我妻、有泉両先生の行き届いた著述に感嘆するばかりであった。本書は概説書とはいえ体系書に近い内容をもっていると感じた。本書が末永く読者に愛されることを切に希望する。

　改訂にあたっては、校正に際して、新法令や新判例の検証等について学習院大学法学部の岡孝教授にたいへんお世話になった。また、勁草書房編集部部長の竹田康夫氏にもお世話になった。心から御礼申しあげる。

　　　平成24年12月

　　　　　　　　　　　　　　　　　　　　川　井　　　健

はしがき

　「ダットサン民法」（小回りのきく小型車）の愛称で親しまれてきた我妻榮先生著『民法』の沿革は、古くは、昭和8年の岩波全書にさかのぼる。それが有泉亨先生との共著となったのは、昭和29年のことである。本書には、我妻先生の手になる昭和29年の序が掲載されている。我妻先生の没後、有泉亨先生が改訂されたのが昭和51年である。本書には、有泉先生の手になる昭和51年の序も掲載されている。その後、私たち遠藤浩と川井健のほか、故水本浩元立教大学名誉教授の手による補訂等がされてきたが、出版社の一粒社の廃業に伴い、このたび遠藤浩、川井健の加筆により、新たな装いのもとに本書は勁草書房から刊行されることとなった。

　この新版においては、私たちは、我妻先生の序に示されている「通説の到達した最高水準を簡明に解説する」という方針に従いつつ、最新の立法・判例の動向を取り入れるように努めた。「著者の主観的な意見をあまり前面におしださない」という方針（前掲我妻・序）に従い、かつ我妻、有泉両先生がされたであろう方向で加筆したつもりである。

　加筆にあたり、この書物の基礎がきわめて卓抜なものであることを痛感する次第である。上記の岩波全書が発行されて以来、すでに70年を経過した。その間の社会・経済事情の変化は実にめまぐるしいものがある。もとよりその後の数時の改訂により、そのときどきの状況に応じた加筆がされてきた。しかしながら、基本となる本書

の骨組みには不変なものがあり、ここに現象の変化にかかわらず本書が長く人々に親しまれてきた原因がひそんでいると思われる。その骨組みの根幹を形成するものは、法制度に対する歴史をふまえた深い社会的洞察力と市民感覚に支えられた解釈理論のすぐれた説得力である。しかも叙述のしかたは、あるべき方向を示唆し、力強い表現となっている。

　改訂にあたっては、私たちが、我妻先生のもとで仕事をしていた頃を思いつつ、できるだけ字句を統一し、最近の用語法に従うよう努めた。改訂は、民法１と２を川井健、３を遠藤浩が担当した。今後、読者の方々からのご批判をいただきながら、本書がさらに長く人々に愛され、社会の共通財産となり続けることを期待したいと思う。

　最後に、あらためて我妻、有泉両先生の学恩に感謝しつつ、改訂にさいして、たいへんお世話になった勁草書房編集部の竹田康夫氏に、厚く御礼申しあげたい。

　　平成15年10月

遠　藤　　　浩

川　井　　　健

　平成16年の民法改正（現代用語化法）等に伴い、改訂を行い、第２版を発行することになった。初版を担当された遠藤浩先生は、平成17年５月に逝去された。敬愛する先生のご冥福を祈りつつ、第２版の改訂は、川井健が行った。改訂にあたっては、初版におけると同様、勁草書房編集部の竹田康夫氏にたいへんお世話になった。厚く感謝する。

　　平成17年７月

川　井　　　健

新 訂 の 序

　2、3年このかた、民法ⅠⅡと並んで本書も改訂しなければならないと考えていた。それは1つには初版では我妻先生と私の説の違うところがかなりあり、その間の調整が十分に図られていなかったからである。しかし、また初版が書かれた以後において親族法相続法の領域で多くの業績が発表された結果、通説ないし多数説が形成され、「現代の科学の一般的な理論、すなわち、いわば通説の到達した最高水準を簡明に解説する」ことがある程度可能になったからでもある。たまたま昭和37年法律40号によって親族法・相続法の領域に大きな改正が加えられた。そのため改訂は1日も遅らせることができないこととなったのである。

　改訂にあたっても、私が書いた台本に我妻先生が手を加えられるという手続を経た点は初版と全く同じである。ただ、全体として客観的な解説をするよう心がけた。そして親族法の領域では主として我妻先生の親族法（法律学全集、昭和36年）を参考とした結果、初版において先生と私の説の違ったところは、ほとんど調整された。相続法の領域においても、代襲相続という最も説の別れたところが前記の改正によって解決してしまったため、大きな食い違いはなくなったと考える。ただ遺言相続を原則と考え、したがって相続分、分割方法等についても指定のある場合を先に説明する初版の体系はそのまま維持したので、若干の点で考え方の違いが残っているかもしれない。

新訂の序

　しかし、初版の序で我妻先生が書かれているように、読者に「その違いは大したものでないことを悟って頂ける」ものと期待する。
　最後に都立大学の唄孝一教授が本書の原稿を通読され、有益な示唆を与えられたことを記して感謝の意を表しておきたい。

　昭和38年4月
　　　　東京大学社会科学研究所研究室にて
　　　　　　　　　　　　　　　　　有　泉　　亨

初 版 の 序

この書は、既刊民法ⅠⅡに続く完結編である。民法典の親族編と
相続編の解説を収めている。

既刊Ⅱの序に「このつぎには、親族法・相続法について、こんど
は有泉君の書いたものを台本として私が手を加えて公刊し、民法全
体についての調子のそろった解説書を完成させたいと思っている。」
と書いた。ところが、そうやってみて、困ったことが起きた。有泉
君と私との間で考えの違うところがかなりあることがわかったから
である。元来、この本はⅠの序に書いたように、「現代の科学の一
般的な理論、すなわち、いわば通説の到達した最高水準を簡明に解
説すること」を目的としたものである。だから、2人の間に説の違
うところがあっても、「通説」を書くということで不都合が生じな
いと考えた。事実またⅠとⅡを書くときはそうであった。ところが、
親族法と相続法は、ご承知の通り、戦後に根本的に改正されたもの
なので、まだ通説というものができていない。例えば、数人の子と
それぞれの子の孫がある場合に、子が全部相続を放棄するとどうな
るか、という問題などについては、4つも5つも学説が対立してい
て、どれが通説といってよいのか見当がつかない。仕方がないから、
そんなところは、有泉説では、我妻説では、と並べて書こうかと思
った。しかし、それでは、この書の性格がこわれる。

しかし、さらに考えてみると、いかに説が違っている問題でも、
あるところまでは、すべての学者が同一に考えている。説が違って

初版の序

くるのは、それから先の考えが違うからにすぎない。そして、諸君にとって必要なことは、違った説を並べてそのどれかを覚えることではなく、同一に考えられている部分をしっかりと呑み込んだうえで、説の違ってくる考え方の相違を理解することである。そうだとすると、有泉君と私の説の違うところも、それほど苦にしないで、共著として書けるはずである。そう考え直して、2人で、幾度も議論し、幾度も原稿のやりとりをして、とにかくこの書を完成した。諸君のうちには、私の民法大意の下や親族法・相続法コンメンタールと説が違うと感じられる人もあるかもしれない。しかし、右のような注意を払われたら、おそらく、その違いは大したものでないことを悟っていただけることと思う。

　昭和31年4月

　　　　　　　　　東京大学法学部研究室にて

　　　　　　　　　　　　我　妻　　榮

凡　例

凡　例

1、親族法および相続法に、それぞれ、項目の通し番号をつけ、検索の
便を図った。たとえば、親25⑴とあるのは、第4編親族法の項目25の
⑴を示す。なお、総は総則（第1編・1巻）、物は物権法（第2編・1
巻）、債は債権法（第3編・2巻）、序は序論（3巻）、親は親族法（第4
編・3巻）、相は相続法（第5編・3巻）の略語である。

2、判例の引用は、『民法基本判例集』との関連に留意し、通常の方式・
用例に従って、必要な個所に注記した。たとえば、最判平成2・11・
20民集44巻8号1037頁とあるのは、平成2年11月20日の最高裁判所判
決で、最高裁判所民事判例集平成2年度、44巻8号1037頁所載を示す。

　『民法基本判例集』に収録されている判例については、判例年月日登
載誌に続けて「・基本判例〇」とし、判例番号を明記した。並行して
読まれたい。

3、法令の略語は、原則として有斐閣六法全書の法令名略語によった。

4、事項索引と判例索引を各巻末に収録した。

目　次

第4版　はしがき
第3版　はしがき
はしがき
新訂の序
初版の序

序論　親族法および相続法について

第4編　親　族　法

第1章　序　　説 ……………………………………………… 11
第2章　親　　族 ……………………………………………… 34
　第1節　親族の意義 ………………………………………… 34
　第2節　親族関係の変動 …………………………………… 39
　第3節　親族関係の効果 …………………………………… 44
第3章　婚　　姻 ……………………………………………… 50
　第1節　序　　説 …………………………………………… 50
　第2節　婚姻の成立 ………………………………………… 53
　第3節　婚姻の無効および取消し ………………………… 64
　第4節　婚姻の効果 ………………………………………… 72
　第5節　婚姻の解消 ………………………………………… 82

目　　次

　　　第6節　内　　　縁 ………………………………………… 107
　　第4章　親　　　子 …………………………………………… 114
　　　第1節　序　　　説 ………………………………………… 114
　　　第2節　実　　　子 ………………………………………… 119
　　　第3節　養　　　子 ………………………………………… 137
　　　第4節　親子の氏 …………………………………………… 160
　　　第5節　親　　　権 ………………………………………… 165
　　第5章　後　　　見 …………………………………………… 182
　　第6章　保佐および補助 ……………………………………… 197
　　第7章　扶　　　養 …………………………………………… 205

第5編　相　続　法

　　第1章　序　　　説 …………………………………………… 215
　　第2章　相　続　人 …………………………………………… 228
　　第3章　相続の効力 …………………………………………… 244
　　　第1節　総　　　説 ………………………………………… 244
　　　第2節　相　続　分 ………………………………………… 262
　　　第3節　遺産の分割 ………………………………………… 285
　　　第4節　相続回復請求権 …………………………………… 299
　　第4章　相続の承認および放棄 ……………………………… 307
　　　第1節　序　　　説 ………………………………………… 307
　　　第2節　単純承認 …………………………………………… 313
　　　第3節　限定承認 …………………………………………… 320
　　　第4節　相続の放棄 ………………………………………… 325
　　第5章　財産分離 ……………………………………………… 332

第6章　相続人の不存在 ……………………………………………… 340

第7章　遺　　言 ………………………………………………………… 345

　第1節　序　　説 ……………………………………………………… 345

　第2節　遺言の方式 …………………………………………………… 350

　第3節　遺言の効力 …………………………………………………… 363

　第4節　遺言の執行 …………………………………………………… 374

第8章　配偶者の居住の権利 …………………………………………… 380

　第1節　序　　説 ……………………………………………………… 380

　第2節　配偶者居住権 ………………………………………………… 382

　第3節　配偶者短期居住権 …………………………………………… 387

第9章　遺　留　分 ……………………………………………………… 392

第10章　特別の寄与 …………………………………………………… 408

　事項索引／判例索引

xiii

序論　親族法および相続法について

1　親族法、相続法の変遷

　ボアソナードの起草による旧民法は、明治23年に公布され、明治26年から施行されることになっていた。この旧民法の編別は、フランス民法にならっていて、現在の親族法・相続法に当たる部分は、人事編・財産取得編に分かれていた（なお、これらの部分については、日本人の起草によるものである）。ところが、いわゆる民法典論争の結果、新たな民法が起草されることとなった。そして、民法第4編親族および第5編相続は、明治31年に制定されたが、第二次大戦後の新しい憲法制定に伴い、昭和22年に個人の尊厳と両性の本質的平等を基本とする全面的な改正が行われた（法222号）。内容的にも大きな改正であったが、形式的にもひらがな口語体となった。その後の主な改正点は、以下のとおりである。

　昭和37年には、総則に同時死亡の推定規定が新設されるとともに、代襲相続に関する改正が行われた（法40号）。

　昭和51年には、離婚後も婚姻中の氏を称することを可能とする復氏制度を新設する改正が行われた（法66号、親30⑵参照）。

　昭和55年には、配偶者の相続分の増加する改正、代襲相続を制限する改正が行われた（法51号）。

　平成11年には、無能力制度を制限能力者（平成16年の改正で制限行為能力者に改称）制度とし、従来の禁治産者を被後見人、準禁治産者を被保佐人に改めたほか、被補助人を新設した（法149号）。これに伴って総則だけでなく、親族法もかなり大きく改正された（親

序論　親族法および相続法について

64―77参照）。

　平成16年には、いわゆる民法の現代語化が行われ、第１編から第３編までがひらがな口語体となった（法147号）。従来、民法第１編から第３編までの財産法（明治29年法89号）と第４編の親族と第５編の相続は別の法律（明治31年法９号）で定められていたが、この改正により一本化された。そして、親族・相続法の改正は、大幅なものではないが、用語の統一等が行われた。

　平成23年には、児童虐待に対応するために、親権制度が子の利益のためにあることを基本とし、親権の停止制度を創設するなど、親権に関して大きな改正が行われた（法61号、親39(2)参照）。

　平成25年には、非嫡出子の相続分を嫡出子の相続分の２分の１とする900条４号について、違憲とする最高裁判決（最大判平成25・9・4民集67巻６号1320頁）が出されたことから、非嫡出子の相続分を嫡出子の相続分と平等にする改正が行われた（法94号、相21(1)参照）。

　平成28年には、再婚禁止期間を定めた733条について、最高裁で違憲判決（最大判平成27・12・16民集69巻８号2427頁）が出されたことから、禁止期間を６ヵ月から100日に短縮する改正が行われた（法71号、親19(3)参照）。

　平成30年には、成年年齢を20歳から18歳に引き下げる改正が行われた（法59号）。それと同時に、男女の婚姻適齢を18歳とする改正が行われ（親19(1)参照）、それに関連する条文の修正も行われた（なお、これまで養親となることができる年齢を成年としていたが、改正法では、その年齢を20歳とし、従来の養親となる年齢を維持している）。

　また、同年には、配偶者の居住権を新設する改正、遺留分に関する改正などが行われた（法72号）。

2

令和元年に特別養子制度の対象年齢を6歳未満から15歳未満に引き上げるとともに、家庭裁判所の手続を合理化し養親となる者の負担を軽減する改正が行われた（法34号）。

なお、平成8年1月16日、法制審議会民法部会は、婚姻、離婚、相続の当面重要な事項につき、「民法の一部を改正する法律案要綱案」を決定した。同年2月、法制審議会総会は、これを要綱として承認した。しかし、これは与党内に異論があったため、法律案として国会に提出されるには至らず、改正は実現していない（ただし、親19(1)・(3)・31(2)、相21(1)参照）。

2 親族法・相続法の法源

親族法・相続法の法源として最も重要な法律は民法第4編親族および第5編相続である。民法第1編から第3編までを財産法というのに対して、第4編および第5編を合わせて、家族法あるいは身分法と呼んでいる。

第4編親族（725条－881条）は、総則・婚姻・親子・親権・後見・保佐及び補助・扶養の7章を収めている。これを理論的に観察すると、身分関係を夫婦・親子・親族の三つの型に分けて規定している。すなわち「総則」は主として親族関係の通則、ことにその発生、消滅の通則を規定し、「扶養」はその効力のうちの主要なものを規定する。「婚姻」は特に夫婦関係の成立・効力およびその消滅について規定する。「親子」は、実親子関係の成立および養親子関係の成立ならびに消滅について規定し、「親権」は両者を通じての主要な効力について規定し、「後見」は親権者のない未成年者および成年被後見人の保護について規定する。

第5編相続（882条－1050条）は、総則・相続人・相続の効力・相続の承認および放棄・財産分離・相続人の不存在・遺言・配偶者の

居住の権利・遺留分・特別の寄与の10章を収めている。しかし、これを実質的にみると、遺言および遺留分以外の8章はすべて直接に狭義の相続に関するものであり、遺言および遺留分の2章は、これらの章とはややその性格を異にする。

また、民法第1編総則も、民法全体の総則であることから、親族編・相続編の総則であって、法源の一部であるといってよい。ただし、総則の規定がそのまま適用されず、特別の規定を設けている場合も少なくない（たとえば、行為能力、意思表示について）。

なお、親族法の法源として、民法のほかに、戸籍法（昭和22年法224号）が重要なことはいうまでもない。戸籍というのは、各個人の親族、相続法上の身分関係を明らかにするものであるが、戸籍法はその手続を定める基本的な法律である。民法の改正に伴って、戸籍法の改正が行われていることが少なくない。そして、平成19年に戸籍の公開の原則を修正し、他人の戸籍謄本等の請求を制限する改正（法35号）、令和元年に行政手続・戸籍手続における戸籍謄抄本の添付省略、本籍地以外での戸籍謄抄本の発行などに関する改正（法17号）が行われた。

さらに、夫婦・親子・相続など親族間における紛争について、裁判所におけるその解決手続およびその手続を定めている法律は複雑であり、多くの場合は、家庭裁判所の管轄になっているが、通常の民事事件として地方裁判所の管轄になっているものもある（この場合については、その訴訟手続は民事訴訟法によることになる）。また、家庭裁判所の管轄であっても、人事訴訟事件として、その手続が人事訴訟法によって定められている場合と家事事件として、その手続が家事事件手続法によって定められている場合とがある。

平成15年に人事訴訟法が公布された（法109号）。この法律は旧人

事訴訟手続法に代わるものである。この法律により、懸案であった人事訴訟の家庭裁判所への移管が実現した。すなわち、離婚、認知等の人事訴訟の第一審管轄を地方裁判所から家庭裁判所へ移管し、これと密接に関連する損害賠償訴訟を家庭裁判所であわせて審理できるとした。また、離婚訴訟における親権者の指定、養育費、財産分与等につき、家庭裁判所調査官の調査を活用し、人事訴訟の審理にあたり、国民の良識を反映するために参与員の意見を聴くことができるようにした（人訴9条以下）。人事訴訟手続に関しては、当事者尋問等につき、憲法の認める範囲で公開停止の要件・手続を明確に規定し（人訴22条）、また、裁判上の和解により離婚または離縁ができるとした。なお、明治31年に公布・施行された旧人事訴訟手続法は、文語体で書かれていたが、人事訴訟法はこれを現代語化した。

　平成23年に家事事件手続法が公布された（法52号）。この法律は、家庭裁判所における家事審判および家事調停の手続を定めるものである。昭和22年に制定された家事審判法（法152号）を見直した結果、新たに制定されたものである。家事調停・家事審判が本質的に非訟事件であることから、非訟事件手続法の規定が多く準用されている。なお、平成30年の相続法改正、令和元年の特別養子制度の改正に際しても、家事事件手続法の改正も行われている。

3　家族法の原理

　前述のように、第二次大戦後の民法改正により、家族法に関する民法第4編および第5編は、全面的に改められた。それ以前の家族法は、明治時代以前の日本の家族制度を反映したものであって、個人主義および男女の平等が不徹底であった（もっとも、男女の不平等は日本民法だけの特徴ではなかった）。戦後の改正により、民法2

条に、民法の解釈原理として、「個人の尊厳」と「両性の本質的平等」が定められ、個人主義の原則と男女の平等が家族法の原理となった。そして、その後の判例の展開および民法改正によって、子の利益が第三の原理と考えられるようになっている。

第一に、個人主義の原則である。これは、社会や家族よりも個人を優先させようとすることを意味する。個人の自由と平等を尊重するという憲法の理念からすれば当然のことである（憲法13条）。たとえば、戦前においては、「家」と呼ばれる家族制度がとられていて、その家長である戸主は他の構成員である家族に対して一定の支配権を有していた。また、親族の集団である親族会に一定の権限を与えていた。これらの制度は戦後の改正によって廃止された。その結果、家族の関係は、夫と妻、親と子というように、個人と個人との関係としてとらえられている。

第二に、男女平等の原則である。この原則は、個人の自由と平等に含まれるものであるが、歴史的必ずしも男女平等でなかったことから、特に個人主義と別に取り上げられている。男女平等は、主として、二つの面で問題となる。一つは、婚姻における夫婦の平等である。かつては、夫婦間において夫に大きな権限が与えられ（夫権と呼ばれる）、妻が夫に従うものとされてきた。たとえば、妻の行為能力が制限されていた（民法旧14条－18条）。しかし、現在では、対外的には、妻は夫と同じように完全な行為能力を有し、夫婦間においては、夫と妻は対等であり、平等に権利を有し、義務を負う。たとえば、夫婦は、相互に協力扶助義務を負い（752条）、婚姻費用について一切の事情を考慮して、分担する（760条）と規定されている。もう一つは、親子関係における父母の平等である。かつては、原則として父だけが子に対する権限を有していたが（父権と呼ばれ

る）、現在では、父母が子に対して、平等に権限を有し（親権と呼ばれる）、婚姻中は共同で行使する（818条）と規定されている。

第三に、子の利益である。従来は、子の利益を家族法の原理の一つとして挙げることは一般的ではなかったが、最近の立法、判例および学説では、解釈原理として子の利益が挙げられていることが少なくない。たとえば、昭和62年の養子制度の改正により導入された特別養子については、子の利益が重要な要素になっている（817条の2・817条の10等）。また、平成23年の親権制度の改正においては、民法820条に「子の利益のために」という文言が挿入され、親による親権の行使が子の利益のために行われなければならないことを明確にした。また、親権の喪失・停止の要件として、「子の利益を害するとき」を明文で定めている（834条・834条の2）。この改正では、離婚後の子の監護に関して、面会交流のことが明文化されたが、そこでも子の利益を最も優先すべきことが規定されている（766条）。

4 比較法から見た家族法改正の動向

前述のように、日本では、第二次大戦直後の昭和22年に、家族法の全面改正が行われた結果、個人主義の尊重、男女の平等がかなりの程度実現したが、諸外国（ここでは、主として、ヨーロッパを比較の対象としている）では、家族法分野における改正は、段階的に行われてきた。比較法的な観点からまとめると、改正の動向は以下のようである。

第一に、離婚の世俗化・自由化である。ヨーロッパでは、もともとキリスト教会法においては、婚姻の非解消主義がとられていて、離婚制度は存在しなかった（もっとも、1804年のフランス民法では離婚が認められた）。そして、1970年前後から、イタリアなどカトリック教の強い国においても離婚が認められるようになるとともに、す

でに離婚制度が存在する国を含めて、破綻主義の観点からその要件の緩和が行われてきた。

　第二に、男女の平等である。これについては、家族法の一原理として、すでに述べたとおりである（序3参照）。

　第三に、非嫡出子の地位の向上である。具体的には、相続において嫡出子と非嫡出子を平等に扱うことなどを意味する。ドイツ民法、フランス民法などに比して、日本では、その改正が遅れていたが、平成25年改正によりその平等が実現した（序1参照）。

　第四に、特に最近の動向であるが、医学の発達、性道徳の変化・多様化である。ヨーロッパなどの諸外国では、生殖補助医療により生まれた子の親子関係、同性婚の是認、性同一性障害者の性の変更の是認などに伴って、家族法の規定の改正が行われている。日本では、性同一性障害については、特別法を制定しているが（平成15年法律111号、親7(3)参照）、他の問題については、立法するには至っていない（生殖補助医療により生まれた子の親子関係については、法制審議会に部会が設置され、議論がなされたが、中断したままになっている）。

第4編　親　族　法

第1章　序　説

1　親族編の内容

　親族法の内容、親族法の理念については、すでに本書の序論において述べた（序1－4）。

　そこで、この章では、以下において、「身分関係」、「身分的法律関係の特質」、「身分権」、「身分的法律行為の特質」等の親族関係に共通な問題を検討し、あわせて「氏」、「戸籍」、「身分法上の紛争とその処理」について解説を加えることとする。

2　身分関係

⑴　意義　　親族法はわれわれの身分関係または親族関係を規律する法律である。

　人類は、有史以来、夫婦・親子を中心とする親族的共同生活をしてきた。しかし、それは古くは家族、氏族などのような大きな血族的集団の中において成立したのであり、さらに広くは社会の階級的身分の中で成り立っていたのである。そのために親子・夫婦というような関係も、大きな血族集団の秩序の中で、その秩序から強い制約を受けていたし、また、社会一般の階級的身分制からの影響も免れなかった。すなわち、家族集団の長がその構成員に対して専権的な支配力を及ぼしていて、それが階級的身分関係の構成につながっていた。そのために親と子、夫と妻の関係が個人対個人の純粋なものとして形成されなかった。のみならず親や夫の、子や妻に対する関係においてさえも、同じように家族的支配関係が成立していた。そして、それは階級的身分関係が消滅し、大家族集団が解消してい

第1章　序　説

っても、なお、中小家族制の中にその影響を残していたが、やがて、このような家族的支配関係も次第に消滅して、一男一女の結合である夫婦関係と、血縁で縦につながる親子関係が、親族関係の二つの柱としてまともに取り上げられるようになる。そして前者は対等な者、意思と人格の平等な者の間の関係として、広い意味での契約理論が支配するようになり、後者は子に対する親の支配権でなく、監護教育義務を中心として構成されるようになる。

　わが国の親族関係も、上に述べたような変遷を経てきた。しかも、氏族関係は古い時代になくなったが、階級的身分は明治維新まで存在したし、家族的支配関係はその後も長く残存した。明治31年に制定された民法では、戸主の支配権が相当強かっただけでなく、親や夫の、子や妻に対する不当に強力な支配権が見られた。しかし、第二次大戦後の日本国憲法の理想に従って新法の制定といってもいい大きな改正がなされ、上にみたような専権的支配関係が一掃された。ところで、われわれの家族関係は、今日でも一般に身分関係と呼ばれているが、ここに身分とは、従来の身分と違った全く新しい内容をもったもので、われわれの家族の中の夫とか親とかいった地位を指している。そういう考え方のもとで、財産関係に対する語として身分関係という言葉を用いることにする。その内容は、対等な共同生活関係としての夫婦・親子・親族の総称である。

　ところで、平成年代に入ると高齢者の占める割合の高い高齢化社会を迎え、認知症高齢者の数も増大してきた（もちろん若年で認知症になる者もいる）。そこで、無能力者制度にかえて制限行為能力の制度を定めた。

　さらに、平成23年には、前述のように、子の利益を重視する観点から、親権の停止制度が導入された（平成23年法61号）。

(2)　**横の結合と身分の法律的構成**　　人類の親族的共同生活は、時間的にみて現在の結合を通じて未来に向かっての種族の保存を目的とするものである。これを仮に横の結合と縦の結合といってもよかろう。

横の結合の基本的な形態は、つぎの三つである。

(ア)　夫婦　　一夫一婦の結合であって、居住と生活を共にする最も現実的な協同生活体である。

(イ)　親子　　親が未成熟の子を保育・監護・教育する結合関係であって、夫婦に次ぐ現実的協同生活体である。居住を共にすることも少なくないが、子が成年に達し、婚姻し、あるいは独立の生計を立てるに至ると、むしろ別居の場合が次第に多くなっている。したがって、その関係も稀薄になり、つぎに述べる狭義の親族関係に近づく。

(ウ)　狭義の親族　　夫婦・親子を除いた親族——兄弟より遠い狭義の親族——は、現実的な共同生活をするものではないが、なお観念的・精神的な結合体をなし、互いに扶け合う関係にある。

上のほかに、現実的共同生活としては、「世帯」がある。世帯は、現に家計を共にし共同生活をしている者の団体である。法的にはこれを家団と称し、これに何らかの法的効果を認めるべきだという学説もある。しかし、世帯は、単に共同生活をしている者というだけで、共同生活をなすべき者という概念を含まない。夫婦は同居し互いに協力扶助すべきものだが、たまたま別居していれば、世帯を異にする。また妻を捨てて他の女と同居することは、法律の容認しないところだが、現に同居していれば、同一世帯を構成する。だから、世帯は、社会保障や共同生活維持のための取引など、現実の生活に即して事を処理する場合の単位になることはあるが、親族共同生活

第1章 序　説

の「あるべき状態」を対象とする親族法では、これを独立の標準とすることはできない。ただ親族が同一の世帯に属するときは、多少特別の効果を生ずるというだけである（730条参照）。

(3) 縦の結合と身分の法律的構成　　現在の時点をとった横の結合における三種の基本形態は、いずれも、現在の共同生活であるとともに、将来への継続を内容とする。夫婦は種族保存の基礎であり、親子はその延長である。そして、親族協同生活体の縦の結合の法律的発現は相続である。相続は、経済的基礎である財産を承継させることによって、親族協同生活体の縦の連絡結合を図る。もっとも、相続は、財産の承継だけでなく、「家名」とか「祖先の祭祀」というような、観念的精神的なものを承継させ、または、親族協同団体の統率者としての地位を承継させることもある。わが国では、かつてはこの最後の形態、すなわち、戸主権の承継（家督相続）を認めていたが、現民法はこれを廃止し、単純な遺産相続一本としてから半世紀以上経っているのである（相4参照）。

3　身分的法律関係の特質

(1) 身分関係の人格的結合性　　親族的共同生活団体は、団体員各自が、特定の共同目的を達成するためにそれに必要な限度において結合しているのではなく、各員を包含しこれを超越した全人格的結合である。このことは、宿命的で、かつ全人格的関係である実親子と、任意的でかつ特定の目的をもっての結合である組合とを比較すれば、容易に理解しうるであろう。養親子関係や夫婦関係は、実親子関係のように必然的な関係ではなく、当事者の選んでできた関係だが、そこでも、できた関係は、本来終生にわたる全人格的結合であって、利益の共通な限りで結合している関係ではない。したがって、原則として永久的拘束を認めない財産関係（626条（雇用契

約）・604条（賃貸借契約）・678条（組合契約）等参照）と異なり、身分関係においては、任意の結合である場合にもこれに期限や条件を付することが許されない。そうして両当事者の任意の合意があるか、法定の原因がない限り、これを一方的に解消することはできないのである。

(2) **身分的法律関係の規範性**　身分関係が各自の利益追求の意欲を超えた協同体を構成することは、同時に、その関係を規律するものが、各自の意思を離れた客観的な規範であることを意味する。売主と買主との間を規律するものは、主として、当事者の合致した意思（契約で定められたこと）である。法律の規定（たとえば他人の権利の売主の義務（561条）や、手付（557条）に関する規定）は、これを補充しまたは解釈するものにすぎない。これに反し、親子関係・夫婦関係を規律するものは、個々の親・子・夫・妻の意思を離れた客観的な規範である。もちろん、夫婦となるかどうかは、当事者の定めることである。しかし、その場合にも、夫婦になった以上、その関係は当事者の意思とは無関係に、客観的に定められた規範によって規律される。それは、とりもなおさず、親族法の規定の多くが強行規定（総103(1)）であることを意味する。

(3) **身分的法律関係における事実の尊重**　身分関係は全人格的な結合であって、日々具体的に具現されるものであるから、これを抽象化し、観念化するに適さない関係である。夫婦関係にしても、親子関係にしても、これを抽象的観念的な権利の体系に分解しつくすことは困難である。そこでは、他の法の領域と比べて、具体的な事実がかなり尊重されているのである。内縁関係についての判例法の発展はその適例である（親33・34参照）。夫婦関係が事実上壊れてしまったのなら、離婚を認めようという考え方（770条1項5号）も、

15

第1章　序　説

さらに事実上の離婚に一定の効果を認めようとする学説の苦心（親 28(4)参照）も、同じ傾向を示すものということができよう（なお、重婚も取消原因であり（732条・744条）、婚姻の取消しが遡及効をもたないこと（748条）等参照）。

このことから、事実は一つしかないとすることが要請される。たとえば、ＡとＢの間に親子関係があるということは、万人に対する関係で確定されなければならない。それが特定の者に対して主張できない――対抗できない――というような財産法で用いられる手法は身分関係と相容れないのである。

(4)　身分的法律関係に対する国家の後見的関与　　身分的結合関係は、民族発展の基礎であり、国民活動力の源泉であるから、国家は国民の家族共同生活が正しく健全に発展することに無関心ではありえない。なかでも、共同生活の中で、個人の意思や人格が不当な支配を受け、または無援に放置されることのないように配慮する。未成年者を養子とする場合の家庭裁判所の許可（798条）、相続の放棄の申述の仕組み（938条、相40参照）、未成年後見人の選任（840条・841条）、成年後見人の選任（843条）、後見人の解任（846条）などにおける家庭裁判所の後見的関与はその現われである。

なお、近代の国家は福祉国家でなければならない。一人の国民でも社会的・経済的に不幸な淵に放置することは許されない。児童福祉法（昭和22年）、生活保護法（昭和25年）、その他の社会保障制度がいわゆる公的扶助の制度（親78参照）として設けられているゆえんである。これらの制度は国民を個人として救済する建前ではあるが、その個人が実は原則として家族共同生活団体の中におかれているので、救済の仕組みにおいてもこれと密接な関係をもちながら実施されるようになっている。

親　3—5

4　身分権

身分権または親族権とは、身分的地位に伴う生活上の利益であるが、これを別の方面から観察すれば、上に述べた親族的共同生活団体の中における各人の地位に与えられた権能である。たとえば、親権と呼ばれる親の権利は、子の利益のために親子協同体の中の親という地位に与えられた権能である。だから、それは権利義務を伴う包括的性質のものである（820条）。そして、原則として本人でなければ行使できず、代理を許さない。したがって、任意に譲渡その他の処分はできない、一身専属的性質をもつのである（たとえば扶養請求権—881条）。また、この権利は一般に排他的性質を有し、その侵害に対しては場合によって妨害排除の請求（たとえば幼児引渡請求—親60⑴(イ)参照）または差止命令が認められ、原則として損害賠償請求権が発生する（711条）。

5　身分的法律行為の特質

身分関係は、客観的な規範によって規律されるけれども、その枠の中で、各人の意思によって形成、変更、解消される部分のあることはいうまでもない。この身分関係に変動をもたらす各人の意思に基づく行為が、身分的法律行為である。婚姻（731条以下）・養子縁組（792条以下）・非嫡出子の認知（779条以下）・子の氏の変更（791条）、生存配偶者の姻族関係消滅の意思表示（728条2項）・親権の行使として種々の行為（820条—824条）・親権または管理権の辞任（837条）・遺言（960条以下）・遺留分の放棄（1049条）などその例が少なくない。

このような身分的法律行為についても、その行為能力、代理、意思の不存在、詐欺・強迫などが問題となる。ちょっと考えると、民法総則の規定が適用されるように思われるが、総則の規定は、主と

17

第1章　序　説

して財産的な行為を対象として定められたものであって、そのまま
身分的法律行為に適用することは妥当でない。学者も、一般に、総
則の規定は身分的法律行為には適用なく、身分的法律行為について
は、別に親族・相続両編の規定を基礎として能力、意思表示などに
つき一定の標準を立てるべきだとしている。

(1) **身分的法律行為の行為能力**　　制限行為能力の制度は、財産的
な行為能力についていわれるのである。年齢18歳で成年とする（4
条）というのも主として財産上の判断能力を考えてのことである。
のみならず、財産的な法律行為は、本人に十分な能力がないときは、
代理人が代わってやってよいのだから、比較的高い判断能力を一律
の標準にしても差し支えない。しいて能力の不十分な本人にやらせ
る必要はない。これに反し、身分的法律行為では、他人が代わって
やることを許すべきでないものが多いばかりでなく、その身分的法
律行為の意義を理解できる能力さえあれば、それ以上経済的打算能
力がなくともその効力を認めることを妨げない。この点からいって
も、民法総則の行為能力の規定をそのまま適用すべきではなく、各
行為ごとにその性質を考慮して、具体的に妥当な標準によって能力
を定めるべきである。

要するに、身分的法律行為は、本人がその行為の意義を理解する
能力（判断能力・意思能力）があれば単独でやれるのが本則だとい
ってよい。民法が、親族・相続両編の中で、それぞれの行為につい
て別々に能力に関する規定を設けているのは、この本則を認めての
ことである。したがって、民法に規定のない場合についても――直
ちに総則の規定を適用せずに――当該の行為の性質を検討したうえ
で判断すべきである。

(ア)　婚姻　　婚姻をするには、男女ともに18歳（731条）、縁組を

18

して養親となるには20歳（792条）、と定めているのは、公益的見地からこれらの年齢未満の者がそれぞれの関係に入ることを阻止する意味もあるが、それぞれの身分的行為についての判断能力を定めたものでもある（婚姻適齢は成年年齢と一致している）。養子となること、および子の氏を変更することについては、正面からの規定はないが、いずれも15歳未満の場合に例外的に代理を認めている（797条・791条）ことから、15歳以上の者は能力があると解されている。また婚姻・縁組については成年被後見人もその成年後見人の同意を要せず（738条・799条）。被保佐人はもちろん保佐人の同意を要しない。被補助人はなおのことである。認知については未成年者・成年被後見人もその法定代理人の同意を要しない（780条）とされているから、いずれの場合にも認知能力があるわけである。ただ、これらの者が、具体的な行為をするにあたってそれぞれの行為について意思能力がなければ、その行為が無効となることはいうまでもない（3条の2）。

　上のことを別の面からみると、これらの純粋な身分的行為については、原則として代理を認めないということである。成年被後見人の婚姻や養子縁組についても、法定代理人が代わってやることは認められない。ただし、前述した、15歳未満の者の養子となる縁組およびその離縁について、法定代理人の代諾を認めたこと（797条・811条・815条）は、特殊の理由による例外である（親47⑴参照）。15歳未満の子の氏の変更について法定代理人の代理を認めたことも同様であり、この場合には、それが一生の間、子を拘束することのないよう配慮されている（791条、親57⑵(イ)参照）。その他特別の理由から法定代理人による代理を認める場合にはこれを明定している（775条・787条・804条）。

第1章　序　説

　さらに、上のような行為については、他人の同意を必要としない
のを本則とする。すでに述べたように、認知および成年被後見人の
婚姻・縁組については規定がある。ただし、未成年者を養子とする
には家庭裁判所の許可を必要としたこと（798条）は、それぞれ特
殊の理由によって認められた例外である（親49(5)参照）。

　(イ)　財産上の行為　　上に反し、親権者または後見人として、子
または被後見人に代わって財産上の行為をし、または子もしくは被
後見人の財産上の行為に同意を与える行為などは、他人を監護し、
支配する行為だから、合理的で客観的な判断能力を必要とし、単に
その行為の意義を理解しうるだけでは足りない。民法が、親権者ま
たは後見人となるには、民法総則の行為能力者であることを必要と
したのは、そのためである（833条・847条参照）。

　(ウ)　婚姻以外の身分的法律行為　　その他の身分法上の行為とし
ては、夫婦財産契約（755条以下）、子の監護者についての協議（766
条・771条・788条）、離婚・離縁等の際の祭祀に関する権利（897条1
項）の承継者についての協議（769条・771条・749条・751条・808条・
817条）、相続の承認・放棄（915条）、遺留分の放棄（1049条）など
がある。これらの行為は一定の身分関係上の地位に付随した行為で
あるから、その主たる地位に関連してその能力を定めるべきである。
上のうち、相続の承認・放棄については、総則の規定が適用される
ことを定めているが（919条2項）、それは、相続によって財産を承
継する者の地位は、もっぱら財産上の利害に関するものだからであ
る。同様の趣旨から、夫婦財産契約は、婚姻に付随するものだが、
財産的なものだから、総則の行為能力の規定の適用があると解する
説が多い。しかし、夫婦の財産関係も夫婦関係の一内容にすぎない
から、婚姻能力があれば十分であると考える。もっとも、成年者で

20

なければ婚姻ができないのであるから、婚姻前に登記しなければ第三者に対抗できない夫婦財産契約（756条）について、その合意時に夫婦となる者が未成年であることは実際上ほとんどないと考えられる（ただし、成年被後見人などの制限行為能力者については、婚姻に際して、夫婦財産契約について行為能力を有すると解することには大きな意義があると考える）。

(2) 身分的法律行為における意思の不存在と詐欺・強迫

(ア) 意思の不存在　　身分的法律行為は本人の意思を尊重すべきものだから、意思がなければ無効であるのを本則とする。したがって、ここでは純粋の意思主義がとられる（総101(1)）。婚姻と縁組については、規定がある（742条1号・802条1号）。その他の身分的法律行為も同様に考えてよい。この場合に注意すべきは、上の結果は総則の意思表示に関する規定（93条－95条）の適用によるのではなく、身分行為の特質からくるものと解すべきことである。そうでなく、総則の規定を適用するのだとすると、一定の場合には有効とされることになって不都合だからである。たとえば、男女が通謀して婚姻または離婚したことにしても、そのような行為は単に当事者間においてだけでなく、すべての人に対する関係で無効である（親28(3)(ア)参照）。この場合、94条2項の適用はない（総104参照）。

(イ) 詐欺・強迫　　詐欺・強迫に関しては、婚姻・離婚・縁組・離縁について規定がある（747条・764条・808条・812条）。これらの取消しには、96条3項のような制限がない（総106(2)参照）。この他の行為についても同様に解してよいであろう。もっとも、身分的法律行為でも、財産的色彩の強いものについて、民法総則の規定を援用している場合には、それに従うべきことはもちろんである（919条2項参照）。

第1章　序　　説

(3)　**身分的法律行為と公序良俗・強行規定**　　身分上の法律行為に
も、民法総則の1条・2条の適用があることはもちろんであるが、
さらに90条や91条の適用のあることはいうまでもない。というのも、
公の秩序または善良の風俗に反する法律行為は無効であることや、
強行規定に違反する行為が無効であることは、法律秩序のすべての
領域を支配する理念だからである。ただし、身分上の行為が公の秩
序善良の風俗に反するかどうかを決定するには、その行為の社会
的・国家的意義と、これを無効とすることの影響を考えて決定しな
ければならない。たとえば、重婚は、公序良俗に反する行為だから、
重婚をしようという契約は無効であるが、すでに重婚関係を生じた
ときに、これを無効とするときは、その間に生まれた子の地位その
他に不当な影響を及ぼすから、民法はこれを取り消しうるものとし、
しかもその取消しの効果を遡及しないものとしたのである（744
条・748条。なお前述親3(3)参照）。

(4)　**身分的法律行為の要式性**　　身分上の行為には、形式を必要と
するものが多い。婚姻・縁組・離婚・離縁は戸籍の届出を必要とす
る（739条・764条・799条・812条）。姻族関係終了の意思表示も認知
も同様である（728条2項、戸96条・781条）。身分関係は、社会的な
秩序であり、第三者に影響するところも重大なものだからである
（遺言が要式行為とされているのは、別の理由による。相51(3)参照）。も
っとも、身分関係は、一方で習俗や道徳のような社会規範によって
規律されるため、かえって当事者が法の要求する形式をふまない場
合が生じ、他方、このようにして生じた事実関係を尊重しなければ
ならない点に（前述親3(3)参照）、身分法の立法および解釈のむずか
しさがある。後述の内縁関係はまさにその適例である（親33以下参
照）。

親 5—6

6 氏

(1) 氏の意義とその決定

(ア) 意義　古来から、ある人がどの血族集団または家族集団に属するかを示すために、姓または氏の制度が認められている。儒教の確立した、同姓不娶、異姓不養という原則にいう姓は血族集団——特に男系を中心にした——を示すものであるが、旧法の下での氏は、家族集団、すなわち「家」の名称であり、すべての日本人は、いずれかの「家」に所属し、その「家」の氏を称していた。現行法はこの各人の称していた氏をそのまま認め、その後の氏の変更や、出生した子の氏の決定について規定を設けている。しかし、現行法は「家」を廃止したのだから、氏はただ各個人の同一性を示すための便宜の呼称になったわけである。この点からすれば、一般公衆に不測の迷惑を及ぼさない範囲で、各個人はその氏を変更し、または変更しないという選択をすることを許されてもよいはずである。しかし、わが現行法は、婚姻・縁組・離婚・離縁などに伴って、当然に氏の変更が生ずる——当事者がその変更を阻止することを認めない——という原則をとっている。このように、一定の身分関係の変動に氏の変更を不可避とすることが妥当かどうか疑問とする考え方が近時強くなっている（たとえば、婚姻しても氏を変えなくともいいではないかという考え方など）。離婚の場合に例外が認められるに至ったのはその表れである（後述(イ)参照）。なお、氏の任意の変更は実際の手続上容易に認められない。はたして、このように厳格に規制しなければならないものかどうかは、立法論としては再考を要する問題である。

(イ) 氏の変動　各人の氏は、つぎのようにして定まる。

(a) 出生と氏　人が出生した場合には、嫡出子であれば当然に

第1章　序　説

父母の氏を称する（父母は同じ氏を称している。後述(b)参照）。ただし、子の出生前に父母が離婚したときは、離婚の際における父母の氏を称する。嫡出でない子は母の氏を称し（790条）、父が認知しても、当然に父の氏に変わるわけではない。もっとも、出生によって取得した子の氏が、父または母の氏と異なるときは、子は家庭裁判所の許可を受けて、その父または母の氏を称することができる（791条1項）。

　(b)　夫婦と氏　　夫婦は同一の氏を称する（750条）。この場合の氏は夫または妻の氏であって、全く新しい氏を設けることはできない。すなわち、婚姻によって夫婦の一方は原則として相手方の氏に変わるのであるが、夫が妻の氏に改めるか、妻が夫の氏に改めるかは協議によって決めることになっている（親24(3)参照）。つぎに、夫婦が離婚すれば、婚姻の際に氏を改めた者は、婚姻前の氏に復するが（767条1項・771条）、昭和51年の改正によって例外が認められることになった（親30(2)参照）。婚姻の取消しは離婚に準ずる（749条）。なお、婚姻の際に氏を改めた者は、配偶者が死亡した後には、婚姻前の氏に復することができる（751条1項）。

　(c)　養子と氏　　養子は養親の氏を称する（810条本文）。そうして、離縁したときは、原則として（親55(2)参照）、縁組前の氏に復する（816条1項本文）。縁組後に生まれて養親と同じ氏を称していた養子の子（親10(2)参照）は、親が離縁して——それによってこの者と養親との二親等の法定血族関係は終了するが、——復氏しても、当然には氏を改めない。縁組の取消しは離縁に準ずる（808条2項・816条）。

　(2)　氏の法律効果　　氏は個人の呼称にすぎないものと考えられている。氏の異同は、親族的な法律効果とは、原則として、何らの

関係もない。たとえば、母が子の親権者になるかどうかは、母が離婚して婚姻前の氏に復し、または、父の死亡後にその意思で婚姻前の氏に復し、したがって、子と氏を異にするようになったかどうかとは全く関係がないし、生存配偶者と、死亡した配偶者の血族との間の姻族関係も、生存配偶者の復氏とは無関係である（後述親11(3)(ｱ)参照）。

上の氏と親族的法律効果とは無関係だという原則には、一つの例外がある。それは祖先の祭祀を主宰する地位との結合である。すなわち、婚姻または縁組によって氏を改めた者が、祖先の祭祀を営む墳墓などを承継した後に、離婚または離縁などによって旧氏に復する場合には、関係者と協議して、それらの物を承継すべき者を定めなければならないものとされている（897条1項・769条・771条・817条・751条2項参照）。祖先の祭祀は氏を同じくする者によって営まれるべきであるという考え方によるのであるが、大いに批判の余地があるといわれている（親30(3)参照）。

7　戸　　籍——親族関係の公示

(1)　戸籍の意義とその沿革

(ｱ)　意義　　人が他の人たちとどのような親族関係にあるかは、その本人にとってはもちろんであるが、一般第三者にとっても、重要な意味をもつ。そこで個人ごとに親族関係を記録して、これを公証する制度はどこの国にも古くから設けられている。わが国ではこれを戸籍といっている。

(ｲ)　沿革　　戸籍は、沿革的には、時の支配者が戸ごとにその人員を把握して、課税、特に賦役や、軍夫徴用の基準にしたり、また治安の手段にしたりするなど、主として行政目的の手段としての戸口調査的性格をもった。しかし一方、課税制度や治安の維持が独自

第1章 序 説

に整備されるとともに、戸籍は次第に身分関係ないし親族関係の公証に純化してくる。わが戸籍制度も、明治31年7月16日に民法とともに施行された戸籍法（明治30年）において、一応その純化の過程を終わり、さらに大正3年の改正によって整備された。しかし、それはいわゆる「家」とその構成員の身分関係を示す建前でできていて、それは当事者が任意に定める本籍地の市町村において観念的な「家」を単位として編製されたが、「家」を廃止したので、戸籍は、もはや「家」とは何のかかわりがなく、各人の出生や親族関係を公証する制度になった。しかし、協同生活体を構成する夫婦親子の関係を見やすくする目的で、戸籍は、原則として夫婦およびこれと氏を同じくする未婚の子ごとに編製される（戸6条・16条）。その意味では、それはやはり戸籍としての性格を有し、そのために「家」の制度の観念を温存するおそれがないわけではない。なお、かつては、戸籍は公開されるのが原則であるとされていて（戸旧10条1項）、プライバシー保護のための制限が例外的になされていた（同条2項・3項）。しかし、平成19年にこの原則を修正し、戸籍記載者以外の者による戸籍謄抄本の請求を厳しく制限することとした（戸10条－10条の4）。また、平成6年には、第5章の2「電子情報処理組織による戸籍事務の取扱いに関する特例」が追加され、法務大臣の指定する市町村長は、戸籍事務の全部または一部をコンピュータ処理ができることになった（平成19年の法改正により、この章立ては「第6章」となった）。

(2) 戸籍の編製と各人の記載事項

(ア) 現行戸籍制度　　現行戸籍制度の下では、戸籍は、市町村の区域内に本籍を定めた「一の夫婦及びこれと氏を同じくする子ごとに」編製されるのを原則とする（戸6条）。いいかえれば、二つ以

上の夫婦、三代にわたる親子（祖父母と孫）は同一の戸籍に記載しない主義をとっている。すなわち、夫婦について、婚姻の際に氏を改めなかった者を筆頭者とし、つぎに配偶者を記載し、その後に出生の順序に従って、子を記載する（戸14条）。やがてその子が婚姻をしたとき、または、婚姻はしなくても子（非嫡出子または養子）をもうけたときは、その新夫婦または親子のために新戸籍を編製し（戸16条・17条）、父母の戸籍から除かれる。子がすべて父母の戸籍から除かれ、父母も死亡すれば、その戸籍は閉じられる。養子は配偶者がある場合以外は養親の戸籍に記載され、配偶者のない子が自分と氏を異にする父または母の氏に改めたときは、その父また母の戸籍に記載される（戸18条）。なお、特別養子については特別な工夫がされている（親56(1)参照）。また、離婚・離縁などによって従前の氏に復する者は、原則として婚姻前または縁組前の戸籍に記載される。もっとも当事者の申請があれば、新戸籍を編製する（戸19条。なお20条参照）。

　(イ)　記載事項　　戸籍には本籍のほか、戸籍内の各人について、その氏名、出生の年月日、戸籍に入った原因および年月日、実父母の氏名および実父母との続柄、養子であるときは養親の氏名および養親との続柄、夫婦については夫または妻である旨、他の戸籍から入った者についてはその戸籍の表示などを記載することになっている（戸13条）。

(3)　戸籍への記載

　(ア)　届出　　戸籍の記載は、原則として当事者の届出によって行われる（戸15条）。届出には報告的届出と創設的届出とがある。前者は、すでに法律的に効果を生じた事項について報告的に届け出るものであって、出生、死亡、裁判による離婚・離縁などがそれであ

第1章　序　説

る。遺言による認知（781条2項、親43(1)(イ)参照）もこれに属する。このような事項については、届出義務者がこれを怠ると過料に処することとして、戸籍と事実との合致を図っている（戸135条・136条）。後者は、戸籍の届出によってはじめて法律的な効果を生ずるものであって、婚姻・縁組、協議による離婚・離縁などがそれである。生前行為による認知（781条1項、親43(1)(イ)参照）。姻族関係終了の意思表示（728条2項、戸96条）などもこれに属する。

　(イ)　真実に反した場合　　何らかの理由で真実に反する事項が戸籍に記載された場合には、原則としては何らの効果を生じない。誤って出生の年月日が一年遅れて記載されていても、成年の時期は真実の生年月日で決まるのであり、本人の意思によらないで協議離婚の届出がなされ、それが戸籍に記載されても、婚姻が解消するわけでもない。ただ、戸籍に記載をされている事項は一応の推定としては重要な役割を果たす。したがって、戸籍に記載された生年月日と違う時に生まれた者も、正規の手続でこれを訂正しておかないと、問題が起きたときに、いちいちそれを立証しなければならないのである。また、誤って婚姻の記載がなされていると、その抹消をしない限り婚姻届は受理されず、したがって婚姻できないことになる。

　「性同一性障害者の性別の取扱いの特例に関する法律」（平成15年法111号）は、一定の要件のもとに、家庭裁判所に「性別の取扱いの変更の審判」を求めることができ（3条）、この審判を受けた者は、民法……その他の法令の規定の適用において、「他の性別に変わったものとみなす」とされる（4条1項）。これに基づく戸籍訂正が認められる。

　(ウ)　無効行為の転換　　上の、真実に合致しない戸籍の記載は何らの効力がないという原則は、妻以外の女との間の子（非嫡出子）

を妻との間の子（嫡出子）として届けたり、他人の子を自分の嫡出子として届けたりした場合にも同じく適用があるわけであるが、判例は前者の場合には、その届出のうちに当該の子が自分の子であるという意思が表示されていると解して、これに認知の意思表示の効力を認めている（親43⑴㈤、大判大正15・10・11民集5巻703頁・最判昭和53・2・24民集32巻1号110頁・基本判例385参照）。無効行為の転換の一つの場合である（総127参照）。

8　身分法上の紛争とその処理

　夫婦・親子・兄弟などの間で紛争が起きた場合には、これを公開の法廷で裁判することは望ましくない場合が多い。第一に、それは内輪のことであって、公衆の前で公然と取り扱わないほうがよい。当事者が問題が大衆の耳目に触れることを嫌うために、正当の権利を行使しない場合さえも生じやすい。第二に、それは裁判に適しない場合が多い。すでに述べたように親族関係は抽象的な権利関係というよりも、具体的な人間関係である。したがってそこでの紛争は、過去の問題を権利の体系で割り切ってしまうためというよりは、将来の関係を改善し調整するために起こる。そこで、家庭の事件を調停・審判などによって処理するために特別に家庭裁判所が設けられ（裁31条の2以下）、非公開の審判によって（家事33条）「裁判所は、家事事件の手続が公正かつ迅速に行われるように努め、当事者は、信義に従い誠実に家事事件の手続を追行しなければならない」（家事2条）とされることとなった。これによって、身分関係における権利の主張が一段と容易になり、家庭の紛争が妥当に解決されるようになった。

　なお、前述したように、平成15年の人事訴訟法の全面改正（序2参照）により、従来普通裁判所である地方裁判所で扱っていた離婚

第1章 序 説

等の人事訴訟の第一審管轄を家庭裁判所に移管し、あわせてそれと密接に関連する損害賠償請求権を家庭裁判所で審理できることになった。身分法上の紛争の管轄と、その処理の仕組みはおよそつぎのとおりである。

(1) **家庭裁判所に訴えを提起すべきもの** 　婚姻についてその無効・取消しの訴え（744条・747条・人訴2条）、離婚の訴え（770条）、離婚取消しの訴え（764条）、養子縁組について右と同様の訴え（804条－808条）、嫡出否認の訴え（775条）、認知の訴え（787条）、認知無効もしくは取消しの訴え（786条）、父を定める訴え（773条）などである。これらの訴訟は家庭裁判所の管轄に属するのであるが、その訴えを提起しようとする者は、まず調停の申立てをしなければならない。これを経ないで訴えを起こした場合には、家庭裁判所は職権でこれを調停に付さなければならない（家事257条2項）。

(2) **家庭裁判所の審判を請求すべきもの**

(ア) 審判の対象 　家事事件手続法附則別表第一所定の行為、および他の法律（たとえば児福28条、破238条2項等）で定められた事項である。この種の事項は附則別表第一と第二とに分かれていて、別表第一は、後見の開始とか、後見人の選任とかのように、裁判所が公の立場から審判で決めなければならず、当事者の合意に拘束されない事項であって、これらの事件は調停に付することができない（調停に親しまない）ものである。別表第二は、夫婦の同居とか、子の監護に関する処分とか、離婚の際の財産分与に関する処分、扶養の順序・程度・方法の決定などのように、だいたい当事者間の協議や合意で決めることができ、協議がまとまればそれにこしたことはない（調停に親しむ）ような性質のものである。

(イ) 審判の手続 　審判は、家事審判官が一般人から選ばれた参

30

与員を立ち会わせ、またはその意見を聴いて行うのであるが（家事40条）、性質上裁判の一種である。ただ普通の裁判と異なり、非公開で、かつ口頭弁論を開かないで、また、比較的広い裁量によって行われる建前である。当事者は審判に不服があれば2週間内に即時抗告をすることができる（同85条以下）。なお、金銭の支払や物の引渡しなどの給付を命ずる審判が確定すると、執行力のある債務名義と同一の効力を有し、これをもって直ちに執行することができる（同75条）。たとえば、財産分与（768条）について、あるいは扶養の程度または方法（879条）についての協議に代わる審判がそれである。ただし、その執行は普通裁判所の管轄に属するのであるが、強制執行をまたないで義務履行を促すために、特殊の手段が認められている。すなわち、第一に、権利者の申立てによって、審判で定められた義務の履行状況を調査し、義務者に対して、その義務の履行を勧告することであり（家事289条）、第二に、上の義務を怠る者に対して、権利者の申立てにより、相当の期間を定めて義務の履行を命ずることである（同290条1項）。命令の違反に対しては10万円以下の過料の制裁が加えられる（同290条5項）。

　(ウ)　審判の性質　　審判の性質に関連しては、「夫Yはその住居で妻Xと同居しなければならない」という審判をめぐって、家事審判法の前記の仕組みが公開法廷での対審を規定する憲法32条・82条に違反するかどうかが争われ、最高裁はこれを否定したが、その理由づけは多岐に分かれた。多数説は、上の審判は同居義務自体を確定するものではなく、これを前提としてその時期、場所、態様などを定める処分であり、その確定後もYは同居義務自体について公開の法廷で対審および判決を求めることができるから憲法違反ではないとする（最大決昭和40・6・30民集19巻4号1089頁・基本判例356）。

31

第1章　序　説

(3) **調停の行われる事件**　家庭裁判所は人事に関する訴訟事件（前記(1)参照）その他一般に家庭に関する事件について、および前述(2)の審判事件附則別表第一を除いてすべて調停を行うことができる。しかも、前述のようにこの種の調停を行うことができる事件について訴えを提起しようとする者は、まず家庭裁判所に調停の申立てをしなければならない（家事257条1項）。いわゆる調停前置主義がとられているわけである。

調停は、原則として、一人の家事審判官と家庭裁判所が選任した（または当事者が合意で定めた）素人の調停委員二人以上をもって組織する調停委員会で行う（家事248条）。調停において当事者間に合意が成立し、調書に記載されると、調停が成立したことになり、その記載は前記の別表第二に掲げる事件については、確定した審判と、その他の訴訟事件の場合には確定判決と同一の効力を有する（同268条1項）。

調停が成立しない場合にとられる手続は、事件の性質によって異なる。審判事件であるときは、当然に審判が開始される（家事272条1項）。訴訟事件であるとき——そして、つぎに述べる調停に代わる審判か合意に代わる審判がされなかった場合——には、家庭裁判所へ訴えを提起する（家庭裁判所によって事件を調停に付され、訴訟手続が中止されていた場合（家事275条1項）には、その訴訟手続が再開される）ことになる。

(4) **特殊の審判**　家庭裁判所は合意が成立しない場合でも、調停委員の意見を聴いて、当事者双方のため衡平を考慮し、一切の事情をみて、職権で事件の解決のためにいわゆる調停に代わる審判をすることができる（家事284条）。また、家庭裁判所は人事に関する訴え（離婚および離縁の訴えを除く）、婚姻または養子縁組の無効ま

たは取消しに関する事件のように、第三者の利害に影響するため、当事者の合意があってもそのまま効力を認めることができないものについては、必要な事項を調査したうえ、調停委員の意見を聴いて、正当と認めた場合には婚姻または縁組の無効または取消しに関して、当該の合意に相当する審判をすることができる（同277条）。この手続は、協議上の離婚もしくは離縁の無効もしくは取消し、認知、認知の無効もしくは取消し、父の確定（773条）、嫡出子の否認または身分関係の存否の確定に関する事件の調停についても同様である。上に述べた家庭裁判所の審判は、いずれもこれに対して当事者が2週間以内に異議の申立てをすれば、その効力を失う（家事279条・286条）。

第2章　親　　族

第1節　親族の意義

9　親族の意義と範囲

(1) **親族の意義**　人は通常、自然の血のつながりや、それに準ずる関係や、婚姻などを通じて、特定の人たちと特に親しい関係に立っている。人は、いわばあかの他人とは違った一群の人達に囲まれて生活している。そこで、ある人とこれらの人たちとの関係を取り上げて、これに他人の間におけるとは異なる特別の効果を与えることが要請される。

ところで、人がどの範囲の人と実際に親しい関係に立って生活しているかは、それぞれの社会と時代によって異なり、それぞれの人ごとに同じではなく、その範囲もその程度も千差万別であろう。したがって、法律がそれぞれの人に即して特別の効果を与える人の範囲を決定することは不可能である。そこで、民法はあらかじめ一定の標準を立てて、特別の効果の及ぶ範囲を限っている。この場合の一定の標準としては、自然の血のつながりのある者（血族）、およびこれに準ぜられる養子縁組を通して深い関係にある者（法定血族）、ならびに婚姻を通じてつながりのある者（姻族）が選ばれ、そのうちでも一定の近い関係にある者に限って、法律上特別の効果を与えている。このあかの他人と異なる効果を与えられる者を総称して親族という。わが民法は、六親等内の血族、配偶者、および三親等内の姻族をもって親族であるとしている（725条）。

しかし、上のように親族の範囲を定義することは立法技術上の利点（725条所定の範囲の血族および姻族に一定の効果を認めようとする場合に、これを単に親族と呼べばよい）を除いてはあまり意義がない。なぜならば第一に、血族関係・姻族関係は無限の広がりをもっているのであり、現実の親族的共同生活の範囲は主として習俗と道徳とによって規律され、さらに経済生活にも影響されるものであるから、法律で一定の範囲の者を限って、その範囲内が親族であり、それ以外の者は親族でないという必要はない。第二に、夫婦・親子以外の狭義の親族の間に、他人同士の間とは違った法律効果を認める必要の存することは少なくないが、その場合にもその特別の効果を認めるべき親族の範囲、たとえば婚姻の禁止、扶養義務などはそれぞれの関係によって異なる。民法においてもその他の法律においても、民法が親族であるとしている者の全体に法律効果が及ぶ場合はきわめて少ない（後述親12参照）。したがって、一定の近親について特別の法律効果を認めようとする場合には、その都度その範囲を指示すれば足りるのであって、一般的な定義をおく必要はほとんどない。このような理由で、立法論としては725条を廃止すべしという主張が強くされている。

(2) 親族の範囲　　上に一言したように、わが民法上親族とは六親等内の血族、配偶者および三親等内の姻族であるとされる（725条）。これを分説すると──

(ア) 六親等内の血族　　親族の基幹をなすものは血族であるが、民法はこれを六親等内に限っている。

(a) 血族の意義　　血縁のある者（自然血族）もしくは血縁があると同視される者（法定血族）をいう。後者はわが民法上養子と養親およびその血族との間に認められる。古くはたとえば後妻と先妻

第2章　親　　族

の子（継親子）および本妻と愛人の子（嫡母庶子）の間にも自然の親子と同様の血族関係を認めたこともあったが、これは廃止された。これらの者の間には、後述(ウ)の姻族関係が認められるだけである。

(b)　親等の意義　　親族関係の濃淡をはかる尺度である。親等の数え方について民法は、親族の世代の数を数えてこれを定めることにしている。すなわち、直系血族間では、その間の世代数がそのまま親等であり（親と子は一親等であり、孫と祖父は二親等である）、傍系血族者間では、その一方から共同の祖先にさかのぼり、他の一方に下るまでの世代数を数えてこれを定める（兄弟は二親等、伯父と姪は三親等―726条）。

(c)　直系・傍系、卑属・尊属の意義　　上に述べたところを図で示せば次頁の「親族図」のとおりであり、六親等内の血族とは本人からみて再従兄弟姉妹（またいとこ）、従兄弟姉妹（いとこ）の孫、祖父母の従兄弟姉妹より近い血族をいうことになる。ただし、これは単に親族といった場合の血族の範囲を示すものであって、個々の効果についてはたとえば直系血族または三親等内の傍系血族の間では、婚姻することができない（734条）とか、尊属は養子にできない（793条）とかいうように、親等の遠近、血縁のあり方によって、その効果を異にする場合が多い。このように、同じく親族であっても、親族法上の効果を異にする血縁のあり方の基準としては、直系・傍系・尊属・卑属の区別がある。

　直系と傍系の区別は、二人の血族のどちらか一方が他方の子孫である場合、逆にいえば他方が一方の父祖である場合に、この二人は直系血族であるという。親と子、祖父母と孫、曾祖父母と曾孫などがこれである。これと違って、二人が共同の祖先の子孫である場合に、互いに傍系血族であるという。兄弟姉妹、伯叔父母（おじ・お

36

親 9

親 族 図

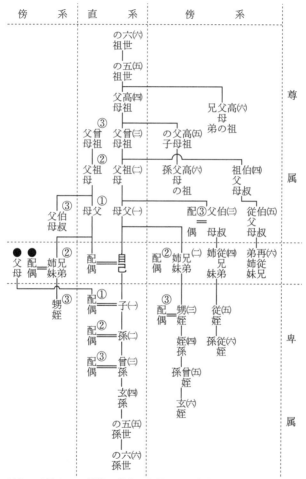

㈠印は血族とその親等，①印は姻族とその親等，
●印は親族でないことを示す。

ば)、甥姪（おい・めい）、従兄弟姉妹などがそれである。両者の区別の効果は、直系血族は相互に扶養義務を負い（877条）、また同居のいかんを問わず、扶け合いの義務を認められる（730条）などの点に現われる。

　尊属と卑属の区別は、血族中、自己の父祖および父祖と同じ世代にある者を尊属といい、子孫および子孫と同じ世代にある者を卑属という。父母・祖父母は直系尊属であり、伯叔父母は傍系尊属である。同様に子・孫等は直系卑属であり、甥姪は傍系卑属である。自己と同じ世代にある者、すなわち兄弟姉妹・従兄弟姉妹等は尊属でも卑属でもない。尊属卑属・直系傍系の区別の効果は、相続の順位（889条）や、婚姻・縁組の禁止（736条・793条）などに現われる。なお、殺人罪について特に尊属殺人の刑は重くなっていたが、最高裁大法廷判決は、法定刑に比べ重すぎるとして、憲法14条１項に反し無効であるとし（最大判昭和48・4・4刑集27巻３号265頁参照）、平成７年の刑法改正で、その条文は削除された。

　(イ)　配偶者　　婚姻によって結合した男女、すなわち夫と妻を相互に配偶者という。内縁の夫婦や愛人は配偶者ではない。配偶者は血族でも姻族でもなく、親等もない。配偶者を親族とするのは適当でないといわれている。

　(ウ)　三親等内の姻族　　配偶者の一方と他方の血族を相互に姻族という。たとえば、夫からみて妻の伯父は姻族であり、自分の兄弟の配偶者も姻族である。また、先に述べたように、先妻の子からみて父の後妻、つまりかつての継母は今日では一親等の姻族である。しかし、配偶者の一方の血族と他方の血族（たとえば夫の親と妻の親）とは相互に姻族ではなく、また配偶者の一方と他方の姻族（たとえば姉の夫と妹の夫）も相互に姻族ではない（前掲親族図参照）。姻

族間の親等は、夫婦を一体として計算する。すなわち、妻からみて夫の父母は姻族一親等、夫の兄弟は姻族二親等である。したがって、親族の範囲に入るのは、配偶者の伯叔父母、自分の伯叔父母の配偶者までである。なお、姻族にも、血族の場合に準じて直系、傍系、卑属、尊属の区別がなされる。しかし、単に直系卑属、直系尊属といった場合には、血族だけを指し、姻族を含まないことを注意すべきである（887条・889条参照）。

第2節　親族関係の変動

10　親族関係の発生

　各種の親族関係によってその発生原因を異にする。

⑴　**自然血族関係**　　自然血族関係は、**親子の血縁**を基礎とするものであるから、人がだれを父母として生まれたかによって決定される。そうして、だれが父母であるかは懐胎と出産によって確められる。これによって人は父母およびその親族との間に親族関係に立つ運命におかれるのである。もっとも、出産は比較的に証明が容易であるが、懐胎は機微の問題であって、いちいち証明することは困難である。そこで、人が夫婦関係にある妻から出生した場合には、一定の基準に従ってそれが夫の子（すなわち嫡出子）であるという推定を受ける（**親41⑵**参照）。そこで、後からそれが夫の子でないことが訴えによって確定しない限り、妻の生んだ子と夫との間には当然に父子の関係が生ずるのである。これに反して、夫婦関係にない女から出生した非嫡出子は、母およびその親族との関係は生ずるが、父およびその親族との間では、仮にその父が明らかである場合にも、法律上当然には血族関係を生じない。父の認知を必要とする。ただ

第2章 親　族

し、認知があると、出生の時にさかのぼって父子の関係が生ずる
（784条。嫡出子と非嫡出子の区別から生ずる差異については親43(3)・相
21(1)(イ)参照）。

　なお、具体的な親族関係が発生するのは出生によってである。人
の権利能力は出生にはじまるからである（3条1項）。しかし、胎児
も例外としてあるいはすでに生まれたものとみなされて権利能力を
与えられる場合があるし（相続権につき886条、損害賠償請求権につき
721条・711条参照）、また特定の行為の対象とされる場合もある（胎
児の認知につき783条参照）。その限りでは一定の血族関係にある者
としての地位を認められるのである（総23参照）。

　(2)　法定血族関係　　法定血族関係は養親子関係を基礎とするもの
であるから、養子縁組の成立とともに発生する。その範囲は、第一
に、養子と養親との間に養子縁組の日から嫡出の親子関係が生ずる
ことはいうまでもないが（809条）、なお第二に、養子と養親の血族
との間においても、自然の血族間におけると同じ親族関係が生ずる
のである（727条）。すなわち、養親の父母とは祖父母・孫の関係、
養親の子とは兄弟姉妹の関係が生ずる。考えようによっては、この
ような人為的な親族関係は養子縁組の当事者間に限るのが、立法論
としては妥当なのかもしれないが、わが民法は、養子は養親の親族
団体の一員として受け入れられるという考え方から縁組の効果を養
子と養親の血族との間にまで拡張したのである。しかし、第三に、
養親およびその血族と養子の血族（たとえば父母）との間には、何
らの親族関係も生じないことを注意すべきである。もっとも、養子
縁組の後に養子に子が生まれると、その子と養親およびその血族と
の間には血族関係が生ずると解することになる。この血族関係はや
はり法定血族関係というほかはないが、この場合には、養子の子は

特に出生の時にその親が立っていた自然および法定のすべての血族関係を通じて血族関係に入るものとされるのである。したがって、養子縁組前に生まれた養子の子は、先の一般の原則に従って、養親の血族とはならないのである（大判昭和7・5・11民集11巻1062頁）。

なお、前述のように、養子は養子縁組によって養親の親族と親族関係に入るが、他方、本来の血族との間の親族関係はそのまま存続する（ただし、後述の特別養子の場合は別である。親56(3)参照）。そして前者を養方の親族、後者を実方の親族という場合がある。民法も養子と養方の傍系血族との間では、三親等内でも婚姻できるとか（734条1項）、養子の「実方の親族から」縁組の取消しの請求ができる（806条1項）とかいうふうに、両者を区別している。

(3) 配偶関係と姻族関係　　婚姻によって両当事者は互いに配偶関係に入るばかりでなく、互いに相手方の血族と姻族関係に入る。すなわち、AはBと婚姻することによってBの三親等内の血族との間に姻族関係を生ずる。また人は、出生によって、既存の婚姻を通しての姻族関係に入る。たとえば、兄Aの婚姻後に生まれた弟Cは、出生と同時にAの妻Bと二親等の姻族関係を生ずる場合である。

(4) 親族関係の重複　　親族関係は重複して発生することがある。父方の四親等の血族が同時に母方の五親等の血族であるというように、自然血族関係が重複することもあろう。弟を養子にするというように、自然血族関係と法定血族関係が重複する場合は多いであろう。さらに、配偶者の子を養子にするというように、姻族関係と法定血族関係が重複する場合もあろう。これらの場合に、それぞれの親族関係がそのまま存続すると解して差し支えない。したがって上の例で、養親子関係が離縁によって解消しても、二親等の自然血族または一親等の姻族という関係は依然として残るのである。

第2章　親　　族

11　親族関係の消滅

　死亡は、すべての親族関係に共通の消滅原因である。すなわち、特定の人Aと、その親B、その養子C、その配偶者D、配偶者の兄弟E等との間の親族関係はすべてAの死亡によって消滅する。ただし、Aを通じての親族関係はこれによって直接の影響を受けることはないのが原則である。したがって上の例で、BとC、BとDとの間には依然としてそれぞれ直系血族、および姻族の関係が残るのである（ただし後述(3)参照）。これに反し、縁組または婚姻を通じて人為的に作られた法定血族関係または姻族関係は、その縁組または婚姻が人為的に、すなわち、離縁または離婚によって解消した場合には、一挙に消滅することを原則とする。これらの関係を各種の親族関係について考察すればつぎのとおりである。

　(1)　**自然血族関係**　　自然血族関係は、死亡以外の原因によって消滅することはない。すなわち、封建時代にわが国で認められた久離勘当や、西欧に存した民事上の死亡宣告というような制度は、今日では一般に認められていない。

　(2)　**法定血族関係**

　(ア)　死亡　　縁組の当事者間の法定血族関係は、当事者の一方の死亡によって消滅することはいうまでもないが、その縁組を通じての法定血族関係には影響がないことは、先に一言したとおりである。もっとも、縁組の当事者の一方が死亡した後に生存当事者が離縁をしようとするときは、家庭裁判所の許可を得て、これをすることができる（811条6項）。この離縁もその効果においてつぎに述べる離縁と同様であって、これによって養子と養親の血族との間の親族関係は一挙に消滅する。

　(イ)　離縁　　法定血族関係の消滅原因の他の一つは離縁である。

42

この場合には、養子Ｂと養親Ａおよびその血族との血族関係が離縁の日から消滅するだけではなく、養子縁組後に出生した養子の直系卑属Ｃと養親Ａおよびその血族との親族関係（前述親10⑵参照）も消滅する（729条）。というのもこの場合には、ＡＢ間の血族関係が人為的に作られたものであり、ＡとＣはその人為的関係を通じて親族関係に立たされていたものだからである。なお、民法は養子縁組が取り消された場合について規定していないが、縁組取消しの効力は将来に向かってのみ生ずるから（808条・748条）、取消しの時から法定血族関係が消滅すると解すべきである。

⑶ 姻族関係

(ｱ) 死亡　配偶者の一方、たとえば夫の死亡によって、夫と妻の配偶関係および妻の血族との間の姻族関係が消滅することはいうまでもない。問題は生き残った妻と夫の血族との間の姻族関係も消滅するかどうかであるが、この場合当然には消滅しないが、生存配偶者はいつでも「姻族関係を終了させる意思表示」をすることによって、これを消滅させることができることとした（728条2項）。これに反し、死亡した配偶者の血族の側からはこれを消滅させることは認められていない。すなわち、姻族関係を存続させるかどうかをもっぱら生存配偶者の判断にまかせたのである（最大判昭和32・2・20刑集11巻2号824頁参照）。この意思表示は戸籍上の届出によってされることを要し、この手続をふまない意思表示は効力がないと解されている（戸96条）。なお、婚姻によって氏を改めた生存配偶者は、婚姻前の氏に復することができるが（751条1項、親6⑴(ｲ)参照）、それは上に述べた姻族関係の消滅とは全く別個の問題であることを注意すべきである。いいかえれば、上の例で、妻は姻族関係を継続しながら氏だけを改めることもできるし、氏はそのままにしておい

第2章　親　族

て、姻族関係を終了させることもできるし、さらに、氏も元に復し、姻族関係をも終了させることもできる。

(ｲ)　離婚　　配偶関係および姻族関係の、もう一つの消滅原因は離婚である。この場合には、死亡の場合と異なり、両当事者の配偶関係の消滅に伴って、その配偶関係を通じて成立していたすべての姻族関係が一挙に消滅するのである（728条1項）。ただし、消滅するのは姻族関係に限られる。母が離婚によって子と氏を異にすることになったり、または子の親権者でなくなっても、母子の血族関係が消滅するのでないことは多言を要しないであろう。

婚姻の取消しは、先に述べた養子縁組の取消しの場合と同様に、離婚に準じ、これによって姻族関係が消滅すると解すべきである。

(ｳ)　離縁と姻族関係　　法定血族関係が離縁によって消滅した場合には、その縁組を通じて成立していた姻族関係も消滅する。すなわち、養親およびその血族と養子の配偶者または養子の直系卑属の配偶者との間の姻族関係も（729条）、養子およびその直系卑属と養親と婚姻した養親の配偶者および養親の二親等内の血族の配偶者との間の姻族関係も（直接の規定はないが）離縁によって消滅する。

第3節　親族関係の効果

12　親族関係の効果

(1)　意義　　同じく親族といっても、その遠近親疎に従って法律上の効果もそれぞれ異なる。そのうち夫婦相互および親と未成熟の子は、特別の関係として別に規定されているが、そのほかにもおよそ親族であれば一般的に認められる効果と、一定の範囲の親族、たとえば三親等内の親族とか、直系血族とかに限って認められる効果

とがある。そこで、特定の効果がどの範囲の親族に認められるかという観点から、さらにその効果を内容的に分類してみるとつぎのようになる。

(ア) 直接に積極的な効果（権利義務）が認められる場合

①互助の義務（730条）—— 直系血族および同居の親族

②扶養義務（877条・752条）—— 直系血族と兄弟姉妹（例外として三親等内の親族）および配偶者（752条）

③相続権（887条・889条・890条）—— 直系血族と兄弟姉妹（その子）および配偶者

(イ) 間接に相手方の身分法上の問題に関与する権能が認められる場合

①後見・保佐・補助開始の審判またはそれらの取消しを請求する権利（7条・10条・11条・14条・15条・18条）—— 四親等内の親族

②婚姻・縁組の取消請求権（744条・805条・806条−807条）—— 親族一般

③親権の喪失、親権の停止、管理権の喪失またはそれら取消しの請求権（834条−836条等）—— 親族一般

④夫の死亡後嫡出子否認の訴えを起こす権限（人訴41条）—— 3親等内の血族

⑤未成年後見人・成年後見人・未成年後見監督人・成年後見監督人・保佐人・保佐監督人・補助人・補助監督人の選任・解任の請求権（840条・843条2項・3項・846条・849条・852条・876条の2第2項・876条の3第1項・第2項・876条の7第2項・876条の8第1項・第2項）—— 親族一般

(ウ) 消極的な制約が認められる場合

①近親婚の禁止（734条−736条）—— 直系の親族（親族であった者

第2章　親　　族

を含む）および三親等内の傍系血族

②尊属養子の禁止（793条）── 直系または傍系の尊属

③後見人および遺言の証人・立会人としての欠格（847条4号・974条2号）── 配偶者と直系血族

④後見監督人・保佐監督人・補助監督人としての欠格（850条・852条・876条の3第2項・876条の8第2項）── 後見人の配偶者・直系血族および兄弟姉妹／（852条（847条4号の準用））── 配偶者と直系血族

(2) **効果**　(1)(ア)の直接に積極的な効果が認められる場合が最も重要である。

　直系血族および同居の親族は、互いに扶け合わなければならない（730条）。しかしこれは、直系血族間に同居義務を認めたものでもないし、また同居親族の間に何らかの扶養義務類似の効果を認めたものと解することもできない。扶養義務については別に定めがあり（877条）、その範囲は別の標準で定められているからである。したがって、この規定はせいぜい「家庭的な共同生活において要求される倫理的な理念を示して、裁判や審判または調停における指導的な方向を教えているもの」とみるほかはない。学者によっては無用な規定であるだけでなく、封建的なにおいがして有害でさえあると非難するものもある。

　直系血族および兄弟姉妹は互いに扶養義務があり（配偶者間については752条、親24(1)参照）、この関係は特別の事情があれば三親等内の親族にまで拡張される（877条）。親族関係の効果としては最も重要なものの一つであるが、その範囲や内容については後に説明する（親78以下参照）。

　配偶者、直系血族および兄弟姉妹は互いに相続人となる関係にあ

る（887条・889条・890条）。これも親族関係の効果のうち最も重要なものの一つであるが、相続編で説く（相7）。

(1)(イ)の間接に相手方の身分法上の問題に関与する権能は、親族が互いに関心を払い合わなければならないという程度の趣旨であり、同時に公益的見地から、検察官や利害関係人にも同じ権能が認められているものが多い。したがって、その範囲も広く、その反面、親族関係の効果としての意味はかなり薄い。

(1)(ウ)の消極的な制約が認められる場合のうち①・②の禁止は公益的見地から、③・④の制約は政策的見地からくるものであるが、特殊の考慮に基づくものである。したがって、その範囲はかえって(1)(イ)よりは狭く、一般的意味の薄い効果である。

(3) **725条廃止論**　以上を通覧すると、親族法上親族一般に認められる効果はきわめて限られていて、それぞれの効果について特定の範囲の親族が定められている。したがって、この見地からすると、親族の範囲を六親等内の血族、配偶者、三親等内の姻族であると定める理由がはなはだ薄いものとなる。これが、先に一言したように、立法論として民法725条の廃止が唱えられている一つの理由である（親9(1)）。

13　親族法以外の効果

民法以外の法律でも一定の範囲の親族に特別の効果を与えるものが少なくない。これを表示すればつぎのとおりである。

(1) **刑法上の効果**

①犯人蔵匿・証拠隠滅の罪における刑の免除の可能性（刑105条）
　　――親族一般

②盗品等に関する罪における刑の免除（刑257条）――直系血族・配偶者・同居の親族およびこれらの者の配偶者

第2章　親　　族

　　③窃盗・詐欺・恐喝・横領の罪における刑の免除または親告罪（刑
　　　244条・251条・255条）── 直系血族・配偶者および同居の親族
　　　は免除、その他の親族一般は親告罪
(2)　訴訟法上の効果
　　①裁判官の除斥・忌避および回避の原因（民訴23条以下、民訴規12
　　　条、刑訴20条以下、刑訴規13条）── 事情に応じて親族の範囲に
　　　広狭の差がある。広い場合は親族一般
　　②証人としての証言拒否権（民訴196条、刑訴147条）── 配偶者お
　　　よび一定の親等内の血族ならびに姻族
　　③刑事事件における告訴権（刑訴231条－233条）── 事情に応じて
　　　親族の範囲に広狭の差がある。広い場合は親族一般
(3)　その他の法上の効果の主要なもの
　　①審査的事項における除斥（裁弾30条、検審7条2号、土地収用61
　　　条1項2号、非訟11条、家事10条、特許48条等）── 一般に除斥
　　　の範囲は広く親族一般の場合が多い。
　　②公の執務における欠格・除斥（公証22条1号、執官3条2号、不
　　　登10条等）── 親族の範囲は一般に狭く定められている。
　　③立会人としての欠格（公証34条3項6号）── 範囲は狭く、4親
　　　等内の親族
　　④立会人として資格を認められるもの（入管10条4項、税徴144条、
　　　税通142条1項、関税131条1項等）── 広狭さまざまである。
　　⑤親族であるために特に許される行為（刑事収容111条1項・120
　　　条・139条、（面会、信書の許可）、船員54条2号・56条（給料の
　　　受領）、少審規29条（審判席に在席を許す）、中協11条2項（議決
　　　権、選挙権の代理行使）等）── 親族の範囲はそれぞれの法によ
　　　って異なる。

⑥引受人としての意味における資格（刑事収容55条・176条・177条、少院144条・145条（死亡の通知、遺留品・死体等の引渡し）等）—— 親族一般（遺族）

⑦親族であるために義務づけられるもの（戸87条１項）—— 同居の親族

⑧親族であるための挙証責任の転換（破170条１項２号・161条２項３号）—— 親族一般

⑨社会保険の遺族・受給者となる要件（健保１条・３条７項２号、厚年金59条、労災16条の２等）—— 親族の範囲は同じではない。生計維持を条件とするものが多い。

⑩税法における控除（所税２条１項33号・34号、地税292条１項７号等）—— 生計を共にする配偶者または親族

⑪税法上における差押えの禁止（税徴75条１項１号・２号等）—— 同居の親族の生活必需品

　上に列記したように、親族法以外の効果はきわめて種々雑多であり、中には、実情にそぐわず検討を要するものも少なくない。親族の定義が形式的・一般的であることに由来すると思われるものも見受けられる。

第3章　婚　姻

第1節　序　説

14　婚姻の本質と沿革

(1)　**婚姻法**　　社会的動物である人類の保族本能は、その発達の初期から、一定のきまり――多くの場合に習俗、宗教、道徳などもろもろの社会規範――に従って行われてきた。このきまりに従って成立する男女の結合が婚姻であり、このきまりが法的な性格を取得した場合に、婚姻法が成り立つのである。

(2)　**婚姻制度の変遷**　　ところで、有史以来その時々の社会的・経済的諸事情によって婚姻制度そのものも、そこで行われる婚姻の実態も、いろいろと移り変わってきた。この移り変わりのあとづけが婚姻の歴史にほかならない。これはその形態、その成立過程、その実態等の諸側面から考察することができる。

(ア)　原始雑交　　婚姻の最も古い形態が無婚雑交であったか、さらに群婚が存在したかについては争いがあるが、今日現存する未開社会の研究の結果から否定説が多くの学者の支持を得ている。したがって、婚姻の歴史は個人婚姻からはじまるということになる。もっとも、制度としては東洋社会には比較的最近まで一夫多妻婚が存在したし、また、きわめて例外ではあるが、一妻多夫婚の存在も実証されている。しかし、現在文明国においては、原則として一夫一婦婚が確立されているのであって、これが婚姻の本然の姿だということができる。

(イ) 共諾婚　　婚姻の成立過程からいうと、女の地位が低かった時代には掠奪婚・売買婚・贈与婚・接待婚などの諸形式がみられたが、今日では、両当事者の合意のうえに成立する共諾婚に進んできている。そうしてこの男女の共諾と社会的認証の制度的な方式——その法律上の効力付与の要件——としては、あるいは宗教上の儀式が、あるいは法律上の届出が、要求される場合が多いが、事実上の婚姻関係にそのまま法律上の効果を付与する法制もある。

(ウ) 一夫一婦制　　婚姻の形態が一夫一婦制になり、その成立が原則として共諾によることになっても、婚姻が真に自由にして平等な男女の結合になるまでには、まだかなりの曲折がある。それは「家」制度が存在していて、婚姻がその中で行われる限り、家族的統制に服さねばならなかったからである。この家族的統制が打ち破られ、個人の尊厳と男女の平等を基本原則とする男女の結合が成立し、その上に夫婦とその子の共同生活が打ち立てられるのは、立法後から半世紀たって、しかも戦争という外圧によってであった。

(エ) 同性婚　　これまで、婚姻が男女間の結合であることについては、当然のことと考えられてきたが、社会において、性的指向の多様性が認められるようになってきた結果、法律によって同性婚を認める国が出てきている（オランダ、フランスなど）。日本では、一般的な同性婚は認められていないが、性同一性障害者の性別の取扱いの特例に関する法律（平成15年法律111号）に従って、審判より性別の取扱の変更を認められた者は、変更された性の者として婚姻することができる。

15　婚姻法の内容

わが民法が親族編の第2章で規定する婚姻法の内容は、およそ、婚姻の成立、効果、解消の三つの部分から成り立っている。このほ

かに、夫婦は、その間に生まれた子に対して共同して保育・監護・教育する権利と義務を有するが、それは親子法（第4章）の内容とされ、また夫婦は相互に相続関係に立つが、それは相続編に規定される。

(1) 成立　民法はまず婚姻の成立について種々の実質的および形式的要件を規定する。そして、その要件を満たさない婚姻について、無効でありまたは取り消すことができるものであるとする。ところで婚姻は、民法の規定する要件を満たさない場合にも、事実として成立することが多い（親33以下参照）。そこで民法も、要件に欠けるところのある婚姻もきわめて限られた場合にだけ無効とし、原則としては取り消すことができるものと規定している。しかもその取消しは、総則の場合と異なって、遡及しないものとしている。また、届出という形式的な要件を欠く婚姻——いわゆる内縁関係——については、判例・学説はこぞってこれに対して婚姻に準ずる効果を認めようとしている。これらが婚姻法の第一の部分を形成する。

(2) 効果　婚姻の効果としては、氏の変動とか、同居・扶助の義務とかの、純粋に身分的なものと、婚姻に伴う夫婦の財産関係に及ぼす効果とがある。この後者については、夫婦は夫婦財産契約によって、任意にその内容を定めることもできるが、それにはきわめて厳重な条件が要求されているので、現実にはほとんど行われていない。したがって婚姻の効果は、大部分は客観的な規範によって定まる。それが婚姻法の第二の部分をなす。

(3) 解消　婚姻は男女の終生の共同生活を目的とする結合である。しかし、夫婦関係も人間のことであるから、事実上破綻することがある。このような場合に、法律上もたやすくこれを承認するかどうかは、習俗・宗教などの影響もあって、各国の立法例はかなり

分かれている。わが民法は、両当事者の合意があれば容易に婚姻を解消できる建前をとり、また、夫婦の一方は相手方の同意がなくても、一定の事由があれば、訴えによって婚姻を解消できることとしている。その反面、諸外国で認められる離婚の前段階としての「別居制度」については、特別の規定をおいていない。事実上の離婚にどのような効果を認めるべきかはむずかしい問題であるが（親28(4)参照）、家庭裁判所の関与によって調整される場合が多いであろう。これらが婚姻法の第三の部分をなす。

第2節　婚姻の成立

16　婚姻契約

　婚姻は当事者が終生の共同生活を約する私法上の契約によって成立する。

　(1)　**当事者**　婚姻は今日では当事者が結ぶ契約である。少し歴史をさかのぼれば、家族の婚姻について家長が決定者であった時代があり、かつてその名残りが法制度の上でもあった。習俗的には婚姻は今日でもなお他の者の意思が加わり、当事者だけで決定されない場合がないとはいえないであろう。しかし、今は、「婚姻は、両性の合意のみに基いて成立」するものである（憲24条）。

　(2)　**私法行為**　婚姻は私法上の契約である。いずれの民族でも、婚姻は宗教的な行事と結びついていた。ことに中世の西欧では教会の専管事項でさえあった。しかし、国家が教会から独立し、婚姻を教会の手から取り戻してからは、婚姻は教会で行われることが多いにしても、その本質は、神が結ぶものではなく、当事者が締結する契約であることが明らかにされた。今日わが国の習俗ではいわゆる

第3章 婚　姻

神前結婚が行われる場合があると思われるが、その本質が私法上の契約であることには変わりがない。それは婚姻が形式的には当事者の行う戸籍法上の届出によってのみ成立するとされる点に如実に現われている。

(3)　**契約**　　婚姻は当事者が結ぶ契約である。そうして契約が原則として合意によって成立するように、婚姻も両当事者の合意によって成立する。のみならず、婚姻は当事者本人の合意によってのみ成り立つ。いわゆる代理に親しまない行為である。したがって、婚姻とは何であるかを判断する能力のない者について、他人がこれを補充するということ——法定代理人による代理——も許されない。その反面、行為の当時にこの判断能力をもっておりさえすれば、たとえ後見開始の審判を受けた成年被後見人でも独立に婚姻をすることができる。成年後見人の同意を必要としないのである（738条）。

(4)　**終生の共同生活**　　婚姻は内容的には終生の共同生活を目的とする契約である。したがって、これに条件や期限をつけることはできない。もし当事者間でこれをつけた場合には、婚約の段階においては契約全体が無効となる——したがって婚約違反の損害賠償請求も認められない——ものであり、届出によって婚姻が成立した場合には無条件——したがって完全な婚姻——になるものと解される。

さて、婚姻契約はおよそ上のような性格のものであるが、一般の契約と同様に、申込みと承諾によって成立する。しかし習俗的には婚約、挙式、同棲という過程を経るのが普通である。わが民法は婚約について何の規定もおかず、また、婚姻成立の基準を、挙式、同棲に求めないで、戸籍上の届出においた。そこから種々問題が発生している。段を改めて説明しよう。

17　婚　　約

婚約は、婚姻適齢に達した男女が将来婚姻しようという契約である（もっとも、婚姻適齢に達していることを要件とすべきか、換言すれば、婚姻適齢に達しない未成年者であっても婚約をなしうるかについては、見解の分かれるところである）。実質的には婚姻生活に入っていながら、届出手続だけをしていない内縁（親33参照）とは異なる。内縁は、不当に破棄した者の責任を追及する場合に、判例上これを婚姻予約の不履行と呼ぶことがあるから、特に注意が必要である（親33参照）。わが民法は、婚約について規定をおいていないので、解釈論に委ねられている（ドイツ民法など規定をおく立法例もある）。

(1)　形式の要否　　婚約はわが習俗上は結納の取り交わし、「樽入れ」「足入れ」その他の儀式などによって行われることが多いが、このような形式をふまなくても有効に成立すると解される（最判昭和38・9・5民集17巻8号942頁・基本判例353）。ただ、婚約が不当に破棄されて損害賠償を請求する場合に、はたして婚約があったかどうかの立証にあたっては、儀式を行ったかどうかがかなり重要な意義をもつ。

(2)　婚約の不履行　　婚約は、相手方がこれに違反した場合にその強制履行を求めることは許されない。婚姻は、当事者の自由な意思で成立させるべきであって、たとえ婚約者でも、すでに婚姻する意思がなくなった者に婚姻を強制すべきでないからである。しかし、正当の理由がないのにこれを破棄した者は、相手方の受けた損害の賠償をしなければならないかどうかは別問題である。これを肯定する立法例がある（ドイツ民法、スイス民法等）が、わが民法にはこのような規定がない。しかし、婚姻の事実が明確である限り同様に解すべきである。また、他人の婚約関係を不当に侵害した者は、不法

第3章　婚　姻

行為者として損害賠償の義務を負うと解される。

(3)　結納　　婚約にあたって授受された結納は将来成立すべき婚姻生活を目的とする贈与である。したがって、婚姻が不成立に終わったときは、目的不到達による不当利得として、原則として（不成立につき贈与者に責任がある場合を除いて）、贈与者から受贈者に対して結納の返還を請求することができる。これに反し、婚姻がいったん成立した場合には、たとえその後まもなく離婚したとしても、結納はその目的を到達したのであるから不当利得とはならない。すなわち返還を請求することはできない（最判昭和39・9・4民集18巻7号1394頁）。もっとも、婚姻関係が短期間で解消になった場合、問題が生じる。挙式後8ヵ月間同棲しその後離婚した場合は目的が到達されたとされ（前掲最判昭和39・9・4）、挙式後2ヵ月足らずで別れるに至った場合は目的を達したとはいえないとされる（大判昭和10・10・15新聞3904号16頁）。ちなみに、内縁関係は成立したが結局届出がされず「婚姻予約不履行」（後述親35(1)参照）に終わった場合にも上と同様に結納はその目的を達成したと解され、その返還を請求できないと解されている（大判昭和3・11・24新聞2938号9頁）。

18　婚姻の届出——形式的要件

(1)　意義　　婚姻は戸籍法の定めるところにより届け出ることによって、その効力を生ずる（739条1項）。

(ア)　届出　　届出は、当事者双方および成年の証人2人以上が署名した書面で、またはこれらの者から口頭でしなければならない（739条2項、戸29条・33条）。届け出る事項は、夫婦の称する氏（夫の氏か妻の氏か）、結婚式を挙げたときはその年月日、当事者の父母の氏名その他戸籍法施行規則などに定められている事項である（戸74条、戸施規56条）。届書が有効に成立すれば届出は本人でなくとも

よい。届出の場所は、夫または妻の本籍地または所在地であるが（戸25条）、外国にいる日本人間の婚姻は、その国に駐在する日本の大使・公使または領事に届け出てもよい（741条）。もっとも、この後の場合には本籍地に届出をしてもよいし、さらに、婚姻挙行地の法律の定める方式によることもできる（法の適用に関する通則法24条2項）。なお、記名捺印や代理署名など本人が署名しない届書がしばしば問題になるが、受理されれば——本人に婚姻の意思のあることを要するのはいうまでもない——婚姻は有効に成立すると解されている（換言すれば、自署は届出受理の要件であり、成立の要件ではない（大判昭和11・12・4民集15巻2138頁））。しかし、本人が届出をする意思がないのに、第三者が勝手に届出をしても婚姻は無効である（大判大正9・9・18民録26輯1375頁）。もっとも、判例はこのような無効の婚姻も追認によって有効となるとする（親21(1)(イ)）。

　(イ)　受理　　戸籍を管掌する市町村長または届出を受けた大使らは、届出が法定の形式を満たしていること、および後述の婚姻障害のないことを認めた後でなければ、これを受理してはならない（740条・741条）。本人の知らない間に届出が出されたような無効な婚姻であっても戸籍に記載があれば、その訂正をしたうえでないと（親21(2)参照）、婚姻届は受理されない。婚姻は受理によって効力を生ずる。戸籍簿に記載されることは要件ではない（この点登記と違うことに注意せよ）。届出が受理されると、たとえ一定の要件を欠く婚姻でも一応効力を生じ、取消しの問題を残すだけであることは、後に述べる（親19参照）。なお、本人が生存中に有効に作成し郵送した届出は、本人の死亡後に到着した場合でも効力を生じ、死亡の時に届出があったものとみなされる（戸47条）。同様に届出受理の当時、本人が意思能力を失っていても届出は有効である（最判昭和

第3章　婚　　姻

44・4・3民集23巻4号709頁)。

(2) 届出による認証

(ア)　戸籍上の届出　　男女の結合が社会的に正当な婚姻と認められるためには、何らかの形式をふむことを要するのは、多くの国に共通の現象である。宗教的ないし習俗的には儀式によって婚姻の成立につき神の祝福を得、社会の認証を得るためである。婚姻を規律する法の立場からすれば、儀式によって婚姻が法の認めることができないものでないことが保障され、またこれによって婚姻の成立は公示されるのである。ところで、婚姻は宗教から離れて私法上の契約であるということになり、宗教と不可分のものではなくなり、交通範囲が拡大したため、儀式よりもむしろ整備された戸籍制度のほうが公示力をもつという事情が生じた。そこで、上の二つの要請は戸籍上の届出によってよりよく満たすことができるということになった。すなわち、民法739条が、婚姻は戸籍法の定めるところにより届け出ることによって、その効力を生ずると規定するゆえんである。

(イ)　「効力を生ずる」の意義　　この条文の解釈をめぐっては、婚姻は届出によって効力を生ずるのか、それとも届出によって成立するのかについて説が分かれている。むしろ後説が通説である。したがってまた、民法は当事者が婚姻の届出をしないときは無効であるといっているが（742条2号）、論理上は不成立と解すべきであるとされる。この通説の考え方は、「届出」を「儀式」におきかえてみればきわめてわかりやすくなる。ところが、実生活では人々は儀式を届出におきかえてはいない場合がある。儀式は儀式として行い、夫婦生活をはじめるが、届出は怠っている、という場合が相当多数にのぼる。そこから事実上の婚姻である内縁関係を生じ、法律関係

を紛糾させている。そこで婚姻は儀式によって成立し、届出は効力の発生要件であると考えることもできないわけではない。そのように解釈するとすれば、内縁は婚姻としては成立しているが、民法上の効力は否定されるものとなり、これを準婚として理解することが容易になる（親33参照）。のみならず、一歩進めれば先に述べた婚約はこれを強制履行することはできないという原則も、すでに成立している婚姻（すなわち内縁）については適用がなく、裁判所は婚姻の効力を生じさせるための届出を命ずる判決を下すことができるという考え方も不可能ではなくなる。しかし、近時挙式と届出を一致させる風習が行きわたっていることなどを考え合わせると、そこまで踏み切るにはなお検討を要する。

(3)　**立法論**　立法論としては、婚姻の成立に、届出その他の形式を要求する法律的形式婚主義をとるか、婚姻の儀式または婚姻の意思をもってする同棲の事実で足りるとする習俗的儀式婚主義または単純な事実婚主義をとるかについては、かつて議論されたこともあったが、今は、この届出主義が定着し、ほとんど議論されることもなくなった。

19　婚姻障害——実質的要件

　すでに一言したように、当事者から婚姻届がされた場合に、市町村長は、それが形式（739条2項）の上で調っているかどうかを確めるほか、その婚姻が民法731条から737条までの規定その他の法令の規定に違反しないことを認めた後でなければ、受理することができない（740条）。もし、誤って受理されても、多くの場合に取消しの原因となる。すなわち、これらの条文に規定されている諸事由は婚姻の障害となる。一般に、これを裏返して、これらの条文に違反しないことを婚姻の実質的要件と呼んでいる。

第 3 章　婚　　姻

(1) **婚姻適齢**　　男女ともに成年年齢である18歳にならなければ、婚姻することができない（731条）。これまで、男18歳、女16歳とされていたが、平成30年改正により、成年年齢の引き下げと同時に、平成 8 年改正要綱（序 1 参照）を実現したものである。早婚を防ぐ趣旨である（平成 8 年改正要綱では、若年夫婦の離婚率が高いことを改正理由として挙げていた）。高齢であること、夫婦間に大きな年齢の差があることなどは法律上障害とならない。不適齢者の婚姻が誤って受理されれば一定の者の請求によって取り消される（744条・745条）。

　成年者でなければ、婚姻ができないことになり、未成年者の婚姻に関する問題（なぜ親の同意を必要とするのかなど）は解消した（ただし、後述するように、過渡的に未成年者の婚姻は残るが）。

(2) **重婚**　　配偶者のある者は、重ねて婚姻をすることはできない（732条）。配偶者のある者とは、いうまでもなく、法律上の配偶者のある者の意である。したがって、当事者に配偶者があるかどうかは市町村長が確かめることができ（戸施則63条参照）、婚姻届は受理されないから、重婚が生ずるのは、戸籍の取扱い上の過誤によって 2 度目の婚姻届が受理された場合や、離婚後再婚したところ離婚が無効または取り消された場合など、まれにしか生じない。これらの場合には、後の婚姻は取り消される（744条。前の婚姻については一般の理論によって離婚原因があることになる）。なお、配偶者が失踪宣告を受け、生存配偶者が善意で再婚した後で、失踪者が生還した場合にも重婚が生ずるかについては説が分かれている（親26(2)参照）。なお、悪意の重婚者は重婚罪で処罰される（刑184条）。

(3) **再婚禁止期間**　　女が再婚する場合には、前婚の解消または取消しの日から100日（これを待婚期間・寡居期間などという）を経

過した後でなければならない（733条1項）。これはもっぱら子の父がだれであるかわからなくなる混乱を防ぐ趣旨である。したがって、その心配がない場合、すなわち、女が前婚によって懐胎した子を生んでしまえばこの障害はなくなる（733条2項）。夫が失踪宣告を受け、または3年以上生死が不明であるという理由で離婚が認められ、これによって前婚が解消した場合にも同様に解すべきである。

これまで、待婚期間は6ヵ月とされていたが、その規定を違憲とする最高裁判決（最大判平成27・12・16民集69巻8号2427頁）に対応して、平成8年改正要綱（序1参照）で定められているように、100日に短縮したものである。医学の発達により、親子鑑定の精度が高くなったこと、女性にだけ再婚禁止期間を設けることの不合理などを根拠に、再婚禁止期間を設けるべきでないとする見解も主張されている。

わが民法は、この制限に違反して婚姻届が誤って受理され婚姻が成立してしまった場合にも、前婚解消後100日を経過するまでの間または女が再婚後出産するまでの間は一定の者の申立てにより取り消されるものとしている（744条・746条。親22(2)参照）。しかし、はたして妥当な規定であるかどうかは疑問である。

(4) 近親婚　　近親者間の婚姻は、二つの理由から禁じられている。

(ア) 優生学上の理由による禁止　　自然血族の間では、直系血族または三親等内の傍系血族の間では婚姻することができない（734条）。四親等すなわち従兄弟姉妹およびそれより遠い血族間では、父系であると母系であるとを問わず、何らの制限もない（父系の血族はどんなに遠い者でも相互に婚姻できないとする同姓不娶の原則は、わが民法の採用しないところである）。

第3章　婚　姻

(イ)　道義上の理由による禁止　　法定の直系血族（たとえば養親と養子）であり、またはあった者は相互に婚姻できない（734条・736条）。この場合には優生学上の考慮の必要はないが、親子またはその延長関係にあり、またはあった者の婚姻を認めるのはいかにも道義人情に反するからである。同様の理由によって、直系の姻族（たとえば嫁と舅）であり、または直系の姻族であった者（728条参照）は相互に婚姻できない（735条・736条）。Aの養子Bと養子縁組後に養親Aの配偶者になった者Cとは、ABが離縁した後で婚姻できるかどうか（もちろんACの婚姻が解消した後）は、規定の上では明らかでない。736条および同条の引用する729条が、いずれもそのような場合を予想していないからである。そこで、学説は分かれているが、婚姻障害が存するものと解すべきであろう。これに反し、傍系の法定血族（たとえば実子と養子）および傍系の姻族（たとえば夫と亡妻の妹）の間の婚姻は自由である（734条1項但書。妻と亡夫の兄弟との婚姻を逆縁婚、夫と亡妻の姉妹の婚姻を順縁婚という。わが民法上は自由であるが、古くはこれを義務づけた立法と、禁止した立法とがあった）。なぜなら、これを禁ずる道義観は確立していないからである。のみならず、社会的習俗的にはその必要があるとさえ意識されている。なお、国によっては離婚した妻の生存中はその姉妹とは婚姻できないとする立法例もあるが、わが民法上は障害とならない。

(5)　**未成年者**　　平成30年改正により、婚姻適齢と成年年齢がともに18歳となったので、未成年者が婚姻することはなくなったのであるが、改正法の施行時に16歳以上18歳未満の女性は婚姻することができるとされている（平成30年法律59号附則3条）。そこで、しばらくの間、未成年者が婚姻することがありうることになる。その場

合に、737条、740条および753条がなお効力を有するとされている。

(ア) 父母の同意 未成年の子（一度婚姻した者は成年に達したものとみなされるから、ここにいう未成年の子ではない（親24(4)参照））が婚姻するには、父母の同意を得なければならない（737条１一項）。しかし、父母の一方が同意しないときは、他方の同意だけで足りる。また、父母の行方が不明なときとか、死亡したときとか、またはその意思を表示することができないとき（成年被後見人の場合は一応これに該当すると解される）にも、同様である（同条２項）。婚姻届は、父母の一方の同意書が添付されていれば（戸38条１項・39条）受理されるのであって、子は父母の他の一方が不同意であるとか、行方がわからないとかの事実を述べ、または立証する必要はない。

さらに、父母の行方がわからないなどの客観的な理由で、事実上どちらの同意も得られない場合には、同意がなくてもよいと解すべきであろう。つまり民法のこの規定は、相談すべき父母があるならば、少なくともその一方の同意を得ることを要件としたものである。なお、父母いずれもの同意が得られない届出でも、誤って受理されたときは、もはや取消しの問題は生ぜず、婚姻はそのまま有効とされる。

(イ) 批判 現行法のこの規定は、思慮の十分に熟していない者に補佐的な同意権者を付ける趣旨である。明治民法においてすでに定められていたものであるが（旧772条）、しかし、第２次大戦後の家族法の全面改正により、婚姻年齢が引き上げられ、また未成年者であっても婚姻により成年とみなされる（753条）ことになったことから、このような制限が必要であるかどうか疑問であると批判されてきた。のみならず、民法が同意を得るべき父母について限定をつけず、かつ父母の一方が同意しないときは、他の一方の同意で足

第3章　婚　姻

りるとしているのははなはだ不徹底のそしりを免れないとも指摘されていた。さらに、このような事情が交錯して、いくつかの点について、解釈上の疑義を生じ、学説の対立を招いていた。そこで、立法論としては、親権者または未成年後見人の同意を得るべきものとし、共同親権者の意見が合わないときは家庭裁判所の許可をもって代えるものとすべきであるなどの見解が出されていた。このような状況において、平成30年改正は、成年者でなければ婚姻できないこととし、753条を削除したので、上述のような問題は解消した（過渡的には、父母の同意を要する婚姻が残るが）。

第3節　婚姻の無効および取消し

20　総　　説

　財産上の契約、たとえば、売買契約に瑕疵があって無効であり、または取り消された場合には、相互に相手方を原状に復させることが可能である。賃貸借とか雇用とかの継続的契約関係では、文字通りの原状回復は不可能であるが、本来財産上の契約であるから、相互に不当利得を返還することで一応原状に回復したと考えることも不可能ではない。ところが、婚姻のような性的結合を伴う継続的な関係については、その間に子が生まれることもあり、文字通りの原状回復ということはありえない。したがって、事実上成立した夫婦関係を法律上否定することは努めて慎重に行うべきである。しかし、婚姻も契約である以上は、その成立に瑕疵があるならばその効果を否定し、当事者を瑕疵ある婚姻の拘束を受けないものとして解放することは必要である。ここから以下に述べるように、制限的態度を維持しながらも、婚姻の無効・取消しを認めるという民法の態度が

生まれてくる。

なお、婚姻の無効・取消しが制限されているのには、もう一つ沿革的な理由を挙げることもできよう。すなわち、西欧において離婚がきわめて困難であった時代に、婚姻が当初から無効であったという理由を挙げて、実質上の離婚が行われる傾向があった。そこで、このような脱法行為を禁ずる趣旨から、「明文なければ無効なし」という原則が立てられた。わが民法742条が「次に掲げる場合に限り、無効」といっているのは、伝統的にはその流れを汲むものといえよう。しかし、離婚のきわめて容易なわが民法の下では、この条文の営む機能も変わっていることを注意すべきである。

21 婚姻の無効

(1) **無効原因**　婚姻はつぎの場合に限って無効とされる（742条）。

(ア) **婚姻意思の不存在**　人違いその他の事由によって当事者間に婚姻をする意思がなければ、婚姻は、たとえ届出がされても無効である（742条1号）。本人の知らない間に、親が代わって届出をしたものなども、この理由によって無効である（大判大正9・9・18民録26輯1375頁）。いったん届書に署名したが、その受理以前に届書提出の委託を撤回した場合も同様に解される。このように、当事者間に婚姻届をすること自体について意思の合致がないときは、婚姻が無効であることに疑いない。しかし、たとえば真に婚姻する意思はないが、外国に入国するためとか、子に嫡出性を与えるために届出をしたという場合はどうであろうか。この場合には、届出そのものについては合意はあるのだが、事実ないし当事者の真意を尊重する身分法の性格から、やはり無効であると解するのが判例・通説である（後の例につき、最判昭和44・10・31民集23巻10号1894頁・基本判

第3章　婚　姻

例354）。

　(イ)　届出をしないこと　　当事者が婚姻の届出をしなければ、た
とえ婚姻意思があり、実際に婚姻生活がされても、無効である
（742条2号）。ただし、民法はこの場合をも無効としているが、通
説は実は婚姻の不成立であると説く（親18(2)参照）。したがって、本
条本文は当然のことを規定したものであり、ただ、その届出が739
条2項所定の届出の要件を備えていない場合——たとえば、証人が
未成年者であったとき——は、届出としては違法であり、市町村長
はこれを受理してはいけないのだけれども（740条参照）、一度受理
されると婚姻は完全に有効に成立するという、但書にのみ意義があ
ることとなる（立法論としては739条に関連して規定するのが適当であ
る）。なお、婚姻の実体を備える当事者について、本人の一方また
は双方が全然知らない間に他の一方または第三者がした届出が効力
を有するかどうかは困難な問題である。当事者が届出をしないとい
う明瞭な合意をしている場合を除いて、婚姻は有効に成立すると解
すべきであろう。判例はこのような届出も追認が可能であると解し、
届出の存在を熟知しながら長く婚姻の実体を継続した場合には、無
効の婚姻の黙示の追認があり、届出の当初にさかのぼって有効とな
るとする（最判昭和47・7・25民集26巻6号1263頁・基本判例355）。

　(2)　無効の主張者　　婚姻が無効であることは、当事者だけでな
く、利害関係のある者はだれでも、当事者の死亡した後でも、主張
することができる。婚姻の取消しと違って、裁判所の判決を必要と
しない。だから他の訴え、たとえば相続回復の訴えで、その前提と
して婚姻の無効を主張することもできる（大判大正11・2・25民集1
巻69頁は離婚に関してであるが同趣旨）。——立法論としては必ずま
ず確認の訴えを要することにすべしという説がある。立法例にも同

66

趣旨のものがある。重大な身分上の関係だから画一的に明瞭にしておくとの趣旨から、解釈論としても、そうだという説もある——しかし、いずれにしても、現行法上確認の訴えができることは疑いない。そしてこの確認の訴えは、人事訴訟法によって、特別の審理に服し、その裁判の効力は第三者にも及ぶ（人訴 2 条 1 号・24条 1 項参照）。その反面、無効確認を求める利益のある第三者はその訴えを起こすことができると解される（最判昭和34・7・3 民集13巻 7 号905頁）。なお、この婚姻の無効確認も、家庭裁判所の調停にかけることができ、裁判所は、特別の審理をして、審判でこれを解決することができる（家事277条、親 8 (4)参照）。判決または審判によって婚姻の無効が確定した場合には、訴えの提起または調停の申立てをした者の申請によって戸籍が訂正される（戸116条。もっとも、当事者の合意があれば、家庭裁判所の許可だけでも訂正できると解される）。

　婚姻が無効である場合には、当事者の間に夫婦としての何らの効果を生じないことはいうまでもない。したがって、たとえその間に子が生まれても嫡出子とはならない。

22　婚姻の取消し

　婚姻の取消しは、一定の事由がある場合に一定の者の主張をまってはじめて認められ、その効果は将来に向かってのみ認められる。

⑴ 取消原因　　婚姻はつぎの事由がなければ取り消すことができない。すなわち、第一に、①不適齢者の婚姻（731条違反）、②重婚（732条違反）、③再婚禁止期間中の女の婚姻（733条違反）、④違法な近親婚（734条－736条違反）等の実質的要件を欠く婚姻、第二に、詐欺（第三者が詐欺を行った場合でも同様である（96条 2 項参照））または強迫によってされた婚姻である。もっとも上のうち、不適齢者の婚姻は、その者が適齢に達したとき（ただし、本人はその後 3 ヵ

第3章　婚　姻

月は取り消すことができる（745条））、再婚禁止期間の婚姻は、その
期間を経過し、または女が再婚後懐胎したとき（746条）、詐欺・強
迫による婚姻は、当事者が詐欺を発見し、もしくは強迫を免れた後
3ヵ月経過し、または追認をしたとき（747条2項）は取り消すこと
ができなくなる。重婚の前婚が離婚によって解消し、重婚状態がな
くなった場合については規定がないが、取り消すことができなくな
ると解すべきである。なお、取消しの対象である婚姻が当事者の死
亡によって解消した後にも取消権はなくならないが（744条1項但書、
人訴12条参照）、離婚によって解消した場合には、離婚と取消しとで
はほとんどその効果を異にしないので（749条参照）、取消権はなく
なると解される。

(2)　取消権者　　婚姻はつぎの者から家庭裁判所に請求してはじ
めて取り消すことができる。すなわち、第一に、前記の婚姻障害は
公益的理由によって認められたものだから、これに該当する婚姻は
たとえ当事者がこれを維持しようとする場合でも、その取消しを認
める必要がある。したがって、取消権は、①各当事者のほか、②そ
の親族、③検察官にも認められている。ただし、検察官は当事者が
死亡した後はこれを請求することはできない（744条1項）。なお、
重婚の場合には当事者の配偶者（配偶者を親族とするわが民法のもと
では、特別の規定がなくても当然である（親9(2)(イ)参照））、再婚禁止
期間中の婚姻の場合には当事者の前の配偶者も取消しを請求するこ
とができる（744条）。第二に、詐欺・強迫を理由とする場合にはそ
の当事者だけが取り消すことができる（747条1項）。この場合に総
則の取消権者に関する120条2項の適用はない——代理人、承継人
による取消しはありえない——と解すべきである。

(3)　取消請求とその相手方　　婚姻の取消しは一般の取消し（123

68

条参照）と異なって、家庭裁判所に請求してはじめてすることができる。そして、無効の場合と違って、他の訴えの前提として主張することはできない。身分関係の変動を慎重かつ明確にしようとする趣旨である。したがって、その訴訟は人事訴訟法による特別の審理に服し（人訴2条1号）、その判決は第三者に対しても画一的に効力をもつものとされるのである（同24条1項）。ただし、重婚による取消し（732条）の請求を棄却した確定判決は、前婚の配偶者に対しては、その者の請求に係る訴訟に参加したときに限ってその効力を有する（同24条2項）。もっとも、家庭裁判所がその調停手続において、特別の審理をしたうえで審判でこれをすることもできる（家事277条1項、親8(4)参照）。

取消請求の相手方は人事訴訟法で定められている（人訴12条）。夫婦の一方が訴えを起こすときは他方の配偶者、それが死亡した後は検察官（ただし詐欺・強迫の場合を除く）である。親族が訴えを起こす場合は夫婦、夫婦の双方が死亡した後は検察官である。検察官が訴えを起こす場合は夫婦双方（一方が死亡した後には検察官は原告になれない）である。

(4) 取消しの効果　　すでに述べたように、事実を尊重する建前から婚姻取消しの効力は将来に向かってのみ生ずるものとされる（748条1項）。婚姻取消しの判決または審判が確定すると、その時から将来に向かって解消するのである。したがって、第一に、婚姻後、取消以前に懐胎した子の婚姻中に懐胎されたものとしての嫡出子の身分（772条参照）、その婚姻によって、またはその婚姻中に認知されたことによって、準正された地位（789条1項・2項参照）は、取消しによって変更されない。しかし、第二に、婚姻は将来に向かって解消するので、従来の関係の処理は、離婚に準じて行われる

（749条）。すなわち、父母は協議して子の監護者を決定すべく（766条）、婚姻によって氏を改めた者は復氏し（767条）、また、財産分与の請求権も発生する（768条）。姻族関係の終了（728条1項）、祭具等の承継（769条1項）、子の氏（790条1項但書）、離婚の際の親権（819条2項・3項・5項・6項）の諸規定も準用される（749条）。取消し前にその一方が日常の家事について、第三者に債務を負担した場合には他方も連帯して責任を負う（761条）と解すべきである。なお、婚姻の障害としての過去の姻族関係（親19(4)(イ)参照）も残ると解されるが、詐欺・強迫を理由とする取消しの場合には残らないとする説が有力である。

　裁判所は、附帯処分等の裁判をしなければならない。すなわち、裁判所は、申立てにより、夫婦の一方が他方に対して提起した婚姻の取消しの請求を認容する判決において、子の監護者の指定その他子の監護に関する処分または財産の分与についての裁判をしなければならない（人訴32条1項）。この場合における判決では、裁判所は、当事者に対し、子の引渡しまたは金銭の支払その他財産上の給付を命ずることができる（同条2項）。婚姻の取消請求を認容する判決で親権者の指定の裁判をする場合も、同様とする（同条3項）。裁判所は、子の監護者の指定その他子の監護に関する処分または親権者の指定の裁判をするにあたっては、子が15歳以上であるときは、その子の陳述を聴かなければならない（同条4項）。裁判所は、附帯処分の裁判または親権者の指定の裁判をするにあたっては、事実の調査をすることができ（同33条）、この場合、家庭裁判所調査官に調査させることができる（同34条）。事実調査部分については、原則として閲覧が認められる（同35条）。婚姻の取消訴訟において判決によらないで婚姻が終了した場合に、すでに附帯処分の申立て

がされ、その附帯処分が定められていないときは、受訴裁判所は、その附帯処分の審理・裁判をしなければならない（同36条）。

上の附帯処分による金銭の支払等については、履行の確保が定められる。すなわち、裁判で定められた義務については、家庭裁判所は、権利者の申出により履行状況を調査し、義務者に履行を勧告し（人訴38条１項）、履行命令を出すことができる（同39条）。

また、平成15年の「担保物権及び民事執行制度の改善のための民法等の一部を改正する法律」は、「子の監護に関する義務」（749条・766条）の履行確保のために民事執行法を改正し、債権者が確定期限の定めのある定期金債権を有する場合に、扶養義務等に係る定期金債権に基づく強制執行においては、その一部に不履行があるときは、弁済期の到来していない将来分の債権についても、債務者の将来の収入に対する差押えができる規定を新設した（民執151条の２第１項３号）。

このように、婚姻の取消しは、身分上の関係では離婚に酷似するが、その原因が婚姻成立の前に存在する事項であること、当事者以外の者からも主張できること、必ず判決または審判によらなければならないこと、一方の死亡後にもできること、などが両者の差異である。なお、婚姻によって財産——たとえば、結納その他婚姻が前提となって贈与された物、配偶者として相続した財産など——を得た者は、婚姻が取り消された場合には、その財産を返還しなければならないことも離婚と異なる点である。返還すべき範囲は、婚姻の時において、取消原因のあることを知らなかった当事者は現存利益、これを知っていた当事者は利益の全部を返還し、さらに、相手方が善意の場合には損害の賠償をしなければならない（748条２項・３項）。

第3章　婚　姻

第4節　婚姻の効果

23　総　　説

　婚姻によって当事者の間に夫婦関係が成立し、相互によりよき伴りょとなり、一般に独立した一個の家庭生活 family life がはじまる。この夫婦協同体の内容の大部分は習俗と道徳とにゆだねられ、民法が規定する婚姻の効果は、夫婦の同氏、同居・協力・扶助の義務、婚姻による成年、夫婦間の契約の取消権および夫婦財産関係などに限られている。

24　婚姻の一般的効果

　(1)　同居・協力・扶助義務　　夫婦は同居し、互いに協力し扶助しなければならない（752条）。夫婦は本来性的結合であり、現代の社会においては生活を共同にすべきものである以上当然のことである。夫婦が同居すべき住居は、夫婦が共同して定めるべきものである（旧789条参照）。理由なくその場所に居住しないか、もしくは理由なく同居させない配偶者に対して、他方は、同居を請求することができる（親 8 (2)(ウ)参照）。共同の住居を立ち去って同居請求に応じない場合に、法的にこれを強制する手段はないが、相手方は扶助の義務を軽減または免除され、また「悪意の遺棄」として、離婚原因になると解される（770条1項2号）。協力し扶助するとは、精神的・肉体的・経済的に協力して、円満な共同生活をすることである。経済的にはいわゆる「一椀の飯もわけて食う」関係である。だから民法は親族的扶養の部分で夫婦間の扶養義務に触れていないのである（877条1項参照）。なお、この義務が実際上問題となるには夫婦が別居している場合である。この別居が正当な理由に基づいている場合、

72

たとえば夫の暴行などによる場合は、上の義務——特に扶助の義務——を免れることはできない。以上の規定は、なにも違憲ではない（前掲最大決昭和40・6・30民集19巻4号1089頁・基本判例356）。いわゆるＤＶ法（配偶者からの暴力の防止及び被害者の保護等に関する法律、平成13年法31号。改正平成16年法64号）は、都道府県に配偶者暴力相談支援センターを設け（3条以下）、被害者の保護の措置（6条以下）、裁判所による保護命令（10条以下）を定めている。平成15年に新設（親22⑷参照）された民事執行法151条の2第1号は、扶養義務等の履行確保のため、夫婦間の協力・扶助義務に係る定期金債権に基づく強制執行においては、その一部に不履行があるときは、弁済期の到来していない将来分の債権についても、債務者の将来の収入に対する差押えができるとした。

⑵ 守操の義務　夫婦は互いに貞操を守る義務を負う。民法はこのことを積極的に規定してはいないが、婚姻の本質から生まれる当然の義務であり、間接的には不貞の行為を夫婦ともに離婚の原因としている（770条1項1号）ことからも知ることができるであろう。したがってその反面、夫婦は互いに配偶者に対して貞操を守ることを請求する権利を有するのであって、第三者が、この権利を不当に侵害した場合には、不法行為を構成すると解される（最判昭和54・3・30民集33巻2号303頁参照）。父権的色彩の強い夫婦関係においては、夫の貞操についてきわめて寛大である。旧法は妻の姦通だけを離婚原因とし（旧813条2号）、刑法もまた、妻の姦通だけを犯罪とした（刑旧183条）。しかし、判例は、夫の不貞な行為も、その程度がはなはだしいときは、妻に対する重大な侮辱または虐待として、離婚原因となるとし（旧813条5号参照）、また夫にも貞操義務があり、悪意でそれに違反させた女は、妻に対して損害賠償の義務があ

第3章　婚　姻

るとし（大決大正15・7・20刑集5巻318頁、大判昭和2・5・17新聞2692号6頁）、高い評価を受けた。今は、当然のことながら守操の義務に関して夫婦は完全に平等である。

(3)　**氏に及ぼす影響**　　夫婦は必ず同一の氏を称する。その氏は夫または妻の氏であって婚姻の際に当事者が決定する（750条）。すなわち、婚姻の届出をする際には、必ず、その一方の氏を夫婦共通の氏とすることを定めなければならない（戸74条1号）。新しい第三の氏を称することは許されない。そして、新しい夫婦のために、原則として新戸籍を編製するのだが（戸16条参照）、その際には、婚姻によって氏を改めなかった者を戸籍筆頭者として第一に、改めたほうをそのつぎに記載する（戸14条）。だから、婚姻をする男女がたまたま同一の氏であった場合にも、婚姻の後の氏は、夫の氏なのか、妻の氏なのかが定まるわけである（祭祀用具の承継に関してこのことが意義を有する（**相14(2)**参照））。

　夫婦は婚姻中例外なく同一の氏を称するのだから、たとえば、婚姻によって夫の氏を称した後に、その夫が何らかの理由でその氏を改めたとき――たとえば、元来養子であって、それが離縁したとき（816条1項参照）、または、夫が氏を異にする父または母の氏を称するに至ったとき（791条1項2項参照）――は、妻もまたこれに従ってその氏を改める。750条は、このような意味をももっていると解すべきである。この点からしても、婚姻する男女がたまたま同一の氏であっても、どちらの氏を称したかを定める必要があるわけである。

　思うに、氏姓が血統を示す場合には、それは出生によって定まり、婚姻によって変更することはない（中国の姓の制度はそれである）。しかし、それがかつての「家」の称号に変質した後は、その「家」

74

の家族になれば、当然にその氏を称することになる。旧法はこの制度を採用していた。その結果、多くは、妻が夫の「家」に入るから、妻は夫と同一の氏を称するとしたのである。しかし、今は「氏」は個人の呼称である。したがって、「夫婦は氏を同じくする」という原則をとった理由は別にこれを求めなければならない。事実上の生活協同体の構成員としての便宜や、わが国の習俗で、夫婦は同氏（同姓）を妥当とするなどの点が考慮されたのである。ところで、近時、男女平等の徹底という観点から夫婦別氏——本来の氏——にすべきであるという意見も主張されている（**夫婦別姓論**）。通称として別姓を称する夫婦も増えている。氏についての合意ができないと男女の婚姻ができないのは、憲法24条1項に反するのではないかという議論もある。夫婦別姓の婚姻届を受理しなかったことが憲法24条に反するとして、国家賠償法に基づき、国に損害賠償を請求した事案において、最高裁は、夫婦同氏を定めた750条は憲法に反しないと判示した（最大判平成27・12・16民集69巻8号2586頁）。

平成8年改正要綱（**序1**参照）は、夫婦が別氏を選択できるとして、750条の改正案として、「夫婦は、婚姻の際に定めるところに従い、夫若しくは妻の氏を称し、又は各自の婚姻前の氏を称するものとする（1項）。夫婦が各自の婚姻前の氏を称する旨の定めをするときは、夫婦は、婚姻の際に、夫又は妻の氏を子が称する氏として定めなければならないものとする（2項）。」としている。

(4) **成年の擬制**　これまで、未成年者が婚姻をしたときは、これによって成年に達したものとみなされるとされていた（旧753条）。しかし、平成30年改正によって、一方で成年年齢が18歳となり、他方で婚姻適齢を男女ともに18歳となったことにより、未成年者が婚姻することはありえないことになった。その結果、753条は削除さ

第3章　婚　姻

れた。

(5)　**夫婦間の契約の取消権**　　夫婦間でした契約は、婚姻中、いつ
でも、夫婦の一方からこれを取り消すことができる（754条本文）。
書面によらない贈与の取消権（550条）と異なり、契約の履行前の
みでなく、履行後においても同様である。ただし、第三者の権利を
害することはできない（754条但書）。たとえば、夫が妻に不動産を
贈与し、妻がこれを第三者に譲渡した後に、夫がこれを取り消して
その不動産を第三者から取り戻すというようなことまでを認めるべ
きではないからである。この規定はその妥当性を疑われている。①
夫婦間の契約が夫の不当な圧力によって結ばれがちであるという理
由が挙げられるが、それでは婚姻中にだけ取り消せて婚姻解消後に
は取り消すことができないとする理由が説明できない。②また、夫
婦間の契約の履行は、もっぱら道義と愛情にまかすべきであって、
裁判ざたにするのは面白くないという理由が挙げられるが、履行済
みの契約まで取り消すことができるものとして返還を争わせるので
は筋が通らない。当事者が法律で黒白をはっきりさせようと考えて
いるならば、しいて否定するには当たらないし、そのような場合に
は家庭裁判所が活動する余地が与えられているのである。契約が夫
の圧力によって合理的でない場合には、これを救済する別の法理が
考えられるべきものであろう。なお、判例は、夫婦関係が円滑を欠
き破綻に頻する事情の下において、親族の協議を経てされた夫婦間
の契約は取り消すことができないとしていたが（最判昭和33・3・
6民集12巻3号414頁）、その後、婚姻が事実上破綻した場合は「婚
姻中」に該当しないとした（最判昭和42・2・2民集21巻1号88頁・
基本判例357）。なお、離婚のための契約——たとえば協議離婚をし
よう、その際夫から妻に1,000万円与えるというような契約——に

76

は、本条の適用がない、したがって、勝手に取り消すことはできないと解すべきものと思われる。判例も離婚の合意と関連させた財産分与の契約は、財産分与の合意（768条）として効力があるという（最判昭和27・5・6民集6巻5号506頁）。

平成8年改正要綱（序1参照）は、学説・判例の動向に従って「第754条の規定は、削除するものとする」と定めている。

25 夫婦財産制

夫婦共同生活の費用の負担、財産の帰属、管理収益の権能など、婚姻によって生ずる夫婦間の特殊の財産関係を規制する法制度を夫婦財産制という。たとえば、夫婦が婚姻前から所有していた財産は、婚姻によってどんな影響を受けるか。婚姻中に夫婦の取得する財産は、全部夫の所有になるとするか、全部妻の所有になるとするか、または共有になるとするか、それとも、別々の所有になるとするか。婚姻共同生活の費用は全部夫が負担するか、妻が負担するか、それぞれの財産に応じて分担するか、さらに、共同生活のために負った債務につき第三者に対して夫が代表して責任を負うか、それとも夫婦が連帯して負うかなどについて、いろいろの形態がありうる。

わが民法は、夫婦は契約で自由にその財産関係を定めることができるものとし（夫婦財産契約）、このような別段の契約がなされなかった場合には、民法所定の制度（法定財産制）によるものとしている。夫婦財産契約はその形式が厳格すぎるためか、国民にそれについての認識がないためか、民法が施行されてこのかた締結された例はきわめて少ない。したがって、わが国のほとんどすべての夫婦の財産関係は、法定財産制によっている。なお、ここにいう夫婦財産契約とは、月給の半分は妻に渡すとか、台所の支出は妻が責任を負えというような、夫婦の内部的な取りきめではなく、第三者に対し

第3章　婚　姻

ても効力を生ずる法律的な関係をいうのである。上のような夫婦の内部的な取りきめも契約ではあるが、それは、先に述べたように、いつでも取り消すことができるのである（754条）。

⑴　夫婦財産契約

⑺　形式的要件　　当事者は契約の内容を自由に定めることができるが、その形式はかなり厳格に規定されている。すなわち、まず、婚姻の届出前に締結しなければ効力がない（755条）。婚姻後の契約は前述のように一般に取り消されるのであるが、夫婦財産契約としてはむしろ無効として、法定財産制によることとしたのである。のみならず、婚姻の届出までにこの契約を登記（外法夫婦登5条以下）しなければ——夫婦の間では有効であるが——、これを夫婦の承継人（包括承継人、すなわち相続人を含む）および第三者に対抗することができない（756条）。対抗要件についてまでこのような厳格な条件を付したのは、夫婦財産契約は夫婦のすべての財産に対して制約となるからであるが、立法論としては、登記前に取引関係に入った者にだけ対抗できないとすることも考えられるであろう。なお、日本に移住する外国人が外国法による夫婦財産契約をしそれを日本で登記をしたときは、常に第三者——それを知らない第三者でも——に対抗することができる旨定められている（法適用26条4項、この法律の制定に伴い民法757条が削除された）。

⑷　契約の変更　　夫婦財産契約は、婚姻の届出後は、変更することができない（758条1項）。もっとも、「契約の結果によって」管理人を変更しまたは共有財産の分割をすることを認められているから（759条）、夫婦財産契約は、婚姻の届出後は変更できないといっても、契約の中に変更する方法を定めているときは、これによって変更することはできるのである。なお、夫婦の一方が他の一方の

78

財産を管理する定めであった場合に、管理が失当であったことによってその財産を危うくしたときは、他の一方は、みずからその管理をすることを家庭裁判所に請求することができるし、さらに——もしその場合に財産を共有にする定めであったときは——共有財産の分割を請求することができる（758条2項・3項、家事附則別表第1の58）。だから、この限りにおいては、契約内容の変更も可能なわけである。しかし、「契約の結果により」または家庭裁判所の審判により、財産の管理者を変更し、または共有財産の分割をしたときにも、その登記をしなければ、これを夫婦の承継人および第三者に対抗することができない（759条）。

(2) **法定財産制**　　夫婦が婚姻の届出前に、夫婦財産契約を締結しない限り、その財産関係はすべて760条ないし762条の法定財産制による（755条）。夫婦の平等に立脚し、徹底した夫婦別産制をとっている。ただ第三者に対して一定の範囲で夫婦の連帯責任を認めている。その内容は、他の立法例に類がないほど簡単である。

　(ア)　財産の帰属と管理　　夫婦の一方が婚姻前から有する財産および婚姻中に自分の名で得た財産はその**特有財産**、すなわち、それぞれの一方が単独で有する個人的財産とされる（762条1項）。これはいわゆる夫婦の**別産制**を明定したものである。そうして、ほかに別段の規定がないから、各自がそれぞれ自分の財産を管理し、その収益を取得する。これが原則である。判例が、一方の財産を夫婦合意のうえで他方の所有名義とした場合に、これを所有名義人の特有財産とする趣旨であるとはとうてい解せられないとするのも、この原理の上に立つからである（最判昭和34・7・14民集13巻7号1023頁・基本判例360）。ところで夫婦が共同生活をしていれば、そこに多かれ少なかれ家計が生ずる。そして家計に組み入れられた財産ま

第3章 婚 姻

たは収入は、特有財産としての性格を失う。たとえば、夫の収入だけに依存する家計の中で買い入れた電気冷蔵庫も、「夫の名で得た財産」には該当しないであろう。むしろ夫婦の共有に属すると解される。民法はこのような場合を含めて、夫婦のいずれに属するか明らかでない財産は夫婦の共有と推定している（762条2項）。それが実態とも合致するからである。問題は、夫が社会的に活動して収入を得る場合、妻が直接にこれに協力し（農家の場合を考えよ）、あるいは内にあって家事を処理していても（給料生活者を考えよ）、収入は家計に繰り入れられない部分については通常すべて夫の所有に帰し、妻の協力が直接に財産の帰属に現われないことである。民法は、婚姻が継続している間はこれを倫理と愛情とにまかせ、婚姻が解消する際に上の事情を考慮することにしている（夫の死亡の場合には妻の相続権という形で（890条・900条）、離婚の場合には財産分与請求権という形で（768条））。しかし、それでは不十分であって、事情によっては夫名義の不動産・株式等について実は妻の持分が存することを認めるべきである（わが国と同じように法定財産制として夫婦別産制をとるドイツでは、夫婦財産の清算時において（離婚の場合など）、配偶者の一方が他方の財産について、分配を請求する権利を認める改正が行われている）。ただし、そのような持分を第三者に対抗できるかどうかは別問題である（177条、会社128条・130条等）。なお、妻は自己の財産の管理を夫に委託することはできるが、それは夫婦間の委任契約によらねばならない。そして、婚姻中いつでも取り消すことができるものである。

(ｲ) 費用分担 夫婦は、その資産、収入その他一切の事情を考慮して、婚姻から生ずる費用を分担する（760条）。夫婦財産の分離制をとる以上当然のことである。婚姻から生ずる費用とは、共同生

活の費用、子女の保育・教育の費用、医療費など一切を含む。分担は通常家計への繰入れによって行われる。この規定に違反して、分担額を支出しない者に対しては、相手方は婚姻中でも、離婚後でも、家庭裁判所に分担の審判を求めることができる（家事附則別表第2の2）。そのことは、なにも違憲ではない（最大決昭和40・6・30民集19巻4号1114頁・基本判例358）。夫婦の一方が、資産も収入もないときは、他の一方がすべての費用を負担すべきこと、もちろんであるのみならず、一方が他方を扶助しなければならないこともいうまでもない。そして、夫の収入に対する妻の協力がそのまま収入の帰属関係に現われない現状にあっては、多くの場合に主として夫が婚姻生活の費用を負担することになろう。平成15年に新設（親22(4)参照）された民事執行法151条の2第1項2号は、債権者が確定期限の定めのある定期金債権を有する場合に、婚姻費用分担義務に係る定期金債権に基づく強制執行においては、その一部に不履行があるときは、弁済期の到来していない将来分の債権についても、債務者の将来の収入に対する差押えができるとした。

　(ウ)　日常の家事による債務の連帯責任　　上に見てきたように、民法は完全な財産分離制をとっているが、夫婦の共同生活の実際においては、すでに述べたようにそこに家の経済、すなわち家計を生じ、家計の範囲において夫または妻と取引する者は、夫個人または妻個人との取引と考えないのが普通である。そこで夫婦の一方が日常の家事に関して第三者と法律行為をしたときは、他の一方は、これによって生じた債務について連帯してその責任を負うこととした（761条本文）。日常の家事とは、夫婦の共同生活に必要な一切の事項——合意で別居している場合のそれぞれの生活に必要な事項を含むと解される——である。たとえば、生活必需品の購入、近隣との

第3章　婚　　姻

交際、子の教育、医療などがそれに当たる。このような事項については、夫婦のいずれが債務負担の行為をした場合にも、相手方は、夫婦のいずれの財産からでも全額を請求することができる（432条）。これに反し、夫の事業上の債務は、たとえそれが一家を支える家業であっても、日常の家事ではないから、これに対して妻は責任を負わない。また日常の家事でも、夫婦の一方が第三者に対し責任を負わない旨を予告したときは連帯責任は生じない（761条但書）。

　なお、具体的には日常の家事に属さないが、外見上は日常の家事にみえる事項について夫婦の一方が第三者と法律行為をしたときに、表見代理類似の法理の適用があるであろうか。判例は761条は、その実質においては、夫婦は相互に日常の家事に関する法律行為につき他方を代理する権限を有することをも規定しているものと判示した。他人の行為によって債務を負担する（連帯債務となる）のは代理をおいてほかに考えられないということによるものである。これを逸脱して行為をした場合の問題である。判例はこの場合には110条の適用はないが、相手方においてその行為が当該夫婦の日常の家事に関する法律行為の範囲内に属すると信ずるにつき正当の理由のあるときに限り、110条の趣旨を類推適用すべきものとした（最判昭和44・12・18民集23巻12号2476頁・基本判例359、総122(1)(イ)参照）。

第5節　婚姻の解消

　婚姻の解消とは、いったん完全有効に成立した婚姻が終了することをいう。したがって、婚姻にはじめから瑕疵があることを理由とする取消し——この場合にもその効力は将来に向かってのみ生ずるのであるが（748条、親22(4)参照）——とは本質的に違っている。婚

姻解消の原因は当事者の死亡（これに準ずる失踪宣告）と離婚の二つである。

26　死亡および失踪宣告による婚姻の解消

(1)　**死亡**　　夫婦の一方が死亡すれば当然に婚姻は解消する。すなわち、後に残った生存配偶者は配偶者のない独身者になり、同居・協力・扶助の義務も貞操義務も消滅し、再婚も自由になることはいうまでもない（ただし733条参照、なお735条）。また夫婦財産制の拘束もなくなり、夫婦財産契約は失効する（縁組が当事者の死亡によって解消しないとされることと対比せよ。親52参照）。

(2)　**失踪宣告**　　上のことは夫婦の一方が失踪宣告を受けた場合も全く同様である。ただこの場合には、失踪者が生還して失踪宣告が取り消されると、婚姻は当初から解消しなかったことになる。そこで配偶者が善意で再婚している場合に困難な問題が生ずる（32条1項後段参照）。前婚については離婚原因、後婚については取消原因となるという説と、後婚がその効力を変じないとされる結果、前婚は復活しないという説とに分かれている。後説を正当と考える。なぜなら、後婚を当事者の意思に反してでも取り消しうるとするのは（744条参照）、いかにも酷であろう（総21(3)参照）。

平成8年改正要綱（序1参照）は、夫婦の一方が失踪の宣告を受けた後、他の一方が再婚をし、その後、失踪宣告が取り消されても、失踪の宣告による前婚の解消の効力に影響を及ぼさないとし、前婚による姻族関係は、失踪の宣告の取消しによって終了するが、失踪の宣告後その取消し前にされた姻族関係の終了の意思表示（728条2項）の効力を妨げないとしている。また、生存配偶者の復氏等の規定（751条）は、上の場合にも、適用する等の定めをしている。また、失踪の宣告の取消しと親権に関し、父母の婚姻中にその一方

第3章　婚　姻

が失踪の宣告を受けた後、他の一方が再婚をした場合に、再婚後に失踪の宣告が取り消されたときは、親権は、他の一方がこれを行うとし、子の利益のため必要があると認めるときは、家庭裁判所は、子の親族の請求によって、親権者を他の一方に変更することができるとしている。

(3)　解消の効果

(ア)　姻族関係および氏への影響　　上のように、婚姻は夫婦の一方の死亡によって消滅するが、後に述べる離婚の場合と異なり、生存配偶者と死亡した者の親族との間の姻族関係と、生存配偶者が婚姻によって氏を改めた者であっても、その氏の変更の効果とは、直接には影響を受けない。すなわち、①姻族関係についていえば、先に詳述したように、生存配偶者が姻族関係を終了させる意思表示をして（戸96条）はじめて消滅する。死亡した配偶者の親族の側からこれを消滅させる方途は認められていない（親11(3)(ア)参照）。②氏についてみると、婚姻によって氏を改めなかった者——戸籍筆頭者になった者——についてはなにも問題はないが、氏を改めた者については婚姻前の氏に復するかどうかの問題を生ずるが、これを生存配偶者の選択にまかせた（751条1項）。すなわち、生存配偶者が戸籍上の復氏届を出せば——その時期については制限がない——婚姻前の戸籍にかえり、その氏を称することになる。もしその戸籍がすでに除かれているか、もしくは当人が新戸籍編製の申立てをしたときは、元の氏によって新戸籍を編製する（戸19条2項）。注意すべきは、この生存配偶者の復氏は姻族関係の終了とは別問題であることである。姻族関係をそのままにしておいて復氏することもできるし、氏はそのままにしておいて姻族関係を消滅させることもできる（親6(1)(イ)参照）。

84

(ロ) 祭祀承継への影響　　生存配偶者が婚姻により、また婚姻中に、死亡配偶者の祖先を祭るべき系譜、祭具および墳墓の所有権を承継した者——897条によって祭祀用具の所有権を承継した者——であれば、上に述べたところにより姻族関係を消滅させ、または復氏をした場合には、関係人との協議により、協議が調わないときは家庭裁判所の審判によって、その権利を承継すべき者を定めなければならない（751条2項）。この規定は、本来死亡配偶者の祖先の祭祀を行うための系譜や墳墓などの所有権を、その祖先の血統者の集団から出ていってしまった者の手に残すことが、わが国民感情に合わないことを理由とするものである。ところが、前述のように、生存配偶者は、氏をそのままにして姻族関係を消滅させることも、姻族関係をそのままにして復氏することもできることとした。そうして、そのいずれかが行われると祭祀用具の所有権を適当な者に承継さすべきものとしたのである（相14参照）。しかし、前に一言したように、復氏を祭祀承継の原因としたことは、氏が個人の呼称であるとする考え方に矛盾するものであり、批判の余地がある（親6⑵参照）。

27　離婚総説

⑴　**離婚の意義**　　離婚は夫婦の生存中における当事者の意思に基づく婚姻の解消である。そもそも婚姻は男女の終生の共同生活を目的とする結合であるから、これをその中途において解消することは婚姻の本質に反することといわなければならない。しかし、事実上どうしても維持できないような状態にまで破綻した婚姻を、法律上維持して当事者を拘束してみても害あって益がない。そこで近代法は難易の別こそあれ、いずれの国でも離婚制度を認めているのである。

第3章　婚　　姻

⑵　離婚制度の変遷

　⑺　諸外国の沿革　　離婚は父権的な家族制社会においては、し
ばしば家長の独断で行われ、婚姻当事者の意思による場合にも、そ
れはもっぱら夫の一方的意思で行われ、妻の同意は必要でなく（追
い出し離婚）、妻から離婚することは認められなかった（男子専制離
婚主義）。中世の西ヨーロッパ・キリスト教国においては、婚姻事
件は教会の管轄のもとにおかれたので、その教義の上から離婚は禁
止に等しい制限を受けていた。これは当事者に対しては強い拘束で
あったが、妻を夫の専制的離婚から救う作用をも果たした。その後
婚姻が教会から離れて国の手に移ってからも、この制限主義は長く
その影響を残していたが、すでに存続の合理的根拠を喪失した婚姻
を法的に維持し、ことに無責の者を一生涯拘束しておくことは無意
味であり、残酷でもあるので、姦通その他一定の重大な事由がある
ときは、離婚を認めるようになった。しかし、当事者の合意だけで
離婚するということは認められず、国家の承認を必要とするものと
した（裁判離婚主義）。そして当初は、当事者の一方が有責（たとえ
ば姦通）の場合に、はじめて他方は離婚の請求ができるとされてい
たが（有責主義または主観主義。今日でもカトリック教国においては原
則としてこの主義がとられている場合が多い）、次第に、必ずしも一方
が有責である必要はなく、婚姻を継続しがたい事情があれば（たと
えば配偶者の精神病）離婚を認めるようになっていった（目的主義・
破綻主義または客観主義）。これを押し進めれば、婚姻が維持できな
いほどに破綻したかどうかは当事者が最もよく知っているはずであ
るから、当事者の協議で離婚できるというところまで行く（スカン
ジナビア諸国がその先端を切っている）。ただその合意について裁判
所その他の機関の認定などによる関与（夫婦が実際に長く別居してい

86

るとか、合意が確実に当事者の意思であることの認定など）を必要とするものと、一片の届出によって離婚できるものとする二つがある。なお、西欧では、夫婦それぞれの生活のたて直しと子の保護という見地から離婚に制約を加えるという新しい傾向のあることが注目される。

　(イ)　わが国の沿革　　わが国では離婚は古くから認められてきたのであるが、封建的な父権的家族制度が行われていたので、その離婚は男子専権の離婚制度であった。すなわち、子がなければ去るとか、家風に合わねば追い出すとかいうふうに、男の側の一方の意思で離婚が行われ、その形式も「三下り半」の離縁状だけで処理されたのであった。のみならず、理由のいかんを問わず妻からする離婚の請求は認められなかったのである。明治６年の太政官布告ではじめて、やむをえない事由があれば妻からも裁判所に離婚の請求をすることが認められるようになった。なお、上のような強制離婚とは別に合意による離婚は従前から広く認められていた。明治民法はこの線に沿って、一方で、協議による簡易な合意離婚を認めたが、他方では、一定の事由がある場合の裁判による強制離婚を認めたのである。これを妻の立場からいえば、法定の事由がなければその意に反して離婚されず、また法定の原因があれば、自分のほうから積極的に離婚の訴えを起こすことができるということであって、従前と比較すると妻の地位はかなり向上したということができる。

　　しかし、協議離婚がはたして両当事者の自由な合意によって行われていたか、事実上夫の専権離婚になっていなかったかについては、懸念がないわけではないから、注意すべきであろう。①協議離婚については旧法をそのまま維持した（763条）。上に述べたところと関連して、かつて当事者の真意を確かめる機能をもつ別居制度（一定

第3章　婚　姻

期間の別居を離婚の要件とする）を設けるべきだという声もあった。また、事実上の夫の専権離婚を防止するために、協議離婚に家庭裁判所の確認を必要とすべしという議論もあった。しかし、このことは離婚の自由に対する制約となり、戸籍をそのままにした事実上の離婚が多くなるという懸念からとるところとならなかった。この態度はおそらく正当であろうが、しかもなお追い出し離婚の危険がないとはいえないであろう（なお、離婚の意思がない者またはいったん離婚の意思をもって協議離婚届に署名したがその後離婚意思を翻した者が、協議離婚の届出がされるおそれがあるとして、上届出があってもこれを受理しないよう市町村長に申し出たときは、これを受理しないことにした（不受理申出制度。平成19年の戸籍法改正で法制化された。戸27条の2参照））。②裁判上の離婚については、離婚原因について男女の貞操上の平等を明らかにするとともに、破綻主義を加味した。なお両者に共通の問題としては、離婚後の両当事者の生活を考えて財産分与請求権を認め、また両者の間の子の監護教育についての配慮をほどこしている。しかし770条2項が、法定の離婚原因があるときでも、裁判所に離婚の請求を棄却する権限を与えていることは（親29(2)参照）、運用のいかんによっては、結局、妻の離婚の希望を不当におさえ、これに忍従を強いることになるおそれがあると批判する学者もある。

28　協議上の離婚

夫婦はその協議で離婚をすることができる（763条）。その原因のいかんを問わないが、夫婦としての結合を永久に解消する合意があることを要する。なお、協議離婚が有効に成り立つためにはつぎの要件を必要とする。

(1) 離婚の届出—形式的要件

協議離婚も婚姻と同じく届出によって成立する。その性格は婚姻の届出と同じである。そして届出の方式も婚姻の届出に準ずる。すなわち、当事者双方および成年の証人2人以上から口頭または書面で届け出る（764条・739条）。当事者の間で離婚についての合意が成立しても、離婚届が適式になされない限り婚姻は解消しない。

(2) 離婚障害—実質的要件

婚姻の場合には、その障害になる多くの事由が認められているが、離婚の場合には、離婚そのものが認められる以上は、特にむずかしい条件は要求されない。ただ、その婚姻から生まれた子の処理と、婚姻生活を支えた、実質的には共有の色彩の濃い、財産の処理をどうするかの問題があるのである。すなわち、①子の処理に関連しては、当事者間に未成年の子がある場合には、どちらがどの子の親権者になるかを決定して届書に記載しなければならない（819条1項、戸76条）。子のための配慮であることはいうまでもない。この要件を満たさない離婚届は受理されない。しかし、誤って受理された場合には離婚は有効に成立する（765条）。②離婚した配偶者は相手方に対して財産分与請求権を有する（768条）。しかし、これを行使するかどうかは当事者にまかされているし、原則として離婚の後に請求する建前になっているから、実質的にはともかく、形式的には離婚の障害ではない。

上のほかに離婚の障害になるような事由はない。子の具体的な監護者に関しては協議で、協議が調わなければ家庭裁判所がこれを定めるのであるが（766条）、離婚の事前である必要はない。また、未成年者が離婚する場合にも、すでに婚姻によって成年に達したものとみなされるから（753条。なお、平成30年改正により、成年者でなけ

第3章　婚　　姻

れば婚姻できないので、このような問題は生じない（親24(4)参照)）、父母の同意を必要としない（737条、旧809条参照）。なお、成年被後見人も、判断能力を回復していれば、後見人の同意がなくても離婚することができる（764条・738条）。

(3)　協議離婚の無効・取消し

(ｱ)　協議離婚の無効　　協議離婚は当事者の合意による届出に法が効果を与えるものであるから、届出そのものが当事者の自由な意思決定によってされる必要がある。したがって、仮に届出がされても、それが他人が勝手にやったものであれば、届出自体効力のないものであり、したがって離婚は無効である。なお、当事者の一方が離婚届に署名して相手方または第三者に交付した後で翻意した場合には、その届出が受理される以前に離婚届不受理の書面を提出しておけば、6ヵ月以内において離婚届が受理されることを阻止できる取扱いになっている。判例にも上の例で市役所の係員に「自分が承諾したものでない」旨言った場合、無効でないとはいえないとしたものがある（最判昭和34・8・7民集13巻10号1251頁・基本判例361）。上と異なり、真に離婚する意思がないのに——婚姻生活の実際には変わりがないのに——氏の変更とか債権者詐害などの目的から当事者が離婚の届出をした場合には、離婚は無効であるかどうか問題である。婚姻の場合とパラレルに考えるならば、婚姻が届出はあっても真意のない婚姻は無効であるのと同様に、離婚は無効であって、婚姻は継続しているということになる。これに対して婚姻は、婚姻の合意と届出とによって有効となるのであるが、離婚の届出はこの婚姻の届出を否定する行為——反対行為といってもよい——であって、離婚の事実を伴わないでも、届出のない婚姻、すなわち内縁関係という事実が残るにすぎないと解することも不可能ではない。し

90

かし、事実上の関係をできるだけ法律上の形式に反映させようとする立場をとれば、婚姻の事実が存続する以上は離婚を無効として婚姻を法律上のものとすることになろう。これが通説である（もっとも、判例は偽装離婚——債権者の執行を免れるためされた——をした夫が他の女と婚姻届を出した場合に、離婚した妻からの離婚無効の訴えを退け（大判昭和16・2・3民集20巻70頁）、また氏の変更を目的として協議離婚→再婚がされた場合に、離婚は有効であるとする（最判昭和38・11・28民集17巻11号1469頁・基本判例362））。

(イ) 協議離婚の取消し　　詐欺・強迫によって届出がされた場合には、詐欺または強迫を受けた配偶者は他の配偶者を相手方としてその離婚の取消しを裁判所に請求することができる（764条・747条1項、人訴2条1号）。この取消権は、詐欺を発見し、もしくは強迫を免れた時から3ヵ月を経過し、または追認したときは、消滅する（764条・747条2項）。

(ウ) 手続　　裁判によって離婚の無効を確認し、または離婚を取り消すには人事訴訟法の規定によるべきであるが（人訴2条1号）、家庭裁判所の特別の審理に基づく審判によってすることもできる（家事277条、親8(4)参照）。なお、離婚の取消しは、婚姻の取消しと違って、その効力が遡及すること、すなわち、離婚がなかったものとして婚姻は継続するものであることはいうまでもない。

(4) **事実上の離婚**　　届出をした法律上の夫婦が、離婚の合意をして別居し、両者の間に夫婦共同生活の実体が全然存在しなくなったが、離婚の届出をしていない状態を事実上の離婚という。不和で別居している場合との区別はかなり困難であるが、別居の形態ならびに期間が離婚意思の存否認定の要件となろう。事実上の離婚には、当事者間では大体離婚と同様の効果——同居・協力義務、貞操義務

第3章　婚　姻

の終了など——を認めてよいであろう。第三者に対する関係では各場合について検討すべきである。氏、姻族、親権等には影響を生じない。しかし、日常の家事による債務の連帯責任は生ぜず、一方の当事者と性的関係に入った者の他方当事者に対する不法行為は成立しない。事実上の離婚の一方当事者が死亡した場合に、他方が相続人となることを否定できないが、相続財産の分割にあたって考慮すべきであろう（906条参照）。かつて、判例が、夫が事実上の離婚の関係にある妻の名を冒用してした養子縁組を夫とその養子との間では有効と認めたことなどは上のような考え方に立っている（最判昭和48・4・12民集27巻3号500頁・基本判例390——配偶者のある者は、養親となるときでも、養子となるときでも配偶者と共同で縁組をしなければならないという建前であったが、このような判決がされ、学説の反対もあり、昭和62年に、従来の建前を改め、夫婦が共同して縁組をしなければならないのは、配偶者のある者が未成年者を養子とする場合だけだとした）（**親**49⑷参照）。

　なお、事実上の離婚が多く問題になるのは、当事者の一方が第三者といわゆる重婚的内縁関係に入った場合である。後に少し詳しく述べる（**親**34参照）。

29　裁判上の離婚

　⑴　**離婚原因**　　夫婦の一方は法定の原因がある場合には、家庭裁判所に離婚の訴えを起こすことができる（770条、人訴2条1号・4条）。すなわち、他の一方が離婚に同意しない場合にも、これによって婚姻を解消させることができる。この法定の原因を一般に離婚原因という。

　わが民法の認める離婚原因はつぎのとおりである。

　㈠　配偶者の不貞行為（770条1項1号）　　夫婦間の守操義務に

違反する一切の行為をいう。異常な性的行為を含み、一般に姦通よりも広い概念であると説かれるが、そのような姦通に当たらない行為は後述㈹によるべしとする説も有力である。

　㈪　悪意の遺棄（770条1項2号）　　正当の理由がないのに同居・協力・扶助の義務（752条）を放棄することである。ここに悪意とは、単にある事実を知っているということ（民法における通常の用語法）よりもっと積極的な倫理的要素を含んでいる。遺棄とは、一時的な別居や扶養義務の不履行というだけでなく、ある程度決定的な婚姻生活の放棄の意味である。したがって、病気のためやむをえず一時別居するとか、経済的理由で出稼ぎにいったとかいう場合は悪意の遺棄にならない。また、相手方に虐待されるので同居しないというように、婚姻関係の破綻について相手方が主たる責任を負う場合に、同居を拒み扶助を行わなくとも、これに該当しないことはいうまでもない（最判昭和39・9・17民集18巻7号1461頁・基本判例367）。しかし、生活費を支給していても、悪意の遺棄にならないとは限らない。互いに扶助し合う正常な夫婦生活を継続する意思がないことが決定的に判定されるかどうかが判断の基準である。

　㈫　3年以上の生死不明（770条1項3号）　　生死不明の原因が何であるかを問わない。3年の期間は最後の消息があった時から起算する。3年以上経過した後で生きていること、またはすでに死んでいることがわかったときは、本号による離婚の訴えはできないと解すべきである（旧817条参照）。もっとも、生きてはいるが生還の見込みが立たないときに、後述の第5号による離婚が認められるかどうかは別問題である。なお、本号による離婚は、失踪宣告による婚姻の解消とは全く関係がない。したがって、離婚の判決が確定した後で生還しても、失踪宣告が取り消された場合と異なり、婚姻は

第3章　婚　姻

当然に復活するわけではない。

　㈡　回復の見込みのない強度の精神病（770条1項4号）　　精神病が強度であって、かつ、回復の見込みがないことを要する。したがって、一時的または軽い精神病は離婚原因にならない。医師の鑑定を素材として法律の見地から判定すべきである。ただし、判例は、精神病離婚を認めるには、病者の今後の療養、生活などについてできる限り具体的な方途が講じられ、ある程度その方途の見込みがつくことを要するという（770条2項による。最判昭和33・7・25民集12巻12号1823頁・基本判例368、最判昭和45・11・24民集24巻12号1943頁）。なお、事理弁識能力を欠く常況にあって、未だ後見開始の審判を受けない者に対し、離婚訴訟を提起しようとする場合には、まずその者に対する後見開始の審判を申請し、その審判を得て人訴法14条により成年被後見人の成年後見人または成年後見監督人を被告とすべきである（前掲最判昭和33・7・25参照）。

　平成8年改正要綱（序1参照）は、裁判上の離婚原因として精神病をかかげるのは適切ではないとして、民法770条1項4号を削除している。

　㈢　その他婚姻を継続し難い重大な事由（770条1項5号）　　先に挙げた四つが具体的な離婚原因であるのに対して、これは抽象的ないし相対的の離婚原因であり、何が婚姻を継続し難い重大な事由であるかの具体的判断は裁判所にまかされている。かつて離婚原因を具体的制限的に列挙していたため、その適用上不都合を経験していたことから、例示を整理したうえで本号を加えた。当事者がこれを離婚事由として主張した場合には、肉体的・精神的な調和（たとえば、性格が全く合わないとか、性生活が異常である場合など）や、経済状態など、あれこれの事情を総合して、とうてい円満な夫婦生活

親 29

は営めないと考えられた場合に離婚を許すべきであろう（最判昭和
36・4・25民集15巻4号891頁）。その際、その原因について有責な配
偶者が離婚請求をすることができるかにつき、かつての判例は、自
分で他の女と関係しそれが原因となって夫婦関係を破綻させながら、
本号を理由に離婚を求めるごときは許されないとしつつ（最判昭和
27・2・19民集6巻2号110頁・基本判例369）、婚姻関係が完全に破綻
した後に第三者と同棲生活をはじめた者が離婚の訴えを起こすこと
は妨げない（最判昭和46・5・21民集25巻3号408頁）としていたが、
最高裁大法廷判決はこれを改め、有責配偶者の離婚請求でも、相当
の長期間の別居が続き、夫婦間に未成熟の子がいないようなときに
は許されるとした（最大判昭和62・9・2民集41巻6号1423頁・基本
判例370）。長期間というのは一応8年、9年前後が基準とされてい
るようである（最判平成2・11・8家月43巻3号72頁、最判平成5・
11・2家月6巻9号40頁等）。

　以上の判例および外国法の動向をふまえ、平成8年改正要綱（序
1参照）は、以下のように定めている。「1　夫婦の一方は、次に
掲げる場合に限り、離婚の訴えを提起することができるものとする。
ただし、①又は②に掲げる場合については、婚姻関係が回復の見込
みのない破綻に至っていないときは、この限りでないものとする。
①配偶者に不貞な行為があったとき。②配偶者から悪意で遺棄され
たとき。③配偶者の生死が3年以上明らかでないとき。④夫婦が5
年以上継続して婚姻の本旨に反する別居をしているとき。⑤③、④
のほか、婚姻関係が破綻して回復の見込みがないとき。2　裁判所
は、1の場合であっても、離婚が配偶者又は子に著しい生活の困窮
又は耐え難い苦痛をもたらすときは、離婚の請求を棄却することが
できるものとする。④又は⑤の場合において、離婚の請求をしてい

95

第3章　婚　　姻

る者が配偶者に対する協力及び扶助を著しく怠っていることにより
その請求が信義に反すると認められるときも同様とするものとす
る。」④は、最近の諸外国の立法例にならって、いわゆる破綻離婚
を日本にも導入しようとするものである。

(2)　離婚請求の棄却　　裁判所は、前段の㋐ないし㋓の具体的事
由があるときでも、一切の事情を考慮して、婚姻の継続を相当と認
めるときは、離婚の請求を棄却することができる（770条2項）。前
述の㋔の抽象的離婚原因の規定と相まって裁判所の裁量の余地が著
しく広くなった。このことは、理論的にいえば目的主義の徹底であ
る。裁判所の裁量にあたっては個人の尊厳と両性の本質的平等を旨
とし、夫婦が元の鞘におさまり、幸福な生活が送れる確かな見通し
を得たときに、はじめてこの規定を活用すべきである。

(3)　調停・審判・訴訟における和解、請求の放棄・認諾離婚　　裁判
上の離婚の訴えは家庭裁判所に提起するものだが（人訴4条）、人
事に関する訴訟事件としてまず家庭裁判所に調停を申し立てなけれ
ばならない（家事257条）。民法770条1項3号および4号の事件は
調停を行うことができないものなので例外であるが、その他の離婚
原因の事件は、直接に訴えを提起すると、職権で家庭裁判所の調停
へ回される（家事257条2項）。そうして、大多数の離婚紛争が──
合意が成立して──調停で解決しているのが実情である。その法律
上の性質は、むしろ協議離婚に該当するが、離婚するという合意が
成立して調書に記載されると、その記載は確定判決と同一の効力を
有するから、離婚の届出をまたないで離婚が成立する（家事268条1
項）。合意が成立しないために調停で解決しない場合に、家庭裁判
所は、相当と認めたならば、職権で離婚の審判をなすことができる
（同284条）。審判は調停委員の意見を聴き、一切の事情をみたうえ

で当事者双方のため衡平に考慮し、その申立ての趣旨に反しない限度で行わなければならない。審判に対しては異議の申立てができるが、2週間内に異議の申立てがないと確定判決と同一の効力を与えられ、それによって離婚は成立する（同286条）。異議の申立てがあれば審判は効力を失い（同286条5項参照）、結局、家庭裁判所において人事訴訟法によって判決がされることになる（人訴2条1号）。

審判は必ずしも訴えの提起を前提とせず、調停手続の終局段階における、きわめて強力な調停案の提示といった性格を有するものである。したがって、裁判上の離婚と異なって、必ずしも770条1項に列挙されている離婚原因にとらわれる必要はない。たとえば、配偶者の不貞行為が主張されている場合でも、その有無を確定しなくてもよい。しかし、当事者の合意に根拠をおくものではないから協議離婚とも違う。中間的性格のものであるが、どちらかといえば、裁判離婚に近いものと考えてよいであろう（親8(4)参照）。

離婚訴訟では、一定要件のもとに、訴訟における和解（これにより離婚がされるものに限る）、請求の放棄・認諾が認められる（人訴37条）。

(4) 戸籍上の処理　裁判上の離婚および審判による離婚は、判決または審判の確定によって効力を生ずる（家事281条・287条参照）。離婚することに合意するという調停が成立し、調書に記載された場合にも同様である（同268条1項、親28(1)参照）。離婚が確定したら、訴えの提起者または調停の申立人は10日以内に戸籍上の届出をしなければならない。しかし、この届出は報告的なものであって、これによって離婚が成立するのでないことはいうまでもない（戸77条・63条、戸施則57条2項参照）。

第3章 婚 姻

30 離婚の一般的効果

(1) **婚姻の解消** 離婚によって婚姻は解消する。これが離婚の基本的な効果である。したがって、婚姻から生ずる一切の権利・義務は消滅する。再婚も可能になる（ただし733条参照）。また、これに伴って姻族関係も無条件に消滅する（728条1項、死亡の場合と異なる。ただし婚姻障害は残る。735条後段）。

(2) **氏** 婚姻の際に氏を改めた夫または妻は、離婚によって婚姻前の氏に復するのが原則であり（767条）、戸籍も原則として、婚姻前の戸籍に復するが、本人が希望すれば、その者のために新戸籍を編製する（戸19条1項）。なお、配偶者の死亡によって婚姻が解消した場合に婚姻前の氏に復すること（751条1項）を、かつては認めていなかった。「家」的思考が残ったのである。しかし、氏は個人の呼称となった。たとえ「夫婦は氏を同じくする」という原則によって氏を改めた者でも、「離婚者は同じ氏を称してはならない」という原則を認めねばならない理由はないから、その者が婚姻中称していた氏を、離婚後の社会的活動においても継続したいと考えるならば、理論上も、実際上も、これを拒否すべき理由はない。そこで、昭和51年に767条に2項を追加したのである。離婚によって婚姻前の氏に復した夫または妻は、離婚の日から3ヵ月以内に戸籍法の定めるところにより届け出ることによって（戸77条の2）、離婚の際に称していた氏を称する途が開かれた。その者については新戸籍を編製することになっている（戸19条2項）。

(3) **祭祀用具の承継** 婚姻によって氏を改めた夫または妻が、婚姻の継続中に、相手方の祖先の祭祀を営むための祭具・墳墓・系譜などを承継した後に離婚をしたときは、当事者その他の関係人の協議で、その権利を承継すべき者を定めなければならない。もし協

議が調わないか、協議をすることができないときは、家庭裁判所に申し立てて、その審判によって定めてもらうことができる（769条2項、家事附則別表第2の5）。このことは、このような事情にある夫または妻が、配偶者に死なれた後に、復氏または姻族関係終了の意思表示をした場合と全く同じであって、妻の氏を称した夫について適用される場合の多いことも、また同様である（751条2項、親6⑵参照）。

31 父母の離婚と子の処理

夫婦生活が破綻した際に離婚することは、配偶者にとってはやむをえない措置だとしても、その夫婦の間に生まれた子にとっては迷惑至極である。また、幼少の子が保護者のない状態に放り出されることは社会にとっても放置できないことである。そこで民法は、離婚する夫婦に、親権者および監護者についての定めをすることを要求し、これが協議で定められない場合には、家庭裁判所がこれを定めるべきものとしている。

⑴ **親権者** 協議離婚の場合には、前に述べたように、だれがどの子の親権者となるかを協議で定めなければ、離婚届が受理されない（765条・819条1項）。離婚当時の胎児については、一応母が親権者になるから（819条3項）、その必要はない。裁判離婚の場合には裁判所が附帯処分としてこれを定める（819条2項、人訴32条3項）。親権者指定にあたっては、婚姻の取消しの場合（親22⑷参照）と同様、事実の調査（人訴33条）、家庭裁判所調査官の調査（同34条）、事実調査部分についての閲覧（同35条）の諸規定が適用される。調停による離婚および審判による離婚の場合には、それぞれ協議離婚・裁判離婚に準じて処理すべきである。なお、いったん親権者が定められても、それが適当でない事情が生じた場合には、家庭裁判

第3章　婚　　姻

所の調停または審判で変更できる（819条6項参照）。

このような措置をとらざるをえないのは、父母は共同で親権を行使すべきものとされていることに基づく。離婚した父母に親権の円満な共同行使を要求するのは困難なので、離婚にあたって、父母の一方を親権者と定める——いいかえれば他方の親権を失わせる——ことが必要となったのである。

(2)　監護者、子との面会交流および子の監護に必要な事項　　子の監護は多くの場合に子の親権者になった者が行うであろうが、しかし、だれに現実の保護・監督をまかせるのが子のためになるかは、別の標準から考える必要がある。そこで、親権とは関係なく子の監護者および子の監護に必要な事項を定めておくことが望ましい。民法は、まず、協議離婚の場合には、父母の協議で、協議が調わないときは家庭裁判所がこれらのことを定めることとした（766条）。親権者の場合と異なり離婚届出の後でもよい。裁判離婚の場合には、申立てにより、親権者の決定と同じ手続で裁判所が決定する（人訴32条1項）。いずれの場合にも、父母の一方が監護者になる（特に幼児について父が親権者、母が監護者となることが多い）のが普通であろうが、場合によっては第三者に委託してもよい。また後から不適当な事情が生じた場合（監護者である母が再婚した場合などに多いであろう）には、家庭裁判所は、子の監護者の変更、その他監護について相当な処分を命ずることができる（766条3項・771条、家事附則別表第2の3）。父母が別居状態である場合でも、子と同居していない親が子と面会交流（面接交渉）することは子の監護の一内容である（766条1項・771条。最決平成12・5・1民集54巻5号1607頁・基本判例364。なお親39(2)参照）。そして、面会交流を命ずる審判を監護親が履行しない場合には、その審判に基づいて、間接強制（民執172条）をする

100

ことができる（最決平成25・3・28民集67巻3号864頁）。なお、親権者の親権行使と監護者の監護上の方針とが衝突する場合（たとえば、親権者は代諾養子縁組をしようとするが、監護者はみずから監護することを相当と考え、代諾養子縁組に反対する場合）には、形式的には親権者の行為が優先する。しかし、このような場合、家庭裁判所は、縁組の許可にあたって監護者の意見を重視すべきである。

上の監護に関する協議・審判などは、それ以外の父母の権利義務には影響を及ぼさない。たとえば、親権者と監護者とが異なるときは、監護の範囲外では、親権者の権限は存続する（たとえば法定代理権は親権者だけが有する）。また監護者や監護の方法を定めても、父母がともに扶養の義務を負うことにかわりはない（877条1項）。

子の監護に関する義務については、平成15年に新設（親22(4)参照）された民事執行法151条の2第1項3号は、債権者が確定期限の定めのある定期金債権を有する場合に、その定期金債権に基づく強制執行においては、その一部に不履行があるときは、弁済期の到来していない将来分の債権についても、債務者の将来の収入に対する差押えができるとした。さらには、平成16年の民事執行法の改正により間接強制が設けられた（同法167条の15・167の16）。このようにして、監護費（養育費）の履行を確保しようとしている。

平成8年改正要綱（序1参照）は、協議上の離婚に関し、「子の監護に必要な事項の定め」として、父母が協議上の離婚をするときは、子の監護をすべき者、父または母と子との面会および交流、子の監護に要する費用の分担その他の監護について必要な事項は、その協議でこれを定め、この場合には子の利益を最も優先すべしとする。この協議が調わず、または協議ができないときは、家庭裁判所がこれを定め、家庭裁判所は、必要があるときは定めを変更し、そ

第3章　婚　　姻

の他の相当な処分を命ずることができるとする。これらは、平成23年の民法改正により、明文化された（766条1項―3項）。

　(3)　**子の引渡し・金銭の支払等**　　裁判所は、離婚の訴えの附帯処分として、当事者に対し、子の引渡しまたは金銭の支払その他の財産上の給付その他の給付を命ずることができる（人訴32条2項）。監護費の支払請求は、従来から判例上認められていた（最判平成9・4・10民集51巻4号1972頁・基本判例363）。平成23年の民法改正で明文化された（766条1項・771条）。離婚の訴えにおいて、別居後単独で子の監護にあたっている当事者から別居後離婚までの間の子の監護費用の支払を求める申立てがあった場合には、裁判所は、離婚請求を認容する際に、この申立ての当否について審理判断しなければならない（最判平成19・3・30家月59巻7号120頁）。妻が、夫以外の男性との間にもうけた子につき、当該子と法律上の親子関係がある夫に対し、離婚後の監護費用の分担を求めることは、権利の濫用に当たる（最判平成23・3・18家月63巻9号58頁・基本判例377）。

　(4)　**子の氏**　　父母の離婚は子の氏（父母の婚姻中の氏を称する）には影響はない。離婚の当時の胎児については、すでに一言したように、母が当然に親権者になるが、嫡出子の氏は、離婚の際における父母の氏——実際上多くの場合に父の氏——を称する（790条1項）。ただ、子は離婚によって従前の氏に復した母または父の氏を称することができるという効果を受けるだけである（791条。なお、子の氏については親57で詳しく述べている）。

32　財産上の効果——財産分与

　離婚をした者の一方は、相手方に対して財産の分与を請求できる（768条1項・771条）。いわゆる**財産分与制度**である。

　(1)　**財産分与の根拠**　　離婚によって夫婦の生活協同体は解体し、

夫婦が共同で営んでいた経済生活も終わりを告げる。

　(ア)　清算　　そこで、まずどうしても処理しなければならないことは、共同経済の清算である。すでに述べたように夫婦の一方が婚姻中に自己の名で得た財産は、一応その特有財産となるのであるが、それに対する他の一方の共同生活の内外における寄与は必ずしもその財産の帰属に反映されていない（夫が営業主であり、または給料生活者である場合を考えよ）。したがって、共同経済が終了する際には、その実体に着眼して清算するのが妥当だからである。そして清算を請求する側に立つのは多くの場合に妻であろう。

　(イ)　扶養　　これに加えてさらに生活能力の弱い配偶者に対しては、離婚後においても能力のある者に扶養させるべきであるということが考えられる。離婚後の両当事者の生活水準に格段の差が生じないように措置することは、今日の道義観からいっても妥当であるし、また、弱者——ここでも多くの場合に妻——が離婚後の生活を配慮して、強者の配偶者としての義務違反に対して忍従し、結局、離婚における男女の平等が害されることになることを防ぐという意味からも必要である。

　(2)　慰謝料　　民法は不法行為による慰謝料請求権を認めているので、離婚原因を作った者に対して、他方は慰謝料の請求ができる（709条・710条）。不法行為による慰謝料請求権は、3年の消滅時効とされる（724条）。財産分与請求権は、離婚の時から2年間行使できるとされ（768条2項）、両者に違いがある。しかし、判例は、慰謝料を財産分与の中に含めてもよいし、これを別個に扱ってもよいとしている（最判昭和31・2・21民集10巻2号124頁・基本判例365）。実際に財産分与として給付された額が著しく少ない場合には、その中に慰謝料は含まれていないとみて、慰謝料請求権を別個に行使で

第3章　婚　　姻

きるとしている（最判昭和46・7・23民集25巻5号805頁・基本判例366）。

平成15年公布の人事訴訟法17条により離婚請求と離婚原因である事実によって生じた損害の賠償に関する請求とは、一つの訴えですることができ、家庭裁判所は、損害賠償請求に係る訴訟についてみずから審理・裁判ができることになった。

(3)　財産分与の額・方法　　財産を分与すべきかどうか、およびその額や方法は、当事者が協議して定めるのであるが、協議ができないときは、当事者は家庭裁判所に対して、協議に代わる処分を請求することができる。ただし、離婚の時から2年を経過すると、この請求はできなくなる（768条2項）。請求を受けた家庭裁判所は、「当事者双方がその協力によって得た財産の額その他一切の事情を考慮して」分与させるべきかどうか、ならびに分与の額および方法を定める（同条3項）。ここにいう「その他一切の事情」とは、夫婦生活をしていた期間・収支の状況・生活の状況・職業・協力の程度などから、婚姻のために一方（多くの場合に妻）が退職等によって収入の途を失ったか、離婚に際して、または婚姻中にされた一方から他方への贈与、離婚後の生活の見とおしなど、婚姻の前後を通じてのあらゆる事情である。どちらかに不貞その他の原因がある場合には、それも考慮に入れて差し支えない（前掲最判昭和31・2・21）。もっともこの最後の点は、現行法上、財産分与の請求とは別に家庭裁判所に離婚による損害賠償請求の訴えを提起することを認めざるをえない（大判明治41・3・26民録14輯340頁以来認められたことで、現在でも財産分与請求をしないで、この訴えを提起することができるとされている）。なぜなら、前述のように、財産分与はその本来の性格が相手方の財産に対する寄与の清算請求と扶養請求とにある

104

と解されるからである。しかし、財産分与にあたって考慮に入れられた慰謝料に該当する額については、損害賠償額からこれを控除すべきである（前掲最判昭和46・7・23）。このような関係から、家庭裁判所の審判にあたっては相手方の違法な行為によって離婚を余儀なくされた者の慰謝料が、分与額の算定にあたって考慮されているかどうかを明らかにすることが望ましい。なお、分与の方法については金銭でするか、その他の財産でするか、一時払いとするか、分割払いとするか、など具体的事情に応じて定められてよい。定期払いにした場合には、その後の事情の変更——たとえば義務者の側が貧窮になり、権利者の側が金持になったこと——を理由に、離婚の際の協議や審判の取消しまたは変更を求めることができると解すべきであろう（880条参照）。なお、義務者が債務超過であるのにもかかわらず、財産分与がされた場合に、詐害行為（424条）に当たるかどうか問題になるが、判例は分与額が相当であるならば詐害行為に当たらないとしている（最判昭和58・12・19民集37巻10号1532頁）。したがって、その額が不当に高額ならば、過大部分は詐害行為になると判例はいう（最判平成12・3・9民集54巻3号1013頁・基本判例176）。

　上の手続は、すでに述べたように、家庭裁判所の審判によって行われるのであるが、特に裁判上の離婚の場合には、申立てにより裁判所が裁判によって行うことができる（人訴32条1項）。なお、協議ないし審判によって財産分与請求権の内容が形成される前に、分与を受けるべき者がこの権利を保全するために、分与をすべき者に属する権利を代位行使することは許されない（最判昭和55・7・11民集34巻4号628頁・基本判例171）。

　裁判所は申立てにより、夫婦の一方が他方に対して提起した離婚

第3章　婚　　姻

の請求を認容する判決において、附帯処分として財産の分与についての裁判をしなければならない（人訴32条1項）。この場合における判決では、裁判所は、当事者に対し、金銭の支払その他財産上の給付を命ずることができる（同条2項）。裁判所が附帯処分の財産分与の裁判をするにあたっては、婚姻の取消しの場合（親22(4)参照）と同様、事実の調査（同33条）、家庭裁判所調査官の調査（同34条）、事実調査部分についての閲覧（同35条）の諸規定が適用される。離婚訴訟において判決によらないで婚姻が終了した場合における附帯処分の審理・裁判（同36条）も、婚姻の取消しの場合と同様である。

　上の附帯処分による財産分与については、婚姻の取消しの場合（親22(4)参照）と同様、履行勧告、履行命令、金銭の寄託などの履行の確保が認められる（人訴38条以下）。

　平成8年改正要綱（序1参照）は、離婚後の財産分与の基準をより明確にする趣旨で、以下のように定める。「家庭裁判所は、離婚後の当事者間の財産上の衡平を図るため、当事者双方がその協力によって取得し、又は維持した財産の額及びその取得又は維持についての各当事者の寄与の程度、婚姻の期間、婚姻中の生活水準、婚姻中の協力及び扶助の状況、各当事者の年齢、心身の状況、職業及び収入その他一切の事情を考慮し、分与させるべきかどうか並びに分与の額及び方法を定めるものとする。この場合において、当事者双方がその協力により財産を取得し、又は維持するについての各当事者の寄与の程度は、その異なることが明らかでないときは、相等しいものとする。」

第6節　内　　縁

33　内縁の意義

内縁とは、社会一般から夫婦協同体と認められる実質を有しながら、法律上の手続、すなわち、届出を欠くために、法律上は夫婦と認められないものである。はじめは、法律上何らの効果を生じないものとされたが、大正4年に、内縁関係の不当な破棄者は、損害賠償義務を負うものとする判決が下されるに至った（大連判大正4・1・26民録21輯49頁）。その後、次第にこの関係について、法律上の夫婦に準じた取扱いをするようになった。その際、判例のとった理論は、内縁は婚姻の予約であって、契約者は、本契約、すなわち届出を強制することはできないが、不当な不履行者に対して損害賠償を請求できる、というのである。しかし、内縁を婚姻予約というのは、いかにも実際とかけはなれている。のみならず、この理論は、不当な破棄者の責任を追及する根拠にはなりうるが、内縁関係の継続中これに対して婚姻に準じた効果（たとえば出産費などの婚姻費用の分担）を与える論理として、不適当である。したがって、判例・学説は、内縁を社会の習俗・道徳と法律のくいちがいから生じた一種の準婚関係とみて、できるだけ婚姻に準じた取扱いをしようとする（最判昭和33・4・11民集12巻5号789頁・基本判例371）。そして、この判例・学説の態度に呼応して、民法以外の法令、とりわけ現実に即した妥当な救済を指導理念とする社会保障制度において、内縁はしばしば法律上の婚姻に準ずる効果を与えられている（親35(5)参照）。そしてこのような判例や特別法の態度は、わが国の実情からみて妥当なものといわねばならない。しかし、前に述べたように、

第3章　婚　姻

そのために、婚姻の成立についての届出主義をやめて、事実婚主義をとるのが妥当かどうかは別問題である（親18(3)参照）。内縁関係に対して準婚関係としての効果を認めることは、やむをえない措置として肯定すべきであっても、それが直ちに婚姻についての届出主義を否認する理由とはならない。なお、契約に基づいて事実上男女が共同生活をするという同棲の問題がかなり古くから登場している（親37参照）。

34　内縁の成立

当事者の合意に基づいて、事実上夫婦としての共同生活が存在するに至れば、内縁は成立する。単なる私通関係や愛人関係と区別すべきであるが、儀式その他の形式を必要としない（大判大正8・6・11民録25輯1010頁は儀式不要、大判昭和6・2・20新聞3240号4頁は誠心誠意をもって将来を約束すればよい、とする）。問題は、先に述べた婚姻障害のある当事者間にも内縁が成立するかである。内縁は届出をしさえすれば、法律上の夫婦になれるものだが、ただ届出を怠っている状態であると解すれば、婚姻の実質的要件を備えない関係は内縁ではないということになる。しかし、事実上存在する夫婦関係に法律上の婚姻に準ずるあれこれの効果を認めようとするのであるから、その効果との関連において相対的に内縁関係の存在を認めるべきで、そのように狭く解する必要はあるまい。次段で述べるように、各種の事情に応じて婚姻に準ずる多方面の効果のいずれかを付与すべきものは、すべてこれを内縁と認めたうえで、その他の各種の効果についてはいちいち検討するのが妥当である。したがってたとえば、内縁が近親婚である場合には、その破棄に対して損害賠償の請求はできないとしても、財産分与の請求はこれを認めるべきであろう。またたとえば、事実上離婚しているが戸籍上は配偶者

のある者の内縁の妻（社会的にみて愛人ではなく妻である者）も、社会保障がその内縁関係をめぐって適用されるものである限り「配偶者（婚姻の届出をしていないが事実上婚姻と同様の事情にある者を含む）」（厚年金3条2項、労基施規42条等参照）としての権利を主張することを認めてもよいのであろうし、不当な破棄に対しては損害賠償を請求することもできるであろう。このように解すれば、婚姻年齢、再婚期限その他一切の要件は不要ということになる。判例も、一般にこの理論を認めるが、かつては、ただほかに法律上の配偶者がある重婚関係であってはならないといってきた（大判大正9・5・28民録26輯773頁）。しかし、重婚的内縁でも、すでに生じた関係についてある程度の婚姻に準じた効果を認めるべきことは、婚姻成立の他の要件を欠く内縁と同じであろう。判例にも間接にこの理論を認めたものがあり（大判昭和12・4・8民集16巻418頁は、事実上離婚している男と近親の同意を得て内縁関係を結ぶのは必ずしも善良の風俗に反しないという）、内縁の夫が事実上離婚してはいるが重婚関係にある場合に、その内縁の解消にあたって、内縁の妻からの財産分与請求を認めた審判が支持された例もあり（広島高松江支決昭和40・11・15高民集18巻7号527頁）、社会保障の給付金についても受給資格を認めるものが多くなっている（親35(5)参照）。

35 内縁の効果

(1) **破綻責任**　内縁の効果の最も重要なものは、不当な破棄者の責任（判例のいわゆる「婚姻予約不履行者」の責任）である。不当な破棄者は、相手方に対して、物質的および精神的の全損害を賠償する責任を負う（前掲大正4・1・26の連合部判決は契約違反の責任とするが、前掲最判昭和33・4・11民集12巻5号789頁は不法行為の責任としてもよいという）。ただし、不当な破棄者であるかどうかを判定

第3章 婚 姻

するには、その破棄の理由と、その内縁が近親婚・重婚など、法律の禁じようとするものであるかどうかとを考慮して決定しなければならない。内縁関係に不当に干渉してこれを破綻させた者も不法行為の責任を負う（最判昭和38・2・1民集17巻1号160頁・基本判例372）。

(2) **婚姻の身分的効果**　婚姻の身分的効果は、一般に認めてもよい。すなわち、互いに同居し協力扶助し（752条参照）、かつ、守操の義務を負うと解してよい。判例は、内縁の妻と私通した男は、内縁の夫に対して不法行為の責任を負うとし（大判大正8・5・12民録25輯760頁）、内縁の妻の労務を受けることは不当利得とはならないといい（大判大正10・5・17民録27輯934頁）、内縁の夫を殺害した者に対する、内縁の妻およびその間の子からの損害賠償請求を認めた（大判昭和7・10・6民集11巻2023頁）。いずれも、内縁の夫婦間にある程度の身分的効果を生ずることを前提とする、といわねばならない。しかし、内縁の夫婦間の契約取消権（754条参照）については、この制度そのものに合理性がないので否定する説が有力である。なお、氏の変更はなく（750条参照）、成年に達したものと認めることもできない（753条参照）。前者は戸籍の届出を要することであり、後者は第三者との取引に影響するものだからである。

(3) **財産関係**　財産関係については、夫婦財産契約の締結を認めることは、もちろんできないが、婚姻費用の分担（760条参照。前掲最判昭和33・4・11は、準婚であることを理由にこれを肯定する）、日常の家事についての連帯責任（761条参照）、所属不明の財産の帰属の推定（762条2項参照）などは、夫婦間と同様に取り扱ってよい。

(4) **その他の法律関係**　婚姻を中心とするその他の法律関係については、同一に取り扱うことができない。子は嫡出子とはならず

（しかし、内縁の妻が生んだ子と夫との父子関係について嫡出推定に関する規定（772条）の類推適用も認めるべきである（最判昭和29・1・21民集8巻1号87頁・基本判例379）。したがって、母の氏を称し（790条2項）、母の親権に服する（818条1項）。もっとも、父が認知すれば、父の氏を称することができ（791条）、父母の協議で父を親権者とすることもできる（819条4－6項）のは別問題である。なお、配偶者としての相続権も認めることはできない（実質上自己の所有に属する物について所有権を主張するのは別問題）。姻族関係も認められない。これらは、社会の公の秩序であって、戸籍の記載を基準として画一的に維持されるべきものだからである。このうち相続権を認めることはできないことは、実際上最も問題であり、内縁一般について規定を設けることはむずかしいとしても、これだけは立法によって解決するのが適当だとする説が有力である。内縁夫婦の一方の死亡による内縁関係解消の場合に、法律上の夫婦の離婚に伴う財産分与に関する768条の類推適用は認められない（最決平成12・3・10民集54巻3号1040頁）。

(5) **特別法上の取扱い**　　なお、民法以外の法律で、内縁の夫婦を直接に法律上の夫婦と同一に取り扱い、あるいは間接に同一に取り扱うのと同じ効果を与えている場合のあることを注意すべきである。すなわち、「届出をしないが事実上婚姻と同様の関係にある者」に配偶者と同様の地位を与えるという手法で、あるいは各種の社会保険ないし社会保障においてその給付を受けるべき遺族としての資格を与え（厚年金3条2項、労基79条、労基則42条1項、国公災16条1項等その例が多い。厚生年金保険の被保険者である叔父が死亡した場合に、同人と内縁関係にあった姪は遺族厚生年金を受けることができる配偶者（事実上婚姻関係と同様の事情にある者）に当たる（最判平成19・

第 3 章　婚　　姻

３・８民集61巻２号518頁））、あるいは保険給付を受けるべき被扶養者としての資格を与え（健保３条７項３号、国公共済２条１項２号ハ）、あるいはその者により生計を維持されている同居の親族と同視して、保険の対象としている（雇保10条の３第１項）。これに関連しては、遺族補償をめぐって、事実上離婚している戸籍上の妻と重婚的内縁の妻が争う事例が多く、困難な問題を提起している。戸籍上の妻との婚姻関係が全く崩壊している場合には、内縁の妻を優先させるべきものと考える（社会保険審査会はこの見解である）。最高裁も、戸籍上の妻の遺族給付受給権を否定することによって、間接的にこれを認めた（最判昭和58・４・14民集127巻３号270頁）が、その後、私立学校教職員共済法上の遺族年金につき、20年以上別居していた妻ではなく、重婚的内縁の妻を内縁の妻とした判例が現われている（最判平成17・４・21裁判集民216号597頁）。その反面、生存配偶者が再婚した場合に受給資格を喪失する性質の扶助料の支給については、内縁関係の成立を再婚と同視して、支給を停止しうるものとしている場合もある（恩給80条２項、戦傷病者戦没者遺族援護24条１項・31条１項５号）。

36　内縁の解消

　内縁関係は、当事者の一方の死亡、事実上の離婚の合意によって解消することももちろんあるが、当事者の一方がこれを破棄し、事実上共同生活が行われなくなれば、その原因のいかんを問わずそれによっても解消する。法律上の夫婦は、事実上共同生活が行われなくなっても、離婚という手続をとらない以上、なお、夫婦関係は継続しているとみなければならない。しかし、内縁はもともと共同生活という事実上の関係を基礎とするものであるから、その事実がなくなれば——それが正当の事由のない、したがって、正規の夫婦で

あれば離婚の訴えを起こすことのできない場合でも——なお、内縁関係は解消するとみなければならない。ただし、相手方が有責者に対して慰謝料その他の損害賠償を請求できることはいうまでもない。また、一方の死亡以外の事由で内縁関係が解消した場合、つまり離婚に当たる場合には、事情によって、財産分与の請求ができると解すべきであろう（前掲最決平成12・3・10の傍論、親32(2)参照）。

　婚約解消の場合には、不当利得により結納の返還義務が生ずるとした判例があるが（大判大正6・2・28民録23輯292頁・基本判例373）、内縁関係がある程度継続して解消した場合には、結納の交付の目的を達成したものとみて返還義務は生じない（前掲最判昭和39・9・4民集18巻7号1394頁）。

37　同　　棲

　内縁と区別すべき同棲がある。法律上の婚姻をしないで男女が同棲生活を送る関係をいう。契約的男女の結合であり、欧米では多く行われている（live together, Zusammenleben）。その男女間に生まれた子は、非嫡出子となる。日本の判例では、常に同棲生活を送っていたのではないが、長年にわたり夫婦同様の関係にあり、その間に子もいる婚姻外の男女の関係を男が一方的に解消したことにつき不法行為責任が否定された事例がある（最判平成16・11・18裁判集民215号639頁）。この事例は、観念的には同棲のタイプに属するといえる。同棲をどのように扱うべきかは、今後の検討課題だが、それを婚姻に準じた扱いをする立法が世界の家族法の動向である。

第4章 親　　子

第4章　親　　子

第1節　序　　説

38　親子関係の本質と沿革

(1)　**本質**　　親が未成熟の子を保育・監護することは、自然の本能であり、親族協同生活体が、横の結合であると同時に縦の結合であること（親2(3)参照）の契機は、そこに存在する。親子間の上の本能がなければ、人類の社会は永続発展することができない。したがって、各国の法律もまた、親が子を保育・監護する関係と、子が親の財産等を承継する関係を、人情・道義・習俗等にまかせただけにせずに、法律制度として、これを規律する。しかし、その規律の内容は、それぞれの時代、それぞれの民族によって必ずしも同一ではない。そして、そこに親子関係の歴史をたどることができる。その発展の傾向はおよそつぎのようなものである。

　　まず、血族の生活協同体の規模が大きい氏族制その他の大家族主義の時代には、親子の関係も当然にその協同生活体の中で、その強い統制に服していた。親の子に対する支配は、協同生活体の長の、その構成員に対する支配（家族員は家長の財産視された）のかげにかくれ、これと矛盾衝突しない範囲でのみ認められた。経済生活における単位がやや小さくなり、中家族制の時代になると、そこでも生活協同体の統率者は、家族員に対して強い支配力を行使したのであるが、ここでは家の長としての地位と、夫として、父としての地位とが重なり合って、いわゆる父権的家族制による支配の関係が最も

114

強い形で現われた。この時代には、子が父と同じ家に属する場合と、そうでない場合とで格段の差があった。しかし、やがて共同生活の単位が夫婦とその間の子供を中心とする小家族制に移り、一方で夫婦の関係が次第に対等になっていくと同時に、他方で成人した子がその家から独立していく場合が多くなり、親子の関係が家の枠を越えて認められてくると、親子関係の成り立ちについても、また、だれが親権者になるか、さらに親権の内容や親権の及ぶ範囲についても、いわば革命的な転換が起こるのである。

　(ア)　沿革　　まず、親子関係の成り立ちについてみると、母子の関係だけが認識され、それのみが支配的であったといわれる母権時代をしばらくおけば、父権的家族制度の時代には、父系だけが尊重され、男子である家長の意思が絶対的な力をもったので、一夫多妻制が行われるか、そうでなくても、妻以外の女の生んだ子でも、家長の一方的な意思によって父子関係が認められ、家族団体の中に取り入れられた。妻との間に親子関係を創設さえもした（嫡母庶子関係）。そればかりでなく、このような子の側からする父子関係の主張は、家族団体の、したがってまた、家長の都合によって拒否されたのである。しかし、一夫一婦制が確立すると、一方で夫の一存によって婚姻外の子を夫婦の生活協同体である家族団体に取り込むことは許されなくなると同時に、父子関係の存在が立証される限り、子の側からする父子関係存在の主張（父の捜索）も認められ、父に父としての責任を負わせることが次第に認められるようになる。

　(イ)　親子関係の法的効果　　つぎにそのような親子関係において、どのような法的効果が与えられるかという点も、上に述べたところと密接に関連しながら発展してきた。すなわち、父権的色彩が強い時代には、父だけが、あるいは父が第一順位でその「家」にある子

第4章 親 子

の親権者となったのであるが、次第に父母が平等の立場で親権者となり、共同して親権を行使するように推移してきた。親子法の内容も、子を財産視した時代から、次第に子の人格を認め、むしろ子のための親権に変わっていく。その結果、古くは、子は何歳になっても父が生きている間はその親権に服したのであるが、次第に独立した子は親権から離脱することになり、さらに親権は未成年の子に限って行われ、子が成年に達すれば、たとえ社会的・経済的に独立していなくても親権から離脱するということになった（親59(1)参照）。かつて存した子の婚姻や縁組についての親の決定権、ないし同意権も、次第に後退して、未成年の子の婚姻および15歳未満の子を養子とする縁組についてだけ保佐的な同意権・代諾権が認められるにすぎなくなった。さらに平成30年改正により成年年齢と婚姻適齢がともに18歳になったことから未成年の子が婚姻することはなくなり、父母の同意も必要なくなった。このような親のための親子法から子のための親子法への発展は、つぎに述べる擬制的な親子関係としての養子制度についても、それが人為的なものであるだけに、かなり強く現われている。

(2) 親子関係の諸問題　　親子関係をめぐっては、以上のほか、つぎのような問題がある。

(ア) 父母が婚姻関係にない場合　　親が子を保育・監護する本能は、実親子間に存するものであるが、同じく実親子であっても、正当な婚姻関係にある父母から生まれた場合と、そうでない場合とで差異がある。父と母とが夫婦である場合には、子は夫婦協同生活体の中に生まれ、その中で保育・監護される。法律もまた、夫婦をもって、男女の正当な結合体とする当然の結果として、父母と子との三者を協同一体の結合体として規律する。これに反し、父母が夫婦

でない場合には、子は母と緊密な関係において生まれ、その保育・監護を受けることは当然だが、父との関係はそう簡単ではない。第一に、父と子との関係は、父母が夫婦である場合のように明白ではない。そのような場合にどのようにして父子関係の存在を認めるかが問題になる。第二に、この関係が明白になっても、その父に対して、母と夫婦関係にある場合と同じ責任を負わせることはできない。どの範囲でこのような父に父としての責任を認めるかが問題になる。

　(イ)　養子制度　　夫婦協同生活体の子を保育・監護して、縦の結合関係を発展させたいという本能は自分たちに子のない場合には、人為的に子を育てることで満たそうとする。そこに養子制度が生まれる。ことに、身分関係が、家という夫婦以上に大きい強固な結合団体を構成し、家長によって統率される場合には、この家長の地位を承継する者を得るために、養子制度は重要な意味をもつ。しかし、家の制度がなくなり、身分関係が夫婦と未成熟の子とを中心として構成される核家族の時代になっても、子を養育したいという人類の本能は、なお養子制度を要請するので、家族制度の廃止後も、養子制度は必ずしも消滅しない。ただ、この制度は「家」のためという特殊の目的をすてて、主として「親のため」さらに進んではもっぱら「子のため」という立場から考えられるようになる。また、実親子関係に近いものにするための工夫が試みられるようになる。

39　親子法の内容

　(1)　**親子**　　親子には、前述のように、実親子と法定親子（養親子）とがあり、前者には、さらに、嫡出親子と非嫡出親子とがある。その成立および消滅の要件が、親子法の第一の内容である。民法が「第3章　親子」として規定するものはもっぱらこの関係である。

　(2)　**親権・後見**　　親が子を保育・監護する関係は、親子法の中

第4章 親　子

核をなすべきである。民法は、親のこの責務を親権の作用として「第4章　親権」に規定する。しかし、未成熟の子に親権者がないときは、親権者に代わって保育・監護する者を必要とする。これが「後見人」である。ただ、後見は、この親権の延長たる作用を有するだけでなく、成年被後見人の療養看護の作用をも有する制度なので、民法は別に「第5章　後見」の章を設けている。なお、近時、児童虐待が深刻な社会問題となっており、それに対処するために、平成23年に民法が一部改正され、平成24年4月1日から施行されている。主な改正点は次のとおりである。①親権停止制度が創設され（834条の2、親63(1)(イ)参照）、親権・管理権の喪失原因が見直された（834条・835条、親63(1)(ア)(ウ)参照）。②親権喪失等の審判の請求権者が拡大され、子自身、未成年後見人、未成年後見監督人も請求できることになった（親63参照）。③親権喪失の請求権者となっていた児童相談所長は親権停止・管理権喪失（さらにはこれら親権喪失等の審判の取消し）を請求することができることになった（児童福祉33条の7、親63参照）。④未成年後見も、成年後見と同様に複数の未成年後見人（840条2項・857条の2）または法人の未成年後見人（840条3項）が認められた（親64(1)(エ)参照）。⑤子の利益のために親権を行使すべきことが明記された（820条、親60(1)参照）。⑥親権者の懲戒権の範囲を明確にした（822条、親60(1)(ウ)参照）。そのほか、従来判例等で認められていた離婚後の面会交流や監護費用の分担が明文化された（766条1項、親31(2)(3)参照）。

(3)　扶養　　成熟した子と親の関係は、本質的には一般の親族と変わりがない。そしてその主要な効果は相互の扶養関係である。民法はこれを「第7章　扶養」の中で規定している。さらに、子が親の遺産を相続することも、親子関係の一内容であるが、それについ

ては別に相続編が設けられている。

第2節　実　　子

40　総　　説

　実親子は、婚姻関係にある父母から生まれた場合と、婚姻関係にない父母から生まれた場合とでその取扱いを異にする。前者を「嫡出子」または「嫡出である子」といい、後者を「嫡出でない子」または「非嫡出子」という。そして、嫡出子と非嫡出子とでは、親子関係の成立についても、その親子関係の効果についてもかなりの差異がある。

41　嫡　出　子

　(1)　**嫡出子の意義**　　嫡出子とは、婚姻関係にある男女の間に生まれた子をいう。換言すれば、妻が婚姻中に夫の子を懐胎して生んだ子である。法律上の夫婦でない内縁関係にある男女の間に生まれた子は嫡出子ではない。婚姻中に懐胎した子は、父母がその出生前に離婚したために出生の時には婚姻関係になくても、嫡出子である。これとは逆に、たとえ父母の婚姻中に生まれても、婚姻前に懐胎した子は嫡出子ではない。しかしこの最後の点には問題がある。後に述べる（(6)参照）。なお、近時、人工授精子や体外受精子の法的地位をめぐる問題が登場している（**親45**参照。夫の精子による場合と夫以外の第三者の精子による場合とがあり、後者が特に問題とされている）。

　(2)　**嫡出の推定**　　子が嫡出子であるかどうかは上に述べた要件を満たしているかどうかによって決まる。すなわち、

　(ア)　**母＝妻であること**　　まず母が妻である身分の者という要件は、婚姻の成立について届出主義をとる関係上容易に判明する。

119

第4章　親　子

(イ)　婚姻中の懐胎　　つぎに婚姻中に懐胎したのでなければならないという要件は、婚姻の成立または解消と子の出生との時間的関係から問題になることがある。そこで、子の出産の日から逆にその懐胎可能な期間に婚姻が存したかどうかを手がかりにすることが考えられる。民法は、婚姻の成立の日から200日を経過した後または婚姻の解消もしくは取消しの日から300日以内に生まれた子は、婚姻中に懐胎したものと推定した（772条2項）。出生を基準にしていえば、子が生まれた日から逆に数えて200日より前、300日より後の期間に有効な婚姻が一日でも存在した場合には、その子はその婚姻中に懐胎されたものと推定されるのである。なお、内縁関係についても準用してよいか後述する（親43⑵参照）。

　いわゆる300日問題（婚姻が事実上破綻していて、妻が他の男性の子を懐胎した後に、離婚が成立したが、その成立後300日を経過する前に子を出生した場合に、772条によりその子が前夫の嫡出子であるという推定が及ぶことになる）を解決するために、法務省の通達1007号（平成19年5月7日）により、婚姻の解消または取消し後300日以内に生まれた子であっても、医師の作成した証明書により婚姻の解消または取消し後の懐胎であることが証明できる場合には、772条の推定が及ばないものとして、出生届が受理される。

　(ウ)　夫の子　　最後にそれが夫の子であるということを直接に証明することはさらに困難である。しかし、妻が婚姻中に懐胎した子が夫の子であることは、一応婚姻がこれを証明していると解してよいであろう。そこで、民法は、妻が婚姻中に懐胎した子は、夫の子と推定しているのである（772条1項）。

　上に婚姻の成立、婚姻の解消といっているのは、婚姻または離婚の届出を基準とすることが立法者の意思であったことは疑いない。

しかし、内縁および事実上の離婚に準婚・準離婚としての効果を認める学説・判例の立場からは、事実上の婚姻または離婚を指すことになる点を注意すべきである。

なお、女性として出生した者が性同一性障害者の性別の取扱いに関する特例法（平成15法111号）に基づき、男性への性別の取扱いの審判を受けた者が他の女性と婚姻し、その女性が別の男性から精子の提供を受け、AID（非配偶者間人工授精）により出産した子について、最高裁は、夫の子であるという嫡出推定を受けると判示している（最決平成25・12・10民集67巻9号1847頁・基本判例378）。

(3) **父を定める訴え**　上の(イ)に述べた期間内に二つの有効な婚姻が成立すると——たとえば母が前婚の解消後間もなく再婚したために、前婚の解消後280日目、後婚の成立後220日目に子が生まれた場合（出生から逆算すると280日前に前婚が解消し、220日前に後婚が成立した場合）——推定が前後の両婚姻に及ぶので、前夫の子であるという推定と、後夫の子であるという推定とが衝突することになる（もっとも、前婚について事実上の離婚が成立している場合（親28(4)）には、後の内縁の効果としての推定（親35(4)）が働くことになる）。民法が女について100日の再婚禁止期間を設けた（733条）のはこのためである。しかし、婚姻の届出が誤って受理され、そのため上に述べたような事態が生じないとは限らない。そこで民法は、このような場合には、裁判所がすべての事情を審査したうえでこれを決定することとした（773条、人訴43条）。重婚の場合については、規定はないが、同様に解すべきである。なお、当事者間に争いがないときは、家庭裁判所の審判で決めることもできる（家事277条）。

(4) **嫡出否認の訴え**　772条の嫡出推定の場合において、夫は、子が嫡出であることを否認することができる（774条）。上記(2)によ

第4章　親　　子

って嫡出子の推定を受ける子は、嫡出否認の訴え（人訴2条2号・41条）によらなければ、その嫡出子であることを否認することはできない。

　(ア)　原告　　この訴えを起こすことができるのは原則として夫だけであり（774条）、夫が否認の訴えを起こさずに死亡したときに例外が認められるだけである（人訴41条1項）。夫が訴えを提起した後に死亡した場合には、一定の者の訴訟承継が認められる（人訴41条2項）。夫婦間の問題に第三者の干渉を入れない趣旨である。したがって、夫がその嫡出性を否認しない限り、子の真の父であってもこれを認知して自分の子とすることはできない。立法論としてはこのように、真実と遊離してまでも父の意思のみを重視することには問題がないわけではない（医学の発達により、現在では、血液型や遺伝子によって父子の関係の不存在が科学的に立証できる場合がほとんどであることを想起せよ）。しかし、判例は、母の夫が生物学的に父でないことが認められる場合であっても、嫡出推定を受けない嫡出子に当たらないときには、親子関係不存在確認請求の訴えを提起することはできないとしている（最判平成26・7・17民集68巻6号547頁・基本判例376）（推定の及ばない子について、親41(7)参照）。

　(イ)　被告　　嫡出否認の訴えの相手方は、子または親権を行う母である。親権を行う母がないときは家庭裁判所に申し立てて子のために特別代理人を選任しなければならない（775条、家事附則別表第1の59、家事159条）。なお、後述の認知の場合と異なり、胎内にある子またはすでに死んだ子の嫡出性を否認することは認められていない（783条1項参照）。

　(ウ)　提起期間　　嫡出否認の訴えは、夫が子の出生を知った時から一年以内に提起しなければならない（777条）。このような問題を

122

長く不安定な状態におくことは好ましくないし、証拠の保存上も問題だからである（なお、子の出生を知った時とは、妻の生んだ子が嫡出推定を受けることを知った時をいうとする説も有力に主張されている——東京家審昭和42・2・18家月19巻9号76頁など）。もっともこの1年の期間は、夫が成年被後見人である場合には、後見開始の審判の取消しがあった後、夫が子の出生を知った時から起算する（778条）。

　否認権は子の出生後に夫がいったんその嫡出性を承認したときは、消滅する（776条）。ただし、嫡出の推定を受ける子については、たとえこれを否認しようとする場合でも父または母が出生届をすべきであり（戸52条1項・53条）、この届出によって嫡出性を承認したと解されることはない。

　(5)　**適用範囲**　　民法に規定する嫡出子の推定は、上のように強力であるから、その規定の適用範囲については慎重に解釈すべきである。

　(ｱ)　妻の生んだ子　　妻の生んだ子に限る。したがって、妻が生んだ子でないと主張する場合——たとえば、A男B女夫婦の子と戸籍に記載してあるが、実はA男C女の子を偽って記載したものだと主張するような場合——には、嫡出否認の訴えによるのではなく、普通の親子関係不存在確認の訴えによるべきである（判例（最大判昭和45・7・15民集24巻7号861頁・基本判例381）・通説）。

　(ｲ)　失踪宣告による解消と子　　夫が失踪宣告を受けて婚姻が解消した場合には、たとえその解消後300日以内に生まれても、その夫の子とは推定されない（戸籍上の扱いも嫡出子出生届によるべきではない）。同様に、妻の生んだ子が夫の子でありえない客観的な事情がある場合、たとえば、夫が永く外国に滞在中に出生したような場合にも推定されないと解すべきである。判例も、事実上数年間夫

第4章　親　子

と別居した後、離婚の届出をした妻が、届出後300日以内に生んだ子について、実質的には嫡出の推定を受けないものとして、真実の父に対する認知請求を是認する（最判昭和44・5・29民集23巻6号1064頁・基本判例380）。

(6)　**推定されない嫡出子**　　上に述べたように、婚姻成立後200日以内に生まれた子は、婚姻中に懐胎したという推定を受けず、したがって夫の子であるという推定も受けない。そこでこのような子は厳格にいうと、一応母の嫡出でない子であり、夫がこれを認知したときに準正によってはじめて嫡出子の身分を取得する（789条、親44(1)参照）ということになる。判例は当初この解釈をとった（大判昭和3・12・6新聞2957号6頁）。しかし、この解釈は実際の生活感情とも合わないし、ことに、婚姻が届出によって成立するとされているのに、子が生まれる直前になって届出がされる場合の多いわが国の実情からみて、いかにも不都合である。もっとも、夫がその子の出生届をすれば、それによって準正の効果が生ずるとされていたため（旧戸83条後段参照）、多くの場合に不都合を生じなかった。しかし、夫が子の出生前に死亡した場合には死後認知（親43(2)(ア)参照）、海外に出かけたため妻が出生届をしたような場合には夫の任意認知がないと、父子関係を生じないので、はなはだ不都合な結果を生じた。そこで判例もその見解を改めて、内縁関係がある場合には、婚姻届出後200日以内に生まれた子も、当然に嫡出子となるものとするに至った（大連判昭和15・1・23民集19巻54頁・基本判例374）。さらに戸籍上の取扱いとしては、――内縁関係が200日以前からあることを戸籍吏に認定させることは困難なので――婚姻成立後に出生した子はすべて普通の嫡出子としての届出を受理することになっている（戸62条によるのではないから母だけで届出してよい）。このよう

124

な子は、772条の推定を受けないが、実質的に夫の子であることから、推定されない嫡出子と呼ばれている（もちろん、夫の子でない場合もないわけではない）。

ただし、このような子は嫡出の推定を受けないから（最判昭和41・2・15民集20巻2号202頁・基本判例375）、その嫡出性を争う場合には、嫡出否認の訴えによるべきではなく、普通の親子関係不存在の訴えによって、したがって利害関係人のすべてから、これを主張することができると解されている（ただし、内縁が先行する場合には問題がある）。もっとも、このような子について父が誤って否認の訴えを提起したときは、裁判所は、訴えの趣旨を釈明させて親子関係の存否について審理するだけの親切心をもつべきだとされることは別問題である（大判昭和15・9・20民集19巻1596頁）。

(7) 推定の及ばない子　　推定されない嫡出子の場合と反対に、形式的に772条に該当するが、実質的に夫の子ではありえない場合がある。たとえば、子の出生から逆算して懐胎したと推定される期間に夫が海外にいたり、刑務所に収容されていたりしたような場合である。このような子を推定の及ばない子といい、嫡出否認の訴えによることなく、親子関係存否の訴えによることができると解されている。そして、どのような場合に、推定の及ばない子と認められるかについては、学説上争いがあるが、判例は、家庭の平和を考慮し、外観上、夫による懐胎が不可能であることが明らかな場合であるとする外観説を採っている（前掲最判昭和44・5・29等）。

(8) 親子関係存否確認の訴え　　たとえば、他人夫婦の子として届けられ、その旨が戸籍に記載されている場合に、これを改めるには、まず親子関係不存在確認の訴えによってされないといけない。ところが旧人事訴訟手続法に何らの規定もないため、もっぱら判例によ

って補われてきた。すなわち、かつて、父母双方と子とがすべて生存している場合には、上三者を訴訟当事者としなければいけないとしていたのを、この訴えでは、父子関係と母子関係の各不存在を合一にのみ確定する必要がないとした（最判昭和56・6・16民集35巻4号791頁）。また父母のいずれかの一方が死亡している場合には、生存する親と子との間で上の訴えが許されるとし（最判昭和25・12・28民集4巻13号701頁）、父母の両者または子のいずれか一方が死亡している場合には、生存している一方は検察官を相手方として死亡した一方との間の親子関係の存否確認の訴えを起こさせるとした（前掲最大判昭和45・7・15民集24巻7号861頁・基本判例381）。人事訴訟法は、実親子関係の存否の確認の訴えを人事訴訟の対象とし（人訴2条2号）、家庭裁判所の管轄とした（同4条1項）。

42　嫡出でない子

(1)　**嫡出でない子と父母との関係**　　嫡出でない子といっても、その子と母および父との間に法律的関係を認めねばならない。しかし、これを認めるには、父母が夫婦である場合のように簡単にはいかない。母との関係は、分娩という事実ではっきりするのに反し、父との関係は、はたしてだれが父であるか判明しない場合が少なくない。これを裁判で確定するにしても、母との関係のように平明ではなく、機微の問題を含み、また父の死んだ後に訴えを提起させてよいかどうかも、多少問題となる。要するに、嫡出でない子と父との関係は、母との関係と同一に取り扱うことのできないものであることを注意すべきである。

(2)　**母との関係**　　民法は、母についても父と同様に認知によって母子関係が生ずるとしているが（779条・787条）、学説および実務では、以下に述べるように、嫡出でない子と母との関係は、嫡出の

場合と同様に分娩という事実によって生ずるとされている。通常の場合はもちろんのこと、棄児のように、母と子のつながりが一度不明になった場合でも、母と子の関係は遺棄ないし別離という事実の証明によって確かめることができる。父と嫡出でない子との関係が懐胎という証明の困難な事実にかかっている（嫡出の場合には婚姻がこれを証明する）のとは大きな差がある。したがって、後者にあっては認知によってはじめて父子の関係が生ずるのであるが、前者にあっては分娩の事実が証明される限り、当然に母子関係が認められると解すべきであるというのが学説のほとんど一致する見解である。判例も傍論においてではあるが、母とその非嫡出子との間の親子関係は、原則として、母の認知をまたず、分娩の事実により当然発生すると解するのが相当であると判示している（最判昭和37・4・27民集16巻7号1247頁・基本判例382）。そして、さらに、子は実母の認知をまたずに母子関係を主張することができ、実母の死後は検察官を相手方として母子関係の存在することの確認を求める訴えを提起することができるとした（最判昭和49・3・29家月26巻8号47頁）。

(3) **父との関係**　嫡出でない子と父との関係は、もっぱら認知によって生ずる。もちろん、認知は、認知する者と認知される者の間に父子関係の事実がなければ無効である（後述親43(1)(ウ)参照）。しかし、たとえ父子関係の事実はあっても、それが、認知という手続で確認されなければならないのである。段を改めて検討する。

43　認　　知

婚姻していない女の生んだ子の父がだれであるかは、微妙な問題であり、一般的には、男が進んでそれは自分の子であると認めること（任意認知）によって解決するのを本則とするのが相当とされよ

第4章　親　　子

う。昭和17年の改正によって、父（母）の死後も認知請求ができることとなって、はじめて認知の本質が意思ではなく事実の確定にあることが明らかになったのである。

(1) **任意認知**　父（または母）が任意にする認知を任意認知という。

(ア)　認知者　父または母は、嫡出でない子を任意に認知することができる（779条）。判断能力さえあればよく、制限行為能力者（未成年者または成年被後見人）であっても法定代理人の同意を必要としない（780条）。原則として認知される者の意思を問わないが、子が成年に達した後は子の承諾がなければ認知できない（782条）。また父は胎児を認知することもできるが、この場合には母の承諾を得なければならない（783条1項）。認知ができる時期については出生後何年というような制限はない。しかし、子が死亡した後には、子に直系卑属があるときに限り認知が認められる。この場合直系卑属が成年者であるときはその承諾を必要とする（783条2項）。

(イ)　届出　認知は戸籍の届出によってする（781条1項、戸60条・61条）。届出がなければその効力がない。なお遺言によって認知することもできる（781条2項）が、この場合には遺言執行者が戸籍の届出をする（戸64条）。この届出は報告的届出である（親7(3)(ア)参照）。

なお、嫡出でない子の父がその子を自分の妻との間の嫡出子として届け出た場合には、これによって子は嫡出子となるわけではないが、そこに、その子が自分の子であるという意思表示が含まれているという理由で、認知としての効力があると解されている（大判大正15・10・11民集5巻703頁、最判昭和53・2・24民集32巻1号110頁・基本判例385参照、総128参照）。ただし、一度他人の子として届け出

て、その戸籍上の父母の代諾によって養子とした場合には、養子縁組は有効と解される余地があるが（親48参照）、認知の効力は生じないとされている（大判昭和4・7・4民集8巻686頁）。

(ウ) 父子関係の事実がない場合　　任意に認知がされても、父子関係の事実がないならばその効力がないことはいうまでもない（786条）。認知した者自身が認知の無効を主張することも許される（最判平成26・1・14民集68巻1号1頁）。しかし、いったん認知がされると、訴えによってその無効の確認を求めなければ、戸籍は訂正されない（786条、人訴2条2号）、この訴えは認知者の死亡後も提起することができる（最判平成元・4・6民集43巻4号193頁・基本判例386）。上と反対に、事実関係があるならば、いったんされた認知は取り消すことはできない（785条）。ここに取消しとは従来、撤回の意味であって、意思表示の瑕疵を理由に取り消すことを妨げないと解されていたが、今日では、たとえ認知が詐欺・強迫によってされた場合でも同様に取り消すことができないというのが通説である。なぜならば、すでに述べたように、認知の重点は意思よりも事実の確認にあるものとみるべきであって、真実に父子関係が存するならば意思表示の瑕疵は問題とするに足りないからである。このような解釈をとれば人事訴訟法の認知の取消しの訴え（人訴2条2号参照）は、認知される者の承諾を得なかった場合などに認められるだけとなる。

(2)　強制認知

(ア) 原告・被告　　父または母が任意に認知しないときは、裁判によって認知を強制することができる（家庭裁判所の審判で処理することができる（家事277条、親8(4)参照））。この場合の原告となりうる者は子、その直系卑属またはこれらの者の法定代理人である

（787条本文）。被告は父（または母）である（人訴42条1項）。父または母が死亡した後の死後認知は検察官を相手方とする（人訴42条1項・2条2項）。ただし、父または母の死亡の日から3年を経過したときは、認知の訴えを提起することはできない（787条但書）。あまり時期を経過すると、事実関係が不明になって弊害が生ずると考えられるからであろう。この出訴期間の起算点は、父または母の死亡が客観的に明らかになった時だとされている（最判昭和57・3・19民集36巻3号432頁・基本判例389）。

　(イ)　父子関係の確認　　認知訴訟における父子関係の確認については、嫡出子の場合のように推定規定がないから、裁判所は職権調査により、自由な心証に基づいて判断するほかはない。しかし、被告が子の出生時に母と内縁関係にあった場合には、嫡出子の場合に準ずる事実上の推定があり（前掲最判昭和29・1・21民集8巻1号87頁・基本判例379）、これを否定する被告の側で反証を挙げることを要すると解される（血液型等による反証が多く問題になった）。これに反し、母がその子の懐胎当時に数人の男と関係していて、どの男が父かわからないときは、認知の訴えは成立しない。そして、従来は、被告の側で母が自分以外の男と関係があったことを主張しさえすれば（不貞の抗弁または多数当事者の抗弁）、子の側で母が被告以外の男と関係のなかったことを立証しなければならないとされていた（大判明治45・4・5民録18輯343頁）。しかし、これは、ことの性質上きわめて困難なことであり、かつ、女性の人権を無視するきらいがある。母の社会的境遇等に特別の事情（たとえば売春婦）がなければ挙証責任を転換すべきであり、判例のなかにもそのような傾向を示しているもの（大阪高判昭29・8・21高民集7巻8号601頁）もあったが、最高裁もこれを肯定した（最判昭和32・6・21民集11巻6号

1125頁・基本判例388)。なお、保存された男性の精子を用いて男性の死亡後の人工生殖により女性が懐胎出産した子と男性との間に、認知による法律上の親子関係の形成は認められないとされる（最判平成18・9・4民集60巻7号2563頁・基本判例384)。

　(ウ)　認知請求権の放棄　　嫡出でない子に、その父が相当の金銭を支払って認知請求をしないと約束させることがある。判例は、認知請求権の放棄は許されないという（最判昭和37・4・10民集16巻4号693頁・基本判例387)。しかし、認知請求権の放棄が金銭の給付を伴うことによりかえって子の利益になるとして、判例に反対する学説がある。

　(3)　認知の効果　　認知した父または母と認知された子との間に親子関係を生ずるというのが、認知の本体的効果である。そしてその効果は子の出生の時にさかのぼって生ずる（784条本文）。父または母は子の出生の時からその子を保育・監護すべき義務を負担したことになる。ただし、認知の遡及効は第三者がすでに取得した権利を害することはできない（同条但書）。たとえば、被認知者の未成年後見人が法定代理人として第三者とした契約は、その効力を失わない。もっとも、これを相続の場合にまで適用して、父の死後、相続が起こった後で（判決によって）認知された者は、すでに他の相続人の所有に帰してしまった権利を害することができないとしたのでは、父の死後にも認知の請求を認めた実益はほとんど無に帰してしまう。そうかといって、他の相続人がすでに分割その他の処分をした後から、それを無効として分割のやり直しをするのはいかにも煩雑なので、民法はこのような場合には、被認知者に価額のみによる支払の請求権を認めて、問題を平明に解決している（910条、相28(2)参照）。

第4章　親　　子

　なお、認知によって子の親権者・監護者には当然には変更を生じ
ない。ただし、嫡出でない子は生まれながらにして母の親権に服し
ているのであるが（819条4項）、父の認知後父母の協議または家庭
裁判所の審判によって父を親権者と定めることができる（819条4
項・6項）。また監護者についても、離婚の場合と同様に、父母の
協議もしくは家庭裁判所の審判で適当に定めることができる（788
条・766条）。また、認知があっても子は依然として母の氏を称し、
ただ認知後に父の氏に変わることができるのであって（790条2項・
791条）、親権者や監護者がだれであるかとは関係ないことを注意す
べきである。なお、子の扶養料の負担は協議で定まり、協議が調わ
ないときは資力に応じて分担すべきである。すでに支出した分につ
いては求償することができる。平成15年に新設（親22(4)参照）され
た民事執行法151条の2第1項3号は、子の監護に関する義務につ
き、債権者が確定期限の定めのある定期金債権を有する場合に、そ
の定期金債権に基づく強制執行においては、その一部に不履行があ
るときは、弁済期の到来していない将来分の債権についても、債務
者の将来の収入に対する差押えができるとした。

44　準　　正

　(1)　**準正の種類**　　嫡出でない子も、結局、その父母が正当な夫
婦関係に入った場合には、嫡出子として扱っても差し支えない。正
当な夫婦関係にない時期に生まれた子だからといって、差別扱いを
する必要はないからである。この嫡出でない子が嫡出子となること
を準正という。民法はつぎの二つの場合を認めている。

　(ア)　婚姻準正　　すでに父と子、母と子の関係が認知によって確
定しているときに、その父母が婚姻した場合（789条1項）、婚姻の
時から準正が生ずる。

(ｲ)　認知準正　　婚姻をしている父母が、子を認知した場合
(789条2項)、認知の時から準正が生ずる。棄児などを、父母が同
時に認知した場合だけでなく、非嫡出子のある母と婚姻した父がそ
の非嫡出子を認知した場合をも含む。戸籍法62条は、民法789条2
項によって準正を生ずる場合に父母が嫡出子出生の届出をすると、
その届出は認知の効力をもち準正を生ずるものとしている。しかし、
先に述べたように、父母の婚姻後に生まれた子は、たとえ嫡出推定
を受けない場合にも、嫡出子として取り扱われ、出生届も普通の嫡
出子出生の届出をすることになっている。したがって、戸籍法62条
の適用があるのは、父母が婚姻届出前に生まれた子について、婚姻
後に出生届をするという、比較的にまれな場合に限られる。

(2)　効果　　わが民法は、上のほかに準正について特別の要件を
規定していない。したがって、子の出生当時父母が法律上婚姻でき
ない関係にあっても（たとえば、父に別に法律上の妻がある場合）、後
に正当の婚姻が成立すれば（たとえば右の妻との婚姻が解消して、子
の母と婚姻した場合）準正は生ずる。また父母の間にいったん有効
な婚姻が成立したのであれば、認知が婚姻の解消後に行われても、
準正が生ずると解されている。父または母が婚姻中に任意認知をし
ないで死亡した場合に、子からの死後の強制認知によっても準正が
起こることは疑いない（たとえば、父の死後の強制認知により母との
関係でも嫡出子になる）。なお、準正は、認知が正当に行われる限り
（783条2項参照）、子がすでに死亡している場合にも起こる。その子
に直系卑属がある場合に、代襲相続その他の点で実益がある（900
条4号但書・901条）。

準正によって子が嫡出子の身分を取得するのは、前述の(ｱ)の場合
には婚姻の時、(ｲ)の場合には認知の時からであると規定されている。

133

第4章　親　　子

前述のように、死後の強制認知によって準正が生ずると解した場合には、準正の効力を認知の時（訴提起の時）から生じさせたのでは死後認知をされた者は、嫡出子としての相続分を主張できないので、準正は無意味となる。立法論として考慮の余地があり、解釈論としても婚姻の時にさかのぼって効力を生ずるとする説が有力である。その場合には910条を類推適用することになろう。

　かつては、準正子はその身分を取得すると同時に父母の氏を称し、その戸籍に入るとされていたが（戸籍先例）、それが昭和62年に改められ、準正子は父母の婚姻中は家裁の許可を得ないで、入籍届を出すことによって父母の氏を称することができるようになった（791条2項）。もっとも、この規定が適用されるのは準正子に限らない（親57(2)(イ)参照）。

45　生殖補助医療により生まれた子（人工生殖子）

　この問題については、先（親41(1)参照）に少し触れたが、あらためて取り上げる。日本のみならず、多くの国において、人為的な生殖はかなり以前から実施されており、人工生殖（artificial insemination）という用語が用いられてきたが、現在では、生殖補助医療（reproductive medicine）ということばは広く用いられるようになっている。人為的な生殖が不妊治療の一環であることを示すものである。そして、人工授精、体外受精、精子・卵子・受精卵の凍結保存など多様な医療技術が実施されるようになっている。そこで、どのような技術が適法な不妊治療として認められるのかという生命倫理に関わる問題と、生殖補助医療により生まれた子の親子関係をどのように決定するのかという二つの大きな問題が存在する。日本では、平成12年には、「ヒトに関するクローン技術等の規制に関する法律」が公布された（法146号）。また、人工授精等がどこまで許されるか

については、厚生労働省において、またそれと密接に関係する親子法の立法問題については、平成13年に法務省において検討が開始されたが、その後審議が中断され、いまだ生殖補助医療により生まれた子の親子関係に関する立法は行われていない。科学技術の進歩に法的な整備が追いついていない典型例の一つである。早急な法的整備が期待されるところである。

　親子法の観点からすると、生殖補助医療により子を得たい夫婦が、自分たちの精子あるいは卵子を用いる場合には、生まれた子について、生物学的な意味における父母（精子の由来する男性が父であり、卵子の由来する女性が母である）との間に不一致はなく、それほど重大な法的問題を生じない（ただし、後述するような死後生殖に関する問題はある）。しかし、他人の提供する精子あるいは卵子を利用する場合には、不妊治療を受ける夫婦と生物学的な意味における父母との間に不一致が生ずるために、法的な父母が誰であるかという問題を生ずる。さらに、いわゆる代理出産については、代理母の分娩した子について、法的な母は、それを依頼した夫婦の妻であるのか、卵子の由来する女性であるのか、分娩した代理母であるのかが問題となる。

　(1)　人工授精　　人工授精とは精子（精液）と卵子を人工的に結合させることで、これによって生まれた子が人工授精子である。夫の精液による場合（ＡＩＨと呼ばれる）と夫以外の者の精液による場合（ＡＩＤと呼ばれる）とがある（男性の精子を女性の子宮内に直接注入する方法と精子と卵子を体外で受精させ、それを女性の子宮に戻す方法とがある）。

　前者は問題がないようにみえるが、必ずしもそうではない。夫の死亡後、夫の冷凍保存精液によることが考えられるからである。複

第4章 親　子

雑な問題を生じ、結局、立法で解決するよりしかたがない。より重要な問題は後者だが、夫の同意のもとで行われた場合、子は推定を受ける嫡出子とするのが通説である。夫の同意なしに行われた場合は、夫は嫡出否認の訴えを提起できる（774条）。保存された男性の精子を用いて男性の死亡後の人工生殖により女性が懐胎出産した子と男性との間に、認知による法律上の親子関係の形成は認められないとされる（前掲最判平成18・9・4民集60巻7号2563頁・基本判例384）。

(2) 代理出産　　代理出産にもいくつかの方法が存在する。一つは、不妊の夫婦がそれぞれの精子と卵子を体外で受精させ、それを妻以外の女性（代理母）の体内に着床させる方法である。もう一つは、不妊の妻をもつ夫婦が、夫の精液を妻以外の女性に（いわゆる代理母に）人工授精する方法である。いずれの場合にも、生まれた子を夫婦の子として引き取るものである。アメリカなどでは広く行われているが、日本では、日本産科婦人科学会の会告で行わないことになっているが、若干行われているようである。この代理母に高額の金銭が渡されるようで、そこに問題もあるが、分娩した女性がその子を可愛くなり手離さなくなるというトラブルも生ずるといわれている。いずれにせよ、法的な母はだれかという問題を生ずる。分娩した女性（代理母）が法的な母であるという見解が有力であるが、代理出産を適法として認めることになると、分娩という事実によって母子関係が定まるという理論も再検討されるべきだということになる（判例は、女性が自己以外の女性の卵子を用いた生殖補助医療により子を懐胎し出産した場合に、出生した子の母は、現行民法の解釈としては、その子を懐胎し出産した女性であり、卵子を提供した女性との間で母子関係の成立を認められないとしている（最決平成19・3・23

民集61巻 2 号619頁・基本判例383))。

第 3 節　養　　子

46　総　　説

　人が血族者によって生活協同体を構成している限り、そして統率者を戴いている限り、その統率者の地位の承継が親子の関係と結びついて、親から子へといういわゆる世襲の形をとることは自然の成りゆきである。これには祖先の祭祀を主宰する者という宗教的な要素が加わる場合もある。そこで、統率者ないし祭祀を主宰する者に子がないときには、擬制的な子をつくることによって、この承継を行うこともまた自然の帰結であろう。養子制度はこのように、まず生活協同体のために認められたものである。このことは上の生活協同体の単位がやや小さくなり、「家」になった時代に、最も典型的な形で現われる。すなわち、養子制度は、「家」のために認められたのである。しかし、「家」の枠は次第にゆるめられ、やがて親子はやや純粋に親子としてとらえられるに至る。この段階になると、家のための承継者を得る手段としての養子制度は必要でなくなる。養子制度は子を養いたいという親の本能と、親のない子に親を与えるという、主として親子関係そのものを念頭においた制度として認められることになる。もっとも実際上は、親がその労働力を補充し、または老後を頼る目的をもってする、親のための養子が行われがちであった。しかし、親子関係が、他の血族関係と区別され、特別の効果が与えられる主たる理由が、未成熟の子と親との家族生活協同体にあることが確認されてくると、養子制度はもっぱら未成熟の子の保育・監護・教育を目的とし、主として子の利益のために利用さ

第4章　親　　子

れる子のための制度となっていく。ただ、このような制度を認める
かどうかは、一方、社会保障制度の普及とも関係し、他方、保護を
要する子の存在とも関係が深い。近代のヨーロッパの多くの国では、
養子制度はいつの間にか廃止されたのであるが、第一次大戦後に一
様に子のための養子制度として認める傾向を示したのは、戦争孤児
を念頭においてのことと思われる。昭和22年の改正前のわが民法は
典型的な「家」のための養子制度を認めていたが（家督相続人であ
る男子があると、男子を養子にできないという規定はその顕著な例であ
る）、現行法は「家」の制度を廃止するとともに養子制度を子のた
めのそれに改めて存続させたのである。通常の養子縁組を修正する
後述の特別養子制度は、子のための養子の考え方を一歩進めたもの
である。

47　縁組の成立

(1)　**成立要件**　　縁組は、両当事者の自然の親子間におけると同
じ効果の発生を意図して締結する、私法上の契約によって成立する。
これを婚姻の成立に準じて理解することができよう。

(ア)　当事者　　第一に、縁組は当事者が結ぶ契約である。今日、
身分上の行為について代理を許さないという意味においても、また
親が勝手に子を他人に与えてしまうことは許されないという意味に
おいてもそうである。しかし、重大な例外がある。「養子となる者
が15歳未満であるときは、その法定代理人が、これに代わって、縁
組の承諾をすることができる」（797条1項）。「法定代理人が前項の
承諾をするには、養子となる者の父母でその監護をすべき者である
ものが他にあるときは、その同意を得なければならない。養子とな
る者の父母で親権を停止されているものがあるときも、同様とす
る」（同条2項）。法定代理人が前項の承諾をするには、養子となる

者の父母でその監護をすべき者であるものがほかにあるときは、その同意を得なければならない（同条2項）。これを代諾養子という。「藁の上からもらって育てる」ことによって、両者の間にほんとうの親子らしい感情が生まれるという、養子縁組に特有の性格からくる。のみならず、保育・監護すべき親がない者に親を与えるという、子のための養子が本筋だとすると、むしろこの代諾養子が原則といってもよい。だから、児童福祉施設の長が、入所中の孤児などに対して親権を行っている場合にも、都道府県知事の許可を受けて、代諾の縁組を締結する権限が与えられている（児福47条1項但書）。後述の特別養子は、代諾縁組を発展させたものである。

　A女が分娩した子BをCの子として虚偽の出生届をし、Cの代諾でDの養子とした場合に、Cは法律的には代諾権がないので、D・B間には、何年経過しても法律上の養親子関係は生じないが、Bが満15歳に達して無効な養子縁組を追認すると、民法116条本文の類推適用により縁組は当初から有効となる（最判昭和27・10・3民集6巻9号753頁・基本判例52）。しかし、養子縁組の追認の場合には、事実関係を重視する身分関係の本質にかんがみ、116条但書は類推適用されない（最判昭和39・9・8民集18巻7号1423頁・基本判例391）。また、戸籍上の父母とその嫡出子として記載されている者との間の養親子関係（55年間存続）について、父母の子による親子関係不存在確認請求が権利の濫用に当たるとした判例がある（最判平成18・7・7民集60巻6号2307頁）。

　(イ)　私法上の行為　　第二に、縁組は私法上の契約である。婚姻と違って、この点について沿革的にもほとんど問題はない。

　(ウ)　契約　　第三に、縁組は当事者の結ぶ契約である。契約が原則として両当事者の合意によって成立するように、縁組も合意によ

って成立する。しかし、この合意によって成立する親子関係は、婚姻の場合と同様に客観的規範によって定まる。したがって、この合意ないし縁組契約には、条件や期限を付することはできないし、客観的規範の許さない内容を与えようとしても（たとえば、扶養はするが相続権は与えない）効果がない。なお、真に親子の関係をつくるつもりはないのに、縁組の届出をしたような場合には、縁組は有効に成立しない。たとえば、かつてあった兵役を免れる目的（大刑判明治39・11・27刑録12輯1288頁）、芸娼妓稼業をさせる目的（大判大正11・9・2民集1巻448頁・基本判例393）で養子縁組の届出をしたような場合には、縁組は無効であるとしたが（親5(3)参照）、これに反し、過去に偶発的、一時的に情交関係があったとしても世話になった御礼として財産を与える目的をもってされた縁組は無効とはされなかった（最判昭和46・10・22民集25巻7号985頁・基本判例394）。また、節税目的のための養子縁組についても、当事者間に縁組をする意思がないときに当たるとはいえないとしている（最判平成29・1・31民集71巻1号48頁）。

　(エ)　養親子関係存否の確認の訴え　　実親子関係の場合（親41(8)参照）と同様、養親子関係存否の確認の訴えが認められる（人訴2条3号）。

　(2)　縁組の予約　　婚姻について「婚約」があるように、縁組にも予約がありうる。しかし、婚姻における結納の取り交しのような手続がふまれることはまれである。また、結婚式に当たるほどのきまった儀式も行われないのが普通であり、夫婦生活のような決定的な関係が生じない。したがって、また内縁の夫婦に当たるような内縁の親子関係もあまり生じない。しかし、問題がないわけではない。第一に、単純な予約の場合でも、養子であるべき者が縁組を前提と

して就職先を退職したのに、養親であるべき者の予約違反で縁組が成立しなかったような場合には、慰謝料ばかりでなく、財産上の損害について賠償請求ができると解される。第二に、現実に親子としての共同生活が行われた場合、上の例で、実際に同居して家業を手伝ったというような事実が存すれば、内縁の夫婦と同じ理論が準用され（当事者間の扶養関係、第三者の侵害に対する保護など）、損害賠償の請求ができることになろう。もっとも、養子になっていたら相続したであろう遺産に相当する損害を請求することは認められない（大判昭和12・5・26民集16巻891頁）。

なお、15歳未満の年少者について、父母の代諾による縁組の予約が行われ、届出をしないまま養父母による養育が行われた場合に、当該年少者が15歳以上に達した後の予約破棄についての代諾者の責任が問題になる。判例は消極に解するが（大判昭和14・12・26民集18巻1663頁）、学説は分かれている。

48 縁組の届出――形式的要件

縁組は、婚姻と同様に戸籍法の定めるところによって届出をしなければ成立しない。その届出の方式や手続は全く婚姻と同様である（799条・739条）。

出生後まもない幼児をもらって、自分たちの嫡出子として届け出るということが行われるが、このような方法では、嫡出親子関係はむろんのこと、養親子関係も生じない（最判昭和25・12・28民集4巻13号701頁、最判昭和50・4・8民集29巻4号401頁・基本判例392）。また、自分の子をいったん他人の子として届け出て、その戸籍上の親の代諾で養子縁組をしても縁組は効力を生じないとされる（大判昭和13・7・27民集17巻1528頁）。もっとも、前述したように（親47(1)(ア)）、後の場合に、養子が15歳以上になってから、その縁組を追認

第4章　親　　子

すれば、──あたかも無権代理行為を本人が追認したと同じように──縁組は有効となると解されるようになった。

49　縁組障害──実質的要件

　縁組の届出は、当事者が真に縁組をする意思を有することのほか、つぎに述べる諸要件を備えていなければ受理されない。婚姻の場合と異なって、善良の風俗を維持するというよりは当事者保護に重点があることが注目される。なお、東洋の古くからの慣行としては、共同の先祖から出た者でなければ養子にできない（異姓不養）という原則があるが（主として祭祀の関係からくるものである）、わが民法はこのような原則を採用してはいない。

　(1)　**養親の年齢制限**　　養親となる者は20歳に達した者でなくてはならない（792条）。これまで、成年者であることが要件とされていた（旧792条）。平成30年改正により、成年年齢が18歳に引き下げられたにもかかわらず、従来のまま養親の年齢を20歳以上としたものである。養親は20歳以上でなければならないが、既婚者である必要はない。

　(2)　**養子の年齢制限**　　養子となる者が養親となるべき者より年長者であり、またはその尊属であってはならない（793条）。かつて尊属であった者（たとえば離縁した養親の弟）または妻であった者を養子とすることができるかは、これを禁ずる規定がないから年長者でなければ可能であると解される（736条参照）。縁組の当事者が夫婦の場合には、夫婦の双方についてこの要件を満たすことが必要である（後述(4)参照）。

　(3)　**被後見人の養子**　　後見人が被後見人（未成年被後見人および成年被後見人）を養子とするには、家庭裁判所の許可を得なければならない（794条）。後見の不公正を隠ぺいする手段となることを防

ぐ趣旨である。したがって、後見人の任務が終了した場合にも同様の制限がある（同条後段）。なお、被後見人が未成年者の場合には、未成年者養子の許可をも得なければならない（後述(5)参照）。

(4) **配偶者のある者の縁組**　　配偶者のある者が未成年者を養子とするには、配偶者とともにしなければならない。ただし、配偶者の嫡出である子を養子とする場合または配偶者がその意思を表示することができない場合は、この限りでない（795条）。養親につき、未成年者を養子とする場合に夫婦共同縁組の原則をとりながら、その例外の場合が定められている。未成年者を養子とする場合には、養子の養育のために養親につき夫婦共同縁組とすることが妥当という趣旨である。この場合を除くと一般的には夫婦共同縁組とはされていない。すなわち、配偶者のある者が縁組をするには、その配偶者の同意を得なければならない。ただし、配偶者とともに縁組をする場合または配偶者がその意思を表示することができない場合は、この限りでない、とされている（796条）。養子となる者については常に夫婦共同縁組とはされず、また、養親となる者については未成年者を養子とする場合を除いて夫婦共同縁組とはされず、単独で縁組をすることができるとしながら、配偶者の同意が必要だという原則となっている。795条と796条は、昭和62年に改正されたが、改正前には、配偶者のある者は、その配偶者とともにしなければ、縁組をすることができない、とし（旧795条本文）、養親についても養子についても夫婦共同縁組の原則が採用されていた。しかし学説は配偶者の同意のもとに単独養子縁組を認めるのが立法論として妥当だとしていたし、解釈論としても、夫婦の一方が他方に無断でした養子縁組の届出につき、特段の事由があるときには縁組の意思を有する者と相手方との縁組は有効に成立するという判例もあった（最判昭

第4章　親　　子

和48・4・12民集27巻3号500頁・基本判例390）。昭和62年の改正は、このような学説・判例の動向に沿ったものである。

　なお、夫婦の一方（たとえば後妻）が夫の先妻の子を養子とする場合には、夫と共同でなくてもよい。すなわち、配偶者の嫡出である子を養子とする場合は、その子が未成年者であっても共同縁組である必要はない（795条但書）。なお、たとえば夫が自分の嫡出でない子（愛人の子）を養子とすることは、その子に嫡出子の身分を与えるものであるから（後述参照）、上の場合に妻とともに養子縁組をすることは差し支えないし、実益もある。

　(5)　家庭裁判所の許可──未成年者を養子にする場合　　未成年者を養子とするには、家庭裁判所の許可を得なければならない（798条本文）。養子となる者が15歳未満であって法定代理人が縁組の代諾をする場合にも、15歳以上であって自分で縁組をする場合にも同様である。これは親が子を食いものにすることを考慮した規定である。子のための養子法の一つの表れといえる。したがって、許可の審判（家事附則別表第1の61）は子の利益を中心に判断して下されなければならない。なお、自己または配偶者の直系卑属を養子とする場合には、子の利益が侵害される心配がないから上の許可を必要としないのである（798条但書）。

50　縁組の無効および取消し

　縁組の無効および取消しも、婚姻のそれとだいたい同じ性格のものである。数人の提起する養子縁組無効の訴えにおいて共同訴訟人の一人による上告および上告受理申立て後にされた他の共同訴訟人による上告および上告受理申立ては、二重上告ないし二重上告受理申立てとして不適法であるとされる（最決平成23・2・17家月63巻9号57頁）。

⑴ **縁組の無効**　縁組はつぎの二つの場合に限り無効とされる（802条）。

㋐　人違いその他の事由によって当事者間に縁組をする意思がないとき（1号）　すでに述べたように、兵役を免れる手段として、芸娼妓とするための手段として（前掲大判大正11・9・2民集1巻448頁・基本判例393、親47⑴㋒）縁組がされたような場合には、たとえ届出がされても実質的に縁組意思がないから無効である（親47⑴㋒）。配偶者のある者が未成年者を養子とする場合に単独でした養親となる縁組は、一方の縁組意思を欠くから全体として無効であると解される（795条・796条・803条参照。取消原因として規定されていないことに注意）。これらと異なり、前述したように（親47⑴㋒）、A男が過去に情交関係のあった姪のB女に永年家事や稼業を手伝わせ、その謝意をこめてB女を養子とした場合には、縁組の意思があったとされる。

なお、法定代理権のない者の代諾した縁組も無効である（797条1項、親47⑴㋐参照）。

㋑　当事者が縁組の届出をしないとき（2号）　届出が受理されれば、その形式的不備だけでは直ちに無効となることはない（802条2号但書）。なお、婚姻の場合の儀式のように、戸籍上の届出と離れて社会的習俗的に縁組が成立するという場合は少ないであろうが、内縁の夫婦関係に準ずる親子関係が生ずる場合のあることについてはすでに述べた（親47⑵）。

⑵ **縁組の取消し**　縁組は法定の取消原因がある場合に、特定の取消権者が家庭裁判所に請求するのでなければこれを取り消すことはできない（803条）。

㋐　取消原因　先に述べた縁組障害ないし縁組の実質的要件

（親49参照）に抵触する場合である。①養親が20歳未満の場合（804条）、②養子が尊属または年長者の場合（805条）、③後見人・被後見人間の無許可の縁組（806条）、④配偶者の同意のない縁組（806条の2）、⑤監護者の同意のない縁組（806条の3）、⑥養子が未成年の場合の無許可の縁組（807条）、および⑦詐欺・強迫による縁組（808条・747条の準用）である。ただし、養親が20歳未満であることを理由とする場合には養親が20歳に達した後、追認をしたときまたは6ヵ月を経過したときは取り消すことができない（804条但書）。また、後見人が無許可で被後見人を養子にしたことを理由とする場合には、管理の計算が終わった後で行為能力を回復した養子が追認をし、または6ヵ月を経過したときは取消権は消滅する（806条1項但書・2項）。また、配偶者または監護者の同意がないことを理由とする場合にはそれらの者が縁組を知った後、追認をしたときまたは6ヵ月を経過したときは取り消すことができない（806条の2第1項、806条の3第1項）。そして、これらの者が詐欺・強迫により同意した場合に、その後詐欺を発見しまたは強迫を免れたときにも同様である（806条の2第2項、806条の3第2項）。また、養子が未成年であるのに無許可であることを理由とする場合には、養子が成年に達した後、追認をしたときまたは6ヵ月を経過したときは取り消すことができない（807条但書）。詐欺・強迫を理由とする場合に、その原因が止んだ後6ヵ月経過したときも同様である（808条1項・747条の準用）。その他の場合には取消権は時効にかかることはない（大連判大正12・7・7民集2巻438頁）。

　問題となるのは、夫婦が養子縁組をした場合に、その一方について取消原因がある場合である。かつては判例・学説ともに一体として全部取り消しうると解した（前掲大連判大正12・7・7（養子が養

母より年長である事例）参照）。しかし、要件違反の部分についてだけ取消しを認めるべきであり、それを支持する最高裁の判決がある（最判昭和53・7・17民集32巻5号980頁、養子夫婦の一方が養親夫婦の一方より年長であるという事案で、年長の養子と年少の養親との間の縁組だけを取り消せばよいとした）。

　⑷　取消権者　　養子縁組の取消原因は、公序良俗に反する程度も強度でなく（養子が尊属または年長者である場合だけが例外である）、当事者の一方を保護する趣旨のものが多い。そこでその取消権者には、婚姻の場合と違って検察官は登場せず、主として保護されるべき者およびその親族が登場することになる。すなわち、養親が未成年の場合には、養親またはその法定代理人が、養子が尊属または年長者である場合には各当事者またはその親族が、被後見人を養子とした場合には養子またはその実方の親族が、無許可の未成年者養子の場合には養子、その実方の親族または養子に代わって縁組の承諾をした者が、それぞれ取消権者である（804条－807条）。なお詐欺・強迫の場合には、詐欺または強迫を受けた当事者である（808条・747条）。

　⑺　取消請求　　取消請求権者は裁判所に対して取消しの請求をしなければならない（人訴2条3号）。裁判外において取消しの意思表示をしても何らの効力もない。もっとも、婚姻の取消しと同様に、まず家庭裁判所の調停を申し立てなければならず（家事257条）、家庭裁判所は審判によって縁組を取り消すことができる（家事277条、親8⑷参照）。

　⑴　取消しの効果　　縁組取消しの効果は、婚姻の取消しの効果とその構造を同じくする（808条・748条）。すなわち、遡及効は認められないが、縁組によって財産を得た者は、善意の場合と悪意の場

第4章 親　子

合との区別に従ってこれを返還しなければならない。

　なお、縁組の取消しによって、養子は縁組前の氏に復すること、祭具等に関する権利を承継していた場合には、その権利を承継すべき者を協議によって定めなければならないことなど、離婚または離縁の場合と同様である（808条2項・769条・816条）。

51　縁組の効果

　(1)　**嫡出子の身分の取得**　養子は、縁組の日から養親の嫡出子の身分を取得し（809条）、未成年の場合にはその親権に服する（818条2項、親57以下参照）。これが縁組の基本的効果である。これに付随して、養子と養親の血族との間に法定血族関係を生ずる（727条）が、養親と養子の血族との間には、縁組前の養子の子をも含めて、血族関係を生じないことはすでに述べたとおりである。なお、養子縁組によって養子はその実方の親族関係から離脱するのではないから、養子とその血族との関係には何らの影響もない（したがって、実父母に対する相続権を失うことはない）。

　(2)　**氏**　養子は養親の氏を称する。ただし、婚姻によって氏を改めた者については、婚姻の際に定めた氏を称すべき間は、この限りでない（810条）。このようにしたのは、養親と養子とは氏を同じくすることを妥当と考える習俗に従ったのである。ただ、養子が養親の氏を称するのは、縁組成立の効果であって、養親子関係存在の効果ではない。したがって、夫婦が同一の氏を称するのとは異なり、縁組後に養親の氏が変わっても、養子の氏は当然には変更しない。また、縁組後に婚姻、再養子縁組などによって、養親の氏とは別個に養子の氏が変わることも、もとより妨げない。

52　縁組の解消

　縁組は離縁によってのみ解消するというのが、わが民法の建前で

ある。離縁には、協議上の離縁と裁判上の離縁とがあることは、離婚の場合と同じである。

　養親が死亡すると養親と養子との間の親権・扶養などの身分関係は終了するが、養子と養親の血族との間に生じた法定血族関係は影響を受けないから、養親の直系尊属や、養親の実子との間の扶養や相続の関係は存続する。そして、養子が未成年の場合には、実親の親権が回復するのではなく、後見が開始するというのが通説および実際の取扱い例である（これを家族的効果の一つであるとして反対する説もある）。養子が死亡しても、養親と縁組後に生まれた養子の直系卑属との法定血族関係（親11⑵参照）は同様に影響を受けない。ところで、養親または養子の死亡後に存続するこのような法定血族関係は、これを絶対に解消させることなく維持すべきかどうかは問題であろう。民法は縁組の当事者の一方が死亡した後、生存当事者は、家庭裁判所の許可を得て離縁をすることができるとした（811条6項）。かつては養親が死亡した場合のみの離縁とされていたのが昭和62年に改められた。特に養親が死亡した場合の離縁は縁組が養子のためのものになった精神にも合致しており、実際問題としても、養親の死亡後に養子が養親の親族を扶養しなければならない場合の救済ともなる（877条。生存配偶者と亡配偶者の親族との間では、法律上当然の扶養義務は存しないことと比較せよ）。ただ、民法はその方法として、養子は家庭裁判所の許可を得て、単独で離縁の届出をすることができるように定めている。しかし、この縁組は、当事者の死亡によって解消せず、したがって、離縁しないと養子と養親の血族との間の法定血族関係が切れないという民法の法的構成は、縁組を単純に養親と養子との個人的関係としてではなく、養子を養親の血縁的・家族的関係の中へ取り込むものとする――いいかえれば、

第4章　親　　子

縁組の効果として生ずる法定親子関係（809条）と、養子と養親の血族との間の法定血族関係（727条）とを、同じ程度の重要性があるものとする——考え方に立脚するものであって、近代の養子制度の本質からみて、妥当なものではない。立法論としては、むしろ婚姻の場合に準じて法定血族関係終了という方式をとるべきものと考える（氏の変更についても、離縁の場合と違って養子に選択の余地が与えられることになる）。

53　協議上の離縁

(1)　**意義**　　縁組の当事者は、その協議で、離縁をすることができる（811条1項）。

(ア)　当事者　　協議は当事者自身ですることを本則とする。未成年者でも15歳以上の者は独立して協議離縁をすることができるし、成年被後見人が事理弁識能力を一時回復している間についても同様である。これらの場合に法定代理人の同意を必要としない（812条・738条）。のみならず、法定代理人が代わって協議することはできない。ただし、養子が15歳未満であるときは、だれかが養子に代わって協議することができねば不便である。そこで、離縁後に養子の法定代理人となるべき者との協議でする（811条2項）。離縁後に法定代理人となるものが明らかでないとき（たとえば実父母が離婚している場合）または存在しないとき（たとえば実父母が死亡している場合）には、実父母の協議によりまたは家庭裁判所が関与して法定代理人となるべき者を決めることとした（811条3項－5項）。

(イ)　夫婦である場合　　協議離縁の一方の当事者が夫婦である場合に（双方が夫婦であっても理屈は同じである）夫婦とも離縁をしようというのであれば、ともに協議すべきことは疑いない。夫だけが協議離縁に合意し、妻が合意しない場合に、夫だけが離縁すること

ができるであろうか。

　すでに述べたように、民法は配偶者がある者が未成年者を養子とするには、その配偶者とともにしなければならないと規定する（795条本文、親49⑷参照）。従来、夫婦共同縁組の原則がとられながら離縁について共同すべきかどうかについて規定がなかった。そこで離縁の場合にも縁組の場合と同様に、必要的共同行為であるとみるべきか——その結果は夫婦の一方だけがした協議上の離縁は離縁意思を欠くものとして無効となる、——それとも、規定がないのだから、夫婦はそれぞれ独立に離縁できるとみるべきか——その結果は夫婦の一方がした協議離縁は有効であり、他方の養親子関係は残ることになる——いずれをとるかが争われていた。昭和62年の民法の一部改正は、この問題について結着をつけ、「養親が夫婦である場合において未成年者と離縁をするには、夫婦が共にしなければならない。ただし、夫婦の一方がその意思を表示することができないときは、この限りでない」とした（811条の2）。ちなみに、縁組後に養親夫婦が離婚した場合において、かつての夫または妻はそれぞれ独立に離縁ができる。

　㈡　届出　　協議上の離縁が有効に成立するためには、戸籍の届出が受理されることを要すること、その届出に成年の証人2人以上の署名を要することなど、婚姻と（したがってまた縁組と）同じである（812条・739条、戸70条—72条、なお799条参照）。市町村長は、離縁の届出が権限ある代諾権者の合意によるとか、家庭裁判所の許可を要する場合にその許可を得ているとか（811条参照）、その他法令の規定に違反していないことを確かめたうえでなければ受理できないのであるが、誤って受理されれば、離縁はなお効力を生ずる点も、離婚と同様である（813条・765条参照）。

151

第4章 親　子

(2) **単独離縁**　　なお、前述したように、縁組の当事者の一方が死亡した後に生存当事者が離縁をしようとするときは、家庭裁判所の許可を得て、これをすることができる（811条6項）。この場合には、家庭裁判所の許可書を添えて養子や養親だけで届け出るのである（戸38条2項・72条）。したがって、協議上の離縁というよりも一種の単意離縁（単独離縁とも呼ばれる）である。これは前述したように、養親の死亡後に養親の親族との間の親族関係を消滅させたり、養子の死亡後に養親が養子の直系卑属と養親およびその親族との親族関係を消滅させるために認められたものである。

(3) **協議上の離縁の無効および取消し**

(ア)　**無効**　　協議上の離縁も、その無効と取消しの理論は婚姻、協議離婚、縁組などとその構造を同じくする。すなわち、真の離縁の合意がないとき、合意があっても権限のない者の代諾であるとき、また届出がされないときなどは離縁は無効である。その無効の主張については離婚の無効と同じに取り扱うべきである（人訴2条3号、親28(3)(ア)参照）。

(イ)　**取消し**　　詐欺・強迫による離縁は、詐欺または強迫された者からその離縁の取消しを裁判所に請求することができる（812条・747条）。この取消権は詐欺を発見し、強迫を免れてから6ヵ月内に行使しなければならない（812条・808条1項）。なお、この取消しも家庭裁判所の審判（家事277条）または家庭裁判所への訴えの提起（人訴2条3号）によってすることができる。取消しの効果は遡及し、離縁はなかったことになる。

54　裁判上の離縁

(1) **離縁原因**　　離縁の訴えを提起することができる場合、いいかえれば離縁原因はつぎの三つである（814条）。

①悪意の遺棄　　物質的な扶養義務の不履行だけでなく、精神的な監護協同関係の廃棄をも含む。

②他の一方の３年以上の生死不明

③その他縁組を継続し難い重大な事由　　養父と養女の不倫関係とか、養女に芸妓をさせるなど、親と子のあるべき姿がどの程度に壊れたかによって判断される。縁組を継続し難いものにした有責者からする離縁の訴えは認められない（最判昭和39・8・4民集18巻7号1309頁・基本判例395）。離婚の場合も同様であったが、判例はある条件のもとに認めることになった（親29(1)(オ)参照）。離縁の場合はもっとこうした態度をとるべきであろう。

右の①・②の事由があっても、裁判所は一切の事情を考慮して縁組の継続を相当と認めるときは、離縁の請求を棄却することができることは離婚の場合と同じである（814条2項・770条2項、親29(2)参照）。

(2)　手続　　裁判上の離縁は、家庭裁判所において当事者の一方から相手方に対する訴えによってされる（人訴2条3号・4条）。ただし、養子が15歳未満の場合は、かつてはその縁組について承諾権を有する者（親47(1)(ア)参照）から訴えを提起することができることになっていた。しかし、協議離縁の場合に関する改正と歩調を合わせて、「養親と離縁の協議をすることができる者」から訴えを提起し、またはこれに対して訴えを提起できることに改正された（815条）。また、縁組の当事者が夫婦である場合に、その一方は他方と共同でなくても相手方に対して離縁の訴えを起こすことができると解される。

離縁事件は原則として一度は家庭裁判所の調停に回されること、場合によってはそこで審判によることもありうることなど、裁判上

第4章 親　子

の離婚と同様である。なお、離縁の訴えは人事訴訟法の規定に従って審理され、判決によって離縁の効力を生ずる点も、離婚と異ならない。離婚の場合（親29(3)参照）と同様、家庭裁判所での和解、請求の認諾・放棄が一定要件のもとで認められる（人訴44条・37条）。

55　離縁の効果

(1)　**親族関係の消滅**　　離縁によって、養子は養親の嫡出子の身分を失い、その当然の効果として、養子と養親の血族との間の法定血族関係およびそれに基づく姻族関係は一切消滅する。養子縁組の後に婚姻した養子の配偶者、同じく縁組の後に生まれた養子の直系卑属と養親およびその血族との間に存した親族関係も同様である（729条）。なお、養子が未成年の場合に、養親の親権が離縁によって、消滅するのはいうまでもないが、それと同時に実父母の親権が復活すると解すべきである（養親の死亡の場合と異なる点を注意せよ）。

(2)　**復氏**　　養子は、離縁によって、縁組前の氏――再養子の場合には第一の養親の氏――に復する。ただし、配偶者とともに養子をした養親の一方のみと離縁をした場合は、この限りでない（816条1項但書）。ただ、縁組の日から7年を経過した後に離縁して前述の規定によって縁組前の氏に復した者は、離縁の日から3ヵ月以内に戸籍法の定めるところにより届け出ることによって、離縁の際に称していた氏を称することができる（816条2項、戸73条の2）。

なお、養子が縁組によって養親の氏を称した後に、婚姻・縁組など、別個の原因に基づいて他の氏を称した場合には、この規定の適用はないと解される。養子が縁組前の氏に復する場合には、養子の配偶者も、婚姻によってその養子である配偶者の氏を称したものであれば、これとともにその氏を変ずる。養男子が養親の娘と婚姻した場合にもそうである。もっとも、養男子が養親の娘と婚姻する際

に、妻の氏を称したのであれば（このことは届出の際に記載すべきであり、それによって妻が戸籍筆頭者になる（戸74条1号・14条1項1号））、離縁しても、妻の氏は変じないのだから、依然として妻の氏すなわち養親と同一の氏を称する。なお、養子およびその配偶者が復氏する場合にも、養子の子の氏は変じない。復氏した親と同一の氏を称したいときは、子の氏の変更の手続（791条）をとらねばならない。

(3) **祭祀財産の承継者の決定**　養子が、養親子関係の継続中（養親が死亡しても、離縁しない限り養親子関係を通ずる法定血族関係は継続する（親11(2)参照））に養親の祖先の祭祀を営むための祭具等を承継していたときは、離縁の際に関係人と協議して、その権利を承継すべき者を定めなければならない。協議が調わないときは、家庭裁判所がこれを定める（817条・769条）。明治民法では、このような場合には、養子が戸主となっているのが普通であり、そして戸主となった後は離縁することができないものとされた（旧874条）。現行法は、このような離縁の自由に対する法律上の制約を廃除したが、同時に、養子が祭祀を主宰する立場にいるために、事実上離縁がしにくいという障害をも軽減する意味もあって、祭祀用具の承継に関する規定を設けたわけである。しかし、縁組というような身分上の関係と、祖先の祭祀との結合関係を法律に規定することがはたして適当かどうかは、離婚の場合と同様に、問題にされている（親30(3)参照）

56　特別養子

(1) **特別養子の意義**　子のための養子という考え方を徹底させると、養子をできるだけ実子と同じように扱うために、実親子の身分関係を解消して養親子の身分関係だけを認め、戸籍にもできるだ

第4章　親　子

け実子に近い記載をすることが必要とされる。ヨーロッパでは、第一次大戦が終った頃から嫡出でない子が増加し、不幸な子をできるだけ家庭で育てるための養子ということが考えられてきた。第二次大戦後も同様であるが、一方で子の出生率が次第に低下し、他方で子を養子にしたいという人が増えてきた。そこで、人身売買的な養子の斡旋が行われないようにするため養子の斡旋を規制するとともに、あわせて養子を実子と完全に同じように扱うという、いわゆる完全養子という考え方が強調されることとなった。その結果、1967年（昭和42年）にヨーロッパ養子協定が成立し、これに基づいて各国は養子法の改正を行って完全養子制度を採用した。

　日本では、従来の養子はそのままとしながら上の完全養子の考え方を「特別養子」という制度の下に通常の養子（792条以下）の特則として採用することとし（817条の2以下）、昭和62年に民法を一部改正した（昭和63年1月1日施行）。あわせて戸籍法を一部改正し、戸籍上、特別養子をなるべく実子と同じように記載しながらも、子が真実の身分関係を知る権利を保障するため、必要なときには、戸籍上実親子関係を知りうる方法が講じられている（戸20条の3ほか）。今後、子のための養子という考え方のもとに、この特別養子制度が活用されることが期待される。

(2)　特別養子縁組の要件

　(ア)　縁組の形式的要件　　家庭裁判所は、817条の3から817条の7までに定める要件があるときは、養親となる者の請求により、実方の血族との親族関係が終了する縁組（以下「特別養子縁組」という）を成立させることができる（817条の2）。従来からの通常の養子縁組は、当事者の縁組という合意によって成立する（799条・797条）のに対し、特別養子縁組は、家庭裁判所の審判によって成立す

る（家事附則別表第1の63）。ヨーロッパ諸国の完全養子が裁判所や行政機関の宣告によって成立するとしているのと同趣旨であり、当事者間の合意によるという考え方が排除されている。

このことに関連して、通常の養子縁組では未成年者を養子としたり（798条）、後見人が被後見人（未成年被後見人および成年被後見人）を養子とする（794条）には家庭裁判所の許可を必要とするが、特別養子縁組を請求するには、その許可を必要としない（817条の2第2項）。

　(イ)　縁組の実質的要件

　(a)　要保護性　　特別養子縁組は、養子となる者の父母による監護が著しく困難または不適当であることその他特別の事情がある場合において、子の利益のために必要があると認めるときに、これを成立させるものとする（817条の7）。特別養子縁組は、実親子関係を終了させるという効果をもたらすものであるから、子の利益を重視し、厳格な要件のもとにこれを成立させるという趣旨である。

　(b)　養親の共同縁組　　養親となる者は、配偶者のある者でなければならない（817条の3第1項）。夫婦の一方は、他の一方が養親とならないときは、養親となることができない。ただし、夫婦の一方が他の一方の嫡出である子（特別養子縁組以外の縁組による養子を除く）の養親となる場合は、この限りでない（817条の3第2項）。子が実子と同じように円満な家庭で養育されるために、養親が夫婦であることが要請されるが、夫婦の一方の連れ子を養子とする場合には、その例外が認められる。

　(c)　養親の年齢制限　　25歳に達しない者は、養親となることができない。ただし、養親となる夫婦の一方が25歳に達していない場合においても、その者が20歳に達しているときは、この限りでない

第4章 親　子

（817条の4）。特別養子にあっては、なるべく実親子らしさが必要
であるから、養親は、原則として25歳以上であることが要件とされ、
例外として、たとえば，夫が25歳に達していれば、妻が20歳以上で
あることを条件として、その夫婦は養子をすることができるとされ
る。

　(d)　養子の年齢制限　　原則として、817条の2に規定する特別
養子縁組の請求の時に15歳に達している者は、養子となることがで
きない（817条の5第1項）。例外として、養子となる者が15歳に達
する前から引き続き養親となる者に監護されている場合において、
15歳に達するまでに特別養子縁組の請求がなされなかったことにつ
いてやむを得ない事由があるときは、すでに15歳に達した者を養子
とすることができる（同条2項）。ただし、この場合においても、
特別養子縁組が成立するまでに18歳に達した者は養子となることは
できない（同条1項但書）。昭和62年に特別養子制度を新設したが、
未成熟の子を実子と同じように養育するというのが特別養子制度の
趣旨であることを理由に、原則として子が6歳未満であることを条
件としたのである（改正前817条の5）。しかし、令和元年の改正に
より、年齢の要件を緩和し、対象となる子の範囲を拡大したのであ
る。

　(e)　養子の同意　　特別養子となる者が15歳に達しているときは
（前述のように例外的な場合であるが）、特別養子縁組が成立するため
には、その者の同意がなければならない（817条の2第3項）。

　(f)　父母の同意　　特別養子縁組の成立には、養子となる者の父
母の同意がなければならない。ただし、父母がその意思を表示する
ことができない場合、または父母による虐待、悪意の遺棄その他養
子となる者の利益を著しく害する事由がある場合は、この限りでな

158

い（817条の6）。特別養子縁組は、養親となる者の請求により家庭裁判所の審判によって成立するのであるが（817条の2）、実父母の同意を必要とするのが原則である。外国の例をみると、完全養子において実父母が同意権を濫用する例が多かった。但書はそのような場合に備えて、同意を不要とする場合を定めた。

(g) 試験養育期間等　特別養子を成立させるには、養親となる者が養子となる者を6ヵ月以上の期間監護した状況を考慮しなければならない（817条の8第1項）。特別養子縁組によっては家庭裁判所の審判によって実親子関係に近い身分関係を形成させるのであるから、はたして円満な親子関係が築かれるかどうかを判断するための試験養育期間が設けられる。前項の期間は、817条の2に規定する請求（養親なる者の特別養子縁組の請求）の時から起算する。ただし、その請求前の監護の状況が明らかであるときは、この限りでない（817条の8第2項）。

(3) 特別養子縁組の効果　養子が縁組の日から養親の嫡出子の身分を取得することは普通の養子の場合（809条）と同様である。問題は実方との関係だが、普通養子の場合にはこの関係はそのまま残ったが、特別養子についてはそれが修正され、親子らしさを実現するために実親子関係が断絶され、養子と実方との親族関係が終了する。その結果実親子関係における相続や扶養の問題は生じない。すなわち、養子と実方の父母およびその血族との親族関係は、特別養子縁組によって終了する（この場合の親子関係不存在確認について最判平成7・7・14民集49巻7号2674頁・基本判例396）。ただし、817条の3第2項但書に規定する他の一方およびその血族との親族関係については、この限りでない（817条の9）。なお、近親者間における婚姻禁止の制度は存続する（734条2項・735条）。

第 4 章　親　　子

⑷　特別養子縁組の離縁

(ア)　離縁の要件　　特別養子については子の利益が重視されること、また縁組が家庭裁判所の審判によって成立することからみて、通常の縁組における協議離縁は認められず、きわめて厳格な事由のもとに、しかも離縁後実父母の監護が可能な場合にのみ離縁が認められるにとどまる。すなわち、つぎの各号のいずれにも該当する場合において、養子の利益のため特に必要があると認めるときは、家庭裁判所は、養子、実父母または検察官の請求により、特別養子縁組の当事者を離縁させることができる。①養親による虐待、悪意の遺棄その他養子の利益を著しく害する事由があること、②実父母が相当の監護をすることができること（817条の10第 1 項）。離縁は、前項の規定による場合のほか、これをすることができない（同条 2 項）。離縁は、家庭裁判所の審判による（家事附則別表第 1 の64）。

(イ)　離縁の効果　　養子と実父母およびその血族との間においては、離縁の日から、特別養子縁組によって終了した親族関係と同一の親族関係を生ずる（817条の11）。

第 4 節　親子の氏

57　親子の氏の関係

　民法は、氏をもって個人の呼称としているが、わが国の習俗に従って、夫婦は、常に氏を同じくするものとし、子については、親と氏を同じくするものとした。しかし、父と母が婚姻をしていて、同じ氏の場合には、問題は簡単だが、父と母とが離婚した場合、または、初めから夫婦関係がない場合には、父母が氏を異にするために、いずれの親と氏を同じくすべきかが問題となる。そこで、以下のよ

うにすることにした。第一に、生まれた子の父母が夫婦であるとき（嫡出子）は、父母の氏を称し、父母が夫婦でないとき（嫡出でない子）には、母の氏を称するという原則を立て、第二に、子と父または母が氏を異にするときには、子は家庭裁判所の許可を得て、その氏の異なる父または母の氏に改めることができるものとして調節を図った。なお、親子が氏を異にしてもそのことだけでは、親権・扶養・相続その他の法律関係において何らの差異のないことは、すでにしばしば繰り返したとおりである。以下少し詳しく検討してみよう。

(1) 出生の際の子の氏

(ア) 嫡出子の氏　　嫡出子は、父母の氏を称し、父母の戸籍に記載される（790条1項本文、戸6条・18条1項）。ただし、子の出生前に父母が離婚したときは、離婚の際における父母の氏を称する（790条1項但書）。したがって、離婚して復氏した親（実際問題としては多くの場合に母）とは氏を異にする。

なお、平成8年改正要綱（序1参照）は、婚姻に際して、夫婦が別氏を称すること（夫婦別姓）を認めているが、嫡出子である子の氏につき、夫婦別氏の場合に子が称する氏についての定めをしている。

(イ) 非嫡出子の氏　　嫡出でない子は、母の氏を称する（790条2項）。そして母の戸籍に記載される（戸6条・17条・18条2項）。父が子の出生前に認知しても（783条参照）、出生の後に認知しても、子の氏は、認知によって父の氏に変ずるのではない。ただし、後に父母が婚姻して準正が起こる場合には、前述したように（親44）、準正子は父母の婚姻中に入籍届を出すことによって父母の氏を称することができる（791条2項）。

161

(ウ) 棄児の氏　　棄児のように、父も母も不明なものについては、市町村長が氏名をつけて、その者のために新戸籍を編製するけれども、後に父または母が判明すれば、上(ア)(イ)の区別に従って父母または母の氏に改める（戸57条－59条）。

(2) 子の氏の変更

(ア) 縁組による変更　　子が養子となれば、養親の氏に代わり、離縁すれば、縁組前の氏に復することは、前述のとおりである（810条・816条）。

(イ) 家庭裁判所の許可による場合等　　子が父または母と氏を異にする場合には、子は家庭裁判所の許可を得て、その父または母の氏を称することができる（791条1項）。ただし、そのような父または母が死亡した後は、その氏には変えられないと解されている。また、前述の準正子のように、父または母が氏を改めたこと——たとえば父または母の縁組など——によって子が父母と氏を異にするに至った場合には、父母の婚姻中に限り、家庭裁判所の許可を要せずに、入籍届を出すことによって父母の氏を称することができる（同条2項）。いずれの場合も、子が15歳未満であるときは、その法定代理人がこれに代わって上の行為をすることができる（同条3項）。そして、未成年者時代に上の手続で氏を改めた子は、自分自身で行った場合でも、法定代理人が行った場合でも、成年に達した時から1年以内に、従前の氏に復することができる（同条4項）。子が上の規定で氏を改めたとき、または復氏したときは、届出をなし（戸98条・99条）、氏を同じくする父または母の戸籍に記載される（戸18条2項）。ただし、その子に配偶者があるときは、新戸籍が編製される（戸20条）。上の手続で家庭裁判所の許可を必要とするものがあるのは、関係者間に紛争の生ずることを防ぎ、子の利益を守るた

めである。未成年者時代に改めた氏は、自分で改めた場合でも元に戻ることができるものとしたのは、意思の成熟しない時期の行為で一生の氏を決定する不都合を除こうとするためである。

791条の適用される場合は、非常に多い。重要な例を列記しよう。

①離婚して復氏した母、または未亡人となって後に復氏した母が、婚姻中の子を自分の氏にする場合（その母が養母の場合も同じ）。必ずしもその子が母の親権に服することは必要ではないが、父の親権に服する15歳未満の子の場合には、法定代理人である父が代理してくれないと氏の変更ができないことになる。

②再婚する母が、いわゆる連れ子を再婚の夫の氏と同じにする場合。この母が離婚して復氏した場合に連れ子の氏を元に戻す場合。

③父母が養子縁組によって養親の氏を称するときその子の氏をともに変更する場合。また養子が離縁して復氏し、その子を養親の氏から自分の氏に直す場合。

④父が認知した子を自分の氏にする場合。この場合父の妻の同意を必要としないのは、多少問題とされている。

⑤準正子（789条）が父母と氏を異にするときに、これを父母と同じ氏に改める場合。

なお、上の氏の変更の規定は、父または母と氏を異にする子が、婚姻によって配偶者の氏を称した場合（たとえば、嫡出でない女子が婚姻して夫の氏を称した後に父が認知した場合）に、適用がないことは疑いない（これは、離婚によって復氏する場合に称すべき氏をあらかじめ変更することになるが、それは許されない）。しかし、配偶者が父または母と氏を異にする者の氏を称した場合（上の例で妻の氏を称した場合）には、これを否定すべき根拠がないから認めざるをえない。その結果、子の配偶者もともに、その氏を変更することになる。

第4章　親　　子

立法論としては少し問題であろう。

上に述べた、子の氏が変更される各種の場合をみると、夫婦は同一の氏を称し、未婚の子は親と氏を同じくするという現行法の建前からみて当然だと思われる場合もあり（⑤の場合など）、関係当事者の間に深刻な争いを生ずることの予想される場合もあり（①の場合など）、さらにまた、家名を継続させるという家族制度的な目的に利用されるおそれの多い場合（②の場合など）もある。そこで、これらの場合を区別して要件を別々に定めるわずらわしさを避けて、一律に家庭裁判所の許可を要するものとした。これについては批判の余地がないではないが、家庭裁判所は、各場合について、氏の変更が有する意義と子の利益を考慮して慎重な態度をとるべきである。なお、子が氏を改めた場合には、戸籍の上でも原則として氏を同じくする親の戸籍に移されることは、——同一の戸籍には同一の氏を有する者しか記載しないという民法の建前からいえば当然のことではあろうが、——かつての引取入籍（旧738条）に類し、なんとなく「家」のにおいがすることも否定できないようである。ただし、本人が申し立てたときまたは配偶者があるときなどには別の戸籍が編製される（戸19条2項・20条）。

(3)　**戸籍法による改氏**　　民法による改氏のほかに、やむをえない事由があるときは、家庭裁判所の許可によって、氏または名を変更することが戸籍法上認められている（戸107条・107条の2）。これは誰かの氏を称するというのではなく、単に現在の氏または名を改めようというのであり、第三者の利害に関係することが多い。そこで特に氏の場合には重大な事由がなければ許可されないのが実情である。

164

親　57―58

第5節　　親　　権

58　総　　説

　人が親子の関係にあることからは、いろいろの効果が発生する。あるいは相互に相続人となり（887条・889条）、また相互に扶養の権利義務を負う（877条）。父母は、未成年の子の婚姻について同意をする権利を有する（737条）。一方に対する生命侵害があれば、他方に慰謝料請求権が認められるというような効果もある（711条）。しかし、親子関係から生ずる最も重要な効果は、そして特に他の親族関係と本質的に異なる親子関係特有の効果は、親が未成熟の子に対してこれを保育・監護・教育すべき地位に立つということであろう。それは権利であるというよりも、権利と義務の融合した一種の職分であり、時代とともに移り変わってきた。

　身分的結合関係が、家長に統率される大きな団体を構成していた時代には、家族員の中の未成熟な者を保育・監護することは、家長の職務であったから、親権は、これに吸収されて独立の存在をもたず、あるいはきわめて弱いものであった。しかし、その後、家族団体の中に、次第に夫婦・親子の独立性が認められるようになるに従って、親権が独立してきた。昭和20年の終戦を経て大きな改正をみるまでの民法はあたかもその進化の中途にあり、戸主権と親権を併存させた。その結果、ともすると、両者の衝突を生ずることもないではなかった。しかし、戸主権は廃止され、親権の独立性がはっきりしてきた。のみならず、成年の子も親権に服する場合があるものとし、ことに、母の親権を制限した旧法の規定（旧886条）をやめて、親権に服する者を未婚の未成年の子に限り、当然のことながら

165

第4章　親　　子

母の親権を父の親権と対等なものにしている。しかし、子の財産についての親権の効力は、なお大きすぎるきらいがないでもない。

親が子を保育・監護・教育することは、国家社会に対する重大な義務である。これを権利だというのは、この義務を遂行するために、他人に濫りに干渉されないという意味である。したがって、親権の行使が濫用に陥るときは、もはや親権の行使の効力をもたなくなる。このことは、一般的にはすべての権利についていいうることだが、親権について特に重要であることに留意すべきである（1条・2条参照）。

なお、子を保育・監護・教育すべき親の義務については、国家も重要な関心をもち、児童福祉法・生活保護法・少年法などによって、親にこの義務を正しく遂行させるために、直接間接に監督・保護・助成していることは、すでに一言したとおりである（親3(4)参照）。

59　親権関係の当事者

(1)　**親権に服する子**　　親権に服する者は未成年の子である（818条1項）。成年に達した子は、たとえ独立の生計を営まなくても親権に服さない。また未成年の子も婚姻すると成年に達したものとみなされるから（753条）、親権に服さなくなる。いったん成立した婚姻が取消し・離婚・配偶者の死亡などによって解消しても、もはや親権に服さないと解される（親24(4)参照）。

(2)　**親権者**

(ア)　原則　　親権に服すべき子の実父母が健在で、しかも正当の夫婦関係にある最も普通の場合には、その父母が共同して親権を行う（818条1項・3項本文）。氏を同じくすることは要件ではない。

(イ)　例外　　以上に述べた、実父母が共同で親権を行使するという原則に対しては、いくつかの例外がある。

(a) **養親の親権**　養子に対しては、実親ではなく養親が親権者になる（818条2項）。養親が夫婦である場合には、共同親権者となることは、実親子におけると同様である。配偶者の一方（たとえば妻）が他方の子（たとえば夫の先妻の子）を養子にした場合には（795条但書参照）、夫は実親、妻は養親ということになるが、両者の親権が衝突するという場合ではないから、妻だけが親権者になるのではなく、夫婦が共同親権者となると解すべきである（795条（親49(4)）の立法趣旨からもそう解される）。養子が離縁すれば、実親の親権が回復すると解すべきことはすでに述べたとおりであるが、養父母がともに親権を行うことができなくなったときは、実親の親権が回復するのではなく、後見が開始すると解される。養父母がともに死亡した場合にも上と同様に解すべしというのが通説であるが、疑問がないわけではない。縁組によって養子が養方の親族団体の中に取り入れられるという点を強調する考え方によれば、通説が肯定されるが、縁組を個人的関係とみる考え方によれば、養親の死亡によって実親の親権が回復すると解する余地がある。もっとも、養子の身柄が現実に養方にあり、養親の遺産を相続したような通常の場合を考えると、通説によりつつ、事情によって実父、または実母を後見人に選任することのほうが妥当であろう。

(b) **単独親権**　父母が共同で親権を行使するという法の根本原則も、不幸にしてそれが不可能であるか、妥当でない場合には破れる。つぎのいくつかの場合がある。

(i) **父母の一方が親権を行うことができないとき**　成年被後見人・親権喪失者のように法律上不能な場合と、行方不明・精神病などのように、事実上不能な場合を含む。これらの場合には他の一方が単独で親権を行使する（818条3項但書）。

第4章　親　　子

(ii)　父母が離婚するとき　　父母が離婚するときは、その一方だけが親権者となる。いずれの一方が親権者となるかは、協議上の離婚では、父母の協議で——協議が調わないか、協議することができないときは、父または母の請求によって家庭裁判所の審判で——定め（819条1項・5項、家事附則別表第2の8）、裁判または審判による離婚では、裁判所または家庭裁判所が定める（819条2項、人訴32条3項）。ただし、子の出生前に離婚した場合には、母が親権を行う。もっとも、子の出生の後に、父母の協議で父を親権者とすることができる（819条3項）。

　なお、学説では、諸外国の立法例にならって離婚後も父母の共同親権を維持すべきであるとする見解が主張されている。ただ、共同親権であることから子の不利益が生じないようにする方策など立法上の課題は大きい。

(iii)　非嫡出子の場合　　嫡出でない子に対しては、母が親権を行う。父が認知して法律上の父子関係が生じても同じであるが、父母の協議で父を親権者としてもよい（819条4項）。この協議についても、上と同様に、家庭裁判所が代わってこれを定めることができる（819条5項）。

(ウ)　親権者の変更　　離婚した父もしくは母が親権者となり、または、父が認知した子の親権者となった場合などに、子の利益のために必要だと認められるときは、家庭裁判所は子の親族の請求によって、親権者を他の一方に変更することができる（819条6項、家事附則別表第二の8）。しかし、そのような手続が行われないうちに、親権者である父または母が死亡すれば、他方の母または父が親権者となるのではなく、後述のように、後見人が選ばれることになる。もっとも、この場合、生存親が親権を行使することが当該未成年子

168

の福祉に沿うときは、819条6項を準用して親権者の変更をすることができ、これは後見人が選任された後でも同様だとした例がある（名古屋高金沢支決昭和52・3・23家月29巻8号33頁）。また、親権者が不適当で、子の利益のためにこれを変更したいが、他の親がすでに死亡しているか、または、親権者として不適当だというようなときには、親権喪失の宣告を求めることになる（834条）。

(エ)　面会交流　親権を行わない親も、子の監護・養育上相当でない場合を除いて、子に面会交流の権利を有する（766条1項。最決平成12・5・1民集54巻5号1607頁・基本判例364）。そして、面会交流を命ずる審判を監護親が履行しない場合には、その審判に基づいて、間接強制（民執172条）をすることができる（最決平成25・3・28民集67巻3号864頁）。なお、離婚後において親権者でない親の面会交流について、親31(2)参照。

(3)　親権能力　親権は、子の身分上および財産上にわたる広汎な内容をもつものだから、行為能力者でなければ、親権者となれないと解するのが正当である（大判明44・11・27民録17輯727頁）。すなわち、成年被後見人も被保佐人も、未婚の未成年者も親権者とはなれない（833条参照）。被保佐人については解釈論として反対説が少なくなく、未婚の未成年者については立法論として反対するものもある。

60　子の身分に関する親権者の権利義務

(1)　身上監護権　親権者は、子の利益のために子の監護（保育を含む）および教育をする権利を有し義務を負う（820条）。これは、親の未成熟の子に対する責務の全般にわたる内容を宣言したものであって、それを実行する手段として、居所指定その他の諸権能が定められている（後述(イ)(ウ)）。平成23年の改正により820条に「子の利

第4章 親　子

益のために」が挿入されたが、これは、親権が子の利益のために行使すべきことを明確にしたものである（親39⑵参照）。なお、子の監護・教育をするというのは、実際に監護・保育・教育をすることであって、必ずしもその費用を負担することと同一ではない。父母の間でそれをどう分担するかは、婚姻から生ずる費用の一種として処理されるし（760条）、また、親の資力で監護・教育ができない場合には、他の扶養義務者が扶養しなければならない。しかし、一般の親族的扶養と異なる親の未成熟の子に対する扶養義務（生活保持の義務（親78⑶参照））の根拠を法文に求めるとすれば、やはり本条がこれを規定するとみるべきであろう。

　(ｱ)　居所指定権　　親権者は、監護・教育のために必要な範囲で、子に対してその居所を指定し、そこに居住させることができる（821条）。

　(ｲ)　子の引渡請求　　子が親権者の指定した場所に居住することを第三者が妨害しているときは、子が意思能力のない幼児の場合には、その引渡しを請求することができる（大判大正元・12・19民録18輯1087頁・基本判例397（間接強制ができる）。なお、人身保護法によっても目的を達することができる――最大判昭和33・5・28民集12巻8号1224頁、なお、最判平成6・11・8民集48巻7号1337頁・基本判例398など。ほかに、子の父親が母親らに対し子の引渡し等を求める人身保護請求事件において、人身保護法11条1項に基づく決定によるのではなく、審問手続を経たうえで判決により判断を示すべきであるとされた事例がある（最決平成22・8・4家月63巻1号97頁））。子に意思能力がある場合にも、その妨害の排除を請求することができる。しかし、たとえ実の母であっても、他人がわが子として愛育している幼児を実力で奪取することは許されない（最判昭和49・2・26家月26巻6号22

170

頁）。また、子に意思能力があり（13歳の子にこの意思能力ありとした判例がある（大判昭和13・3・9民集17巻378頁））、その自由意思で第三者と同居している場合には（3歳の幼児にはこのような意味での自由意思はないとする判例がある（最判昭和35・3・15民集14巻3号430頁）。なお、幼児に意思能力があっても、その子に監護権を有する者に対する嫌悪と畏怖の念をかきたてるように教えこんできている場合は自由意思がないとするものがある（最判昭和61・7・18民集40巻5号991頁））、第三者による親権の妨害はないのであるから、引渡請求はもちろんのこと、妨害排除の請求もできない。この場合、子に対して居所指定をすることはできるが、直接にその居所指定を強行する手段は認められていない。親の慈愛による説得や、やむをえないときは扶養を停止するような方法で、間接的に善導させようとするのが法の態度である。

離婚した父母の間で、親権者が法律上監護権のない親に対して、民事訴訟手続により親権に基づく妨害排除請求として、子の引渡しを請求できるかについては、学説が分かれているが、判例はその請求を認めている（最決平成29・12・5民集71巻10号1803頁。ただし、その請求を権利の濫用としてしりぞけている）。

なお、別居中の父母が幼児を奪い合う場合には、父または母のいずれに監護・養育させることが子の幸福になるかによって監護者を決定すべきである。

(ウ)　懲戒権　　親権者は、820条の規定による監護・教育に必要な範囲内で、その子を懲戒することができる（822条、親39(2)参照）。この規定は、フランス、ドイツなどの民法にならったものであるが（その際に用いられた懲戒という訳語が適切であったのかという疑問もないわけではない）、その後の社会の変化により、現代においては、児

第4章　親　　子

童虐待の口実になっていることもあり、民法から削除すべきである
という見解が強く主張されている。

　(エ)　職業許可権　　子の職業を営むことを許可すること（823条
1項）。ここに職業とは、営業より広い概念であって、工場や商店
で働くために雇用契約を結ぶ場合を含むが、その許可が営業に関す
るものであれば（文理上は疑問であるが、一般に営業に当たると解す
る。総27(2)参照）、未成年者は、これによって、営業を営む行為能力
を取得する（6条1項）。一度許可を与えた後にも、営業に堪える
ことができない事由があるときは、その許可を取り消しまたは制限
することができる（823条2項・6条2項）。なお、子の労働契約に
ついては、たとえ同意を与えたときでも、それが未成年者に不利で
あると認めた場合には、親権者は民法の規定とは別個に将来に向か
ってこれを解除することができる（労基58条2項）。

　(オ)　民法以外の法による身上監護　　民法以外の法律において、
親権の内容を定めるものが少なくない。主要なものを挙げれば、親
権者は、子に義務教育を受けさせる義務があり（教基4条、学教16
〜18条）、その監護が不十分または不適当であるときには、市町村
長等がその子を保護施設に収容し、または、里親に委託するなどの
措置を講ずることを、認容しなければならない（児福23条−33条参
照）。また、親権者であっても、児童にこじきをさせたり、公衆の
娯楽を目的としてかるわざや曲馬をさせるようなことをしてはなら
ない（児福34条・60条参照）。なお、児童福祉施設の長は、必要ある
場合には、入所した児童に対し、その身上のことについて、親権を
行うことができる（児福47条）。

　(2)　身分上の行為の代理権

　(ア)　子の親権の代行　　親権を行う者は、その親権に服する子が

自身の子に対して親権を行うべき場合には、これに代わって親権を行う（833条）。平成30年改正により、婚姻適齢が成年年齢と同じ18歳になったので、未成年者が婚姻をすることはなくなった。その改正前においては、未成年者が婚姻をした場合には成年者とみなす（753条）ことにより未成年の父母であっても、自分で親権を行うことができるとされていた。そこで、753条も不要となり、削除された。ただ、すでに婚姻している未成年者は成年とみなされているほか、過渡的に改正後に未成年者が婚姻することがあることを考慮して、このような未成年者が自分の子について親権を行使できることを経過規定で定めている（平成30年法律附則2条3項・3条）。いずれにせよ、親権者が子の親権を代行するのは、子が嫡出でない子を有する場合だけである。

(イ) 身分上の行為の代理権　　親権者は法定代理人として、子を代理する権限を有するが、一般的に代理権があるのはつぎに述べる財産上の行為についてである。身分上の行為については、代理権限が認められる場合は各別に規定されている。すなわち、嫡出否認の訴えの相手方となること（775条。この場合には特に親権を行う母）、認知の訴えをすること（787条）、子の氏の変更をすること（791条）、縁組の代諾をすること（797条）、未成年者が養親となる縁組をした場合の取消しを請求すること（804条）、相続の承認・放棄（917条）などである。代諾離縁についても特別の規定がある（811条・815条）。

61　子の財産に関する親権者の権利義務

(1)　代理権　　親権を行う者は、子の財産を管理し、かつ、その財産に関する法律行為についてその子を代表する。ただし、その子の行為を目的とする債務を生ずべき場合、たとえば、子が家事使用人となる契約を代わってする場合などには、本人の同意を得なけれ

ばならない（824条）。のみならず、労働基準法は、親権者が子に代わって労働契約を締結することを禁じ、かつこれに代わって賃金を受け取ってはならないものと定める（同法58条・59条）。824条は代表という言葉を使っているが、代理の意味であり、かつ代理するだけでなく、子が意思能力を有するときは、子の法律行為に同意する権限をも有する（5条参照）。

　(ｱ)　親権者の注意義務　　親権を行う者が子の財産を管理し、または財産に関する法律行為を代わってやるには、自己のためにするのと同一の注意をもって、これをしなければならない（827条）。これは、一般の他人の財産を管理する場合と比較すれば、責任の緩和であるが（400条参照）、この程度の注意をも欠いて、子に損害を与えれば、これを賠償する義務を負う。なお、親権者が子を代理してその所有する不動産を第三者の債務の担保に供する行為は、親権者に子を代理する権限を授与した法の趣旨に著しく反すると認められる特段の事情の存しない限り代理権の濫用に当たらないとする判例がある（最判平成4・12・10民集46巻9号2727頁・基本判例399）。

　(ｲ)　財産管理の計算　　子が成年に達したときは、親権を行った者は、遅滞なくその管理の計算をしなければならない。その場合には、子の財産の収益は、その子の養育費および財産管理の費用と相殺したものとみなされる（828条）。終戦を経た後の大改正でも改められなかった規定であり、親の支配権を肯定する色あいが濃い。ここに「相殺したものとみなす」とは、その意味はあいまいであるが、民法の他の用例にならって（579条参照）、清算の必要がなくなる結果、親権者は子の財産の収益権をもつことになると解するのが通説である。もっとも、このことは近代の親子関係に適さないものだから、この規定は、親権者は子の財産の収益から養育費や管理費用を

支出してもよく、後で詳細な清算を要求されないという程度に解すべきで、したがって、明瞭な残余財産があれば、これを子に返還すべきである。なおこの規定は、第三者が子に無償で財産を与えるにあたって、反対の意思を表示したときは適用されない（829条）。すなわち、親権者は収支を明確にしなければならない。しかし、ここに「反対の意思」とは、その収入から子の養育費を支出してはならないという意味に解すべきではない。

(ウ)　第三者が子に与えた財産の管理　　第三者が子に無償で財産を与える場合には、その財産について、親権者の一方または双方にこれを管理させない意思を表示することができる。その場合には、排斥された親権者は、その財産については、管理権をもたない（830条1項）。その結果、父母ともに管理権がないことになれば、贈与者である第三者は管理者を指定することができる。第三者が指定しなかったときは、家庭裁判所が、子、その親族または検察官の請求によって、その管理者を選任する（同条2項）。第三者が管理者を指定したときでも、その管理者の権限が消滅し、またはこれを改任する必要がある場合において、第三者がさらに管理人を指定しないときには、上と同様に、家庭裁判所が選任する（同条3項）。上の管理人については、第三者の指定したものでも、家庭裁判所の選任したものでも、不在者の財産管理に関する27条から29条までの規定が準用される（同条4項、家事附則別表第1の66）。

(エ)　委任の規定の準用　　親権を行う者が子の財産を管理する場合、および第三者が子に無償で与えた財産の管理者が管理する場合に、管理権が消滅したときには、委任の終了に関する654条および655条の規定が準用される（831条）。

(オ)　短期消滅時効　　親権者と子との間に財産の管理について生

じた債権の消滅時効については、特別の規定が設けられている（832条）。親権関係の継続中は債権を行使することは困難だから、その間は消滅時効は進行しないようにしたのである。

(2) 利益相反する行為

(ア) 判断基準　親権を行う父または母とその子との利益が相反する行為については、親権を行う者は、子を代理する権利も、子に同意を与える権利もない。家庭裁判所が、その子のために特別代理人を選任し、この特別代理人が子を代理し、または子に同意を与える（826条1項、家事附則別表第1の65）。この特別代理人と未成年者との間に利益相反の関係があれば、特別代理人は代理権を行使することはできない（最判昭和57・11・18民集36巻11号2274頁、最判昭和57・11・26民集36巻11号2296頁・基本判例402）。利益相反する行為とは、たとえば、子の財産を親権者に売却するような、親権者と子との間の法律行為だけでなく（108条、総115(2)参照）、親の債務について子が保証人もしくは物上保証人となる場合のような、子と第三者の行為の代理権行使をも含む（最判昭和43・10・8民集22巻10号2172頁・基本判例401）。すなわち、利益相反するかどうかは、法律行為の形式いかんにかかわらず、実質的に判断すべきである。したがって、判例が相手方のない単独行為には適用がないという理由で親権者が子を代理して相続を放棄する――その結果親権者の相続分が増える――場合には親権は制限されないとしてきたが（大判明治44・7・10民録17輯468頁）、最判昭和53・2・24（民集32巻1号98頁・基本判例405）は、相手方のない単独行為であるからといって利益相反行為に当たる余地はないとはいえないとした（この判決は事件としては否定したもので、その評価は分かれるが、上記のように解すべきであろう。相32(2)参照）。その反面、親権者と子との間の行為でも、

親権者の財産を子に贈与する場合のように、利益の相反しない行為については、親権者は、自分自身の立場と子を代理する立場とを同時に兼ねて、贈与契約を締結することができる（大判大正9・1・21民録26輯9頁）。なお、父母が共同して親権を行使する場合に、その一方と子との利益の相反する行為についても、特別代理人を選任しなければならない。子と父とだけ利益の相反する行為でも、母が子を代理しては子の利益を十分に保護することは困難だからである。ただし、この場合には特別代理人と母とが共同して子を代理すべきであるとするのが判例である（最判昭35・2・25民集14巻2号279頁・基本判例400）。

　(イ)　子の間の利益相反の場合　　親権を行う者が数人の子に対して親権を行う場合には、その一人の子と他の子との利益の相反する行為については、上と同様に、その一方の子のために、特別代理人を選任しなければならない（826条2項）。同じく親権に服している長男の財産を次男に譲渡するような場合がその適例である。また、複数の共同相続人の親権者が子らの代理人としてした遺産分割の協議は無効である（最判昭和48・4・24家月29巻9号80頁）。なお、母が数人の子の親権者として、長男の相続だけを承認して、他の子の相続を放棄する場合は、前述のような相続放棄に関する判例の変遷を考えると、利益相反する行為として特別代理人を選任すべきであろう。特別代理人と子との間での利益相反行為については、前述したように特別代理人は権限を行使することができない（前掲最判昭和57・11・26）。

　(ウ)　違反行為の効果　　上の制限を逸脱した親権の行使は一種の無権代理として子に効果を及ぼさない。しかし、子が成年に達した後に追認することはできると解される（最判昭和46・4・20判時631

第4章　親　　子

号53頁）。

62　親権の共同行使

(1)　**親権共同行使の原則**　　親権は、父母の婚姻中は原則として父母が共同して行う（818条3項）。身分上の行為についても財産上の行為についても同様である。父母の意見が一致しなければ、子を代理し、または子に同意を与えることはできない。これを調整する方法は規定されていない（737条参照）。このような場合には、家庭裁判所の判断によって父母のいずれかの意見に従うという制度も考えられる。立法論として研究の余地ある問題である。

(2)　**父母の一方の親権の行使**　　父母の意見が一致しないにもかかわらず、一方が単独の名義で代理人としてした法律行為は無権代理であり、また、一方だけが同意を与えた子の行為は、法定代理人の同意のない行為として取り消しうる。ただ、表見代理の規定（110条）の適用がある場合が起こりうるだけである。これに反し、一方が他方の意思を無視して、父母双方の名義で子の代理をしたり、子の法律行為に同意を与えたりした場合には、その代理または同意は無効なはずだが、それでは、相手方が不測の損害を被るおそれがある。そこで、このような代理または同意も有効とし、ただ相手方がそのことを知っていたときのみ無効とした（825条）。いわゆる表見代理と同一の趣旨であるが、その要件が緩和され、挙証責任が本人である子の側にあるとされている点が注意される。なお、この規定は、子の財産上の行為に関して適用される場合が多いであろうが、子の職業の許可、子の親権の代行などについても適用される。

63　親権の制限

(1)　**親権の喪失、親権の停止または管理権の喪失**

(ア)　親権喪失の審判　　父または母による虐待または悪意の遺棄

178

があるときその他父または母による親権の行使が著しく困難または
不適当であることにより子の利益を著しく害するときは、家庭裁判
所は、子、その親族、未成年後見人、未成年後見監督人または検察
官の請求により、その父または母について親権喪失の審判をするこ
とができる（平成23年改正によって、申立権者の範囲が拡大し、子自身
にも申立権が認められた）。ただし、その原因が2年以内に消滅する
見込みがあるときは、この限りでない（834条、家事附則別表第1の
67、親39⑵参照）。なお、児童相談所長もこの請求権を与えられてい
る（児福33条の7）。父母ともに親権を失うときは、子のために後見
人を選ぶことになる。

　父母が共同して親権を行使している場合に、一方が親権喪失の審
判を受ければ、他方が一人で親権を行使することになる。審判によ
って親権を行使する者がなくなれば、後見が開始する（838条1号参
照）。

　㈠　親権停止の審判　　父または母による親権の行使が困難また
は不適当であることにより子の利益を害するときは、家庭裁判所は、
子、その親族、未成年後見人、未成年後見監督人、検察官、または
児童相談所長（児福33条の7）の請求により、その父または母につ
いて、親権停止の審判をすることができる（834条の2第1項）。家庭
裁判所は、親権停止の審判をするときは、その原因が消滅するまで
に要すると見込まれる期間、子の心身の状態および生活の状況その
他一切の事情を考慮して、2年を超えない範囲内で、親権を停止す
る期間を定める（同条2項、家事附則別表第1の67）。未成年後見の
開始（838条1号）がありうることは、親権喪失の場合と同様である。
この親権停止制度は、平成23年に創設された（親39⑵参照）。

　㈢　管理権喪失の審判　　親権を行う父または母による管理権の

行使が困難または不適当であることにより子の利益を害するときは、家庭裁判所は、子、その親族、未成年後見人、未成年後見監督人、検察官、または児童相談所長（児福33条の7）の請求により、その父または母について**管理権喪失**の審判をすることができる（835条、家事附則別表第1の67、親39(2)参照）。

管理権を行使する親権者がないときは、管理権のみを行使する後見人を選任する。

(エ)　親権の喪失、親権の停止または管理権の喪失の審判の取消し

親権の喪失、親権の停止または管理権の喪失の原因が消滅したときは、家庭裁判所は、本人（親権の喪失・停止等の審判を受けた父母のこと）またはその親族（子が含まれると解されている）さらには児童相談所長（児福33条の7）の請求によって、それぞれ親権喪失、親権停止または管理権喪失の審判を取り消すことができる（836条、家事附則別表第1の68）。

(2)　親権または管理権の辞任および回復　　親権を行う父または母は、やむをえない事由があるときは、家庭裁判所の許可を得て、親権または管理権を辞することができる（837条1項）。また、一度辞した後に、その原因である事由が消滅したときは、やはり家庭裁判所の許可を得て、これを回復することができる（同条2項）。たとえば、未亡人が再婚する場合に、子の親権を辞することが、未亡人のためにも、子のためにも利益なことがあろう。家庭裁判所の許可を要するものとしたのは、子の福祉を考えないでこの義務を放棄するのを防ぐ趣旨であるが、また、終戦前の時代に、父方の親族が母を強制して管理権を辞させた例が多かったから、このような不都合を防ごうとする趣旨も含まれている。

親 63

(3) 親権の喪失、親権の停止または管理権喪失の効果

(ア) 親権の喪失　父母が親権を喪失すると、子の監護・教育をし、子の財産を管理する権能を失うことはもちろん、子の身分上の行為および財産上の行為の代理権を失う（親60・61参照）。なお、未成年の子が婚姻をするには父母の同意を得なければならないが（737条）、民法は親権を行う父母と規定していないので、親権を喪失した父母に依然として子の婚姻に対する同意権があるかどうかについて説が分かれている。しかし、父母と子との間の直系血族としての関係には、何らの影響もないから、依然として相互に親族的扶養の義務を負い（877条1項、親79(2)参照）、また、相互に相続人となる（887条・889条1項参照）ことは疑いない。

(イ) 親権の停止　父または母は、親権が停止されている間は、親権を行うことができない（834条の2）。

(ウ) 管理権の喪失　親権を行う父または母による管理権の行使が困難または不適当であることにより子の利益を害するときは、家庭裁判所は、子、その親族、未成年後見人、未成年後見監督人または検察官の請求により、その父または母について、管理権喪失の審判をすることができる。父または母が管理権を喪失した場合には、子の財産を管理する権限（親61(1)に述べた権利義務）を失うが、子の身上のこと（親60(1)に述べた権利義務）については、なお親権を失わない。すなわち、子の監護・教育を行うべきであり、また子の身上の行為について代理権を有する。未成年の子の婚姻に対する同意権についても同様である。父母の一方が管理権を失ったときは、管理は他方のみで行い、身上のことは共同して行うことになる。

181

第5章　後　　見

64　総　　説

(1)　後見制度の意義

　(ア)　未成年後見　　家長が、家族団体全体を統率し、その保護監督にあたった時代には、後見制度は、家長自身の幼弱な場合にだけ必要な制度であった。わが国でも、明治の初め頃までは、幼少で家督相続をした者があったときにのみ、その者のために後見人を選び、家族員のために後見人を選ぶことをしなかった（明治6年布告28号、明治24・10・31司法省指令）。しかし、家長による統制のほかに親子・夫婦の関係が独立するに及び、後見は、親権の延長とされるようになった。未成年後見といわれるものである。

　(イ)　家庭裁判所の役割　　親族間のことは、親族の自治にゆだねようとする思想が強い時代には、後見人をおいた場合にそれを監督する機関としては、親族会が重要な地位を占めた。しかし、社会の情勢が変わり親族団体の協同体性が薄らいでくると、親族の自治はなかなかうまくゆかないので、各国とも、後見に対しては、国家が監督者の立場に立ち、後見裁判所の制度を設けるのが多くなった。そして、後見人を監督する後見監督人も、必要な場合にだけおくものとし、家庭裁判所が後見人に対して直接に積極的な監督をするようになった。

　なお、親権に対して公法的監督が加えられると同様に、後見に対しても、公法的監督が加えられる。前に述べた親権者に対する公法的干渉は、いずれも、後見人に対しても同様に行われる。

　(ウ)　成年後見　　上にみてきたのは未成年後見であるが、後見に

は成年後見もある。平成11年に民法は大きく改正され、事理弁識能力を欠く者について、後見、保佐、補助の制度をつくり、保護の機関として、後見人、保佐人、補助人をおくものとした。また、これらを監督する者として、成年後見監督人、保佐監督人、補助監督人をおくことができるようになっている。

　(エ)　後見人の人数　　未成年後見人は、成年後見人（843条3項・4項・859条の2参照）と同様、平成23年の改正により、一人と限定されず何人でもよく（840条2項）、また法人であっても差し支えないこととなった（840条3項）。未成年後見人が数人あるときの権限の行使等は成年後見の場合（859条の2参照）と類似しているが、未成年後見の特殊性に配慮した規定となっている（857条の2）。保佐人、補助人についても同様である（876条の2第2項・876条の7第2項）。

　(オ)　任意後見契約　　平成11年に、任意後見契約という制度をつくった。これは、本人が、自己が選んだ任意後見人に対して、もし自分が精神上の障害により事理を弁識する能力が不十分な状況に陥った場合に、自己の生活、療養看護および財産の管理に関する事務の全部または一部を委託し、その委託に係る事務について代理権を付与することを内容とする委任契約であって、家庭裁判所が任意後見監督人を選任したときからその効力を生ずるものとされている。この契約は公正証書によってしなければならない。

　この契約が登記されている場合、精神上の障害により本人の事理を弁識する能力が不十分な状況にあるときは、家庭裁判所は、本人、配偶者、四親等内の親族または任意後見受任者（任意後見監督人が選任される前の段階での、任意後見契約の受任者のこと）の請求により、原則として任意後見監督人を選任する（これらを定めたのが「任意後

183

第5章 後 見

見契約に関する法律」（平成11年法150号）である）。

　(カ)　公示―登記　　後見、保佐、補助および任意後見契約に関す
る新たな登録制度として、従来の戸籍簿への記載にかえて、後見、
保佐、補助の登記および任意後見契約の登記の制度を新設し、磁気
ディスク等をもって調製する後見登記等ファイルに、各々後見、保
佐、補助または任意後見契約に関する詳細な内容を登記するものと
した。後見、保佐、補助または任意後見契約に関する登記事項の変
更等があったときは、変更の登記または終了の登記が必要となる。
後見、保佐、補助または任意後見契約に関する登記事項の証明が必
要になった場合には、一定の範囲の者だけが登記事項証明書の交付
を請求することができる（これらを定めたのが「後見登記等に関する
法律」（平成11年法152号）である。この登記所は、法務大臣の指定
する法務局もしくは地方法務局またはその支局もしくは出張所であ
る）。公示という点からいえば、十分だとはいえないようである。

　(2)　後見の開始　　後見は、下の二つの場合に開始する。

　(ア)　親権者の不存在・管理権喪失　　未成年者に対して親権を行
う者がないとき（一人しかない親権者（いろいろな場合がありうる）
が死亡しまたは親権を喪失（834条）したとき）、または親権を行う者
が管理権を有しない（835条）とき（838条1号）。父母の一方が親権
を行使するか、管理権を有するときは、後見は開始しないこともち
ろんである。未成年者が婚姻をして成年に達したものとみなされる
と（753条）、親権は消滅するから、親権者がなくなっても後見は開
始しないことも、すでに述べたとおりである（親24⑷参照）。ただ注
意すべきは、上のような場合に自動的に後見が開始することはない
ということである。実際、両親を失った子が祖父母等に引き取られ
て成長するのは珍しいことではない。後見が開始されるのは、子の

184

財産に担保権を設定する必要が生じたことなどによって子を代理する者が必要になるからである。

(イ) 後見開始の審判　成年後見開始の審判（7条）があったときである（838条2号）。任意後見契約が登記されている場合に、家庭裁判所が本人の利益のため特に必要があると認めて後見開始の審判をしたときもそうである（任意後見10条）。

65　後見の機関

後見の機関としては後見人と後見監督人とがある。前者は必須の執行機関であり、後者は監督機関である。監督者は多いほどよいという理由で、何人あってもよいと解されているが、また必須ではないとされる（849条）。後見人は有給のこともあり（862条）、後見監督人も同様である（852条・862条）。なお、家庭裁判所も後見の監督について重要な機能を営む。

(1) 後見人

(ア) 未成年後見人

(a) 指定後見人　未成年者に対して最後に親権を行う者（父母の一方が親権を行うとき）は、遺言で、未成年後見人を指定することができる（指定未成年後見人）。ただし、その親権者が管理権をもたないときは、指定権をもたない（839条1項）。父母共同で親権を行使する場合でも、一方が管理権をもたないときは、他方は同じく遺言で、未成年後見人を指定することができる（同条2項）。被指定者は、後見が開始したら、戸籍上の届出をしなければならない（戸81条）。

(b) 選定後見人　指定未成年後見人がないときは、家庭裁判所が、未成年被後見人またはその親族その他の利害関係人の請求によって（児童相談所長にも請求権がある。児福33条の8参照）、未成年後

第5章　後　　見

見人を選任する（選定未成年後見人）。未成年後見人が欠けたときも、同様とする（840条1項、家事附則別表第1の71）。未成年後見人を選任するには、未成年後見人の年齢、心身の状態ならびに生活および財産の状況、未成年後見人となる者の職業および経歴ならびに未成年被後見人との利害関係の有無（未成年後見人となる者が法人の場合は、その事業の種類および内容ならびにその法人およびその代表者と未成年被後見人との利害関係の有無）、未成年被後見人の意見その他一切の事情を考慮しなければならない（840条3項。平成23年の民法改正で規定された）。

　父もしくは母が親権もしくは管理権を辞し、または父もしくは母について親権喪失親権停止もしくは管理権喪失の審判があったことによって未成年後見人を選任する必要が生じたときは、その父または母（841条）、および未成年後見人がその任務を辞した場合の未成年後見人（845条）は、遅滞なく未成年後見人の選任を家庭裁判所に請求する義務を負わされている（841条・845条）。選任は家庭裁判所の審判で行い（家事178条以下）、戸籍上の届出が要求されている（戸81条）。

　(イ)　成年後見人　　家庭裁判所は後見開始の審判をするときは、職権で、成年後見人を選任する（843条1項・8条、家事117条以下、同附則別表第1の3）。成年後見人が欠けたときは、家庭裁判所は、成年被後見人もしくはその親族その他の利害関係人の請求によって、または職権で成年後見人を選任する（843条2項）。

　成年後見人を選任するには、成年被後見人の心身の状態ならびに生活および財産の状況、成年後見人となる者の職業および経歴ならびに成年被後見人との利害関係の有無（成年後見人となる者が法人であるとき――法人も成年後見人になれることはすでに述べた（親64(1)(エ)

参照）——は、その事業の種類および内容ならびにその法人およびその代表者と成年被後見人との利害関係の有無）、成年被後見人の意見その他一切の事情を考慮しなければならない（843条4項）。

(ウ)　後見人の辞任・解任・欠格

(a)　辞任　後見人は正当の事由があるときは、家庭裁判所の許可を得て、その任務を辞することができる（844条、家事附則別表第1の4・72）。

(b)　解任　後見人に不正な行為、著しい不行跡その他後見の任務に適しない事由があるときは、家庭裁判所は、後見監督人、被後見人もしくはその親族もしくは検察官の請求により、または職権でこれを解任することができる。解任は審判によって行う（846条、家事附則別表第1の5・73）。家庭裁判所が後見人を監督する権限の表れである。

(c)　欠格　後見人は被後見人の身上および財産上の世話をかなり広汎に行うものであるから、制限行為能力者であったり被後見人と利害の対立がある者であったりすることは望ましくない。そこで、つぎのような事由のある者は後見人になれない（847条）し、後見人となった後にこの種の事由が発生した時は当然に後見人の地位を失うものとされる。

①未成年者。ただし、婚姻により成年とみなされる者はこれに当たらない（753条）。もっとも、平成30年改正により婚姻適齢が18歳（成年年齢と同一）となったので、753条も削除され、いずれ、婚姻している未成年者は存在しなくなる。

②家庭裁判所で免ぜられた法定代理人、保佐人または補助人。従前にその被後見人または他の者の親権者・後見人、保佐人もしくは補助人としての地位を免ぜられた経歴（834条・835条・846条・876条

第5章　後　　見

の2・876条の7参照）のある者。

　③破産者。

　④被後見人に対して現に訴訟をしているか、またはかつてした者ならびにその配偶者および直系血族。その訴訟において原告であったか被告であったかを問わない。

　⑤行方の知れない者。実際上は、家庭裁判所が後任を選任する際に、行方不明かどうかを認定することになろう。

　(2)　後見監督人

　(ア)　後見監督人となる者　　①未成年後見人を指定することができる者（839条参照）は、遺言で、未成年後見監督人を指定することができる（848条）。②家庭裁判所が必要と認めたときは、被後見人、その親族もしくは後見人の請求によって、または職権で後見監督人を選任することができる（849条、家事附則別表第1の6・74。平成23年の民法改正により、未成年後見、成年後見ともに共通の内容となった）。

　(イ)　後見監督人の辞任・解任・欠格　　①後見監督人は後見人と同様に、正当な事由があるときは家庭裁判所の許可を得て辞任することができ、また家庭裁判所はこれを解任することができる（852条・844条・846条）。②後見監督人の欠格事由は、後見人と同様だが（852条による846条の準用）、その他に、後見監督人だけの欠格事由がある。すなわち、後見人の配偶者、直系血族および兄弟姉妹は後見監督人となることができない（850条）。後見人を監督するに適しないからである。

66　後見の事務

　後見人には、未成年者のためのものと、成年被後見人のためのものと、二種ある。その職務の内容は、身分上の事項については異なるけれども、財産上の事項については、それほど差異がない。ただ、

未成年後見人は、意思能力のある未成年者が法律行為をする場合に、これに同意を与えて自分で行わせることができるが、成年後見人には、そういう権限がない。もっとも成年後見では成年被後見人の意思を汲みとるようになっている。

　なお、成年後見で成年後見人が数人あるときは、家庭裁判所は、職権で、それらの成年後見人が共同してまたは事務を分掌してその権限を行使すべきことを定めることができる（859条の2）。

(1) 就職の際の事務

　(ア) 財産調査、財産目録の作成　　後見人は、自分の財産と被後見人の財産とを混こうさせないために、就職にあたって、遅滞なく被後見人の財産を調査に着手し、1ヵ月以内にその調査を終わり、かつその財産目録を作成しなければならない。ただし、この期間は、家庭裁判所に申請して、延長してもらうことができる。なお、後見監督人があるときは、上の財産の調査と目録の作成は、その立会いをもってしなければならない（853条、家事附則別表第1の9・77）。後見人は、目録の作成を終わるまでは、急迫の必要のある行為をする権限だけを有する。これ以外の行為をしても、代理権がないことになる。ただし、この代理権の制限は、これをもって善意の第三者には対抗することができない（854条）。

　(イ) 債権債務の申出　　後見人が、被後見人に対し、債権を有し、または債務を負う場合において、後見監督人があるときは、財産の調査に着手する前に、これを後見監督人に申し出なければならない。被後見人に対して債権を有することを知りながらこれを申し出なかったときは、その債権を失う（855条）。後見監督人がないときは、上の申出の義務はないし、申し出なくとも債権を失うこともない。

　(ウ) 包括財産を取得した場合　　以上の就職に際しての義務は、

就職後に、被後見人が包括財産を取得した場合——相続をするか、包括受遺者（990条参照）となったとき——にもこれを負担する（856条）。

(2) 被後見人の身上に関する事務

(ア) 身上に関する権利義務　　未成年後見人は、未成年者の身上に関し、親権者と同様に、監護・教育の権利義務、居所指定権、懲戒権、職業許可権を有する。ただし、親権者の定めた教育の方法および居所を変更し、営業を許可し、その許可を取り消し、またはこれを制限するには、未成年後見監督人があるときは、その同意を得なければならない（857条）。未成年後見人がこれに違反したときは、営業の許可はその効力を生じない。しかし、その他については、直接の制限はない。また、後見監督人がないときは、上に述べた諸種の行為も、未成年後見人単独でできる。

なお、未成年後見人は、未成年被後見人に子がある場合には、未成年被後見人に代わってその未成年被後見人が有する親権を行う（867条1項）。ただしこの場合には、親権者が未成年の子に代わって親権を行う場合（833条）と異なり、未成年後見人が直接にその親権に服する子の未成年後見人であると同じような制限を受けるものとされる。

(イ) 意思尊重・身上配慮義務　　成年後見人は、成年被後見人の生活、その療養看護および財産の管理に関する事務を行うことになるが、その際、成年被後見人の意思を尊重し、かつその心身の状態および生活の状況に配慮しなければならないとされている（858条）。この場合、成年後見人が一人に限らないこと、法人でもよいことなどについてはすでに述べた（親64(1)(エ)参照）。

(3) 被後見人の財産に関する事務

(ア) 財産管理と代理権　　後見人は、被後見人の財産を管理し、かつ、その財産に関する法律行為について被後見人を代表する。ただし、被後見人の行為を目的とする債務を生ずべき場合には、本人の同意を得なければならない（859条・824条但書）。なお、労働基準法は親権者の場合と同様に後見人に対して未成年者に代わって労働契約を締結し、または賃金を受領することを禁じている（労基58条・59条、親61(1)参照）。なお、後見人の就職以前から後見人と称して未成年者の財産を管理してきた者のした未成年者の財産の売買についてほかから何の異議も出されないときは、後見人に就職すると同時に売買は未成年者のために効力を生じ、後見人は追認を拒絶できない（最判昭和47・2・18民集26巻1号46頁・基本判例403）。成年被後見人の成年後見人が就任前に無権代理行為として締結した契約の追認を拒絶できるであろうか。成年後見制度導入前の事例であるが、追認の拒絶ができるとした判例がある（最判平成6・9・13民集48巻6号1263頁・基本判例404）。

　成年後見人が、被後見人の財産に関して上のような広汎な権限を有することは親権者と同一だが、成年後見人のこの権限に対しては、必ずしも親権者の場合のような愛情の保障がないので、親権者の権限に対すると違って、多くの制限が加えられる。

　(a) 注意義務　　その必要な注意義務は、受任者と同じく、善良な管理者の注意義務である（869条による644条の準用）。

　(b) 成年後見人が数人あるとき　　前述したように、成年後見人が数人あるときは、家庭裁判所は、職権で、これらは共同してまたは事務を分掌して権限を行使すべき旨を定めることができる（859条の2）。

第5章　後　　見

(c)　居住用不動産の処分　　成年後見人が、成年被後見人に代わって、その居住の用に供する建物またはその敷地について、売却、賃貸、賃貸借の解除または抵当権の設定その他これに準ずる処分をするには家庭裁判所の許可を得なければならない（859条の3）。

(d)　支出金額の予定・後見の事務の費用　　後見人は、その就職のはじめにおいて、被後見人の生活、教育または療養看護および財産の管理のために毎年支出すべき金額を予定しなければならない（861条1項）。後見人が後見の事務を行うために必要な費用は、被後見人の財産の中から支出する（同条2項）。

(e)　無償で財産を与えた場合　　第三者が、被後見人に、無償で財産を与え、これに対する後見人の管理権を排斥したときは、親権者の場合と同様に取り扱われる（869条による830条の準用）。

(f)　利益相反行為　　後見人と被後見人と利益の相反する行為（相続の放棄に関する最判昭和53・2・24民集32巻1号98頁・基本判例405）、または、後見人の後見に服する数人の被後見人相互において利益の相反する行為について後見人の権限が制限されることは親権者と同様だが、その場合に、後見監督人があれば、後見監督人に被後見人を代表させ、後見監督人のないときにだけ、特別代理人を選任する（860条・851条4号）。

(g)　後見監督人の同意　　重要なことは、後見人が、被後見人に代わって営業もしくは13条1項にかかげる行為をし、または未成年被後見人がこれをすることに同意するには、後見監督人があるときは、その同意を得なければならないことである。ただし、元本の領収については、後見監督人があっても、その同意は必要でない（864条）。後見人が、上の条件に反して、後見監督人の同意を得ないでした代理行為、または同意を得ないで与えた同意に基づいてし

た未成年者の行為は、被後見人または後見人が取り消すことができる。この場合においては、20条の催告に関する規定が準用される。なお、この行為の取消し・追認などに関しては、総則の121条から126条までの規定が適用される（865条）。

(h) 被後見人の財産等の譲受けの取消し　後見人が被後見人の財産または被後見人に対する第三者の権利を譲り受けたときは、被後見人は、これを取り消すことができる。この取消しについても、総則の催告に関する20条を準用し、取消しに関する121条から126条までの規定を適用する（866条）。この制限は、後見監督人または特別代理人が、被後見人を代理してした場合にも適用されるものと解すべきであろう。

(イ) 報酬　家庭裁判所は、後見人および被後見人の資力その他の事情によって、被後見人の財産の中から、相当な報酬を後見人に与えることができる（862条）。

(4) 財産に関する権限のみを有する未成年後見人　親権者が管理権を有しない場合にも、後見が開始すること前述のとおりである（親64(2)(ア)参照、838条1号後段）。その場合におかれる未成年後見人は、未成年者の身上に関する権利義務を有しないで（これは親権者が行う）、財産に関する権利義務だけを有する（868条）。

(5) 後見監督人の職務

(ア) 注意義務　後見監督人がその職務を行うには、受任者と同じく、善良な管理者の注意をもって事務を処理しなければならない（852条による644条の準用）。

(イ) 職務内容　後見監督人の職務の内容は次のとおりである（851条）。

(a) 後見人の事務を監督すること　家庭裁判所とともに、いつ

第5章　後　　見

でも後見人に対し後見の事務の報告もしくは財産の目録の提出を求め、または後見の事務もしくは被後見人の財産の状況を調査することができる（863条1項）。家庭裁判所に対して被後見人の財産の処分についても申立てができる（同条2項）。

　(b)　後見人が欠けた場合に、遅滞なくその選任を家庭裁判所に請求すること

　(c)　急迫の事情がある場合に、必要な処分をすること　　被後見人の財産の管理をすることなどもできる。

　(d)　後見人またはその代表する者（後見人が他の者の親権者または後見人である場合）と被後見人との利益が相反する行為について、被後見人を代表すること　　前述のように、後見人は、このような場合には、被後見人を代理する権限をもたないからである（親66(3)(ア)参照）。

　後見監督人がない場合には、上の(a)から(c)までの事項は、家庭裁判所がこれをし、(d)については特別代理人を選任する。

　(6)　**後見事務の監督**　　後見監督人も後見の監督機関であるが、後見監督人は、おかれない場合もあるし、おかれても監督機関として不十分なので、家庭裁判所に対して、広汎な監督権限が与えられている。なお、前述のように、児童福祉法などにおいて、親権者および後見人に対して一定の公法的義務を課しているのも、間接に、後見を監督するものといえる。

　家庭裁判所は、後見監督人の請求によって、被後見人の財産の管理その他後見人の事務について必要な処分を命ずることができることはすでに述べたとおりである（863条）。この請求をすることができるのは、ほかに被後見人本人、その親族その他の利害関係人である。処分とは、たとえば、後見人をして財産の管理について相当の

担保を提供させること、後見人の不当な管理行為を差し止めること
などである。家庭裁判所は、この権限と、前述の後見人の解任権
（846条、親65(1)(ウ)参照）とで、十分にその監督の目的を達すること
ができる仕組みになっている。

67 後見の終了

(1) **後見の終了原因**　後見が終了するのは、未成年の子が成年
に達したとき、または、後見開始の審判が取り消されて（10条）、
成年被後見人が行為能力を回復するときである。しかし、後見人に
ついていえば、後見が終了しなくても、辞任・解任・欠格事由の発
生・死亡等によってその任務が終了する。そして、いずれの場合に
も、後見人であった者（死亡の場合にはその相続人）は、その管理の
計算をしなければならない。なお、いずれの場合にも、その終了の
際の処理については、委任終了の際の規定が準用される（874条に
よる654条および655条の準用）。

　平成30年改正で婚姻適齢が18歳になったが、過渡的に未成年者が
婚姻することがあり（親19(5)参照）、それによって成年と擬制される
ので、後見が終了する。

(2) **後見終了の際の管理の計算**

　(ア)　**後見の計算**　後見人の任務が終了したときは、後見人また
はその相続人は、2ヵ月以内にその管理の計算をしなければならな
い。ただし、この期間は、家庭裁判所において伸長することができ
る（870条）。後見の計算は、後見監督人があるときは、その立会い
をもってしなければならない（871条）。

　(イ)　**未成年被後見人と未成年後見人間の契約の取消し**　未成年
被後見人が成年に達した後、後見の計算の終了前に、その者と未成
年後見人またはその相続人との間でした契約は、その者が取り消す

ことができる。その者が未成年後見人またはその相続人に対してした単独行為（たとえば債務の免除）も、同様とする。この場合には、総則編の20条および121条から126条までの規定が準用される（872条）。成年に達した後は、完全な行為能力を有するわけだが、未成年後見の計算の終了しない間にされる契約や単独行為は、未成年後見人の不正な行為に気がつかずに、あるいはその不当な影響のもとに、やられることがあるから、このような規定を設けたのである。

　㈬　後見人および被後見人の利息支払義務　　後見人が被後見人に返還すべき金額および被後見人が後見人に返還すべき金額には、後見の計算が終了した時から、利息を付さなければならない。また、後見人は、自己のために被後見人の金銭を消費したときは、その消費の時から、それに利息を付さなければならない。この場合において、なお、損害が生じたときは、その賠償の責任を負う（873条）。

　㈭　後見に関する債権の消滅時効　　後見人または後見監督人と被後見人との間において、後見に関して生じた債権は、親権者とその子との間の債権と同様の消滅時効の規定に従う（875条1項・832条）。ただし、872条によって後見終了後の契約または単独行為を取り消したときは、上の時効期間は、その取消しの時から起算する（875条2項）。

第6章　保佐および補助

68　保　佐

(1) 保佐制度の意義　後見制度には未成年後見と成年後見の二つの制度があり、その役割が違っていた。しかし、保佐の制度は目的が一つである。すなわち、精神上の障害によって事理を弁識する能力が著しく不十分な者に対してつけられるものである。この場合も、なるべく被保佐人の意思を尊重して保佐の事務を行わなければならない（876条の5第1項）。かつては準禁治産の制度といわれたものだが、根本の精神が違っている。なお、この制度にあっても、家庭裁判所の果たす役割が大きいことは後見の場合と同じである。

　保佐人は法定代理人ではないが、代理権を与えられる場合もあるし（876条の4）、保佐監督人をおいてもよい（876条の3）。両者ともその数は複数でもいいし（876条の2第2項・843条3項の準用、876条の3第2項・859条の2の準用は、複数人であることを前提としている）、法人でもよい（843条4項・876条の2第2項・876条の3第2項）。

(2) 保佐の開始　すでに述べたように、精神上の障害によって、事理を弁識する能力が著しく不十分となった者について、家庭裁判所は、本人、配偶者、四親等内の親族、後見人、後見監督人、補助人、補助監督人または検察官の請求によって、保佐開始の審判がされる（11条、876条、家事附則別表第1の17）。ただし、前述の事理弁識の能力を欠く常況にある場合は、後見開始の審判をすべきで、保佐の審判をすべきでないとされている（11条但書・7条）。保佐に付された者を被保佐人と呼ぶ（12条）。

　なお、後見のところでも述べたが、保佐の制度も、自動的に事務

第6章　保佐および補助

が開始されるのではなく、請求があってはじめて動きだすのである。

69　保佐の機関

　保佐の機関としては、保佐人と保佐監督人がある。後者は、必須の機関でないから、おかなくても差し支えない。

(1)　保佐人

　(ア)　家庭裁判所による選任　　家庭裁判所は、保佐開始の審判をするときは、職権で、保佐人を選任する（876条の2第1項）。保佐人が欠けたときは、家庭裁判所は、被保佐人もしくはその親族その他の利害関係人の請求により、または職権で、保佐人を選任する。さらに、必要と認めた場合にはその数を増すこともできる（同条の2第2項による843条2項－4項の準用）。

　(イ)　保佐人の辞任・解任・欠格

　(a)　辞任　　保佐人は、正当な事由があるときは、家庭裁判所の許可を得て、その任務を辞することができる（876条の2第2項による844条の準用、家事附則別表第1の23）。この場合に、新たに保佐人を選任する必要が生じたときは、その保佐人は、遅滞なく、新たな保佐人の選任を家庭裁判所に請求しなければならない（876条の2第2項による845条の準用）。

　(b)　解任　　保佐人に不正な行為、著しい不行跡その他保佐の任務に適しない事由があるときは、家庭裁判所は、保佐監督人、被保佐人もしくはその親族もしくは検察官の請求により、または職権で、これを解任することができる（876条の2第2項による846条の準用、家事附則別表第1の24）。家庭裁判所の権限の強化がみられる。

　(c)　欠格　　保佐人は、被保佐人の財産行為等について同意権をもつから、いわば一種の保護機関である。そこで、後見人の場合と同様、その欠格事由を列挙した（876条の2第2項による847条の準

用）。①未成年者、②家庭裁判所で免ぜられた法定代理人、保佐人または補助人、③破産者、④被保佐人に対して訴訟をし、またはした者ならびにその配偶者および直系血族、⑤行方の知れない者、である。

(2) **保佐監督人**　　この機関のおかれることは少ないと思われる。①家庭裁判所は、保佐開始の審判をするとき、必要があると認めれば、職権で、または被保佐人、その親族もしくは保佐人の請求により保佐監督人を選任することができる（876条の３第１項、家事附則別表第１の26）。②保佐監督人は、正当な事由があるときは家庭裁判所の許可を得て、その任務を辞することができる（同条の３第２項による844条の準用、家事附則別表第１の27）。③保佐監督人に不正な行為等があってその任務に適しないときは、家庭裁判所は職権で解任することができる（同条の３第２項による846条の準用、家事附則別表第１の28）。④欠格事由なども保佐人の場合と同様である（同条の３第２項による847条の準用）。

70　保佐の事務

(1) 同意・取消し

(ア) **同意**　　すでに述べたように、保佐人は、被保佐人が一定の行為をするについて同意権をもっている（13条）。その行為とは、①元本を領収し、またはこれを利用すること（たとえば、家賃や利息などを生む財産（家屋とか金銭債権とか）を受領したり、これを利用したりすること）、②借財または保証をすること（判例は、借財の中に手形の振出などを含ませる（大判明39・5・17民録12輯758頁））、③不動産その他重要な財産に関する権利の得喪を目的とする行為をすること、④訴訟行為をすること、⑤贈与、和解または仲裁合意をすること、⑥相続の承認もしくは放棄または遺産の分割をすること、

⑦贈与の申込みを拒絶し、遺贈を放棄し、負担付贈与の申込みを承諾し、または負担付遺贈を承認すること、⑧新築、改築、増築または大修繕をすること、⑨602条（短期賃貸借）に定める期間を超える賃貸借をすること、⑩被保佐人が上記①〜⑨の行為を制限行為能力者（未成年者、成年被後見人等）の法定代理人としてすること（たとえば、親権者である被保佐人が未成年の子を代理して、その子の所有する不動産を売却すること）。

　(a)　家庭裁判所の審判　　家庭裁判所は、前述の保佐開始の審判を請求することができる者または保佐人もしくは保佐監督人の請求により、保佐人の同意を得なければならない行為の追加につき審判することができる（13条2項、家事附則別表第1の18）。

　(b)　同意に代わる許可　　上の同意を得なければならない行為について、保佐人が被保佐人の利益を害するおそれがないのに同意をしないときは、家庭裁判所は、被保佐人の請求により、保佐人の同意に代わる許可を与えることができる（13条3項、家事附則別表第1の19）。

　(イ)　取消し　　保佐人の同意を得ないでされた行為について、保佐人は取り消すことができる（13条4項）。なお、被保佐人も取消しができる（120条1項）。

　(2)　代理　　すでに述べたように、保佐人は法定代理人ではないから代理権を有しないが、家庭裁判所は、前述の保佐開始の審判を請求することができる者または保佐人もしくは保佐監督人の請求により、被保佐人のために特定の法律行為について保佐人に代理権を与える旨の審判をすることができる（876条の4第1項、家事附則別表第1の32）。本人（被保佐人）以外の者の請求によってされる場合には、本人の同意を得なければならない（876条の4第2項）。

71 保佐監督人

これについては、後見人、後見監督人に関する規定がほぼ全面的に準用されるので、特に問題はない（876条の3、家事附則別表第1の26〜29・31）。

72 保佐の終了

保佐開始の審判の原因である、「精神上の障害により事理を弁識する能力が著しく不十分」であるという状況が消滅したときは、家庭裁判所は、本人、配偶者、4親等内の親族、未成年後見人、未成年後見監督人、保佐人、保佐監督人または検察官の請求によって、保佐開始の審判を取り消さなければならない（14条第1項、家事附則別表第1の20）し、また被保佐人の行為につき保佐人の同意を要する旨の審判を取り消すことができる（14条第2項、家事附則別表第1の21）。

73 補　助

(1)　**補助制度の意義**　　この制度は平成11年の改正によって創設されたものである。後見、保佐と違って、被補助人の主体性によって制度が動いてゆく。その点で、防衛型であるといってよい。かつては、保護の対象とされなかった者を、高齢化社会を迎えて保護することになった。

(2)　**補助の開始**　　後見開始または保佐開始の要因はないものの、事理弁識能力が不十分なため何らかの保護を必要とする者（軽度の認知症、何らかの知的障害、精神障害、自閉症など）について、家庭裁判所は、本人、配偶者、四親等内の親族、後見人、後見監督人、保佐人、保佐監督人または検察官の請求によって、補助開始の審判をすることができる（15条1項・876条の6、家事附則別表第1の36）。本人以外の者の請求による場合は、本人の同意がなければならない

第6章　保佐および補助

（15条2項）。被補助人の主体性といったのはこの意味である。この審判をするとき、家庭裁判所は職権で補助人を選任する（876条の7第1項、家事附則別表第1の41）。補助人は法人でもよいし複数でも差し支えない（876条の7第2項による843条2－4項の準用）。欠格事由などは、後見人・保佐人の場合と同じである（876条の7第2項による847条の準用）。また、家庭裁判所は、必要があると認めるときは、被補助人、その親族もしくは補助人の請求により、または職権で、補助監督人を選任することができる（876条の8第1項、家事附則別表第1の45）。その数などは補助人の場合と同じである（876条の8第2項による859条の2の準用）。補助人や補助監督人の役割などについては次項で述べる。

74　補助の機関

(1)　**総説**　　補助の機関として、すでに述べたように補助人、補助監督人とがある。後者は、必要があると家庭裁判所が判断したときに家庭裁判所によって選任される（876条の8第1項）。

(2)　**補助人**　　すでに述べたように、本人の申立てまたは本人の同意を得て、家庭裁判所が補助開始の審判をするときに、家庭裁判所は職権で補助人を選任する（876条の7第1項）。補助人と被補助人との利益相反行為については、補助人は家庭裁判所に臨時補助人の選任を請求しなければならない。もっとも補助監督人があれば、それに代わるからその必要はない（876条の7第3項）。

(3)　**補助監督人**　　その選任については前項で述べたとおりである。

75　補助の事務

(1)　**同意・取消し**

(ア)　補助人の同意－審判　　補助開始の審判とあわせて、被補助

人が特定の行為——たとえば不動産の売却など、13条1項にかかげられた行為の一部——をするにつき補助人の同意を得ることを必要とする旨の審判を家庭裁判所がすることになる（17条1項、家事附則別表第1の37）。したがって、現実には、判断能力の欠ける者が不動産の売却をするに際し、それをめぐる有効・無効の争いが起こるのをおそれて、それをする前に本人または両親とかが、補助開始の審判を求めることになろう。同意はその後でも差し支えない。

（イ）同意に代わる許可　　同意を得なければならない行為について、補助人が被補助人の利益を害するおそれがないにもかかわらず同意をしないときは、家庭裁判所は、被補助人の請求により、同意に代わる許可を与えることができる（17条3項、家事附則別表第1の38）。

（ウ）取消し　　同意のない行為がされた場合に、補助人はその行為を取り消すことができる（17条4項）。なお、被補助人も取消しができる（120条1項）。

(2) **代理**　　補助人は法定代理人ではないから代理権がないが、家庭裁判所は、被補助人、配偶者、四親等内の親族、後見人、後見監督人、保佐人、保佐監督人、検察官、または補助人もしくは補助監督人の請求によって、被補助人のために、特定の法律行為について補助人に代理権を与える旨の審判をすることができる（876条の9第1項、家事附則別表第1の51）。なお、本人（被補助人）以外の者の請求によってされる場合には本人の同意を得なければならない（同条の9第2項による876条の4第2項の準用）。

76　補助監督人

その選任についてはすでに述べた（親73(2)参照）。また、その職務については、後見監督人・保佐監督人と同じだからここでは述べな

第6章　保佐および補助

い。

77　補助の終了

　補助開始の原因である「精神上の障害により事理を弁識する能力が不十分」（15条1項）であるという状況が消滅したときは、家庭裁判所は、本人、配偶者、四親等内の親族、未成年後見人、未成年後見監督人、補助人、補助監督人または検察官の請求により、補助開始の審判を取り消さなければならない（18条1項、家事附則別表第1の39）。それと並んで、家庭裁判所は、17条1項に基づいて特定の行為につき（13条1項の行為に限る）、補助人の同意を得なければならないとする審判の全部または一部を取り消すことができる（18条2項、家事附則別表第1の40）。この審判の全部を取り消す場合、および876の9第1項に基づき特定の法律行為につき補助人に代理権を付与する旨の審判をすべて取り消す場合には、家庭裁判所は、補助開始の審判を取り消さなければならない（18条3項、家事附則別表第1の52）。

第7章　扶　　養

78　総　　説

(1)　**扶養義務制度と社会保障制度**　　社会にはいつも多かれ少なかれ生活能力のない者がいる。社会の生産力の低かった時代には、このようなものは困窮のうちに放置され、場合によっては抹殺された時代もあった（姥捨山の伝説や、間引きの慣行を考えよ）。しかし、生産力が向上し社会全体の生活にゆとりがでてくると、このような者を保護扶養することは、その社会の責任であると意識されるに至る。その責任を社会のうちのどの人たちがどのように引き受けるかは、その国々、その時代時代によって異なるが、一般的にいって、家族的統制の強かった時代にはその集団が、したがって、その家長がこの責任を引き受けた。わが旧法が、戸主に財産を独占させるとともに、家族員を扶養する義務を負わせたのは、古い制度の残存を示すものといえる。しかし、家族的統制がゆるみ、親子・夫婦・兄弟という関係が表面に出てくると、当面の責任者はそれぞれの関係の当事者ということになる。それと同時に、このような関係者のいない者の扶養は、国家または公共団体が引き受けるという方向へ発展する。前者がすなわち私的扶養義務の問題であり、後者が公的扶助ないし社会保障制度である。すなわち、扶養義務制度と社会保障制度とは、同じ問題の私的側面と公的側面とであるということができよう。

(2)　**社会保障の補充性**　　ところで、この両者の関係は、市民社会成立の当初においては、私的扶養こそ本体であって、公的扶助は、貧窮者の存在が社会全体に及ぼす治安上・衛生上その他の影響に対

第7章 扶　養

するいわば社会防衛的な措置とあわせて慈恵的思想に支えられたものとして行われたのである。しかし、近代の福祉国家は、すべての国民に、人たるに値する存在を保障することをみずからの基本的な責務として承認する。これを国民の側からいえば、国に対して生存の保障を求めうる基本的人権を有するということになる。わが日本国憲法もこのことを明言している（憲25条）。もっとも、憲法は生存権の保障と並んで――あるいはその具体的な方途としてといってもよいが――一方で財産権の保障をし（憲29条）、他方で労働権の保障と、その労使関係における交渉力の確保のための団結権などの保障をしている（憲27条・28条）。すなわち、財産を所有する者はみずからそれに依存すべく、労働能力のある者は、労働によって生存を保つべしとするものであろう（生保4条1項参照）。しかし、財産もなく、労働能力もない者は、国が公的扶助の施設を設けてこれを引き受けるというのが、憲法の精神である。もっとも、私有財産制度を認める国家組織においては、国民の生存を保障する国家の資力にもおのずから限界がある。したがって、近親の間においては、各自の財産による私的扶養を国の扶助に優先させる（社会保障の補充性）。しかし、どの範囲の最近親者間の私的扶養を公的扶助に優先させるのが妥当であるかは、慎重に検討を要する問題である。わが生活保護法は、「民法に定める扶養義務者の扶養」は、すべて同法に優先するものとしている（同法4条2項―民法の扶養義務者がありその資力がある場合には公的保護を与えない）。このような基準がはたして妥当かどうか疑問がないわけではない。

(3) 生活保持の義務と生活扶助の義務　　先に一言したように、家族的統制が強い間は、その統制の中にある親族相互の扶養義務は、一応同質的なものとして意識され、ただ、扶養を受ける権利、扶養

すべき義務の順位について、家族法的序列が反映されたにすぎない。旧法の扶養に関する規定の仕方は、まさにこのようなものであった。しかし、家族的統制がゆるんで、親子・夫婦・兄弟姉妹というような、人間の基本的な関係がそのまま取り上げられてくると、今度は夫婦・親子というような、現実に生活協同体を構成する関係が、兄弟姉妹以下の一般の親族関係から区別して意識されてくる。すなわち、夫婦の間や親子（特に子を扶養する親とその子）の間においては、扶養はこれらの関係の本質をなす同居・扶助および保育・監護の一内容となり、その程度もいわゆる「一椀のかゆもわけて食う」ものであり、それ以外の親族間の扶養が、自分の生活が立ったうえで、なお余裕がある場合に相手方の最小限の生活を保障するものであるとの質的な相違を生ずるに至る。前者は生活保持の義務、後者は生活扶助の義務と呼ばれて、区別されている。新法は、必ずしも明確にではないが、この両者を区別する立場で規定されていると解される（877条に夫婦が挙げられていないことを注意せよ）。この考えからすると、第7章877条以下に規定するのは、上の後者、すなわち生活扶助の義務であるということになる。これを親族的扶養義務と呼ぶことにする。

79　扶養義務の発生

　扶養義務が具体的に発生するのには、つぎのいくつかの条件が備わることを要する。

　(1)　要扶養者　　自分の財力や労力で生活することができない者でなければ、親族的扶養を求めることはできない。兄が富裕な生活をし、弟が貧しい生活をしていても、弟自身生活が立つ限り、兄に対して扶養を請求することはできない（夫婦の場合と対比せよ）。なお、扶養を要する状態の発生について、要扶養者に過失があったか

第7章 扶　　養

どうかなどは関係がない。

(2) **扶養義務者・扶養能力**

(ア)　扶養義務者　　扶養の義務を当然に負担する者は要扶養者の直系血族および兄弟姉妹である（877条1項）。そして、数人の扶養義務者がある場合にも、法律で定められた順序はないから、一応全員が同順位で義務者となると解すべきである（現実にだれが扶養すべきかについては親80(1)参照）。

(イ)　特別な事情がある場合と扶養能力　　それ以外の親族は、当然には扶養の義務はないが、三親等内の親族については、特別の事情のあるときに、家庭裁判所は、扶養の義務を負わせることができる（877条2項、家事附則別表第1の84）。条文上は姻族についても三親等までは義務を負わされうることになっているが、実際の運営上は直系の姻族の間に限られるであろう。なお、特別の事情とは、前記(ア)の扶養義務者の中に扶養能力者がいない場合、またはある場合にもこれらの者に優先してまたは共同で扶養させる特別の事情がある場合を含む。家庭裁判所は、扶養の義務を負わせた後に、事情が変更し、扶養すべき者が貧困となったり、優先して扶養されるべき者が生じたり、扶養を受ける者が富裕になったりしたときは、その審判を取り消すことができる（同条3項、家事附則別表第1の85）。

上に挙げた者は、抽象的には扶養義務者となりうるのであるが、これらの者が具体的に扶養義務を負担するためには、彼らに扶養能力があること、すなわち、財政的に自分の生活を支えたうえで、なお余裕があることを必要とする。ここに親族的扶養の限界があることはすでに述べたとおりである。

(3) **扶養請求権の発生**　　扶養請求権とそれに対応する扶養義務は、第1段として、抽象的には前記の要扶養者と扶養義務者の存在

によって成立する。しかし、第２段として、その内容は、後述の順位ならびに程度、方法に関する協議または審判によって決まる。このことに関連して、扶養請求権は上の第１段と第２段との橋渡しをする要扶養者の扶養義務者に対する請求によってはじめて具体的な権利となるというのが判例・通説である（大判明治34・10・３民録７輯11頁）。扶養関係は時々刻々展開するものであって、要扶養者が請求をしないで何とか自分で切りぬけてしまえば、たとえ友人の所に身を寄せて、もしくは借金によって過ごしたとしても、後からさかのぼって請求することはできないというのである。また、そうでなく第１段の条件がそろえば扶養義務が発生すると解すれば、義務者の知らないうちに扶養料が累積し、それを後から請求されて不都合であるというのが側面的理由である。しかし、請求しようとしても扶養義務者の存否や住所などが不明であった場合、幼児を義務者に代わって扶養した者の事務管理による請求（義務者の扶養義務を肯定しなければ「他人の事務」が存しない）、さらに複数の義務者のうち、一人がすすんで義務を履行し、他の者にその負担分を求償する場合などを統一的に理解しようとすれば、扶養義務は前記第１段の要件が存すれば成立するという説をとるべきものと考える。過去の扶養料の請求を認めることから生ずるかもしれない不都合は、上の第２段の協議または審判の段階において処理さるべきものである（扶養請求権は厳に要扶養者の生活に必要であった範囲に限られ（事業上の借金には及ばない）、また請求権行使の結果請求者の手許にまとまった金が残る（そうなれば扶養義務は消滅する）範囲にまでは及ばない）。換言すれば、協議または審判は過去の扶養義務についてもこれをすることができるのである（最判昭和42・２・17民集21巻１号133頁・基本判例406）。

第7章　扶　　養

(4)　**扶養請求権の行使**　　扶養請求権は、扶養を受けることができる地位ないし権利から、上に述べた要件のもとに扶養請求権が派生した場合に、これを有する者が、現実にみずから行使すべきものである。扶養義務者・扶養の方法・程度が具体化すれば、その態様のいかんによっては——たとえば月々30,000円を給付することに決まれば——これを履行しない扶養義務者に対して、その履行を強制することも許される。しかし、一般にその一身専属性から、相殺に適せず（505条1項但書）、その譲渡・質入れなどはもちろん、放棄さえも許されない（881条）。債権者もこれを差し押えることはできないし（民執152条1項1号）、破産者の有する扶養請求権は破産財団に属さない（破34条3項2号）。また相続の対象にもならない（896条但書）。

80　扶養義務とその履行

(1)　**扶養当事者間の順位**　　扶養をする義務のある者が数人ある場合には、だれがまず扶養すべきかが問題になる。また、扶養を受ける権利のある者が数人あって、扶養義務者の能力がその全員を扶養するに足りないときは、だれをまず扶養すべきかが問題になる。このような場合には、当事者間で協議をして定めるのが本則であるが、もし協議が調わないとき、または協議をすることができないときは、家庭裁判所が審判で決定する（878条、家事附則別表第2の9）。この順序はだれか一人だけを義務者とし、またはだれか一人だけを扶養を受けるべきものとする必要はなく、数人が共同して義務を負い、もしくは順次に扶養すべきものと定めることもできる。旧法は扶養権利者および扶養義務者のそれぞれにつきこの順序を厳格に定め、なかでも家を同じくする者を先順位としていた（旧955条－958条）。したがって、同じ親でも、離婚して他家にある者、同じ子で

210

も、養子に行ったり嫁に行って他家にある者は、権利者としても義務者としても、後順位とされた。しかし、新法では「家」の標準はなくなり、具体的な事件ごとに、協議または審判によって、妥当に判断すべきものとしたのである。

なお、複数の扶養義務者中の一人が扶養した費用を他の義務者に求償する場合、つまり878条の適用がある場合には、通常裁判所が判決手続で判定すべきでないというのが判例である（前掲最判昭和42・2・17民集21巻1号133頁・基本判例406）。第三者が扶養義務者に代わって扶養し、事務管理もしくは不当利得を理由に費用の返還を求める場合と異なることを注意すべきである。

(2) 扶養の程度または方法　どの程度の扶養をすべきかは、それぞれ具体的事情によって決まるわけであるが、まず当事者の協議により、協議ができないかまたは協議が調わないときは家庭裁判所がこれを定める。その場合「扶養権利者の需要、扶養義務者の資力その他一切の事情を考慮」すべきである（879条、家事附則別表第2の10）。扶養義務者の生活水準まで引き上げることにはならないが、生活保護法の水準でよいということにもならないとしたもの（大阪高決昭和33・7・28家月10巻9号71頁）、逆に子による老親の扶養について生活保護基準によるとしたものもある（大阪高決昭和49・6・19家月27巻4号61頁）。生活保護の水準が上がってきたという事情もあろう。

また扶養の方法には、大きく分けて、扶養権利者を引き取って扶養するのと、生活費または生活物資を支給するのと二つの方法が考えられるが、そのいずれをとるかは、やはり当事者の協議により、協議が調わなければ、家庭裁判所が定める。なお、たとえば、引取扶養をしながら同居にたえないような言動に出た場合は、扶養義務

第7章 扶　　養

を履行したことにはならない。したがって、このような場合に扶養権利者がその家を自分で出ていっても生活費の支給による扶養請求権の放棄にはならないことを注意すべきである（最判昭和26・2・13民集5巻3号47頁・基本判例407参照）。

(3)　事情の変更　　扶養すべき者もしくは扶養を受けるべき者の順序または扶養の程度もしくは方法について協議または審判があった後に、事情の変更が生じたときは、家庭裁判所はその協議または審判の変更または取消しをすることができる（880条、家事附則別表第2の10）。

(4)　扶養料債権の履行確保　　平成15年に新設（親22(4)参照）された民事執行法151条の2第1項4号は、877条以下の扶養義務につき、債権者が確定期限の定めのある定期金債権を有する場合に、その定期金債権に基づく強制執行においては、その一部に不履行があるときは、弁済期の到来していない将来分の債権についても、債務者の将来の収入に対する差押えができるとした。

第5編　相　続　法

第1章　序　　説

1　相続編の内容

⑴　相続法の法源

　相続法の法源として最も重要なものは、いうまでもなく、民法第5編相続であるが、同編（882条－1050条）は、総則・相続人・相続の効力・相続の承認および放棄・財産分離・相続人の不存在・遺言・配偶者の居住の権利・遺留分・特別の寄与の10章を収めている。しかし、これを実質的にみると、遺言および遺留分以外の8章はすべて直接に狭義の相続に関するものであり、遺言および遺留分の2章は、これらの章とはややその性格を異にする。

　なお、相続法の改正については、親族法の改正とあわせてすでに述べたとおりである（序1）。

⑵　相続

　人が死亡すると、その財産的権利義務はすべて、一応当然に、一定の親族によって承継される。これが上にいう狭い意味での相続である。その承継する者の範囲を定めるのが第2章「相続人」であり、その権利義務の承継の態様、効果——とりわけ相続人が数人いる場合の承継の割合（相続分）と分配（遺産の分割）など——を定めるのが第3章「相続の効力」である。このようにして一応当然に生ずる権利・義務の承継を、相続人が全面的に承認する場合（単純承認）、責任を相続財産の範囲に限定して相続する場合（限定承認）、全面的に拒否する場合（相続の放棄）のそれぞれの手続や効果について規定するのが第4章「相続の承認及び放棄」であり、被相続人の債権者および相続人の債権者の利益のために相続財産を相続人の固有財産から分離して清算する手続が第5章「財産分

第1章　序　　説

離」であり、相続人がいるかどうか不明な場合の措置を規定しているのが第6章「相続人の不存在」、被相続人の**配偶者居住権**（相続時において、被相続人の相続財産に属する建物に居住していた配偶者がその使用・収益をする権利）について規定しているのが第8章、**特別寄与者**（被相続人の財産の維持・増加に寄与した相続人以外の親族）について規定しているのが第10章である。そして第1章「総則」は、上に述べた相続に関する通則を規定している。

　(3)　**遺言**　　第7章「遺言」は人の最終の意思に効力を認めようとする制度であり、その内容は遺産の承継の問題に限られないから、それ自体としては相続制度をはみ出るものである。のみならず、わが民法は遺言によって相続人を指定することを認めていないので、形式的には相続と遺言とは本質的な関連をもたない。しかし、遺言ですることのできる事項のうち主要なものは遺産の承継に関するものである。すなわち、相続分や遺産の分割に関しては、被相続人は遺言によって、上(2)の狭義の相続に関する規定と異なる処分をすることができる（902条・908条・914条など）。その意味では遺言は狭義の相続制度の一環としてこれを補充するものである。また被相続人は遺言によって相続財産を特定の相続人または相続人以外の者に与えることもできる（964条）。これは狭義の相続とはかなりその性質を異にするが、やはり死亡による財産の承継であって（特に、いわゆる包括遺贈（**相58**参照）は実質的には相続人の指定に当たる）、広い意味では相続の一種であるとみてもよい。

　(4)　**遺留分**　　上の無遺言相続に関する民法の規定と、生前処分または遺言による遺産承継の指定とが衝突する場合について一定の基準を与えるのが第9章「遺留分」である。民法は主要な相続人について、一方で被相続人がこれらの者を廃除するのには一定の事由

があることを必要としているのであるが、他方で相続財産のうちの一定の割合の額（遺留分）を定め、その額を侵さない限りで遺言による財産の処分、つまり遺贈の自由を認めることにしているのである。

2 相続の概念と沿革

相続とは、上に述べたところからもわかるように、わが実定法の立場からはつぎの広狭二つの意味に使われている。すなわち、広い意味では人が死亡した場合に、その者の財産上の法律関係が他の人に移転することである。相続制度とか相続編とかいった場合にはこの意味である。すなわち、そこには遺言による財産の処分——遺贈——も含まれているのである。しかし、より狭い意味では、上の死者と一定の親族関係に立つ者がその財産上の法律関係を法律上当然に承継することである。相続人とか、相続分とか、相続の放棄とかいう場合はこの意味である。いずれにしても、それは移転ないし承継されるべき財産を死者が所有していたことを前提とする。したがって、財産が氏族や「家」の所有に属し（その意味で、家産という用語が適切であろう）、個人の財産というものがなかった時代には、上に述べたような意味の相続は存しなかった。この時代にも、氏族長や家長が死亡しまたは引退すれば、その地位の承継は起こったのであるが、財産の主体は氏族または「家」であったから、極端ないい方をすれば、財産の承継はなく、ただ氏族関係、家族関係においてその長の交替が起こっただけである。しかし一方、氏族や家のおかれる世界が広くなって相互取引の交渉が多くなり、他方、その内部の統率が強力になると、氏族や家の財産は名義上その代表者である氏族長、家長の財産となり、実質上もその管理処分に服することとなった。すなわち、財産は家長の私的所有の形態をとる。そこで家

217

第 1 章　序　　説

長の死亡に伴って財産の承継——相続——が起こる。それは必然的に単独相続の、しかも多くの場合に長男子単独相続の形をとる。そしてこのように家長の権力が強大になっても家長の地位の承継は、多く家長個人の意思を越えた一定の規律によって行われた。これを裏づけるものとしては、家長個人の名義になってはいても、なおその財産が実は「家」の財産であるという事実が存したのである。相続はこのような「家」協同体の承継の形態であったのである。

　しかし、やがて「家」という協同体は解体され、家の統制の中から個人が解放され、したがって家の財産は解消し、個人の収入は個人に帰属し、財産はすべて個人の私的の支配に属するものとなっていく。そしてこのような個人の私的な収入とその財産とを基礎として、夫婦・親子の共同生活が営まれる。これを別の側面からいえば、農林業・漁業等の生産の単位であった生活協同体が次第に賃金の収入に依存する消費生活の単位に変わってきたということでもある。すなわち、生活協同体は、個人としての配偶者ないし親の財産または収入に依存することになる。そこで、配偶者ないし親の死亡は他の者の生活を脅かす。そこに配偶者相続ないし諸子均分相続が生ずる。同時に、名実ともに個人の私的財産としての性格が明確になるところから、処分の自由の一つの面として遺言の自由が前面に出てくる。近代の相続法は、生活協同体の一員がその構成員として保持する私的所有権の担う生活維持の機能と、私的所有権に内包される処分の自由との間の矛盾の調整を主たる課題としているのである。

3　近代法における相続の根拠

　(1)　**相続の根拠**　　ある人が死亡したとき、なぜ彼と一定の関係にある者がその遺産を相続することが認められるのであろうか。すなわち、相続の根拠いかんについては、古くから各国の法律学者に

よって、多種多様の説明が試みられてきた。しかし、昭和20年の終戦を契機に大きな改正がされた民法（改正された民法を新法といい、それまでのものを旧法と呼んでいる）が家督相続を廃止し、配偶者の相続分を認め、諸子均分制を採用してから、わが国の学者の論調は相続の根拠を「私有財産制度の下における家族的共同生活の必要」に求めるものが多くなってきた。ただ、その中にあっても二つの異なる傾向がみられる。その一つは、親族関係が家族的共同生活の横の協同関係であるのに対して、相続は縦の協同関係であるとするものである。他の一つは、今日の家族的共同生活は有限家族であって、相続は、その一家族員の死亡にあたり、生存家族員の生活保障のためにされる死亡家族員の遺産の清算であるとする。

　思うに、先に一言したように、私有財産制度の下においては、第一に、各人はその私有財産によって生活を維持すべきことを原則とする。そして各人の生活は、近代のいわゆる核家族においても、夫婦・親子の家族的生活協同体の中で行われ、その固有財産はその共同の生活関係を保持する基礎となっている。第二に、各人は自分の所有物を自由に処分できるのを原則とする。それは死後の財産の帰属を定める権能をも含んでいる。近代の相続は、人が財産を残して死亡した場合に、私有財産のもつ上の二つの機能が重なり合って表れるところに認められる。すなわち、①一方で死亡した人の財産に依存していた近親者は、その遺産に対する承継を認められる可能性のある立場にあるが、②他方で死亡者は遺言でその財産を処分できる立場にある。しかし遺言がされない場合に備えて、法は死亡者の意思を推測してその帰属を定めることができ、その範囲や順位は上の二つの点と密接な関係にある。相続制度はこれらを総合的に整序づけた仕組みである。したがって、これを縦の協同関係で説明する

第1章　序　説

か、生存家族員の生活保障のための遺産の清算で説明するかは、ある意味では、重点のおき所の差異に帰するともいえよう。縦の協同といっても、「家」の延長を認める意味ではもちろんなく、相続の基調が親から子への財産の承継にあることに着眼しているのであり、遺産の清算といっても、配分を受けるものは原則として子または孫を主体とするのである。のみならず、具体的な相続法の規定は、性質の違ういろいろの要素を含んでいるので、これを一つの考え方で説明し尽くすことはむずかしい。たとえば「縦の協同関係」では、直系尊属が相続人になる場合はどうも説明しにくいし、また「遺産の清算」では、子はすでに独立し、孫や父母が被相続人に依存していた場合にも、子のみが相続人として登場することの説明に苦しむことになるであろう。さらに「共同生活関係」を根拠としてみても、実定法が、相続に関して「同居」ないし「生計を同じくする」ということに何らの意味をも認めなかったこと（平成30年に新設された配偶者居住権についても、外国の立法例と異なり、「同居」を問題としていない。親族法においても夫婦の同居義務を別にすれば、同居に何かの効果を認めるようにみえるのは730条だけである。しかも、同条は精神規定にすぎない。親12(2)参照）、したがって、また、全く生計を別にする兄弟姉妹に相続権を認めたことなどの説明はむずかしいであろう。ここでは被相続人の「意思の推定」の要素を無視することはできないと思われる。要するに、相続制度は私有財産制度の下で、世代の移り変わりに対応して、私有財産を国民の良識に従って最も合理的に処理するために認められる秩序であり、その観点から被相続人の近親者が一定の順位で、その承継者として選ばれるのである。

(2)　**検討**　　上に述べたように、相続の根拠を一つの思想で説き尽くすことは困難であるが、特定の者に相続権が与えられる根拠と、

その中の特定の者に遺留分が与えられる根拠とをはっきり区別して考えることが、問題の所在を明らかにするゆえんであると思われる。

（ア）　遺言のない場合の補充指定　　遺留分（それと相関関係にある相続人の廃除に対する制約）をしばらく除外して考えるならば、特定の者が遺産について相続権を認められるのは、被相続人が生前に、もしくは遺言によってその財産の全部または一部を処分ないしその配分の指定（遺贈、相続分の指定など）をしない範囲に限られる。すなわち、法定の相続人、法定の相続分に関する規定は遺言のない場合の一種の補充規定であり、その本質は遺言そのものと異ならない。いいかえれば、私的所有権に含まれる死後の処分の自由と異なるところがない。それはあたかも、契約自由の原則が認められながらも、その原則の上に典型契約が定められ、多くの補充規定や解釈規定がおかれている関係と、性格を同じくする。法は無遺言相続に備えて、人類の本然の愛情・近代市民の共通の意識を推測して、相続人の範囲とその順位とその相続分とを定め、遺産の承継を認めているのである。

（イ）　遺留分制度　　これに反し、問題が遺留分制度の根拠はなにかということになると、そう簡単にはいかない。人は一定の近親がある限り、その財産の一定の割合を、それらの者に相続させなければならない——別の面からいえば、遺言によって全財産を自由に処分することはできない——という制度が認められているのはなぜであろうか。家長名義の財産が実は「家」の財産であった時代に、家長の生前の処分は自由であるとされながらも、ひとたび相続ということになるとかなり強い制約が認められていたことは、当然である。財産そのものが実質的には家長個人の財産ではなかったのである。しかし財産所有関係における私的・個人的性格が強くなった場合に、

第1章　序　説

なおかつこのような制度を認めるについては特別の説明を必要とするのである。なぜならば、これは私的所有の形態と密接な関係があるには違いないが、決して私的所有そのものの直接の効果ではないからである。遺留分制度の基礎を、私的所有すなわち私有財産制度の下に成り立つ社会において求めるならば、つぎの2点が考えられる。

その一つは、夫婦が生活を共同にし、その共同生活における責任を分担するのに、それを本拠とする経済活動が夫婦の一方、多くの場合に夫によって、あるいは夫名義によって行われる結果、財産の蓄積が夫名義で行われるという点である。いいかえれば、妻が潜在的な共有者であって、夫の死亡によって夫婦の共同生活が終了する場合にその顕在化——形式的には相続——が要求されるのである。

その二つは、夫婦親子の間では、相互に扶養の義務、特に生活保持の義務（親78(3)参照）を負担している。公的扶助の制度が完備していないところでは——見ようによっては公的扶助が整備していればいるほど、被相続人がその遺産を処分してしまって、遺族を公的扶助に頼らせることを防ぐという意味で——扶養義務の延長として、死者の財産の一定の割合をその財産に依存した者のために留保することが要求されるのである。遺留分制度が認められるには、この二つの理由があると考えられる。

(ウ)　両者の関係　　上のように、相続制度一般を、二つの部分に分けて、そのそれぞれの根拠を考察することが、相続制度の理解にとって必要である。しかし、人の死後の財産の処理について両者は決して無関係に存在するのではなく、相伴って人々の納得のいく筋道をつくることに奉仕しているのである。

相 3—5

4　相続法の沿革

わが相続法も、だいたいの傾向としては上に述べたところと同様の経過をたどっている。しかし、徳川時代には武士の相続法と庶民の相続法とは別個のものであり、武士にあっては封建制度と不可分の関係で長男子単独相続が行われたが、庶民にあっては、必ずしも長男子相続が支配的であったのではなく、いわゆる末子相続や姉家督（長子が女子であれば弟があっても姉に婿養子をして家督を相続させるもの）がかなり広く行われ、特に町人にあっては適者相続が好まれ、また多かれ少なかれ分割相続も行われた。すなわち、長男子一人相続は、一般に信ぜられているほど広く行われていたのではない。

ところで、明治31年に制定された民法——終戦によって大きな改正を受けるまでの民法——は、周知のように、「家」の制度の上に立って長男子一人相続を原則とするいわゆる家督相続の制度を認めていた。これは旧来の主として武士階級の慣行を法制化したものであるといわれている。戸主を中心に据えた家督相続が根幹をなしていた。

昭和22年の日本国憲法の施行に伴い新法は、「家」の制度を廃止するとともに、旧法の相続制度を根本的に改めた。

そして完全な遺言自由の制度をとらず、直系卑属・直系尊属および配偶者については遺留分制度を認めている（兄弟姉妹についてはこれを認めない）。また相続人が相続を承認するか放棄するかは、相続人の被相続人に対する関係のいかんを問わず、全く自由になった。

5　相続に関する総則

民法は先に述べたように、相続編の第1章として「総則」をおいている。しかし、それはわずかに4カ条であり、その内容は主として狭義の相続に関するものである。そのうち、相続回復請求権につ

223

第1章　序　説

いては後に述べることとし（相29以下）、ここではその他の事項に
ついて解説する。

(1)　相続開始の原因　　ある人が死亡すると、必ず相続が開始す
る。死亡以外には相続開始の原因はない（882条）。かつてあった生
前相続は認めていない。もっとも、失踪宣告を受けた者は死亡した
ものとみなされるから（31条）、やはり相続が開始する。

(2)　相続開始の時期　　相続は被相続人死亡の瞬間（失踪宣告を受
けた者については死亡とみなされる日）に開始する（総20参照）。財産
について一瞬でも所有者のない状態が生ずることがないというのが、
実定法の論理である（896条・239条2項・951条参照）。したがって、
相続人が被相続人の死亡を知らず、または戸籍上の届出や登記手続
などを怠っていることは、相続が開始しその効果として権利義務の
観念上の移転が生ずることの妨げとならない。ただ、相続開始の時
から3ヵ月の――自己のために相続が開始したことを知らなかった
相続人は、これを知った時から3ヵ月の――熟慮期間を与えられる
だけである（915条、相33(6)参照）。被相続人の死亡の当時、相続人
のあることが明らかでなく、後に至って明らかになった場合にも上
の理論には変わりがない（955条参照）。この相続開始の時期は、相
続人の決定、その資格ないし能力の決定、相続財産または遺留分の
決定、相続に関する時効の進行などに関連してきわめて重要である。
ところで、死亡は出生と同じく事実上の問題であるが（総18・20参
照）、臓器移植を契機として、なにを基準として死亡の時期を認定
するかが医学上問題とされるに至った。法律上、どの時期をもって
死亡とするかを定めていないからである。通常は、心臓の永久停止、
呼吸の停止、瞳孔の拡大等の徴表をもって死亡の判断をしていたが、
「臓器の移植に関する法律」（平成9年法104号）は、脳死した者から

の臓器の摘出を認めている。脳死というのは、脳幹を含む全脳の機能が不可逆的に停止することで（臓器移植6条2項）、この段階から臓器の摘出が可能になるから、少なくとも臓器移植では、この脳死をもって死亡したものとみてよい。

なお、被相続人の死亡の時期がきわめて重要な問題になるのは、被相続人と相続人とが同一の事故で死亡した場合（いわゆる同時死亡）である（総20参照）。被相続人の死亡の時に生存していた者だけが相続人になれるのが原則だからである（同時存在の原則）。たとえば、別図のような親族関係においてAが、aと同一の海難事故で死亡したとしよう。Aの財産についてみれば、Aが先に死亡したのであればa・b2人が配偶者Bとともに相続し、しかる後にaの死亡による相続が開始する。したがってaに配偶者XがあればXは当然にその相続人になる。もし逆にaが先に死亡したのであれば、aはAの相続人にならないから、Xはaを通じてAの財産を承継することはできないことになる（aの遺産に対するbの相続分についても同様な問題が起こることを検討せよ）。ところで、わが民法にこのような場合の死亡の前後についての推定規定がおかれていなかったため、とかく問題が起こりがちであった。しかし、昭和37年の改正によって、上のような場合にいずれかの者が「他の者の死亡後になお生存していたことが明らかでないときは、これらの者は、同時に死亡したものと推定」されることとなった（32条の2）。その結果、この推定が破れない限り、Aとaとは互いに相続人となることはなく、Aからaへも、aからAへも財産の承継は起きないことになる。つまり右の場合はAの遺産はBとbが相続し――もっともaに子cがあればcがaを代襲する（相9(2)(ア)参照）――、aの遺産はXとBが相

第1章　序　説

続するのである（総20参照）。

(3)　**相続開始の場所**　相続は被相続人の住所において開始する（883条）。これは本来、相続事件の裁判管轄の基準を定めるものであるとされるが、民事訴訟法にはこれに関する詳しい規定がおかれているのであるから（民訴3条の2・3条の3第12号・13号・5条14号・15号）、その限りにおいて本条の適用の余地はない。なお、家事審判事件については、その管轄は相続開始地または被相続人の住所地の家庭裁判所に属する（家事191条など）。

(4)　**相続財産とその費用**

(ア)　**相続財産**　相続財産とは、被相続人が死亡の当時に有していた積極・消極の財産の総体である。遺産と同じ意味であるが、遺産は、どちらかといえば被相続人の立場からみた表現であり、相続財産は相続人の立場からみた表現である。祭祀用の財産を含まない（897条参照）。なお、相続分算定の基礎になる「相続財産」（903条1項、相22⑴参照）は独自の範囲の財産であって、本来の意味での相続財産とは異なっている（一般に、「みなし相続財産」と呼ばれている）点を注意すべきである。また、遺留分算定の基礎になる相続人の財産についても、相続分算定の場合と同じような「持ち戻し」が行われることから、「被相続人の財産」と表現されていたが（旧1028条）、平成30年改正により、「遺留分を算定するための財産」と表現されるに至っている（1043条、相75⑵参照）。

(イ)　**相続財産に関する費用**　相続財産に関する費用は、相続財産の中から、これを支弁する（885条本文）。相続財産に関する費用とは、相続財産の最も広い意味での管理に必要な費用である。すなわち、相続が開始すると、相続人は、熟慮期間の間でも一応とにかく相続財産を管理しなければならない（918条、相34⑴参照）。つい

で限定承認をした場合はもちろん、相続の放棄をした場合にも、一定の時期までこの義務が継続する（926条・940条参照）。単純承認をすれば、この義務はなくなるけれども、財産分離の請求があると、その時からまた別途に管理しなければならない（950条・944条）。さらに限定承認や財産分離の場合には公告・相続財産の換価・清算などが必要であり、それぞれ費用を要する。このような、相続財産に関する一切の費用は、相続人の固有財産から支弁する必要はなく、相続財産から支弁してよいのである。このことは相続財産が相続人に帰属し、その固有財産と一つになる場合には大した意味はなく、ただ数人の相続人がある場合に、これらの費用は結局、共同相続人がそれぞれ相続分の割合に応じて負担するということを意味するにすぎない。しかし、限定承認、相続の放棄、財産分離、相続財産の破産などがあって、相続財産と相続人の固有財産を分離して処理する場合には重要な意味をもつ。

第2章　相　続　人

6　相　続　人

(1)　**意義**　　すでに一言したように、血族相続人については子（代襲相続を通じて孫以下の直系卑属）・直系尊属・兄弟姉妹の順位を定め、同順位の者が数人あれば共同で相続人となり、原則として平等の割合の相続分を与える。そしてこれとは別に、配偶者を相続人に加え、血族相続人のうちのだれが相続人となっても、常にこれと共同で、それぞれの場合に応じて所定の割合の相続分を与えることとした。思うに、共同生活における平等の協力扶助者としての配偶者の被相続人に対する関係は、血族相続人のそれとは質的な差異がある。また、配偶者に相続権を認める根拠の観点からも、他の相続人と異なり、夫婦協同体における相互の潜在的寄与分を清算するという要素が存することは、否定できないところであろう（相3(2)・20参照）。したがって、配偶者の相続権は血族相続人のそれとは系統を異にすることを注意すべきである（相8(2)・20(1)(オ)参照）。なお、だれが相続人であるかは、共同相続人間においては合一的に確定する必要があるので、共同相続人間における相続人の地位不存在確認の訴えは固有必要的共同訴訟であるとされる（最判平成16・7・6民集58巻5号1319頁）。

(2)　**相続資格の重複**　　親族関係が重複する場合（親10(4)参照）のうち、ある種のものは、相続資格の重複を生ぜしめる。たとえば、①祖父母が孫を養子にした場合には、子としてのほかに父死亡後にはその代襲者としても祖父の相続人として登場する可能性がある。②実子と養子が結婚した場合には、相互に配偶者としてと、兄弟姉

妹としての二重の相続資格を有することになる。このような場合には、特別の事情がない限り、それぞれの資格において相続権を有するわけであり、それぞれ別個に放棄することができる（反対説もある）と考えるが、相続の欠格や排除についてはすべての資格について効果を生ずると解すべきであろう。

7 血族相続人とその順位

(1) 第1順位　被相続人の子である（887条1項）。実子と養子とを区別しないし、嫡出子と非嫡出子とを区別しない。また相続人の年齢、性別や婚姻しているかどうかを問わないことはいうまでもない。他人の養子になり、したがってその養親の相続人にもなりうる場合にも、何らの区別なく相続人になる（ただし、特別養子は別、親56(3)参照）。したがってまた、被相続人と氏を同じくしているかどうか、これと同居しているかどうかが問題にならないこともももちろんである。日本の国籍を有しない場合でも同様である。

子が数人あれば共同の相続人となる。かつては、嫡出子と非嫡出子で相続分が異なっていたが、現在は平等の割合で相続する（相21(1)(イ)参照）。

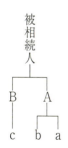

ところで、昭和37年に大きな改正があって、孫以下の直系卑属は、直系卑属としては相続人とならないことを注意しなければならない。改正前の規定では、第1順位の相続人を直系卑属とし、親等の異なった者がある場合には近い者を先にするとしていた（旧規定887条）。したがってこの規定からみるときは子と孫とがあれば子が優先することは疑いないが、相続人の子A・Bがともに死亡しAの子a・bとBの子cがあるような場合には、孫a・b・cは二親等の直系卑属として共同で平等の相続分を

第2章　相　続　人

もって相続人となるように解することができた。ところが他方では、子が父より先に死亡しまたは相続権を失った場合に、孫は代襲相続人としても祖父の遺産を相続すると定められていたので（旧規定888条）——A・B2人の子のうちAが父より先に死亡した場合にa・bがBとともにAの相続分を相続することについては疑いがなかったが——A・Bともに父より先に死亡した場合にもa・bはAを代襲しcはBを代襲して相続人になるか（すなわちa・bはAの相続分を2人で分け、cはBの相続分を一人で相続することになるか）、それとも前記のように（二親等の直系卑属として）、平等の相続分を受けるかについて説が分かれていた。このような相続の基本的部分について説が分かれていることははなはだ不都合なので、関連条文を改正して明確にしようということになった。そこで改正をするとなると結局、上に挙げた例においてa・b・cの相続分を等しい（いわゆる頭分け）とするのがよいか、a・bとcとはそれぞれA・Bの相続分を相続する（いわゆる株分けとする）のがよいかの議論になり、反対説もあったが、後説が多数で支持されたのである。その結果第1順位の相続人は子と改められ、代襲に関する規定が887条に収容され、888条が削られた。これに関連してつぎの諸点を注意すべきである。

①887条1項が相続人を子と改めても通常の場合を考えれば改正前と何ら変わりはない。このことは多言を要しないであろう。

②相続人の子が相続を放棄した場合には、その子、すなわち孫たちが相続人となりうる機会は全くなくなった。旧規定では前記のように子が全部放棄したときには、孫が二親等の直系卑属として相続することはほとんど疑われていなかった。この点は大きな変更であり、欠格の場合との不均衡が今も問題とされている。

③改正の結果、わが実定法上の代襲相続の意義が変わり、兄弟姉妹がすべて死亡した場合に、その子、すなわち被相続人の甥姪が代襲相続人になりうるかについての疑問もこれを肯定に解すべきこととなった。

(2) **第二順位**　子が一人もなく、子を代襲すべき者がない場合（孫があっても子が放棄した場合を含む）には、被相続人の直系尊属が第二順位の相続人となる（889条1項1号）。実父母であると養父母であるとを問わない。親等の異なった者の間ではその近い者を先にする。すなわち、母と父方の祖父母がある場合には、母だけが相続人になる。父も母もないときに初めて祖父母が相続人となる。この場合、逆の代襲相続は認められていない。親等の同じ者が数人いれば同順位で相続人になる。たとえば実母と養父母とがあれば3人が共同相続人となる。

(3) **第三順位**　上の第二順位の相続人もいない場合には、兄弟姉妹が第三順位の相続人になる（889条1項2号）。兄弟姉妹が数人いる場合には同順位で共同相続人になる（ただし、父母の双方を同じくするか、一方のみを同じくするかによって、相続分が異なることは後述する（相21(1)(イ)(C)））。兄弟姉妹のうちの一部の者または全部が死亡し、または相続権を失った場合には、その子——昭和55年の改正で子に限ることとなった（901条2項）——が代襲相続人となる（889条2項、前記(1)③参照）。

8　配偶者

(1) **意義**　被相続人の配偶者は、前述の各順位の相続人がある場合にも常に、これと同順位で相続人になり、これらの者がなければ単独で相続人になる（890条）。その相続分の割合は、同順位の血族的相続人がどの順位の者であるかによって異なるが、そのことは

第2章　相　続　人

後に述べる（相21(1)参照）。配偶者相続制度は旧法下の相続における
妻のはなはだしい劣位を改めたものであって、夫婦の平等の実質的
基礎を確立したものである。なお、配偶者が相続権をもつというこ
とは、「家」の財産という考え方を個人の財産に切りかえていくた
めに、均分相続とはまた違った意味で重要である。というのは、た
とえば、夫Aの死亡によって遺産を相続した妻Bが、Cと再婚した
後に死亡したとすれば、Aの財産がBを通じてCに移転するわけで、
従来の男子中心の「家」の財産にとらわれた考え方によってはとう
てい理解できず、ただ、Bの相続した財産は完全にBの私有になっ
たという考え方に立って初めて是認できるのである。

(2)　他の相続人との関係　　　配偶者の相続権は子以下の血族相続
人のそれとは性格を異にするから、複数の血族相続人の間に起きた
事項は、原則として配偶者の相続権に影響しないと解する説が通説
といってよい。これを配偶者別格の原則という。この考え方によれ
ば、具体的には、以下のような解釈論が妥当であると考えられる。

　①血族共同相続人の一人が相続を放棄しても、配偶者の相続分に
影響しないと解される（もっとも、昭和37年に改正された939条の解釈
からもそうなる（相42(1)参照））。ただし、血族相続人の全員が放棄し
て次順位の相続人が登場すれば、配偶者相続分の割合は変化し増加
する。

　②血族共同相続人（子a・b・c）のうちの一人（a）の相続分
を指定する旨の遺言等の意思表示——たとえば2分の1とする——
の解釈においても、特別の事情がなければ、配偶者の相続分に影響
しないと解される。この例では、aの相続分はa・b・cらの相続
分、つまり遺産の2分の1の2分の1（すなわち、遺産全部の4分の
1）と解されることになろう。

相 8—9

③上の例で配偶者やａ・ｂへの遺贈によりｃの遺留分（12分の1）が侵害された場合には、まずａ・ｂへ遺留分侵害額の支払請求をし、なお侵害が残る場合に配偶者へ遺留分侵害額の支払請求をすべきであると解される。ただ、平成30年改正前において、遺贈に対する遺留分減殺について、旧1034条では、目的の価額の割合に応じて減殺すると規定しているにとどまり、配偶者を特別に扱うこのような解釈論に対しては反対の見解もみられるところであった。そして、改正後における1047条は、複数の受遺者の遺留分侵害額の支払負担額について、旧規定と実質的に同趣旨であると解され、この問題はなお解釈論に委ねられている。

(3) **配偶者居住権**　　配偶者は、民法の規定に従って被相続人の遺産の一定割合を相続するのであるが、平成30年改正によって、被相続人の財産に属していた建物に居住していた場合に、相続開始後もその建物に居住し続けられる権利が認められた。理論的には、配偶者の居住の保護は夫婦財産制の清算の問題であるとも考えられるが、相続法に規定されることになったのである（相64以下参照）。

9　代襲相続

(1) **意義**　　前段 8 で述べたように第１順位の相続人は子である。しかし、たとえば被相続人にＡ・Ｂ二人の子があり、相続開始当時にＡはａ・ｂ二人の子を残して死亡していたとしよう。配偶者をしばらく問題にしなければ、相続開始の時の子はＢ一人であって、ａ・ｂらは相続人にならない。これが887条１項の論理的帰結である。これはいかにも一般の法律感情に反する。Ａが被相続人より後れて死亡した場合のことを考えると、ａ・ｂらに対して酷でもある。そこで民法は、この場合ａ・ｂらにＡと同順位で、したがって、Ｂと同順位で共同相続人となることを認め（887条２項）、ただ、その

233

相続分はAが生きていたら受けるべきであったものと同じであることとしたのである（901条。したがって、右の例で遺産6,000万円とすれば、Bは3,000万円、a・bはそれぞれ1,500万円となる）。先に詳述したように昭和37年の改正によって、Bも子cを残して死亡していて、a・bおよびcが相続人となる場合にも、a・bはAに代わって、cはBに代わって相続することとなった。このような特定の者に代わってする相続を代襲相続という。

　上の述べたところからは、代襲相続は、代襲されるべき者が相続人となったならば、その者を通じて間接に相続をしたであろう者に、直接の相続権を認めようとするもののようにみえる。しかし、このように考えた場合には当然に代襲相続人になるはずの子（前の例でいえばAまたはB）の配偶者や、養子の連れ子などには代襲相続権が認められていない（後述(2)参照）。したがって代襲相続も――代襲者が被代襲者の相続権を承継するのではなく、やはり自分の権利に基づいて認められる――直接相続の一種であって、ただ、一般原則と違った特別の順位を認めるものであるということになる。このような見地からわが民法の規定を総合的に考察すると、代襲相続は「相続人となるべき子が相続の放棄以外の理由で相続人にならない場合に、その株を被相続人の孫以下の者に留保して承継させる制度」である（兄弟姉妹が相続人である場合の子の代襲についても同様である）。

　(2)　要件

　(ア)　開始以前の相続人の死亡・相続権の喪失　　相続人が相続開始以前に死亡するか、または相続権を失ったことである。ここに相続権を失った場合とは、相続人が欠格者となり（891条参照）、または廃除された場合（892条・893条参照）を意味し、相続の放棄を含

まない。そのことは887条の文言から明瞭である。放棄は相続の開始の後に相続人が相続人となることを積極的に拒否するものであるから、代襲を認めない——したがって、放棄者の直系卑属は全く相続関係から除かれる——のが相当であるというのがその立法理由である。なお、相続人がたとえ一瞬間でも相続開始の後に死亡した場合は、いったんその者が相続し、こんどは彼を被相続人とする普通の相続が開始するのであり、代襲相続ではない。したがって、この場合にはその者の配偶者も相続人になる。しかし、被相続人と相続人が同時死亡の推定を受ける場合には（32条の2参照）、代襲相続になる。この場合の疑問をなくすために、昭和37年改正において、同時死亡の規定の新設と併せて、旧規定（旧888条）では「相続開始前」とあったのを「相続の開始以前」と改め、同時死亡の場合を含む趣旨を明確にしたのである（887条2項・3項）。また相続人が相続開始後の事由によって欠格者となり、または、相続開始後の審判によって廃除されることもあるが（891条2号・3号・893条参照）、その場合にも、その相続権喪失の効力は相続開始の時——論理的には開始以前——にさかのぼるから、やはり代襲相続が開始する。

　(イ)　相続人が相続開始時に存在　　代襲相続人であるためには相続人であるべき者が相続権を失ったときに生存するか、少なくとも胎児であることを要するというのが昭和22年全面改正前の旧法時代の判例であった（大連判大正8・3・28民録25輯507頁・基本判例408）。したがって、たとえば、相続人であるべきものが廃除された後にその者の養子となった者は代襲相続をする権利をもたないとされた。これについては上述の代襲相続制度の一面の趣旨（相続人が相続をしていたら、その者を通じて相続できる者に代襲権を与える）から、相続開始の時に存在すればよいという反対論があったが、昭和17年に

第2章 相 続 人

旧法の家督相続における代襲相続に関する974条に第2項（その内容は昭和22年改正後の888条2項と同じである）が追加されて（旧法995条で遺産相続にも準用されている）、欠格者の胎児にまで代襲権が拡張される旨明定された事情などもあって、判例理論が多数説によって支持されていた。そして、昭和22年改正によって、この規定は888条2項に受け継がれている。しかし、昭和37の改正によって、代襲相続の性格がかなり変わった（孫以下の相続の場合をすべて包含する）ばかりでなく、887条2項但書が被相続人の直系卑属でない者だけを廃除していることから考えて、一律に相続開始の時に存在すればよい（胎児については886条1項の適用がある）と解すべきである。ただし、死亡を原因とする代襲相続において、被代襲者と代襲者の間に同時存在の原則が働くことについて相10(2)参照。

(ウ) 相続権喪失者の直系卑属等　代襲権者は相続権を失った者の直系卑属であると同時に、被相続人の直系卑属（子の代襲の場合）または傍系卑属（兄弟姉妹の代襲の場合）であることを要する（887条2項・889条2項）。したがって養子の縁組前の養子の子は、養親の直系卑属ではなく、また、同様に養親の他の子との間にも親族関係が成り立たないから（親10(2)参照）、養子を代襲して養親の（887条の場合）または養親の他の子の（889条2項の場合）遺産を相続する権利はない（大判昭和7・5・11民集11巻1062頁）。

(エ) 兄弟姉妹の場合　兄弟姉妹を代襲できるのはその子に限られる（相7(3)参照）。

(オ) 被相続人・被代襲者に対する関係　代襲相続人が被相続人に対する関係でも、代襲されるべき者に対する関係でも、相続権のない者（たとえば欠格者）であってはならないことはいうまでもない。

236

㈎　孫だけの場合　　なお、改正前には数人の子のうち少なくと
も一人が生存していることが代襲相続の要件であって、子がすべて
死亡すれば孫の本位相続になるという説が強かったが、改正によっ
て孫以下の相続人は常に代襲相続となったことはしばしば述べたと
おりである。そしてその結果、兄弟姉妹の全部が死亡し、または相
続権を失った場合にも、その者の子が代襲相続人となることになっ
た（相7⑴③参照）。ただし、兄弟姉妹の孫の代襲相続は認められな
い。

㈏　直系尊属・配偶者と代襲相続　　最後に、代襲相続は直系卑
属および兄弟姉妹について以外には認められていない。

　まず、直系尊属が相続人となる場合については、代襲相続が認め
られていない。これを認めてみても結局直系尊属の子、すなわち、
多くの場合に兄弟姉妹が相続人になるということで、意味がないか
らである（のみならず、これを認めると祖父母の代襲者として、おじ・
おばが相続人になる可能性が生ずる。その意味ではむしろ認めるべきで
はない）。また、直系尊属については逆の意味の代襲──たとえば
父がなく父の父母（被相続人からみれば祖父母）がある場合に祖父母
に父を代襲させること──も認められていない。したがって父が死
亡し母がある場合には、母のみが相続人となり、たとえ父方の祖父
母が健在でも相続人とならないのである。

　つぎに、配偶者は代襲相続人となることも、代襲相続されること
もない。したがって、たとえば被相続人にA・B二人の子があり、
Aが子供はなく配偶者Cだけを残して死亡したとすれば、被相続人
が死亡した場合にBが全財産を相続し、Cは何らの相続権を有しな
い。農家などの相続を考えた場合にA・C間に子がある場合と比較
してCがみじめな地位に立たされる。立法論としては、このような

第2章 相 続 人

場合にCにAを代襲することを認めるべきかどうかが問題とされている。

10 相続能力——胎児

(1) **相続能力擬制の根拠**　被相続人が死亡した当時に胎児であった者が後に出生した場合、これに相続権を認めるのが自然の人情に合致する。そこで多くの法制が、相続に関しては、胎児はすでに生まれたものとみなすことによって、相続能力を擬制し、これに相続権を認めている。わが民法もこの主義を採用している（886条）。

　すでに生まれたものとみなすというフィクションを採用したのはつぎの理由による。すなわち、Aの財産権がBに移転する場合に、財産権がAの所有を離れる瞬間に、Bに移転しなければならないというのが、近代法の論理である。相続においては、被相続人が死亡した時点において、相続人が存在していなければならないことになる（同時存在の原則と呼ばれる）。胎児が相続に関してすでに生まれたものとみなされるのも、この論理に合わせて胎児にその範囲で権利能力を認めたのである。しかし、その解釈をめぐっては旧法時代から争いがあった。すなわち胎児中に権利能力があり、母が法定代理人として遺産の分割に参加するという説と、出生の後にはじめて遡及して遺産の分割を受けることができるという説とが対立した。判例および多数説は後の説をとるが（総19参照）、学説としては近時、前説をとる者も増えている。

(2) **胎児と代襲相続**　胎児は代襲相続についても、すでに生まれたものとみなされる。相続人が相続権を喪失した当時に胎児である必要はなく、相続開始の際に胎児であればよい（相9(2)(イ)参照）。なお、夫の死後に凍結保存されていた精子を用いて生まれた子について、夫の死亡時には、胎児ですらなかったのであるから、その子

238

は父に対する相続権がないばかりでなく、父を代襲することもできないと考えられる（最判平成18・9・4民集60巻7号2563頁・基本判例384、**親45**⑴参照）。

11　相続欠格

⑴　**意義および事由**　　相続に関して不正の利益を得ようとして不法な行為をし、またはしようとした者に相続させることは、法律感情の許さないところである。そこで一般刑法上の制裁とは別個に、相続法の領域でも、これらの者から相続権を剥奪するという制裁を加えている。すなわち、つぎに掲げるいずれかの事項に該当する者は相続人となることができない（891条）。

①故意に被相続人または相続について先順位もしくは同順位にある者を死に至らせ、または至らせようとしたために、刑に処せられた者（891条1号）　　殺害の故意と処刑とを要件とするが、相続開始後に上の行為をした者（たとえば同順位者を殺害した者）にこの規定の適用があるかは疑問である。しかし、相続開始前の行為について開始後に刑に処せられた場合には適用があると解されている。

②被相続人の殺害されたことを知って、これを告発せず、または告訴しなかった者　　ただしその者に是非を弁別する能力がないとき、または殺害者が自分の配偶者もしくは直系血族であったときは、この限りでない（891条2号）。なお、検察活動が開始されていて、告訴・告発の必要性がない場合には、本号に該当しても、欠格事由とならないと解されている。

③詐欺または強迫によって、被相続人が相続に関する遺言をし、撤回し、取り消し、またはこれを変更することを妨げた者（891条3号）

④詐欺または強迫によって、被相続人に相続に関する遺言をさせ、

第2章　相　続　人

撤回させ、取り消させ、または変更させた者（891条4号）

　⑤相続に関する被相続人の遺言書を偽造し、変造し、破棄し、または隠匿した者（891条5号）遺言者の意思を実現させるためにその法形式を整える趣旨でされたにすぎない変造行為は、ここでいう変造に当たらない（最判昭和56・4・3民集35巻3号431頁・基本判例412）。また、遺言書の破棄隠匿が、相続に関する不当な利益を目的としない場合は、相続欠格事由に当たらない（最判平成9・1・28民集51巻1号184頁・基本判例413）。

　上のうち第2号は封建的復讐の観念に立つもので、その妥当性は強く疑われている。また、遺言に関する不正な行為についての制裁がきわめて厳格であることを注意すべきである。

(2)　効果

　⑴の事由のいずれかに該当する者は何らの手続をまつまでもなく（後述の廃除と異なる）、法律上当然に相続権を失い（891条）、また受遺者にもなれない（965条）。その結果、欠格者が事実上相続をし、相続財産を第三者に譲渡するようなことがあっても、第三者は何らの権利を取得せず（ただし192条等、公信の原則によって保護されれば別問題）、真正の相続人から返還請求（相続回復請求の一種である（相30参照））を受ければ返還しなければならない（大判大正3・12・1民録20輯1019頁）。取引の安全を害するが、特に第三者を保護する規定がおかれていないので、やむをえない。

　欠格の効果は相対的であって、欠格者が、他の者の相続人となることは差し支えない。たとえば、実父を殺害して処刑された子は実父の相続に関しては欠格者だが、養父の相続に関しては欠格者ではない。しかし、同一の被相続人に対する相続資格の重複の場合には、すべての資格について欠格者となる。

その効果はその者限りであり、欠格者に直系卑属があれば代襲相続が起こることはいうまでもない（相9(2)(ｱ)参照）。

欠格の効果は確定的であって、被相続人は欠格者を宥恕する（許す）ことができないというのが古い判例である。しかし、相続の性格が財産相続となった新法の下において、被相続人自身の意思を抑えてまで制裁を加えなければならないかどうかは、はなはだ疑問である。少なくとも遺贈を受ける資格まで奪っているのは行きすぎであり、解釈論としても遺言によって明確に宥恕の意思がなされている場合には、相続能力を回復するものと解する余地があろう。

12 推定相続人の廃除

(1) **意義**　相続人としての適格性を当然に否定されるほどの重大な事由はないが、被相続人からみて、推定相続人（相続が開始した場合に相続人となるべき者）に自分の財産を相続させるのがいかにも心外であるような場合が起こりうる。このような場合にその推定相続人が第三順位の兄弟姉妹であれば、彼らには遺留分が認められていないから、被相続人は生前の財産処分または遺言（相続分を零と指定すればよい）によって、その財産を当該の推定相続人に与えないように処置することができる。しかし、もし推定相続人が直系卑属・直系尊属または配偶者である場合には、これらの者に遺留分が認められている結果、贈与または遺贈というような処置によって、これらの者から事実上相続の利益をすべて奪ってしまうことはできない（964条）。そこで、これらの者から相続権を奪うためには、その遺留分権を否定する必要がある。そのために設けられたのが推定相続人廃除の制度である。

(2) **要件**　遺留分を有する相続人を廃除するには、一定の事由がなければならない。理由もないのに廃除を認めたのでは、相続人

の順位を法律で一定し、また遺留分を認めたことが無意味に帰するからである。民法の認める廃除の原因は、①第一に、被相続人に対する虐待、もしくは重大な侮辱である（892条前段）。その立法趣旨には何らの疑いもないが、どの程度の行為がこれに該当するかは、被相続人側に責任がないかなど具体的事案について判断するほかはない。②第二に、推定相続人に著しい非行があったときである（同条後段）。なにが著しい非行かは、旧法時代のように「家名を汚す」とか、「財産を蕩尽する」というような「家」を中心にして判定すべきでないことはいうまでもない。新しい倫理観に立って、被相続人がその遺産を当該の推定相続人に相続させることを拒否するのがもっともであるかどうか慎重に決すべきである。特に配偶者の廃除を認める場合には最も慎重でなければなるまい。老齢の尊属親に対し、はなはだしい失行があったが、それが一時の激情に出たものである場合は、重大な非違とはいえないとされる（大判大正11・7・25民集1巻478頁・基本判例414）。

(3) **手続**　廃除は被相続人が生前に家庭裁判所に請求して行うこともできるし（892条、家事附則別表第1の86）、あるいは遺言で廃除の意思を表示することもできる（893条）。この後の場合には、遺言執行者が遅滞なく廃除の請求をすることになっている。いずれにしても、家庭裁判所が廃除の事由があるかどうかを判断するのである。なお、廃除の請求があった後その審判の確定前に相続が開始した場合、または廃除の遺言があった場合には、家庭裁判所は親族・利害関係人または検察官の請求によって、遺産管理について管理人の選任、遺産の処分禁止など必要な処分を命ずることができる（895条、家事附則別表第1の88）。

(4) **効果**　廃除の審判が確定すれば、相続人はその時から相続

権を失う。もっとも、遺言による廃除の場合には、審判は常に相続開始後に確定するが、その効果は相続開始の時にさかのぼることはいうまでもない（893条後段）。被相続人が生前に廃除の請求をしたが、その確定前に死亡し、その後に廃除の審判が確定した場合にも、規定はないが、同様に解すべきである。廃除の効果は相対的であり、被廃除者は廃除者以外の者に対する相続権を失うものではない。のみならず、廃除者との間に新しい相続関係が生ずること——たとえば配偶者を廃除した後離婚し、後にその者と再婚した場合のように——を妨げないと解されている。

(5) **廃除の取消し**　推定相続人廃除の制度は、一方で遺留分制度を認めながらその例外として被相続人の意思・感情を考慮する制度であるから、被相続人が宥恕しようと思えばいつでも——遺言によっても——何らの理由を挙げることなくこれを取り消すことができる。ただし、権利関係を明確にするために審判を受けなければならない。その手続は廃除の場合と同様である（894条・895条）。廃除が取り消されれば、被相続人の死亡後に取り消された場合でも、全然廃除がなかったと同様の効果を生ずることはいうまでもない（893条・894条）。なお、廃除された者からその取消しを求めることは許されない。

第3章　相続の効力

第3章　相続の効力

第1節　総　　説

13　遺産の相続

(1) 原則——包括承継　　相続人は、相続開始の時から、被相続人の財産に属した一切の権利・義務を承継する（896条本文）。権利ばかりでなく義務も承継し、また相続人が2人以上の場合には、共同して承継する（相15(1)参照）。財産に属した一切の権利・義務であるから親族法上の権利義務を含まない。しかし、財産法上の法律関係一切を含み、物権、債権、債務のような現実の権利義務に限らず、たとえば、被相続人が負担していた売主としての義務とか（560条以下参照）、申込みを受けた者の地位とか（承諾をなしうる地位）、さらに被相続人が悪意であったことから生ずる効果など（たとえば96条3項参照）、財産法上の法律関係から生ずるすべての効果を意味する。これらの法律関係が一応当然に、かつ包括的に相続人に移転するのである。そういう意味においては、相続人は被相続人の契約その他の財産法上の地位を承継するといってもよい。したがって、占有のような事実上の関係も、相続開始によって当然に相続人に移転すると解されている（物22(5)参照。なお、最判昭和44・10・30民集23巻10号1881頁・基本判例418）。

(2) 例外——一身専属　　上の原則に対しては、しかし、重要な例外がある。すなわち「被相続人の一身に専属したもの」は承継しないのである（896条但書）。一身に専属したものとは、特に被相続

244

人個人に着眼した法律関係で被相続人以外の者に帰属することが認められない（いわゆる帰属上の一身専属）ものを意味する、（ちなみに、債権者代位権についても、423条では債務者の一身に専属する権利は代位の対象とならないとされているが、行使上の一身専属権と呼ばれている）。かつては、譲渡禁止の特約のある債権がこの例としてあげられていたが、平成29年の債権法改正により、譲渡禁止特約のある債権であっても、その譲渡は妨げられないとされた（466条2項）。なお、居住を目的とする借家権は借家契約の名義人ではなく、世帯に属するという見地から、相続の対象にならないという説も主張されている（この説を家団論という）。これに対し、判例は、事実上の養子が借家に居住している場合、家主の明渡請求に対し、この養子は、賃借権（借家権）を相続した者の賃借権を援用できることを認め（最判昭和37・12・25民集16巻12号2455頁）、次いで、内縁の配偶者にも相続人の賃借権を援用することを認めている（最判昭和42・2・21民集21巻1号155頁）。これを援用権説という（なお、この問題は、昭和41年に内縁配偶者・事実上の養子等が借家権を承継する旨の規定が借家法7条ノ2として新設され、部分的に解決された。この規定は、借地借家法36条に受け継がれている）。

　このように、一身専属性の判断は難しく、具体的には各種の権利・義務の性質を検討して定めるほかはないが、しいて基準を求めるならば、つぎのとおりであろう。

　第一に、当事者の個人的信頼を基礎とする法律関係については、一身専属のものが多い。すなわち契約関係においては委任者または受任者の地位（653条1号）がその代表的なものであり、これに準ずる代理関係の本人または代理人の地位も相続されない（111条、ただし商506条参照。なお、無権代理人と本人のいずれかが死亡した場合にそ

第3章　相続の効力

の地位承継をめぐって複雑な問題が生ずることについては総124(1)(ア)参照))。社団の一員の地位も、あるいは内部関係において（組合の場合（679条））、あるいは対外関係において個人的信頼が基礎となっている場合には相続されない。身元保証人の地位が相続されない（大判昭和18・9・10民集22巻948頁・基本判例255。現実に損害が発生した後は相続性をもつ）のも同じ理由に基づくのである。同じ理論は与信契約（信用保証の場合を含む）にも適用されるべきであるが（大判大正14・5・30新聞4頁）、保証債務一般に適用があるという説には、にわかに賛成できない。

　第二に、行使するか否かを本来の権利者個人の意思にかけるのを適当とする権利に一身専属のものが多い。たとえば、精神的損害に対する慰謝料請求権がそれである。判例も被相続人が生存中に損害賠償を請求する意思を表示した場合にはじめて相続の対象になるとしてきた（大判昭和2・5・30新聞2705号5頁参照）。しかし、その後、生命侵害に対する慰謝料請求権はこれを放棄したものと解しうる特別の事情がない限り相続されると判示した（最大判昭和42・11・1民集21巻9号2249頁・基本判例339）。

　第三に、債務も原則として相続性があるが、債務の性質上、本来の債務者自身で給付するのでなければその目的を達しない債務は一身専属である。たとえば、債務者の特別の技能を前提とする芸術作品の作製ないし供給契約上の債務の場合がそれである。雇用契約上の労働者の地位も相続の対象とならない（625条参照）。これに反し、使用者の地位は、特別の事情がない限り相続されると解される。

　第四に、被相続人が協同体の一員として保持していた一定の身分関係に付随する権利は、その身分関係の承継が認められない限り相続の対象にならない。たとえば、ある村落の一定の資格をもった構

成員であることに当然に伴う入会権は、普通の意味における相続性のない場合が多い（物76(1)参照。クラブの会員の権利にもそのような例があるとされるが、預託会員制ゴルフクラブについて、会則に会員たる地位の譲渡について規定がある場合に、判例は会員たる地位の相続性を認めている（最判平成9・3・25民集51巻3号1609頁））。しかし、相続法上の権利は、広い意味では身分権の一種であるとされるが、財産上の権利の性格が強いので、承継されるものが多い。相続回復請求権（884条参照）、相続の承認・放棄をする権利（916条参照）、遺留分侵害額の支払請求権（1046条参照）などはこの例である。

なお、債権者または債務者の生存中だけ効力を有することが法律上または契約上予定されている債権および債務は、その債権者または債務者の死亡によって消滅するから相続の問題が起きない（689条・693条・552条など）。また生活保護法に基づく保護受給権は、被保護者の最低限度の生活を維持するために当該個人に与えられた一身専属の権利であって相続の対象にならない（最大判昭和42・5・24民集21巻5号1043頁・基本判例417）。

(3) **生命保険金等**　生命保険金や遺族補償ないし遺族年金あるいは死亡退職金などのように、被相続人の死亡を原因として遺族が財産権を取得する場合は厳格な意味における相続ではない（被相続人が受取人を相続人とした生命保険契約を締結した場合においても、生命保険金を相続人が原始取得するとし（最判昭和40・2・2民集19巻1号1頁）、死亡退職金についても、受給権者が原始取得するとした判例がある（最判昭和55・11・27民集34巻6号815頁））。理論的には、被相続人がいったん権利を取得して、それを相続人が承継するのではないし、また実定法上これらの権利を取得する者は必ずしも民法の定める相続人に限らないし（たとえば内縁の妻）、その順位も全く違った

基準で定められている（たとえば労災保険の遺族年金）。しかし、それが被相続人の支出によって相続人たち、またその中の特定の者の受益という実質を備えている場合も少なくない。そのような場合には、事情によって相続財産に加え（たとえば、被相続人の死亡によって使用者から支給される退職金）、または具体的相続分の算定にあたって、遺贈に準じて特別受益として計算に入れる（たとえば、相続人の1人が生命保険金の受領者に指定されている）のが妥当であろう。つまり、この種の財産権の取得が直接・間接に相続財産の内容またはその帰属に影響を与えることに留意すべきである（なお、相21⑵参照）。判例でも、被相続人の加入した養老保険金の受取人である相続人とその他の共同相続人との間に著しい不公平が生ずるという特別事情があるときは、903条の趣旨から持戻しが認められるとしたものがある（最決平成16・10・29民集58巻7号1979頁・基本判例415）。

14 祭祀の承継

⑴ **意義**　相続人が被相続人の財産に属した一切の権利・義務を承継するという原則に対してはもう一つ重要な例外がある。系譜・祭具および墳墓の所有権がそれである。これらの物は相続財産を構成せず、慣習に従って祖先の祭祀を主宰すべき者がこれを承継することとされている。家制度的なにおいがあるが、わが国の習俗として一般に行きわたっていた祭祀を承継するという仕来りは一朝にしてなくなるはずがない。そこで、その祭祀のための系譜・祭具および墳墓の所有権については、これを一般の相続財産からはずして、別に祭祀を主宰すべき者がこれを承継することとした（897条1項）。

⑵ **内容**　この制度の内容はおよそつぎのとおりである。

相続財産から除外されるものは、系譜・祭具および墳墓の所有権

である。系譜とは祖先から代々の家系を書いたものであり、祭具とは位牌・仏壇などであり、墳墓とは墓石・墓地などであり、墓地については所有権だけでなくその用益権を含む。

これらのものを承継するのは、祖先の祭祀を主宰すべき者である（897条1項本文）。それは第一に、被相続人が指定した者である（同条1項但書）。必ずしも親族であることを要しないし、指定の方法には制限がない。第二に、指定がないときは慣習に従う（同条1項本文）。長男を主宰者とする慣習が多いであろうが、地方によっては男女を問わず長子または末子とする慣習がないでもあるまい。さらに、場合によっては妻、あるいは内縁の妻が祭祀を承継する慣行さえも絶無とはいえない。第三に、慣習が不明なときは家庭裁判所が定める（同条2項、家事附則別表第2の11）。この制度を設けた理由や、その地域における慣習などを考慮して、慎重に決すべきであるが、内縁の妻を承継者としても違法ではない。

祭具等は、相続財産ではないから、限定承認をした場合にもこれを換価して弁済に当てる必要はないし（929条参照）、財産分離が行われた場合にも相続財産から除かれる（948条参照）。また、遺留分の計算の際にも相続財産の中に計上すべきではない（1043条参照）。

上に述べたように祭祀の承継は相続とは直接関係がない。したがって、承継すべき者が相続を放棄した場合にも、祭具等だけは承継できる。また、婚姻によって氏を改めた者や夫が氏を改めた場合、養子が祭具等を承継した後に離婚または離縁をして旧氏に復する場合には、上の権利に関してだけは当事者その他の関係人の協議で定めた者、協議で定められない場合には家庭裁判所が定めた者がこれを承継する（769条・771条・817条。親6(2)参照）。

なお、被相続人の遺骸の所有権は埋葬管理の目的の範囲において

第3章　相続の効力

相続人によって相続されるというのが判例であるが（大判大正10・7・25民録27輯1408頁・基本判例416、大判昭和2・5・27民集6巻307頁）、むしろ祭祀を主宰すべき者がこれを承継すると解すべきであろう。

(3)　**問題点**　　戦後大きく改正された民法が上のような規定をしたことは、祖先の祭祀が「家」と離れがたく結びついている関係上、改正当時、「家」の温存になるという非難を受けた。この制度は制度としては遺産の相続とは何らの関係がない建前でできており、ことに祭祀費用のための特別の財産の設定などを認めることはしていないが、実際問題としては、祭祀承継者の相続分を他の者よりも多く指定するなどの方法と結びついて「家」の維持ないし復活をもたらすであろう、というのである。これに対して、この制度を支持する者は、立法のいかんにかかわらず祭祀相続の事実は容易になくならないであろうし、もし祭具等について争いが起きたときに、これを道義と習俗にゆだねてしまってはかえって混乱をきたす、むしろ因習的な国民感情に一定の通路を残しておくことが身分関係、相続関係を明確自由なものにし、やがて因習的な国民感情自体の清算を早める道であると主張した。思うに、改正された民法施行後ゆうに半世紀をこえた経過時間の実績からみて、祭祀承継が財産相続に大きく影響したという実証はないようである。ただ、前述のように、それが氏の変更と結びつけられていることから、「家」のにおいがすることは否定できない。したがって、遺産の分割にあたっては、諸子均分の精神に反して祭祀の承継者に不当に多くの財産を与えることなどのないよう、戒心すべきであろう。

15　共同相続

(1)　**意義**　　相続人が1人であれば、遺産は一括して承継され、

したがって、遺産を構成する権利・義務も一括して移転するから比較的に簡単である。しかし、相続人が数人ある場合には遺産は相続人たちに、共同で承継されるから（共同相続）、これをそれぞれの相続分に応じて分割しなければならない。具体的には、遺産を構成する権利・義務、つまり、積極財産と消極財産を共同相続人の間にしかるべく割り当てなければならない。

　上に関連して、相続にあたっての遺産の承継の仕方には大きく分けて二つの方法が考えられる。その一つは、遺産を被相続人から直接に相続人に移転するものとせず、いったん被相続人の指定する遺産管理人、ないし指定がない場合の死者の人格代表者（personal representative）の手に移して、この管理人が管理し、適当な整理をしたうえで各相続人に分配するという方法である。英米法系の国で採用されていて、費用がかかるという難点はあるが、相続財産に関する法律関係を明確にするという点では確かにすぐれている。もう一つの方法は、遺産を一応共同相続人の共同所有とし、これを相続分に応じて分割するというやり方である。大陸法の主義であり、わが民法の採用するところであるが、立法論としていずれが妥当であるかは検討の余地がある。

　⑵　分割との関係　　わが民法は上の割当ての作業を「遺産の分割」と名づけ、その基準、手続ならびに効力についてやや詳しく規定している。それについては本章第3節で検討する。ここでの問題は、被相続人が死亡して相続が開始した時点から、分割が完了するまでの間、共同相続人たちは積極・消極の相続財産の全体で構成される遺産（民法はこの言葉を分割の対象全体を指す意味で使っている）をどのような形で承継しているかである。あるいは遺産を構成する相続財産（民法はこの言葉を遺産の中に含まれる具体的な個々の財産を

251

第3章　相続の効力

指す意味で使っているのがその例である）——不動産・動産・有価証券・債権・債務・契約当事者である地位などなど——について相続人たちはどのような関係に立つかである。この点に関する民法の規定はきわめて手薄である。すなわち、先に述べた「相続人は、相続開始の時から、被相続人の財産に属した一切の権利義務を承継する」（896条本文）という基本原則の上に「各共同相続人は、その相続分に応じて被相続人の権利義務を承継する」と定め（899条）、「相続財産は、その共有に属する」（898条）、というだけである。そして他方で、遺産の分割に「相続開始の時にさかのぼって」遡及効を認めている（909条）。そこで、これらの条文の解釈——相続開始から遺産分割の完了までの共同所有の性格——をめぐって判例と学説が対立し、学説もまた多岐に分かれている。

16　相続財産の共同所有

(1)　**意義**　数人の相続人が被相続人の財産を共同で相続した場合に、広い意味で共同所有が生ずることは疑いない。この相続の対象である財産の全体を遺産としてとらえ、その上に共同所有が成立すると考えることもできる。しかし、民法はこのような遺産を1個の財団としてその上に所有権（あるいは担保物権）が成り立つという考え方を採用していない（総84(1)参照）。ただし、共同相続人たちがこれを適正に分割する、その分割の対象としてまとまりのある財産ないしは個々の相続財産の集合としての一体性はこれを認めている。そこで、遺産に属する個々の相続財産ごとに、共同所有ないしは共同帰属（所有権以外の物権、債権債務や契約関係などの場合）が生ずるのであるが、遺産としての上記の一体性がこの個々の相続財産の共同帰属の性格にどのような影響を与えるかが問題となる。古くから判例・学説が対立し、今日でもなお議論の分かれているとこ

ろである。

(2) 共有論と合有論 ── 相続財産の共同所有の性格

(ア) 共有論   民法制定の当初から多数説はこれをいわゆる共有とする考えに立っていた。すなわち、共同相続人は、遺産に属する個々の財産につき持分をもち、これを自由に処分することができ（物50参照）、個々の財産が債権・債務である場合には、それが金銭債権のように本来可分のものである限り、427条により当然に共同相続人の間に、その相続分の割合に応じて分割される、という建前に立っていた。したがって、たとえばA・B・Cの3人兄弟が動産・不動産・債権を共同で相続したとすれば、Aは相続人の1人として動産・不動産については3分の1の持分を取得していて、これをDに譲渡することができるし、債権については、その3分の1に当たる債権を取得し、債務者Eに対して独自にその履行を請求し、これを受領することができる。しかし、Aがそのような処分をした後になって、遺産に属する財産について動産はAに、不動産はBに、債権はCというように分割されたとすると、その効力は相続開始の時にさかのぼることとされていたので（旧1012条・現行909条本文）、共同相続人は相続の開始と同時に、被相続人から直接にそれぞれの財産（Aは動産、Bは不動産、Cは債権）を取得したことになる。そこでAが分割前にした不動産の持分のDへの譲渡、またEからの債権の3分の1の受領行為は、すべて権限のない者の行為として覆ってしまう。これははなはだ不都合である。そこで遺産ないし遺産を構成する相続財産の共同所有が共有であるということに対して反省が加えられることになり、分割前には個々の財産の持分権を処分することはできないとする根拠として合有説が次第に有力に主張されるようになった。

第3章　相続の効力

　㈠　合有論　　合有説の説くところは、およそつぎのようである。遺産の共同所有は、その分割に至るまでの経過的な関係ではあるが、まさにその遺産の分割を適正・妥当に行うという目的によって統合されている形態である。しかも遺産は、極端な場合を除いては、常に多数の各種の財産から成る一種の財団であり、その分割にあたっては、各種の財産の種類・性質（たとえば可分か不可分か、分割によって価額の減少をきたすかどうか）ばかりでなく、それが遺産の中で占める地位や共同相続人たちの主観的な諸条件などを考慮して行うのである。その意味では一種の目的財団であり、組合財産に類似する。分割完了前の持分の処分、または持分に対する執行を認めてこの基本原則を打ち破ることはとうてい容認しえないところである。つまり遺産は全体として共同相続人の合有に属し、相続人たちは各個の相続財産の上に持分権をもたない（総遺産合有説）という。あるいは潜在的な持分をもつがそれが合有としての制約を受けているという（各個遺産合有説）。

　㈡　批判　　このような、遺産の共同所有の本質から展開された合有論は、立法論としても多くの支持を得て、昭和のはじめに出された臨時法制審議会の改正案は、遺産相続について合有説を採用したものであった。しかし、戦後に新法を制定した際には、この線に沿って立法することをせず898条においては旧法の1002条と同じく「共有に属する」という文言を用い（登記上も共有と合有の区別を設けず）、かえって、分割前の持分の処分が、その後の分割の遡及効によって覆る不都合を防ぐために、旧法の1012条に該当する新法の909条に「ただし、第三者の権利を害することはできない」という但書を設けた。その結果、分割前の処分を認める形になり、合有説の影がうすくなったともいえる。しかし、学説の中には立法論とし

254

ては合有的性格を正面から取り上げるべきであるとし、解釈論としても、909条但書は、第三者保護のためやむをえない措置とみて、合有論の立場で解釈する（少なくとも第三者の善意を要件とする）のが正しいと主張する者もある。もっとも、最近は共有か合有かの概念的論争そのものに反省が加えられ、これを一応共有であるとする民法の下で、具体的問題の処理にあたって、どの範囲でこれに合有的要素を加えるべきであるか、もしくは加えることによって妥当な結果を導くことができるか、という点に学説の関心が集まっている。以下、このような見地に立って各種の場合について考える。

(3) **具体的な検討**　相続から遺産分割の完了までの権利関係を共有とみようと合有と解しようと、遺産が一応相続人たちの共同の管理下におかれることは疑いない（ただし、被相続人の遺言があり、遺言執行者がある場合には、相続人は相続財産の処分その他遺言の執行を妨げる行為をすることはできない（1013条1項、相63(2)参照）。全員の協議によって、差し当たり特定の相続財産について全体から切り離して処分したり分割したりすることはあろうし、遺産を使用・収益したり、あるいは維持管理に必要な処理をすることもあろう。これらの点に関しては第3節で遺産分割に関連して再論する。問題は個々の相続人が、全体としての遺産について取得した権利（相続分権）または動産物権・不動産物権・債権など遺産に属する個々の財産を単独で処分し、または被相続人の債権者（相続債権者）が個々の相続人に対して債務の履行を求め、または個々の相続人の債権者が当該相続人の相続財産の上に有する権利を差し押えてきたような場合にある。個々の相続人が遺産分割前に処分したものに応じて、以下のように分けて考えることができる。

(ア)　相続分権の処分　各共同相続人は、分割前にも、全体とし

ての遺産の上の相続分に対応する権利（相続分権）を第三者に譲渡することができるであろうか。民法はこれを肯定する。譲受人は譲渡人に代わって遺産の分割に参加することになる（相24参照）。しかし、他の共同相続人はその価額および費用を償還してその相続分を譲り受けることができる（905条）。

(イ)　個々の財産権の処分　　各共同相続人は分割前に遺産に属する個々の財産権、たとえば不動産所有権を単独で処分することはできない。共有説によっても同様である（251条参照）。債権についても同様に解すべきであり、単独で全額の請求をすることはできない。この場合不可分債権に関する428条の適用はないと解される。

(ウ)　個々の財産上の持分の処分　　各共同相続人は、分割前に個々の財産権について相続分に応じた権利（広義の持分権）を取得し、これを単独で処分することができるであろうか。共有説をとる判例はこれを肯定し（最判昭和30・5・31民集9巻6号793頁・基本判例419）、合有説はこれを否定する。

(a)　不動産　　代表的なものとして不動産所有権についてみると、登記実務上各共同相続人は、分割前にも単独で共同相続人たちの相続分に応じた共有の登記ができる。このような実務の上に立って相続人A・B・Cの1人、たとえばAはその持分権を第三者Xに譲渡できるものと解されている。この場合、譲渡された持分権は、遺産分割の対象から逸出し、譲受人Xは906条以下の遺産分割の手続によるのではなく、256条以下の規定に従って分割請求をすることができる、という（最判昭和50・11・7民集29巻10号1525頁・基本判例420）。一方、その後遺産の分割手続が進められる場合には、Xはこれに参加できるわけではなく（相続分権の譲渡の場合と異なる）、ただ、当該の不動産はXの共有持分で制限されたものとして遺産の中

に残り、906条以下の規定による分割の対象とされる。——たとえばBに割り当てられるとすると、XとBとは通常の共有関係に立ち、分割しようと思えば256条以下の規定によることになるという。つまり、遺産の共有は通常の共有とその性質を同じくし、ただ分割の基準および分割手続において256条以下の特則であるにすぎないというのが判例の態度である（なお、相26⑴参照）。

　これに対して、合有的性格を重視する考え方によれば、共同相続人の１人が単独でした共有の登記は、形式的には通常の共有の登記と異ならないが、実体的には遺産の共同所有が残っており、その後の遺産の分割によって持分権を譲渡したA以外の相続人に帰するに至ったときは、譲受人Xは何らの権利も取得しない。ただ909条但書によって保護されるにすぎないと説く。

　上の関係は、相続人Aの債権者　X′が遺産中の不動産につきAに代位して共同相続登記をしたうえでAの持分権を差し押えた場合（実務上認められている）にも同様であって、この場合にはAの譲渡行為はないので、X′は909条但書の保護は受けられないという。もっとも、前記いずれの場合にも遺産分割によって当該不動産がAの所有に帰すれば、XはAに対して共有持分を主張できることについては異論を聞かない（無権代理人が本人を相続した場合に似ている）。

　(b)　債権　　遺産の中に含まれる債権、たとえば銀行預金についてはどうであろうか。判例は単純な債権の準共有関係が成立するという立場から、可分債権について、各共同相続人は、相続と同時に427条の原則により相続分に応じて分割された債権を取得すると解していた（最判昭和29・4・8民集8巻4号819頁・基本判例421）。そして、分割債権となることを前提として、共同相続人の１人が、相続財産中の可分債権につき、権限なく自己の相続分以外の債権を行

使した場合には、他の共同相続人は、上の者に対し、侵害された債権の自己の相続分につき、不法行為に基づく損害賠償または不当利得の返還を求めることができるとしていた（最判平成16・4・20裁判集民214号13頁）。そして、相続実務でも、預貯金は相続開始と同時に相続分に応じて各共同相続人に分割され、遺産分割の対象にならないと解されてきた。しかし、金融機関では、最近まで、このような判例の考え方とは異なり、遺産分割前には、相続人全員の同意がない限り、預金の払戻しに応じない扱いがなされてきた。ところが、最近では、判例の考え方に従って、相続人の一人からの払戻しに応ずるような実務が現れていた。他方で、判例に対しては、預貯金による調整ができないことなどに対する批判があった。

　このような状況の下で、最高裁は、従来の判例を変更し、預貯金は、相続開始によって当然に分割されることはなく、遺産分割の対象になるとした（最決平成28・12・19民集70巻8号2121頁・基本判例422）。そして、平成30年改正では、このような判例変更を踏まえて、一定の要件のもとに共同相続人の一人が単独で預金の払戻しをすることができるとした（新909条の2）。その詳細については、後述する（相28(4)参照）。

　また、金融機関は、預金契約に基づき、預金者の求めに応じて預金口座の取引経過を開示すべき義務を負う。預金者の共同相続人の1人は、他の共同相続人の同意がなくても、共同相続人全員に帰属する預金契約上の地位に基づき、被相続人名義の預金口座の取引経過の開示を求める権利を単独で行使することができる（最判平成21・1・22民集63巻1号228頁）。なお、共同相続人間において、定額郵便貯金債権が現に被相続人の遺産に属することの確認を求める訴えについては、その帰属に争いがある限り、確認の利益があるとされ

る（最判平成22・10・8民集64巻7号1719頁）。

なお、株式、投資信託受益権、国債について、判例は共同相続人間の準共有になると解している（最判平成26・2・25民集68巻2号173頁・基本判例423）。

特殊な債権の相続として被相続人が所得税更正処分および過小申告加算税賦課決定処分に基づき所得税、過小申告加算税および延滞税を納付するとともに各処分の取消訴訟を提起していたところ、その係属中に被相続人が死亡したため相続人が同訴訟を承継し、各処分の取消判決が確定するに至ったときは、上所得税等に係る過納金の還付請求権は、被相続人の相続財産を構成し、相続税の課税財産となるとした事例がある（最判平成22・10・15民集64巻7号1764頁）。

（エ）個々の財産権またはその上の持分処分と遺産分割との関係

ところで、平成30年改正によって、遺産分割前に遺産に属する財産が処分された場合について、遺産分割の対象とすることができる旨の規定が新設された（906条の2、相26(1)参照）。

17 債務の共同相続

(1) **意義**　被相続人の債務を数人の相続人が共同で相続した場合（896条参照）にも、債務がどのように各相続人に帰属するかについて、前段16で述べたところと同様な問題が起こる。無遺言相続の場合も人格代表者が遺産を整理して相続人に配分する英法主義の下では、相続人は直接に債務を承継しないから問題ない。共同相続人は直接に、合有的に債務を承継し、かつ、原則として連帯責任を負うとするドイツ民法でも（同法2058条）、分割前は、相続人において、個人財産に対する執行を原則として否定できる——相続財産の全体の上の持分に対してだけ執行できる——としているから（同法2059条）、疑問がない。債務の合有的帰属の原則を貫けば、そうするこ

第3章　相続の効力

とが望ましい。しかし、わが民法には何らの規定もないので、解釈論としてそこまで行くことは困難であろう。

(2) 具体的検討

(ア)　**遺産による弁済**　　相続債権者は、分割前でも相続人の全員（相続人の一部または全部が明らかでないと厄介であるが）を相手にして遺産によって全額の弁済を受けること——遺産を構成する個々の財産に対して執行すること——ができ、分割の完了を待つ必要がないことはいうまでもない。各共同相続人の相続分の割合などは無関係であり、またその間に相続分権の譲渡が行われて一部の相続人が分割手続から脱退しても、遺産の分割が行われて執行の目的となった財産が特定の相続人の所有に帰しても影響を受けない。

(イ)　**履行の請求**　　相続債権者は分割前に各共同相続人に対して、相続債権の全額について履行を求めることができるであろうか。共有説をとる判例は相続債務についてもこれを共有とみて、相続債権が可分である場合にはここでも427条の原則に従って、各共同相続人は法定の相続分の割合で分割された債務を負担するにすぎないとする。そして相続債務が第三者との連帯債務である場合にも、各共同相続人はその相続分に応じて分割された額について、それぞれその第三者と連帯債務を負担するという（最判昭和34・6・19民集13巻6号757頁・基本判例181）。この点は合有説の見地に立っても、遺産と共同相続人の関係は組合類似の合有関係であり、相続人たちは各自の法定の相続分の割合に応じた数額について固有財産をもって弁済する責任を負うと解される。これに対しては、相続債務を一種の不可分債務（430条参照）であるとして、各共同相続人は相続債務の全額について責任を負うとする説がある。しかし、一方で人的信用の限界（被相続人との取引で相続人の資産などあてにしない）と他方

260

で相続の放棄には短期の期限があり（915条）、また、単独では限定承認ができない（923条）ことなど考え合わせると、にわかに賛成できない。

なお、相続債務が性質上または契約上不可分である場合には——たとえば自動車１台の引渡し、１棟の建物の賃貸など——相続によって債務者が複数になっても不可分債務に関する430条の適用があることはいうまでもない。

⑶　契約関係の共同承継　　被相続人が締結した各個の契約の当事者としての地位は、複数の相続人があれば共同してこれを承継する。制限行為能力や意思表示の瑕疵を理由とする取消しや追認は、原則として全員共同ですべきであり、あるいは全員に対してすべきである。解除権については規定がある（544条。最判昭和36・12・22民集15巻12号2893頁参照）。ただし、法定追認（125条）および解除権者の行為により解除権が消滅する場合（548条）はこの限りでない。

18　共同相続における権利の承継の対抗要件

昭和22年改正により、共同相続が原則となり、共同相続による相続財産の移転の対抗要件についてどのように解すべきかという新たな問題が生じたが、それについては、177条に関して、以下のような判例理論が形成されてきた。まず、共同相続人の一人は、第三者に対して、自己の持分（相続分の割合による）を登記なくして対抗しうる（最判昭和38・２・22民集17巻１号235頁・基本判例82）。また、特定の不動産を特定の相続人に「相続させる」旨の遺言による不動産の取得について（遺贈と解されない限り遺産分割方法の指定と解されている（相27⑴⑷）。登記なくしてその権利を第三者に対抗できる（最判平成14・６・10裁判集民206号445頁・基本判例86）。しかし、遺産分割によって、相続分と異なる権利を取得した相続人は、その旨

第3章　相続の効力

を登記しなければ、分割後に不動産を取得した第三者に対抗できない（最判昭和46・1・26民集25巻1号90頁・基本判例83）。また、遺贈による不動産所有権の取得についても、受遺者は登記しなければ、相続人の債権者に対抗できない（最判昭和39・3・6民集18巻3号437頁・基本判例85）。

　このような状況において、平成30年改正では、対抗要件について、第三者保護の観点から、原則を定める明文の規定がおかれることとなった（899条の2）。すなわち、法定相続分の権利承継は、対抗要件がなくても第三者に対抗できることを前提として、相続によって、法定相続分を超える権利を承継した場合には、登記、登録その他の対抗要件を備えなければ、第三者に対抗できない（同条1項）。たとえば、不動産であれば登記（177条）、動産であれば引渡し（178条）、債権であれば通知・承諾（467条）が必要である。したがって、相続分の指定や相続させる遺言によって法定相続分を超える権利承継が行われる場合にも、従来の判例と異なり、登記などの対抗要件を具備しなければ第三者に対抗できない。そして、債権の場合には、相続分を超えて債権を相続した共同相続人が債権についての遺言の内容あるいは遺産分割の内容を債務者に対して通知したときは、共同相続人の全員が債務者に通知したものとみなされる（899条の2第2項）。

第2節　相　続　分

19　総　　説

　数人が共同で財産を所有している場合には、必ず各人の権利の割合が問題になる。これを共有についていえば持分である。共同相続

262

の場合に遺産に対する各人の分け前の割合を相続分という。そうして「各共同相続人は、その相続分に応じて被相続人の権利義務を承継する」のであるから（899条）、ある相続人が具体的にどれだけの財産を相続するかは、相続財産の額に彼の相続分を乗じて算定される。この計算の結果相続人が現実に受けられる財産を相続分ということがある。ここでは説明の便宜のために、前者を抽象的相続分または単に相続分、後者を具体的相続分ということにする。

　では、各共同相続人の相続分はどのようにして決まるのであろうか。それは被相続人の遺言による指定で決まり（指定相続分）、指定がない場合には民法の定めるところ（法定相続分）によって決まるのである。もっとも、遺言のあまり普及していないわが国の実情——各自の財産といえば不動産であり、その高騰に伴って遺産分けをめぐる遺言が多くなってきたが——からいうと、法定相続分による相続がむしろ原則であって、指定相続分による場合が例外である観を呈している（このことはわが民法の規定の上にいろいろの形で現われている考え方と共通の問題である）。

　本書では、近代法の相続においては遺言による相続分の決定を基本とすべきものであること（相3参照）、および民法の規定でも、指定相続分が法定相続分に優先すること（902条参照）に着眼して、指定相続分をまず説いて、つぎに法定相続分を説くことにする。

20　指定相続分

⑴　**相続分の指定の方法等**　　被相続人は遺言で、共同相続人の相続分を定めることができる（902条1項本文）。たとえばA・B・C3人の子が共同相続人である場合に、その相続分の比率を3・2・1と定める場合である。

㋐　指定の形式（遺言）　　指定は必ず遺言によらなければなら

第3章 相続の効力

ず、生前行為で指定することは認められない。相続の割合を生前行為で（死因行為によらないで）一方的に指定するということは弊害を伴うことが多いし、遺言のような厳格な方式によってその意思を明確にしておくことが望ましいからである。

(イ) 指定のしかた　指定は相続財産を1として各共同相続人についてそれぞれ何分の1と指定するのが普通であろう（法定相続分がそのように規定されている）。その場合に全体の合計が1にならなくても（たとえば合計が12分の15になっても）、通分した分子の割合の指定として有効とすべきである。なお、特定の相続人の相続分だけを5分の1と指定した場合には、一般にそれが限度だと解されるが、5分の1を追加的に与えるという趣旨、つまり遺贈の場合もありうることを注意すべきである（遺言の解釈の問題である）。

(ウ) 遺贈・分割方法との関係　特定の財産を特定の相続人に与えるとか、株式は配偶者に、不動産は長男に、預金は次男にという方針で分割せよというのは相続分の指定ではない（前者は遺贈であり、後者は分割方法の指定である。相57(1)・27(1)参照）。もっとも、不動産は長男に、株式は男の子で平等に、預金は女の子で平等にというように、遺贈と分割方法の指定と、さらに相続分の指定をも含んでいると解される遺言もありうる。

(エ) 第三者への指定の委託　被相続人は相続分の指定を第三者に委託することもできる（902条1項）。遺言作成後の事情の変更を考慮に入れることを希望する場合に実益があるであろう。902条の解釈上この指定の委託も遺言によらなければならないと解される。同条の立法理由からすると疑問がないわけではないが、委託が実行に移されるのは被相続人の死後であるから、厳格な方式を要求した趣旨である。なお、共同相続人の1人に指定を委託することができ

264

るかは問題であるが（自己契約の要素を含む（総116(2)参照））、後述のように指定が遺留分の規定に反してなされることもないわけではないが、その場合には、遺留分を侵害された相続人は法定相続分を超える指定を受けた相続人に対して、遺留分侵害額の支払を請求できるのであるから、弊害を生ずるおそれも少ない。被相続人の意思を尊重して有効と解すべきである。なお、委託を受けた第三者が委託を拒絶し、または委託を実行できない場合には、各共同相続人は法定相続分を受けることになる。

　㋑　相続人の一部の者に対する指定　　被相続人は共同相続人の一部の者についてだけ、その相続分を定め、またはこれを定めることを第三者に委託することができる。その場合には他の共同相続人の相続分は法定相続分の規定によって定める（902条2項）。これに関連して数人の子のうち一部の者だけの相続分を指定した場合に、妻の分を含めた全財産に対する割合とみるべきか、妻の分（2分の1）はそのままにして子が全体として相続する財産（2分の1）に対する割合を定めたとみるべきかが問題とされる（第三者の指定による場合には、その第三者に指定の意味を確認することができるが、被相続人の指定による場合は、これも遺言の解釈の問題である）。たとえば妻とA・B・C・D4人の子がある場合に、Aの相続分を2分の1とだけ指定した場合には、①Aは全遺産の2分の1を相続し、残りの2分の1を法定相続分の割合で、妻4分の1、B・C・Dそれぞれ12分の1を相続するのか、②それとも妻は相変わらず全遺産の2分の1を相続し、Aは子らの相続すべき2分の1の2分の1（結局4分の1）、B・C・Dはそれぞれ残りの4分の1の3分の1（結局12分の1）を相続するのか、③さらに、Aは全財産の2分の1、妻は全財産の2分の1したがってB・C・Dの相続分は零になるの

第3章　相続の効力

かが問題となる。遺言者の普通の意思は①の効果を望んだもののように見えるが、配偶者相続分の特質に着眼して②によって配分すべきものと考える。

(2) 指定と遺留分との関係　　平成30年改正前においては、被相続人または指定の委託を受けた第三者は遺留分に反するような指定をすることはできないとされていた（改正前902条1項但書）。ただし、これに反する指定も当然に無効になるのではなく、遺留分を害された相続人は遺留分減殺請求（改正前1031条以下）をすることができると解されていた（最決平成24・1・26家月64巻7号100頁）。平成30年改正によって、この但書は削除された（改正後902条1項）。なお、改正法は、従来の解釈論に従ったものであると同時に、遺留分について物権的効果を認める減殺請求権制度から債権的支払請求権制度に改めたこととも整合性をとったものである。したがって、被相続人または指定の委託を受けた第三者は、遺留分の規定に違反する指定をすることもできるが、その場合には、遺留分を侵害された相続人は、遺留分侵害額の支払請求をすることができる（改正後1042条以下）のである。たとえば、A・B・C 3人の子が共同相続人である場合には、各自の遺留分は6分の1である（1042条・900条4号、相77(2)参照）。したがって、Aに6分の3・Bに6分の2・Cに6分の1と指定するのは遺留分の侵害を生じさせないので特に問題はないが、Aに8分の4・Bに8分の3・Cに8分の1と指定することは遺留分の規定に反し、8分の1の指定を受けたCはA・Bに対して遺留分侵害額の支払請求をすることができる（相78参照）。

(3) 指定と具体的相続分の算定　　被相続人が相続分を指定した場合でも、その指定に従って具体的相続分を算定するのには生前に贈与を受けた相続人があればそれを計算に入れるなど、民法の規定す

る原則（903条1項・2項・904条、相22参照）によるべきである。ただし、被相続人は、たとえば、生前贈与を相続財産に算入しない（特別受益の持戻し）など、民法のこれらの規定を排除することができる（903条3項）。単に5・3・2の割合で分けよという指定がある場合に、上の排除の意思があったものとみるべきかは問題であるが、少なくとも生前の贈与に言及しないで相続分の指定をしている遺言がある場合（たとえば、Aに対して生前贈与がされているにかかわらず、単に「遺産はA5、B3、C2の割合で分けよ」といっている場合）には、民法の算定方法を排除し、生前の贈与について、持戻しを免除する意思があるものと認めるべき場合が多いであろう。

(4) **指定と相続債務**　　平成30年改正前においては、相続分の指定があった場合に、その効力は相続債務にも及ぶものであるかどうか──長男の相続分を2分の1と指定すれば、長男は被相続人の債権者との関係で相続債務の2分の1を承継するものかどうか──について、明文の規定はなく、問題とされてきた。899条の文言はこれを肯定するように見えるが、必ずしも明確ではない。学説では、共同相続人相互間の問題と共同相続人と相続債権者（相続債務の債権者をいう）の間の問題とに分けて論じられている。前者について、共同相続人の間では債務の割合も結局指定相続分に従って分割される（たとえば、2分の1の指定を受けた相続人は遺産の分割・清算によって実質的に2分の1の債務を負担する）と解している。そして、後者について、債権者はなお各共同相続人に対して直接法定相続分に従って債務の負担を主張しうると解していた。その根拠として、①債務は債務者が自由に処分しえないものであること、②わが国では遺言があまり普及していないので、相続債権者の法定相続に対する期待を尊重すべきであること、③相続分指定の効果は相続債務にも

第3章　相続の効力

及び債権者もこれに拘束される（積極財産を多く承継する者は債務も多く承継する）という考え方によると、相続債権者が遺言によって振りまわされる結果となり不当であることなどがあげられていた（なお、組合の債務に対する組合員の責任に関する675条と比較せよ）。判例は、「相続人のうちの1人に対して財産全部を相続させる旨の遺言により相続分の全部が当該相続人に指定された場合、遺言の趣旨等から相続債務については当該相続人にすべてを相続させる意思のないことが明らかであるなどの特段の事情のない限り、当該相続人に相続債務もすべて相続させる旨の意思が表示されたものと解すべきであり、これにより、相続人間においては、当該相続人が指定相続分の割合に応じて相続債務をすべて承継することになると解するのが相当である。もっとも、上記遺言による相続債務についての相続分の指定は、相続債権者の関与なくされたものであるから、相続債権者に対してはその効力が及ばないものと解するのが相当であり、各相続人は、相続債権者から法定相続分に従った相続債務の履行を求められたときには、これに応じなければならず、指定相続分に応じて相続債務を承継したことを主張することはできないが、相続債権者の方から相続債務についての相続分の指定の効力を承認し、各相続人に対し、指定相続分に応じた相続債務の履行を請求することは妨げられないというべきである」としている（最判平成21・3・24民集63巻3号427頁・基本判例450）。平成30年改正は、このような判例の立場に従って、相続分の指定がなされた場合における債権者の権利行使に関して明文の規定をおいた（902条の2）。すなわち、902条によって相続分の指定がなされた場合であっても、相続債権者は、各共同相続人に対して、法定相続分に応じてその権利を行使することができる（902条の2本文）。ただし、債権者が共同相

268

続人の1人に対してその指定された相続分に応じた債務の承継を承認したときは、債権者は、その指定相続分に応じて権利行使をすることになる（同条但書）。

なお、相続債務は不可分であって、相続債権者は各相続人に対して全額の請求ができるという説（相17(2)(イ)参照）によれば、配分は内部関係だけの問題となる。

21 法定相続分

(1) 各相続人の相続分

(ア) 原則　　相続分の指定がないときは、相続分は民法の定めるところによって決まる。前述のように、血族については、子、直系尊属、兄弟姉妹の順位に従って相続人となり、配偶者はこれらの血族相続人と常に同順位で相続人となる（相7・8参照）。そして、相続分については、血族相続人の順位によって配偶者の相続分が異なるものと規定している。そこで、以下においては、配偶者と血族相続人が共同相続する場合を三つの類型に分けて考察する。なお、血族相続人については、同順位の相続人が多数あれば、それだけ相続分は減少するわけであるが、各自の相続分は原則として相等しいものとされる（900条4号本文）。

(イ) 配偶者　　しかし、配偶者の相続分は特別であって（相8参照）、昭和55年にはその相続分の拡大を中心とする大きな改正が行われ、共同相続人が子であるか（代襲相続の場合を含む）、直系尊属であるか、それとも兄弟姉妹であるかによって、2分の1（改正前3分の1）、3分の2（同2分の1）、4分の3（同3分の2）と、一定の割合が決まっていて、共同相続人の数によって影響を受けないものとされている（900条）。

なお、上の昭和55年の主な改正理由は、妻の年齢が50歳未満の夫

第3章　相続の効力

婦の平均出生児数が昭和27年には3.30人だったものが、昭和52年には1.89人に減少したことからもわかるように、核家族化が進み、配偶者と複数の子が相続人である場合に、配偶者——多くの場合に妻——の相続分が子の一人のそれと比較して相対的に減少したことと、婚姻生活における妻の家事労働その他の貢献に対する一般の評価が高まったことである。婚姻生活が短期の場合について若干の抵抗が感じられるが、遺言の活用によって調整する途は開かれている（もっとも配偶者のみが相続人の場合、遺留分は3分の1から2分の1に増額された（相78(1)(ア)参照））。なお、平成30年改正においては、中間試案では、配偶者の相続分を引き上げる案が取り上げられていたが、それに対する反対意見が多かったことから、それに代わるものとして、配偶者居住権が創設された（相8(3)参照）。

(a)　配偶者と子　　配偶者と子とが共同相続人であるときは、配偶者は2分の1、子は何人いても全員で2分の1の相続分を受ける（900条1号）。この場合、子が数人あるときは、各自の相続分は均等とする（設例1参照）。かつては、嫡出子と嫡出でない子とがあれば、後者の相続分は前者の2分の1とされていた（平成25年改正前の同条4号）。学説では、その不平等を批判する見解が少なくなかったが、判例は合憲説をとっていた（最大決平成7・7・5民集49巻7号1789頁）。平成8年改正要綱（序1参照）は、諸外国の立法の動向を踏まえて、嫡出でない子の相続分は、嫡出である子の相続分と同等とするとしていた。そして、判例も変更され、最高裁は、嫡出子と嫡出子でない子の相続分の区別には、合理的根拠がなく、憲法14条に違反すると判示した（最大決平成25・9・4民集67巻6号1320頁）。それに従って、同年の改正により、嫡出でない子の相続分を嫡出子の相続分の2分の1とする規定が削除され、両者の平等が実

現した（改正後の900条4号参照）。なお、孫以下の直系卑属が相続人となる場合については、後述の(2)の代襲相続人の相続分の項参照。

後述するように「相続させる」旨の遺言は、当該遺言により遺産を相続させるものとされた推定相続人が遺言者の死亡以前に死亡した場合には、遺言者が代襲者等に遺産を相続させる旨の意思を有していたとみるべき特段の事情のない限り、その効力を生じない（最判平成23・2・22民集65巻2号699頁）。

(b) 配偶者と直系尊属　　配偶者と直系尊属とが共同相続人であるときは、配偶者は3分の2、直系尊属は何人いても全員で3分の1の相続分を受け、実父母・養父母の区別なく各自の相続分は均等とする（900条2号、設例2 参照）。父母の代の者が一人もなく祖父母の代の者が相続する場合にも同様である。

(c) 配偶者と兄弟姉妹　　配偶者と兄弟姉妹とが共同相続人であるときは、配偶者は4分の3、兄弟姉妹は何人いても全員で4分の1の相続分を受け、各自の相続分は均等とするが（900条3号）、父母の双方を同じくする者と父母の一方だけを同じくする者（たとえば腹違いの兄弟）とがあれば、後者の相続分は前者の2分の1とする（同条4号、設例3 参照）。なお兄弟姉妹の一部または全部が死亡し、または相続権を失った者があり、その者に子があれば代襲相続が起こる。これについては(2)参照。

(d) 配偶者のみの場合　　相続人が配偶者のみで、血族相続人（子、直系尊属または兄弟姉妹）がいない場合には、配偶者がすべての遺産を相続し、相続分の問題を生じない。

(e) 配偶者がない場合　　配偶者がいないで子、直系尊属または兄弟姉妹だけがそれぞれ共同相続人であるときは、これらの者は、相続財産の全体について上に述べたところに従って相続分を受ける。

第3章　相続の効力

その場合に、相続人が一人であるときは、その者がすべての遺産を相続し、相続分の問題は起きない。

(2)　**代襲相続人の相続分**　　相続人となるはずの被相続人の子が、相続開始以前に、死亡しまたは相続権を失った場合において、その者に子（被相続人からみれば孫）があれば、その死亡した者または相続権を失った者の代わりに相続人となる（887条2項）ことは、すでに述べたとおりである（相9(1)参照）。これらの者の相続分は、その子が受けるべきであったもの、すなわち、その指定相続分または法定相続分と同じである。そうして、代襲相続人が数人あれば、この被代襲者の相続分を上に述べた一般原則の相続分の割合で（被相続人は代襲相続分の指定をすることもできると解される。したがって指定があればその割合で）——ただし、配偶者は代襲相続人とならないから、配偶者のない場合の相続分の割合で——相続するのである（901条1項、設例4参照）。なお、昭和37年の改正前には、子がすべて死亡し、孫だけの場合に孫は代襲相続人となるのか、それとも2親等の直系卑属として直接の相続人となるのかについて、学説や実務上の取扱いが分かれていたことはすでにしばしば述べたとおりである（相9(2)(イ)・(カ)参照）。いずれの説（前者を株分け、後者を頭分けと称した）をとるかによって相続分に差異が生じたが、改正によって孫以下の直系卑属は常に子の代襲相続人としてのみ相続人となり、被代襲者が受けるべきであった部分について相続するものとされた（887条2項・901条1項、設例5参照）。

　兄弟姉妹が相続人となる場合に、その者が相続開始の当時死亡しまたは相続権を失った場合にも同様であり、その者の子が代襲相続人となる（889条2項・901条2項（昭和55年改正、設例6参照））。なお、「直系卑属」を「子」に改めたのは、従来のように、兄弟姉妹

相　21

の孫以下にも代襲相続権を認めると、その存在を確かめすべての代襲権者を集めて協議することがはなはだ困難な場合が少なくないという手続上の理由と、そのような相続を認めなければならないいわゆる相続の根拠がないことから、兄弟姉妹の孫以下には代襲相続権を認めないためである。

設例1　遺産9,000万円を妻と3人の子A・B・Cが共同で相続したとすれば——

　　　　妻は…………………………… 9,000万円×1/2＝4,500万円

　　　　子A・B・Cはそれぞれ…9,000万円×1/2÷3＝1,500万円

設例2　遺産9,000万円を妻と両親が共同で相続したとすれば——

　　　　妻は…………………………9,000 万円×2/3＝6,000万円

　　　　両親はそれぞれ……………9,000万円×1/3÷2＝1,500万円

設例3　遺産9,000万円を妻と2人の兄弟D・Eが共同で相続したとすれば——

①妻は…………………………… 9,000万円×3/4＝6,750万円

　　　　兄弟D・Eはそれぞれ……9,000万円×1/4÷2＝1,125万円

右の場合兄弟のうちの1人Eが被相続人と父または母を異にすれば——

②妻は…………………………… 9,000万円×3/4＝6,750万円

　　　　父母を同じくする兄弟Dは

　　　　………………………… 9,000万円×1／4÷1.5＝1,500万円

　　　　父母の1方が異なる兄弟Eは

　　　　………………………… 9,000万円×1/4÷1.5÷2＝750万円

設例4　設例1①の場合子の1人Aが相続開始当時にすでに2人の子a・bを残して死亡していたとすれば、Aに生存配偶者が

273

第3章　相続の効力

あるか否かにかかわらず——

妻は……………………………… 9,000万円×1/2＝4,500万円

生存している子B・Cはそれぞれ

……………………………9,000万円×1/2÷3＝1,500万円

Aの子a・bはそれぞれ

……………………………… 9,000万円×1/2÷3÷2＝750万円

設例5　遺産9,000万円、2人の子A・Bがあったがすでに死亡し、妻とAの子a・bとBの子cが相続人。

妻は……………………………… 9,000万円×1/2＝4,500万円

Aの子a・bはそれぞれ

………………………… 9,000万円×1/2÷2÷2＝1,125万円

Bの子cは…………………9,000万円×1/2÷2＝2,250万円

設例6　設例3①の場合に兄弟の1人Eが相続開始当時にすでに3人の子a・b・cを残して死亡しているとすれば、Eに生存配偶者があるか否かにかかわらず——

妻は……………………………… 9,000万円×3/4＝6,750万円

兄弟のうちDは……………9,000万円×1/4÷2＝1,125万円

Eの子a・b・cはそれぞれ

……………………………… 9,000万円×1/4÷2÷3＝375万円

22　具体的相続分の算定——特別受益者の相続分

⑴　贈与または遺贈を受けた相続人

(ア)　特別受益者がいる場合　　共同相続人の具体的相続分を算定するには、通常は被相続人が相続開始の時、すなわち被相続人が死亡した時において有した財産にその相続人の相続分（指定があれば指定相続分、そうでなければ法定相続分）を乗ずればよい。しかし、共同相続人の中に被相続人から生前に贈与を受け、または遺言によ

って遺贈を受けた者、いわゆる特別受益者があるときは、これを遺産分配の際に計算に入れなければ不公平である。そこで民法は、このような者がある場合には、前記の財産の価額にその贈与の価額を加えたものを相続財産とみなし、これに各自の相続分を乗じて得た結果から贈与および遺贈の額を差し引いたものを、その者の具体的相続分とした（903条1項）。具体的相続分の価額・割合は、遺産分割の前提問題として審理判断される事項であって、実体法上の権利関係ではないので、その確認を求める訴えは、確認の利益を欠き不適法だとされる（最判平成12・2・24民集54巻2号523頁・基本判例425）。

㈠　加算すべき贈与　　民法はこのように加算すべき贈与を「婚姻若しくは養子縁組のため若しくは生計の資本として」の贈与に限っている。万年筆を与えたというような少額の贈与までいちいち加算していたのでは煩雑にたえないし、かえって被相続人の通常の意思にも反することになるから、何らかの意味で資本として与えられたものに限ったのである。もっとも、他の兄弟と違った高等教育のための学費は「生計の資本」の中に含まれるというのが通説である。

なお、このような贈与の価額はいつを標準としてどのように評価されるであろうか。まず評価の時点は相続開始の時である。かつて50万円で買い与えた家屋の価額が相続開始の時5,000万円であるならば、これを5,000万円の贈与とみ、類焼で滅失していれば零とみ、2,000万円の火災保険金を受け取っていれば2,000万円の贈与と評価する。しかし、目的の財産が受贈者の行為によって、滅失したり（上の例で失火により焼失し）、価額に増減があったり（たとえば改築）した場合には、相続開始の時の現状で評価することができない。そこでこれらの場合に、家屋が贈与された際の「原状のままであるも

第3章　相続の効力

のとみなして」評価するのである（904条）。金銭の贈与は貨幣価値の変動にかかわらず、贈与当時の金額によるほかないのだろうか。そうだとすると、共同相続人中、金銭をもらってそれで不動産を買った者とこれと同価値の不動産をもらった者がいる場合には、特別受益の問題は生じなかったはずなのに、相続開始時に貨幣価値が暴落——物価が騰貴——していた場合に、後者が特別受益になるのは不公平である。そこで、金銭は贈与時の物価指数に従って相続開始時の金額に評価する（最判昭和51・3・18民集30巻2号111頁・基本判例449）。

　(ウ)　計算のしかた　　このようにして相続開始の時の財産に贈与の価額を加算したうえで（遺贈は相続開始当時の遺産に含まれているものの中から与えられるものであるから加算されない）、これに各自の相続分を乗じて得たものから、贈与または遺贈を受けた者については、それら贈与または遺贈の価額を控除した残額をもってその者の具体的相続分とした（903条1項、設例7参照）。これを式で表わすとつぎのとおりである。

　　　具体的相続分＝（相続開始時の財産の価額＋相続人たちの受けた
　　　贈与の総額）×相続分－その者の受けた贈与または遺贈の価額

　(エ)　マイナス分の配分方法　　上の式において「その者の受けた贈与または遺贈の価額」が、前述の計算で得られた額より少ない場合は問題がないが、それより大きい場合には、具体的相続分はマイナスになる。この場合には当該の受遺者または受贈者はその相続分を受けることができないが（903条2項）、受贈物の返還、遺贈の減額を求められることはない（遺留分を侵害しているときは、侵害額の支払請求を受けることになるが、それは別問題である。相79(1)参照）。その結果、他の相続人たちの具体的相続分が上のマイナス分だけ減

276

相 22

少することになる。その配分方法について説が分かれている。

(a) マイナス分の計算——その1　　その一つは、このマイナス分を他の相続人の相続分に応じて負担させる説である。さらに受遺者が子の1人である場合には、①配偶者をも含めて全共同相続人に負担させよという説と、②配偶者を除いて他の子にだけ負担させよという説とに分かれる（設例8参照）。

(b) マイナス分の計算——その2　　その二つは、自己の相続分を超える贈与または遺贈を受けた者——上記の計算式においてマイナスが出た者——を相続人から除外して残りの共同相続人だけで具体的相続分を算定せよという説である（設例9参照）。

　特別の事情がない限り、上の最後の説が被相続人の通常の意思に合致すると思われる。しかし、配偶者の相続分を別格とする考え方によれば上の(a)の②の説が妥当とされるであろう。受遺者が相続人以外の者である場合と均衡を失する感はあるが、この説を採用したい。いずれにしても贈与・遺贈によって遺留分を侵害された者はその減殺を請求できることはいうまでもない（相79(2)(イ)）。

　設例7　妻と3人の子A・B・Cが共同で相続した場合に、相続開始の時の財産の価額7,500万円、Cは結婚する際に1,500万円の贈与を受け、妻は2,000万円の遺贈を受けたとすれば、相続分算定の基礎となる相続財産は7,500万円＋1,500万円＝9,000万円で設例1と同じになる（ここでは金銭の贈与について計算を簡便にするため貨幣価値の換算をしていない。以下の設例も同じ）。したがって、基準となる具体的相続分は、妻4,500万円、A・B・C各1,500万円である。しかし、Cはすでに1,500万円の贈与を受けているから具体的相続分は零となり、妻は遺贈として2,000万円を受けるから、4,500万円から2,000万円を引いた

277

第3章　相続の効力

2,500万円を具体的相続分として受けるのである。

設例8　上記**設例1**の場合に、長男Aに3,000万円の遺贈がされたとすると、上記(a)の説によればAは法定の相続分1,500万円を超える遺贈を受けたので、その相続分は零となり（ただし被相続人の特別の意思表示があれば遺贈とは関係なく普通の相続分を認められることも可能である）、超過分1,500万円を他の共同相続人でその相続分に応じて負担することになる。

　(a)の①によればマイナスは（妻＝2分の1、B・C＝6分の1すなわち3・1・1）の割合で負担するから

　　妻は…………4,500万円－(1,500万円×3/5)＝約3,600万円

　　Aは………………… 0(ただし遺贈として3,000万円を受ける)

　　B・Cはそれぞれ 1,500万円－(1,500万円×1/5)＝約1,200万円

同じく②によればB・Cだけが負担するから

　　妻は……………………………9,000万円×1/2 = 4,500万円

　　Aは………………… 0(ただし遺贈として3,000万円を受ける)

　　B・Cはそれぞれ 9,000万円×1/2 ÷ 3 － (1,500 ÷ 2) = 750万円

設例9　条件は**設例8**と全く同じ。(b)によれば9,000万円から3,000万円を引いた残りの6,000万円を妻2分の1、子2分の1の割合で相続する

　　妻は……………………………6,000万円×1/2 = 3,000万円

　　B・Cはそれぞれ………6,000万円×1/2 ÷ 2 = 1,500万円

(ｵ)　債務に対する影響　　特別受益者の具体的相続分は一般に少額になり極端の場合には零になるが（903条1項の「その者の相続分とする」という相続分は具体的相続分の意味である）、このことは抽象

278

的相続分とは関係がない。したがって債務の承継については、具体的相続分が零の特別受益者も、法定相続分の割合で相続債権者に対して責任を負うと解すべきこと前に一言したとおりである（相20⑷参照）。

㈹　被相続人が異なる意思（持戻しの免除）を表示した場合
上に一言したように、相続分算定の方法に関する規定は解釈規定であるから、被相続人がこれと異なる意思（たとえば、長男の教育費用は相続と無関係とする）を表示したときは（生前行為でも遺言でもよいと解される）、その意思に従うのである（903条3項）。平成30年改正前においては、被相続人によるこのような意思表示は、「遺留分に関する規定に違反しない範囲内で」という制約が課せられていたが、平成30年改正は、そのような制約を受けないことに変更した。したがって、たとえ、その意思表示が遺留分に関する規定に違反する場合であっても、その意思表示が無効になることはない。ただし、遺留分を侵害された相続人は、遺留分の侵害額の支払を請求することができる（相79⑵㈱参照）。なお、この意思というのは上の計算に関する場合に限られ、生前になされた贈与を取り戻すような遺言をしても、その贈与契約に特別の解除の原因でもあるのでなければ効力がないことはいうまでもない。

　被相続人が、配偶者にその居住の用に供する建物またはその敷地を遺贈しまたは贈与した場合において、その夫婦の婚姻期間が20年以上であるときは、被相続人が持戻しの免除の意思を表示したものと推定される（同条4項）。

⑵　生命保険金、退職金、遺族補償などを受けた相続人　　厳格な意味においては遺産ないし相続財産とはいえないが、相続にあたって必ずといってよいほど登場してくるものに生命保険金がある。また

第3章　相続の効力

これに似たものに退職金、遺族補償（年金）、香典などがある。こ
れらのものを受領した相続人が他の者と同じ相続分を受けることと
してよいかが問題になるので、その相続法上の性格を検討しておく
ことが必要である。

　(ア)　生命保険金　　生命保険金は、ある人の死亡という事故に対
して保険会社が約定の金額を特定の人に契約に基づいて支払うもの
であって、いったん被相続人の財産に帰属してそのうえで相続人に
帰属するものではない。受取人が保険契約で何某と特定している場
合はもちろん、死亡当時の子を共同の受取人とするような場合でも、
受取人は直接に保険金請求権を取得するのである。このことは相続
人以外の者を受取人としている場合（この場合にも契約当時には不特
定でありうる。たとえば、将来長女から生まれる孫たちという指定をし
た場合）を考えれば明らかであろう。しかし、生命保険は一般に被
相続人が特定の者のために自分の死後の配慮をするものであって、
本質的には相続法の精神と共通のものがある。したがって、被相続
人が保険契約者であり被保険者である普通の場合を想定すれば、相
続人の1人が保険金受取人となった場合には、これを遺贈に準ずる
ものとして、相続開始時の解約返戻額か被相続人が死亡時までに払
い込んだ保険料の保険料金額に対する割合を保険金に乗じて得た金
額の範囲で保険金を特別受益分とみなすのが妥当であろう（相続税
法上は一定の範囲で課税の対象とされている（相税3条1項1号））。

　(イ)　遺族年金　　各種の社会保険が認めている遺族給付のうち、
被相続人がその一部を拠出するものは生命保険に似ている。厚生年
金保険法、国家公務員共済組合法などによる遺族年金がこれに当た
る（労働者災害補償保険法による遺族補償は損失補償であり、労働者は
拠出をしないから相続とは関係ない）。したがって、これらの給付を

特別受益とすべしとする見解もある。しかし、これらの場合には、民法上の相続順位とは独立の考え方に基づいてその受領者が法定されていて、被相続人はこれを変更することができない。その給付も年金であって受領者の生存その他の事情によって変化するので（たとえば18歳未満の子は順位が上であり、あるいは受給資格を認められるが、18歳を超えると順位が下がりあるいは受給資格を失うなど）、算定が著しく困難である。むしろ特別受益とはせず、共同相続人間の衡平は遺産の分割または扶養義務を通じて考慮されるべきものと考える（相続税は課さないことになっている（相税3条1項6号））。

(ウ) 退職金　　労働者が退職した場合に、使用者から一定の方式で算出した退職金や功労金が支払われる場合が多い。そして労働者が労働契約の継続中に死亡した場合には、遺族に対して支払われる。しかし、退職金は法律上の性格はともあれ、その実質においては未払賃金であり、労働者の死亡退職と同時に使用者に対して成立した債権として相続財産に属すべきものである。もっとも、就業規則等において特定の者（たとえば内縁の妻）に支払うことが明定されている場合には、死因贈与が成立しているとみるべき場合もあろう。そしてその特定の者が共同相続人の1人であれば、特別受益に該当することになる（相続税または贈与税の対象となる（相税3条1項2号・12条1項6号））。

(エ) 香典　　香典は死者への贈与ではなく、遺族に対する慰謝と葬式費用の儀礼的分担の意味で贈られるものである。したがって前者の意味においては遺族の全員が、後者の意味においては葬祭の主宰者が取得すべきものであり、民法上相続には関係をもたないと解される（税法上は通常のものには課税されないが、一定の範囲を超えるものには相続税がかけられる（相続税法基本通達3条［3-20］・21条の

第3章　相続の効力

3 ［21の3-9］））。

23　寄与分

　相続分の算定にあたって実際上しばしば問題になることがらに、共同相続人の1人が相続財産に寄与貢献したことをどのように評価するかの問題がある。特別受益者の相続分の算定とあたかも逆の関係であって、相続人である子の1人が、長い間家業を手伝ってきた場合などがその適例である。被相続人とその者との間に明確な契約（親子契約）が締結されていれば、相続財産から未払いの賃金ないし報酬を請求できるこというまでもないが、そのような契約がされていることはまれであり、ただ何となく家族の一員として手伝っているのが普通であろう。そうして、この関係をしいて法律的に構成するならば父に対する労務の贈与であるということになろう。しかし、この場合にその労務の贈与を相続分の算定にあたって全く計算に入れないことはいかにも不都合である。立法例としてスイス民法633条（1972年法により334bis条となっている）がある。そこでは両親と共同生活をしてその労働または収入を拠出した成年の子は、両親の遺産の分割に際して適当な補償を請求することができる、としている（孫の祖父母に対する同様の権利も認められている）。他にも、ドイツ民法2057a条がある。

　そこで昭和55年改正でこれを明文で認めることにした。すなわち、まず共同相続人の中に、「被相続人の事業に関する労務の提供又は財産上の給付、被相続人の療養看護その他の方法により被相続人の財産の維持又は増加について特別の寄与をした者がある」場合に、遺産の分割に際し、本来の相続分を超える額の財産を取得させるという原則を認めた（904条の2第1項）。これを寄与分という。寄与分については、共同相続人の協議でこれを定める（同条1項）。協

議が調わないか、協議できないときは、寄与者の請求に基づき、家庭裁判所がこれを定める（同条2項）。家庭裁判所に遺産分割の請求がなされている場合には、二つの手続が併合して行われる。いずれにしても「寄与の時期、方法及び程度、相続財産の額その他一切の事情を考慮して」定めるのである（同項）。そして、この決定は、何分の1というような割合（遺産に対する割合）あるいは価額で示されることになろう。

　なお、寄与分は、相続人である者にだけ認められるのであって、相続人でない者（たとえば、内縁の妻）には、寄与分は認められない。ただし、平成30年改正により、被相続人の親族であるが相続人でない者（たとえば、被相続人の死亡した子の配偶者）がここに述べたような特別の寄与をした場合には、寄与者は、相続人に対して特別寄与料の支払を請求できることとなった（相81以下参照）。内縁の妻のように、寄与分も特別寄与料も認められない者については、相続人がいない場合に限って、特別縁故者として財産の分与を受けることができる（相48(2)(イ)参照）。

24　相続分の譲渡とその取戻権

　相続人による遺産に関わる処分については、いろいろな場合が考えられる。たとえば、各共同相続人は遺産の分割前に、遺産の中の個々の財産を、単独で処分することはもちろんできない。個々の財産に対する持分を処分することができるかは前に述べたように（相16(3)(ウ)参照）議論の分かれるところである。しかし、民法は遺産に対する割合としての相続分（この関係で相続権ともいう）を譲渡することは、他の共同相続人と無関係にできるものとした（他の共同相続人に対する通知によって対抗力を生ずると解せられる）。共同相続人のうちの一部の者が、相続財産を早く換価したい場合に備えたもの

第3章　相続の効力

である。しかし、このような譲渡が他の共同相続人に対して行われるのであれば、共同相続人の相続分に変更を生ずるだけだから支障はないが、共同相続人以外の者に譲渡されると、譲受人が共同相続人に代わって遺産分割の協議に参加することになり、不都合である。このことは、わが民法上共同相続人間の合有的関係の弱さを示すものということができよう。しかし、民法は相続分が共同相続人以外の第三者に譲渡されることによって、遺産の分割が水入らずで（親族だけで）できなくなる弊害を緩和するために（かつては家産思想に立脚するものと説明された）、他の共同相続人に、その相続分の価額（取戻権行使の際の時価）と費用とを償還してこれを取り戻す権利を与えた（905条1項）。この取戻権は他の共同相続人が数人ある場合にも共同でする必要はなく、1人で行使することができる。取戻権の行使は相続分の譲受人または転得者に対する一方的意思表示でなされ、相手方の承諾を必要としないが、譲渡の通知を受けた後、1ヵ月以内に行使しなければならない（同条2項）。相続人はいつでも遺産の分割を請求することができるのであるから（907条1項・2項）、立法論としては、分割が禁止されている場合（907条3項・908条参照）のほかは、分割前の相続分の第三者に対する譲渡を禁じ、共同相続人が相続財産を譲渡しようとする場合には、まず分割手続を推進すべしとしたほうがすぐれている。ところで共同相続人の905条に基づく取戻権は、共同相続人の1人が遺産を構成する特定不動産に対する持分権を第三者に譲渡した場合は適用がないとされている（最判昭和53・7・13判時908号41頁）。

第3節　遺産の分割

25　遺産の管理

⑴　**管理義務**　　被相続人が死亡した瞬間に遺産は相続人に承継され、相続人の管理のもとにおかれる（観念的ではあるが占有も移る（相13⑴参照））。相続人は相続を承認するか放棄するかを決定するまでは、「その固有財産におけるのと同一の注意をもって」管理する義務を負う（918条1項）。この義務は単純承認をすれば消滅するが、限定承認・相続の放棄・財産分離などがあればなお継続する（相34⑴参照）。

⑵　**共同管理**　　数人の相続人があれば共同で遺産を承継し、共同で管理することになり、共同で同様の管理義務を負担することはいうまでもない。しかし、民法は共同相続人相互の関係についてはなにも規定していない。共同相続の場合には、一部の者の相続の放棄や、相続を承認した者の間でも、分割完了まで遺産管理の必要があるのだが、これについても同様である。実際問題としては、一部の者に管理ができない事情があるとき、また管理について全員の合意が成立しないときなどに、どのように処理すべきかにつき争いが起こりがちである。遺産を全体として管理するために必要な立法をすることが望まれる。現在のところ共有物の管理ならびに組合財産の管理に関する規定を適宜準用して処理するほかはない。

26　遺産分割の法的性格

⑴　**遺産分割の基準**

㋐　総説　　分割前の遺産は共同相続人に共同的に帰属することは前述したとおりである（共有か合有かについては議論がある）。し

第3章　相続の効力

かし、この共同所有は、積極・消極の遺産を共同相続人の相続分に応じて各人に適正・妥当に分配するという目的をもつ、過渡的なものである。この分配の手続がいわゆる遺産の分割である。

　ところで、遺産分割は、分割の対象となるすべての遺産について行われるのが通常である。しかし、実務では、一部分割に合理的な理由があり、全遺産について公平な分配が実現できる場合には、一部分割ができると解されていることを踏まえて、平成30年改正によって、一部分割が可能であることを明文で定めた（907条）。

　（イ）　分割の特殊性　　相続財産は、今日では一個の企業として有機的な一体をなしているという場合はあまり多くはないが、それでも、多かれ少なかれ、まとまりをもっているのが普通であって、それが分割されることは、相続財産の全体としての価値を減少させ、相続人にとって不利なだけでなく、社会経済の上からいっても不利となることを免れない。しかし、他方、被相続人と一定の関係にある者に、ひとしく遺産を分け与えようとする理想からは、分割をやめて、一部の者に遺産を独占させることはできない。上の二つの矛盾する要請を調和させることが、遺産の分割に課せられた課題である。そのことは「遺産の分割は、遺産に属する物又は権利の種類及び性質、各相続人の職業その他一切の事情を考慮してこれをする」（旧906条）という規定となっていた。さらに、昭和55年の改正により、考慮されるべき各相続人の事情として、「年齢」および「心身の状態及び生活の状況」が加えられた。一般の共有物の分割の場合とは、大いにその仕組みを異にする。すなわち、1個の財産の共有分割の場合にも、協議によるときは、1人が目的物の単独所有権を取得し、他の共有者に償金を交付することは可能であり、現物分割は必ずしも原則ではない。ただ協議が調わないで裁判所が分割をす

286

る場合には、現物分割を原則とし、分割によってその価格を著しく減少させるおそれがあるときに限り競売を命じて価格分割を行うのである（258条、最判昭和30・5・31民集9巻6号793頁・基本判例419参照）。共有者の主観的事情は考慮の中に入ってくる余地はない。これに反し、遺産分割の場合は、協議によって、X財産はAに、Y財産はBにというように分割することが普通であって、多数の財産のそれぞれについて分割することを原則とするものでないことはいうまでもない。のみならず、現物である財産はすべてAに、BとCとに対してはAが債務を負担するというように分割してもよい。家庭裁判所が分割の審判をするときでも、財産の種類のみでなく共同相続人の主観的事情をも考慮に入れるべきであり、特別の事由があると認めるときは、1人または数人に財産を与え、これらの者に他の共同相続人に対する債務を負担させることができるのである。可分の相続債務は共同相続人が相続分に応じて承継するが（相17⑵参照）、特定の相続人に多くの財産を与える代わりに多くの債務を引き受けさせるという分割も可能である。なお、通常の共有物分割も、判例により価格分割が導入されて遺産分割に接近しつつある（物53参照）。

⑵ **遺産分割の自由と制限**　遺産の共同所有は、前述のように、分割への過渡的な形態であるから、共同相続人（包括受遺者・相続分の譲受人を含む）は、いつでも遺産の分割を要求することができる（907条1項）。1人の共同相続人が申し出た場合にも、他の共同相続人はこれと協議を進める義務を負う。他の共同相続人がこれに協力せず、または協議が望めない場合には、家庭裁判所の審判によって分割を実現することができる。もっとも、分割の自由に対しては例外がある。被相続人が遺言で、相続開始の時から5年を超えな

第 3 章　相続の効力

い期間、遺産の全部または一部の分割を禁じた場合（908条）、および家庭裁判所が特別の事由があると考えて、一定の期間分割を禁じた場合（907条3項）がそれである（これに反し、共同相続人たちが合意で、一定期間共有にしておくことを定めた場合は（256条1項但書・2項参照）、それ自体遺産分割の一種であり、そこに普通の共有関係が成立する。これに共同管理する合意が伴えば一種の組合契約（667条）とみるべきである）。

27　遺産分割の方法

　遺産の分割にはつぎの三つの方法がある。

(1)　指定分割

　㋐　遺言による指定　　被相続人は遺言で分割の方法を定めることができる（908条）。この場合には、その指示に従って分割が行われることは、いうまでもない。分割方法の指定は、たとえば、一般的に不動産は妻と長男が、有価証券と預金は次男と長女が相続せよ、というふうに指定してもよいし、もっと具体的に建物は妻が、宅地と農地は長男Aが、有価証券は次男Bが、預金は長女Cが相続せよと指定してもよい。この後の場合には、各自の相続分の割合からいうと過不足を生ずることが考えられるが、その時は、同時に相続分の指定になると解すべき場合が多いであろう。

　被相続人は分割の方法を定めることを第三者に委託することもできる（908条）。この場合にはその第三者が分割方法を定めるのであるが、第三者は被相続人が自分で指定する場合と異なって、相続分の指定をも委託されたと認められるのでなければ（902条参照）、相続分に変更をきたすような指定はできない。

　㋑　相続させる遺言　　特定の遺産を特定の相続人に「相続させる」という遺言は、遺言書の記載から、その趣旨が遺贈であるか、

288

または遺贈と解すべき特段の事情のない限り、当該遺産を当該相続人に単独で相続させる遺産分割の方法が指定されたとみるのが判例である（最判平成3・4・19民集45巻4号477頁・基本判例429）。登記実務においては、このような遺言のある場合に、遺産分割協議は不要であり、当該相続人は、単独で自己名義の相続登記ができるとされてきた。そこで、判例は、他の共同相続人の債権者がその相続人に代位して遺産の不動産に相続登記をし、上相続人の持分を差し押えたときでも、「相続させる」という遺言によって上不動産を相続した者は、登記がなくても、上差押債権者に対して権利を主張できるとされるとしていた（最判平成14・6・10裁判集民206号445頁・基本判例86）。遺言の書き方次第でこのような差異を認めてよいかどうか、疑問の余地があった。これについて、平成30年改正により、判例を修正し、相続による権利の承継は、遺産の分割によるものかどうかにかかわらず、相続分を超える部分については、登記、登録その他の対抗要件を備えなければ、第三者に対抗できないと規定された（899条の2第1項）。なお、前述したように、「相続させる」旨の遺言は、当該遺言により遺産を相続させるものとされた推定相続人が遺言者の死亡以前に死亡した場合には、遺言者が代襲者等に遺産を相続させる旨の意思を有していたとみるべき特段の事情のない限り、その効力を生じない（最判平成23・2・22民集65巻2号699頁）。

　(ウ)　分割禁止の遺言とその制限　　被相続人は、先に述べたように、遺産の全部または一部について一定の期間分割をしないでおくように遺言することもできる。ただし、その期間は相続開始の時から5年を超えることができない（908条）。それ以上の期間を定めた場合には、5年間の禁止として有効と解されている。禁止期間がすぎれば各共同相続人は分割を請求する自由を取得する。

第3章　相続の効力

(2) 協議分割

(ア)　全員参加　　上の遺言による指定がない場合には、分割は共同相続人の協議で行われる。協議は全共同相続人が参加し、かつ同意しなければ成立しない。したがって、一部の共同相続人を除外し、またはその者の意思を無視した分割協議は無効である。その結果、取引の安全が害される場合が起こる。相続回復請求権の短期時効がある程度これを緩和するにすぎない。立法論としては考慮の余地がある。なお、これに関連して問題になる場合が二つある。

(a)　胎児　　その一つは、胎児がある場合で、胎児は相続に関しては、すでに生まれたものとみなされる（相10、886条）。けれども、胎児を代理して分割に参加すべき法定代理人を設けることができるかどうか明らかでない（総19参照）。そこで、胎児が出生して、その法定代理人――多くの場合に特別代理人――が存在するに至るまで、分割を待つのが妥当であろう（出生を待たないで分割が行われた場合に910条を類推適用することは困難である）。もっとも、他の共同相続人がその間に分割を急がなければならない事情があれば、「協議をすることができないとき」に該当するものとして、家庭裁判所に分割を請求することができるであろう（907条2項）。

(b)　親族関係が争われている場合　　その二つは、相続人であることの前提をなす親族関係が現に争われている場合である。たとえば、相続開始の当時、被相続人から嫡出否認の訴えを起こされている子がある場合（人訴2条2号・41条）、もしくは被相続人に対して離婚無効の訴えを起こしているかつての妻がある場合（人訴2条1号）、これらの者は協議に参加をすべきであろうかが問題である。この場合、その訴訟がいずれかに確定するまで分割を停止することは、他の相続人にとってはなはだ苦痛であるから、一応現状を前提

として分割手続を進めるべきであろう。すなわち、前の場合には分割の協議に参加させ、後の場合には参加させない。ただ利害関係人は仮処分の要件を備えた場合に、将来判決が確定した場合の原状回復を可能とさせるような措置をとることができる。なお、一応協議に加えられた者が後に無資格と確定すれば、その協議は無効となり、協議をやり直すことになる。また一応除外された者が、後に有資格と確定すれば、相続回復請求をすることになろう（相30(3)参照）。

　(イ)　財産の評価　　分割の協議にあたっては、前述の906条の定める基本方針に従うべきである。ただし「分割」である限り、この段階において相続分に増減をきたしてよいということではない。もっとも、それぞれの財産の価額は共同相続人の一致した評価がある限り主観的価値（たとえば共同相続人が欲しがっていた伝家の宝刀を高く評価するような）を計算に入れて悪いということはない。そしていったん自由な判断による協議が調った場合には、後から評価の不当を主張することは許されない。しかし、分割にあたって極端な評価が行われた場合には（たとえば、礼服1着と田畑500平方メートルを等しいとしたような場合）、実質的には贈与と解すべき場合が生ずる。そのときは贈与に関する規定（たとえば550条・551条）の適用があると解される。

　(ウ)　遺産分割協議の解除　　共同相続人間で成立した遺産分割協議で負担した債務を履行しない者に対して、その債権を有する者は、民法541条によって上の協議を解除することはできない（最判平成元・2・9民集43巻2号1頁・基本判例427）。しかし、合意解除は認められる（最判平成2・9・27民集44巻6号995頁・基本判例428）。

　(3)　家庭裁判所の審判による分割　　共同相続人の協議がどうしても調わないとき、または行方不明者などがあって協議をすることが

第3章　相続の効力

できないときは、共同相続人は1人で、または共同してその分割を家庭裁判所に請求することができる（907条2項。その合憲性につき、最大決昭和41・3・2民集20巻3号360頁・基本判例426参照）。その手続は家事事件手続法191条以下に規定されている。すなわち、申立人は共同相続人、利害関係人を示し、かつ遺産の目録を差し出されなければならない（家事191条以下）。家庭裁判所は、遺産を換価し（同194条）、また給付命令を出すこと、などができる（同196条）。家庭裁判所はまず事件を調停にかけ、調停が成立しなければ前述の基準に従い審判によって分割をするのであるが、一切の事情を考慮して、遺産の全部（たとえば共同相続人がいずれも幼少であるというような場合に考えられる）または一部（たとえば遺産のうちの農地または工場についてだけ分割を禁ずるのが妥当だというような場合が多いであろう）を当分の間分割しないほうがよいと考えたときは、期間を定めて、その分割を禁ずることもできる（907条3項）（この期間はやはり5年を超えられないと解するのが多数説である）。その禁止期間が過ぎた時は、共同相続人はあらためて分割の協議をし、なお、協議が調わなければさらに家庭裁判所に請求することになる。なお、禁止期間中でも、事情が変更した場合には、家庭裁判所は相続人の申立てによって分割禁止の審判を取り消し、または変更することができる（家事197条）。

(4)　**利害関係人の参加**　遺産の分割には利害関係人が参加できるものと解される（260条1項、家事200条）。参加の請求を拒否して分割を行った場合には、その分割は参加を請求した者に対抗できないものとなる（260条2項、物53(2)参照）。

28　遺産分割の効果

(1)　**遡及効**　遺産の分割は、相続開始の時にさかのぼってその

効力を生ずる（909条）。たとえば土地・建物・預金からなる遺産を
A・B・C3人の共同相続人が土地はA、建物はB、預金はCという
うように分割したとすれば、A・B・Cは相続の時に被相続人から
直接にそれぞれの財産を相続したことになるのである。遺産分割調
停調書に、相続人が遺産取得の代償としてその所有する建物を他の
相続人に譲渡するという条項がある場合に、この調書を添付してさ
れた建物の所有権移転登記申請につき、登記原因証明情報の提供を
欠くことを理由に却下した処分は、違法である（最判平成20・12・
11裁判集民229号303頁）。すでに述べたように、普通の共有物の分割
や、組合財産の場合に、分割の時にその効力を生ずる——その時に
持分が相互に移転する——とされるのと、その理論構造を異にする。
その結果、分割前にCが土地の上の自分の持分を第三者に譲渡した
り、あるいはCの債権者がこれを差し押えたとしても、その土地が
当初からAの所有に帰し、Cの持分はなかったことになって、譲渡
または差押えは無効となり、第三者が不測の損害を被るおそれがあ
る。そこで、昭和22年に改正された民法は、第三者の地位を尊重し
てこの遡及効も「第三者の権利を害することはできない」という但
書をつけ加えたのである（909条但書、相16(2)(ウ)参照。なお、この第三
者は対抗要件を備えていないといけないが、また、分割によって相続分
と異なる権利を取得した相続人はその旨の登記を経なければ、分割後に
当該不動産につき権利を取得した第三者に対抗できないとされている
（最判昭和46・1・26民集25巻1号90頁・基本判例83））。改正前の民法
にはこの但書がなかったので、そもそもその土地はA・B・Cの
「合有」に帰したのであり、Cはその土地の上に処分できるような
「持分」をもたないのである、と説明された。すなわち、この規定
が共同相続人の共同所有が合有であることの根拠とされたのであっ

第3章　相続の効力

た。改正された民法ではこの但書が入ったために、遺産の分割前の相続人の持分処分や、相続人の債権者の差押えが効力を失わないことになった。その結果、一方では、合有か共有かの論争の重要性はかなり薄くなったが、他方では、遺産分割の基準が、貫徹できない状態がしばしば起こりうることになった。学説の多くは、共同相続人の共同所有の合有的性質を強調して、個々の財産に対する相続人の持分を潜在的なものであり処分できないと解し、ただ第三者が善意のときに限り保護されると主張する。

　なお、上の分割の遡及効は遺産が債権または債務であってもその理論を異にしない。ただ遺産の共同所有を普通の共有であるとする説によると、金銭債権のような可分の債権は相続の開始と同時に共同相続人の間で分割されてしまうことになるので（427条参照。それがここにいう分割でないことはいうまでもない）、各相続人は自分の相続分に該当するだけの債権を行使できることになる（相16(3)(ウ)参照）。そのこと自体不都合であるばかりでなく、その後の分割によって遡及して債権者でなかったことになる可能性があり、内部関係と対外部関係とが分裂し、法律関係をはなはだしく複雑にする。合有説によればこのような難点を免れうることが注意されなければならない。

　(2) **遺産分割の対抗力**　　上で述べたように、遺産分割の効力は、相続開始時にさかのぼるのであるが、遺産分割において、個別の財産について法定相続分を超える権利を取得した共同相続人は、その権利について対抗要件を備えなければ第三者に対抗することはできない。これまで、判例によって認められてきたが、平成30年改正により、明文化された（899条の2）。その詳細については、相18参照。

　(3) **遺産分割後の被認知者の請求権**　　被相続人の死後に、彼を被告とする認知の訴訟で原告勝訴の判決が確定するという場合が起こ

りうる（787条参照）。認知の効力は出生の時にさかのぼるから（784条）、被認知者も当然に相続開始当時から相続人であったことになる。そこで認知以前にすでに他の共同相続人が遺産の分割をしてしまった場合（家庭裁判所による分割を含む）には、もう一度分割をやり直すかどうかの問題を生ずる。しかし、分割に強い効力を認めている関係上、そのやり直しは第三者に迷惑を及ぼすおそれが大きいし、また、認知の遡及効は「第三者が既に取得した権利を害することはできない」とされている（同条但書）関係もあって、分割その他の処分の効力はそのまま維持されるとみるほかない。しかし、それだからといって被認知者の相続権を実効のないものにしたのでは、父母の死後の認知訴訟を認めた実益はほとんどないことになる。そこで民法は、被認知者に、他の共同相続人に対する価額による支払請求権を認めているのである（910条。なお、母の死亡による遺産分割が行われた後に非嫡出子の存在が明らかになった場合、母子関係は分娩の事実によって発生するから、910条を類推適用すべきでなく、再分割されるべきである（最判昭和54・3・23民集33巻2号294頁））。この価額は、支払請求をした時の時価で相続財産を評価し、これに対する自分の相続分を算出し、これを各共同相続人の相続分に按分した額である。なお、この請求権は一種の相続回復請求権であり、884条の消滅時効にかかると解される。

(4) **遺産分割前における預貯金債権の行使**　　前述のように、相続財産に含まれる預貯金債権について、判例が変更され、預金債権などの金銭債権が相続開始時に当然分割されることなく、遺産分割の対象となることとなった（相16(3)(ウ)(b)）。このような判例の変更に伴い、預金債権について、遺産分割前においては、共同相続人全員が共同して権利行使（払戻請求）をしなければならないことになり、

295

被相続人の負担していた債務の弁済や被相続人に扶養されていた相続人の生活費などの支出に充てるために被相続人名義の預金の払戻しが必要であるにもかかわらず、共同相続人全員の合意が得られない場合に不都合が生ずることとなった。そこで、平成30年改正では、共同相続人の１人が払戻しを請求できる仮払いの制度を設けた（新909条の２）。

　(ｱ)　預貯金の一部分割　　まず、改正後の909条の２によって、一定の要件の下に共同相続人の１人が単独で払戻しをすることができるとした。すなわち、同条は、「各共同相続人は、遺産に属する預貯金債権のうち相続開始時の債権額の３分の１に第900条及び第901条の規定により算定した当該共同相続人の相続分を乗じた額（標準的な当面の必要生計費、平均的な葬式の費用の額その他の事情を勘案して預貯金債権の債務者ごとに法務省令で定める額を限度とする）については、単独でその権利を行使することができる。この場合において、当該権利の行使をした預貯金債権については、当該共同相続人が遺産の一部の分割によりこれを取得したものとみなす」と規定している。これによると、払戻しができる額は、預貯金債権の額の３分の１に相続分の（割合）を乗じた額が上限となる。たとえば、相続開始時の預貯金債権の額が3,600万円で、相続人は配偶者Ａ（相続分２分の１）のほか、子Ｂ、ＣおよびＤ（相続分はそれぞれ６分の１）である場合に、Ａが単独で払戻しを得られる上限額は、3,600万円に３分の１を乗じ、さらに２分の１を乗じた600万円である。また、Ｂが単独で払戻しを得られる上限額は、3,600万円に３分の１を乗じ、さらに６分の１を乗じた200万円である。ただし、いずれの場合も法務省令で定める金融機関ごとの額が限度となる。

　(ｲ)　家庭裁判所における預貯金債権の仮分割　　家事事件手続法

200条3項は、「前項に規定するもののほか、家庭裁判所は、遺産の分割の審判又は調停の申立てがあった場合において、相続財産に属する債務の弁済、相続人の生活費の支弁その他の事情により遺産に属する預貯金債権（民法第466条の5第1項に規定する預貯金債権をいう。以下この項において同じ。）を当該申立てをした者又は相手方が行使する必要があると認めるときは、その申立てにより、遺産に属する特定の預貯金債権の全部又は一部をその者に仮に取得させることができる。ただし、他の共同相続人の利益を害するときは、この限りでない」と規定し、仮分割という構成によって、払戻し要件を緩和している。

(5) 共同相続人の担保責任　　民法は上述のように遺産の分割に遡及効を認めたが、このような概念上の取扱いのいかんにかかわらず、分割の本質は一種の交換であり、有償行為である。そこで民法はつぎのような共同相続人の担保責任を認めている。もっとも、被相続人が遺言で別段の意思を表示したときはそれに従う。

(ア) 担保責任　　各共同相続人は、他の共同相続人に対して、売主と同じく（561条－572条）、その相続分に応じて担保の責任を負う（911条）。共有物分割に関する261条と全く同じ趣旨である。目的物の瑕疵は分割の時までに存したものであればよく、相続開始前から存する必要はない（明治民法1013条参照）。

(イ) 債権取得者の保護　　共同相続人のある者が遺産の分割によって債権を取得したときは、他の共同相続人は、その相続分に応じ分割の時における債務者の資力を担保する（912条1項）。もしこの債権が弁済期に至らないか、または停止条件付きである場合には、弁済をすべき時における債務者の資力を担保する（同条2項）。債権の売主は特に債務者の資力を担保した場合にだけ責任を負うが

第3章　相続の効力

(569条)、遺産分割の場合には、公平の観念から、当然に担保責任を認めているのである。

(ウ)　資力がない場合　　共同相続人のある者が、義務の担保責任を果たすだけの資力がないときは、その償還することができない部分は、求償者および他の資力のある相続人がそれぞれその相続分に応じてこれを負担する。ただし、求償者に過失があるときは他の資力のある共同相続人に対して分担を請求することができない（913条）。

(6)　債務の承継　　すでに述べたように、平成30年改正によって、法定相続分と異なる相続分の指定が行われても、相続債権者は各共同相続人に対して、法定相続分に応じた権利行使をすることができると同時に指定相続分により権利行使もできることが明文の規定で定められた（902条の2、相20(4)参照）。遺産分割と債務との関係についても、明文の規定はないが、同様に解すべきである。すなわち、被相続人が負っていた債務は、相続の開始により、相続分の割合に応じて共同相続人が分担することになり（相17(1)参照）、遺産の分割によって共同相続人の間でその割合を変更しても、――たとえば長男が多額の財産を取得する代わりに、1人で債務を負担することに定めても――債権者に対する関係では、これを拘束しないと解せられる。もっとも、この場合にも共同相続人の内部関係では、分割の協議は有効とみられるから、その協議で債務を負担しないことになった次男・三男が、債権者から請求されて弁済した場合には長男に対して求償できることはいうまでもない。また債権者のほうでその協議の結果を援用して、長男から全額の弁済を受けることもできる（一種の債務引受けが行われたとみられる）。被相続人が遺言で分割の方法を定めた場合にも、上と同様に解すべきであろう。

298

第4節　相続回復請求権

29　相続回復請求権の意義

　欠格者（891条）や廃除された者（892条）や、あるいは全くの他人が、みずから相続人であると僭称して、相続財産を占有しているとすれば、悪意の場合はもちろんのこと、仮に善意であっても、真の相続人の相続権を侵害しているわけである。そこで真の相続人は僭称相続人に対して、侵害された相続権（相続開始後の相続人の地位）の回復を請求できることになる。かつて「家」の長としての地位の承継に関連して複雑な問題があった。しかし、884条としてただ1ヵ条しかないこの相続回復請求権を、相続が純粋に財産相続となった今日においても、はたしてどのように理解すべきか問題がある。

　(1)　**立法趣旨**　　相続人は相続の開始とともに相続財産に属する一切の権利義務を当然に承継している（896条）。それを侵害されたら、それぞれの権利に基づいて回復を請求すればよいのだから、別に相続回復請求権というようなものを認める必要はないようにみえる。しかし、つぎの諸点において、一般の財産上の請求権のほかに相続回復請求権を認める実益があると説明されている。すなわち、①相続によって取得される財産は種々のものを含み、複雑な内容をもち、相続権のない者が相続人だと僭称してこれを占有するときは、真正の相続人はそれを調査することが困難であるので、相続財産を一括して（内容を具体的に明示しないで）、その回復を請求することを認める（大連判大正8・3・28民録25輯507頁・基本判例408）実益がある（もっとも、そのために特別の訴訟手続が認められているわけで

第3章　相続の効力

はないので、実際上は挙証の問題に帰し、一方原告としては訴えの提起の時に確認できない財産については引渡訴訟の追加併合でも処理できる）。②この請求において、原告は被相続人の権原 title を証明する必要がない（相31(1)(イ)参照）。③相続開始の時以後に、遺産が滅失して損害賠償に代わったり、僭称相続人の処分によって代金債権に代わったりした場合に、この請求権はこれらの代わりのものの上に行使することができる（もっとも、これは不当利得制度によっても同じような結果が導かれる）。

(2) **短期消滅時効にかからせる理由**　　上のような、いわば積極的な効果のほかに、民法はこの権利を短期消滅時効にかからせている。なぜならば、政策的にみても、僭称相続人が相続財産を管理・処分することは、無権利者の行為で無効であるが、第三者の立場からは、真正の相続人かどうかわかりにくい場合が多く、長年月の後に真正の相続人の主張を認めることは取引の安全を害するからである。理論的にみても、僭称相続人が相続財産を占有している場合には、一般の財産侵害と異なってつぎのような特殊の事情が存する。

第一に、真の相続人の側においては、被相続人からの財産の移転は、総括的観念的であって、必ずしも現実の支配権の移転を伴わない。その意味では通常の取引による財産権の移転の場合とその性格を異にする。

第二に、それとあたかも表裏をなして、僭称相続人の側においては、真の相続人の占有ないし準占有を侵奪妨害するというより、総括的に被相続人の地位に入り込んで占有ないし準占有を承継し継続するという行為があり、通常の占有ないし支配権の侵奪や妨害とその性格を異にする。そこには短期消滅時効を認めるに十分な要件が備わっている。

(3) **民法884条の意義**　このように真の相続を理由に、みかけの相続を破ることを短期の消滅時効にかけて早期に安定させることになれば、個々の財産権の種類やその侵害の態様は、「相続権の侵害」という共通の性格によって統一されることになる。わが民法884条はまさにそのことを規定している。

　ところで、平成29年の債権法改正では、一般の債権は5年または10年で時効消滅することとなった（総155⑴参照）。しかし、平成30年の相続法改正では、相続回復請求権の時効については、何ら修正はなされていない。そこで、以上に述べたような相続回復請求権の時効期間についての説明が今もなお当てはまるといえるかは、多少疑問であるといわざるをえない。結局、時効期間の完成によって権利を失う真の相続人と表見相続人を信頼した第三者の保護をどのように調整するかという価値判断の問題であって、今後も検討する余地のある問題である。

30　相続回復請求の当事者

(1) **原告**　相続の回復を請求する者は通常真正の相続人である。相続人本人に限るか、いいかえれば真正の相続人から相続財産を譲り受けた者は除外されるか。相続分の譲受人（905条）は相続人に準じて取り扱うべきだが、特定承継人（相続財産中の個々の財産を譲り受けた者）は問題である。相続回復請求権の性格をどう理解するかにより結論を異にするが、通説はこれを一身専属的なもの、すなわち、真正の相続人だけがこの請求の原告となりうるとする。判例も、特定の相続財産の承継取得の効力を争う場合でも相続の無効を理由とする限り、相続回復請求権の行使であり（大判明治44・7・10民録17輯468頁）、原告は真正の相続人でなければならないという（最判昭和32・9・19民集11巻9号1574頁）。もっとも僭称相続人は、

第3章　相続の効力

真正の相続人に対して884条の時効を援用できる場合には、その相続人の特定承継人に対しても同じく時効の完成をもって対抗できると解される。

(2) **被告**　通常、相続人としての外観があり、かつ相続人であると称して相続財産の占有支配を開始し、継続する者である。他の相続人の相続分を侵害する共同相続人も含まれる。判例は、共同相続人の1人または数人が相続財産のうち自己の持分を超えて占有管理し真正相続人の相続権を侵害している場合にも884条が適用されるが、その者が悪意、またはそう信ずるに合理的理由がない場合には、他の共同相続人からの侵害の排除の請求に対し相続回復請求権の時効を援用しえないとしている（最大判昭和53・12・20民集32巻9号1674頁・基本判例409）。なお、これらの表見相続人から相続財産を転得した第三者が、相続回復請求の相手方となるかは従来争われていた（外国の立法例も分かれている。ドイツ民法は否定しスイス民法は肯定する）。しかし上に一言したように、転得者が、相続財産を相続人として占有している者から譲り受けたことを主張する場合には、884条の消滅時効を主張しうる。なぜならば、たとえば、真の相続人の回復請求権が5年の時効で消滅した後でも相続欠格者から相続財産を買い受けた第三者がある場合に、真の相続人は彼に対して、所有権に基づく返還請求ができると解したのでは、884条の趣旨は没却されるからである。多数説もこれを肯定する。なお、自分の相続権を主張しないで、単に相続人の相続権を否認し、または相続以外の特定の権原を主張して相続財産を占有する者も、回復請求権の消滅時効を援用できるであろうか。肯定する説がないでもないが、相続を理由に占有を開始または継続している者に限るべきものと考える。

⑶ **共同相続の場合**　この場合には、①一部の真正の相続人（たとえば、代襲相続人または胎児）を除外して遺産の分割をしたり、②真正の相続人でない者（たとえば欠格者）が加わって遺産の分割をした場合などが多いであろうと思われる。いずれの場合にも分割は無効であり、あらためて真正の相続人が全員で協議して分割をやり直すことになる。そうしてやり直しの結果、ある者が特定の財産を割り当てられたのに、前にその財産を割り当てられた者がこれを引き渡さなければ相続回復請求権として884条の適用を受けるであろう。

　ところで上の①の例でこの分割のやり直しに他の相続人たちが応じない場合には、除外された相続人は、分割についての協議が調わないものとして、家庭裁判所に分割の請求をすることができる（907条2項、家事附則別表第2の12・13）。この請求もすでにされた分割との関係においては相続回復請求の一態様として884条の適用があると解される（しかしさらに進んで、分割の前提である親族関係の存在に関する争いはそれ自体としては884条の適用を受けないと考えられる）。ただし、相続の開始後に認知によって相続権を取得した者が現われた場合については、民法は特に簡明な解決方法を定めていることを注意すべきである（910条、相28⑵参照）。また②の例では共同相続人の1人は、分割のやり直しのある以前においても、真正の共同相続人の全員のために僭称相続人から遺産の回復を請求することもできると解される。

31　相続回復請求権の効力

⑴　相続回復請求権の内容

㋐　**返還請求等**　相続回復請求の内容は原告が相続人として承継した財産権の一切に対する被告の妨害の排除である。消滅時効を

第3章　相続の効力

中断するという効力の観点からは、一括請求でよく、内容を具体的に明示しないでもよいと解されるが（大連判大正8・3・28民録25輯507頁・基本判例408）、現実に回復するためには、相続財産が物の所有権であるならば所有物返還の請求であり、債権であるならば債権証書の引渡請求であり、株式であるならばその返還である。その効力については、それぞれの財産権について若干の差はあろうが、大体占有者の責任に関する189条、191条、196条を適用ないし類推適用すべきものと解する。

　請求権の行使の形式は、その消滅時効との関係において時効の中断に関する147条以下の規定を適用すべきである。すなわち、必ずしも訴えの方法によることを要しない。裁判外の請求でも催告として消滅時効を中断する（153条参照）。

　㈡　立証　　相続回復請求の原告は、被相続人の title すなわち被相続人が個々の相続財産について所有権・賃借権その他の実質的な権利を有したことを立証する必要はないといわれている。互いに被相続人の権利を前提としながら、その承継を争う者だからである。したがって、被告が当該の相続以外の原因によって権利を得たことを主張して原告が真の権利者ではないと争う場合には、訴訟は通常の財産上の訴訟となる。そして、被告は相続回復請求権の時効消滅を援用することは許されないと解される。

　㈢　僭称相続人から第三者に譲渡された場合　　相続財産が僭称相続人から第三者に譲渡された場合に、その処分行為は無効であり、公信の原則（物28参照）の適用があるのでない限り、譲受人は真正の相続人に対して返還の義務を負うことになる。なお、当該の財産が不動産である場合にも、たとえば、共同相続人の1人が単独の相続人として、または分割により単独の所有者になったものとして相

続登記をしたうえで、これを第三者に譲渡し、移転登記をした場合に、177条の解釈上、真正の相続人は相続による所有権の取得をもって登記なくして第三者に対抗できるかどうかは難しい問題とされている（物14⑴㈡参照）。判例は肯定に傾くが（最判昭和38・2・22民集17巻1号235頁・基本判例82）、学説は分かれている。

⑵　**相続回復請求権の消滅**　　相続回復請求権は、相続人またはその法定代理人が相続権を侵害された事実を知った時から5年間で時効によって消滅する。相続開始の時から20年経過すれば相続権の侵害の事実を知ったと否とにかかわらず、また真正の相続人側に数次の相続があっても消滅する（最判昭和39・2・27民集18巻2号383頁）。いうまでもなく取引の安全を図る趣旨であり、民法が「相続権の侵害」に特に認めた唯一の実質的効果である。つぎの諸点が問題になる。

㈠　5年の消滅時効　　5年の時効期間は、相続をめぐる財産関係を早く安定させる趣旨と解すべきである。すなわち、所有権は消滅時効にかからず、一般の財産権は、20年の消滅時効にかかり（166条2項）、また財産権が処分によって不当利得返還請求権に変わった場合にも5年または10年の消滅時効にかかるのであるが（同条1項）、これらの財産権も相続回復請求の枠に入る場合には、真の相続人が相続権侵害の事実を知ったことを条件として5年の短期時効にかかることとして、相続による財産変動の早期安定を図り、取引の安全を保護したのである（すでに述べたように、債権については、相続回復請求権が特に短期の時効期間を定めているとはいえなくなったが）。

　共同相続人の1人が自己の持分を超えて相続財産を占有し、他の真正相続人の相続権を侵害している場合に、侵害の排除を求められた占有者は、悪意の場合、またはそれが自己の物と信ずるのに合理

第3章　相続の効力

的理由がない場合には、相続回復請求権の消滅時効を援用できない（前掲最大判昭和53・12・20）。また、相続回復請求権の消滅時効を援用しようとする者は、真正相続人の相続権を侵害している共同相続人が、相続権侵害の開始時に、ほかに共同相続人がいることを知らず、かつ知らなかったことに合理的事由があったことを主張立証しなければならない（最判平成11・7・19民集53巻6号1138頁・基本判例410）。

　(ｲ)　20年の期間　　20年の期間は時効期間であろうか。判例はそれを肯定するが（大判昭和8・12・1民集12巻2790頁）、むしろ除斥期間と解することが、制度の趣旨に合うであろう。

　(ｳ)　他の請求権の時効との競合　　上に関連しては、本来の消滅時効の期間が相続回復請求権よりも短い――たとえば占有回収の訴え、および20年の期間と比較した場合の不当利得返還請求権――場合にはその消滅期間をいかに解するかの問題が起こる。この場合には相続回復請求権のそれによるべきものと考える。論理的には、こと消滅期間に関する限り（したがって200条2項の適用はある）、各種の財産を画一に扱うというのが884条の立法趣旨でもあり、また実質的にもそれが妥当と考えられるからである。

　(ｴ)　取得時効との関連　　相続回復請求権の消滅時効とは別に、表見相続人の相続財産の上の取得時効は進行するか。旧法時代の家督相続の回復に関する判例はこれを否定するが（大判昭和7・2・9民集11巻192頁・基本判例411）、民法の解釈としては、一般の消滅時効との関係と同様に、互いにその進行を妨げないと解すべきであろう。判例も特定の不動産の承継取得者が、僭称相続人の占有をあわせ主張する場合についてはこれを肯定する（大判昭和13・4・12民集17巻675頁）。

第4章 相続の承認および放棄

第1節 序 説

32 相続の承認・放棄の自由

　氏族制度または「家」の制度が行われていた時代には、被相続人の遺言の自由がかなり強く制限されていたのであるが、あたかもそれに対応して、相続人の側にも一定の者には相続の放棄の自由が認められず（旧1020条参照）、相続は相続人の権利であると同時に義務でもあった（相3参照）。しかし、相続が単純な財産相続になると、一方において遺言の自由がかなり広いものになると同時に、他方において相続は相続人の意思にかからしめられることになる。特に相続は債務の負担をも伴うのであるから、ある人の意思に反して（または過失なしに）義務を負わせることをしない私法の大原則からいっても当然である。昭和22年に全面的に改正された現行の民法ももちろんこの立場をとり、相続人は常に、相続を放棄して全然相続をしなかったことにすることもできるし、限定承認をして、被相続人の債務および遺贈によって生じた債務は、相続財産のある限りで弁済し、固有財産をもって責任を負わないという留保付きで権利義務を承継することもできるものとした。しかし、なお後に述べるように、何ら積極的な態度に出ないで熟慮期間を経過すると単純承認をしたものとみなしている。相続人の相続承認または放棄についての不作為に、その一般的意思を推定して単純承認という効果を与えたものである。英米法流に遺産がいったん人格代表者に移転するとい

第4章　相続の承認および放棄

う法制をとらず、直接に相続人に移転する建前をとるわが法制上は、相続開始後あまり長い期間、相続の承認か放棄かが未確定であることは、取引の安全の立場からも望ましいことではない。そこで一定の期間の経過によって相続の放棄か承認かいずれかに決定することはやむをえない措置であり、そのいずれにするのが妥当かといえば、単純承認したものとみなすのが、やはり一般的意思にも合致するというのが民法の態度である。しかし、このことから相続の承認・放棄の自由に対して何らかの制約があるように解してはならない。

33　相続の承認・放棄の通則

前に一言したように、相続の開始とともに、相続財産は当然に相続人に移転し、その管理のもとに入るが、相続人は相続財産を調査して、相続を放棄するか、限定承認するか、それとも単純承認をするかを考慮するために一定の熟慮期間（承認放棄の期間または考慮期間とも呼ばれる）を与えられている。その間は相続財産の帰属は未確定の状態にあり、相続人の相続の承認または放棄という行為によってはじめていずれかに確定する建前である。相続の承認・放棄という行為をめぐってつぎの諸点が問題となる。

⑴　相続の承認・放棄における行為能力　　相続の承認または放棄は財産上の行為であるから、相続人がこれをするには行為能力者であることを要する（総24参照）。すなわち、未成年者は法定代理人（親権者・後見人）の同意がなければ、相続の承認または放棄をすることができない（5条1項）。また、被保佐人は保佐人の同意がなければ、相続の承認または放棄をすることができない（13条1項6号）。これに対して、成年被後見人は、親族法上の行為と異なり、意思能力を回復しているときでも、自分で相続の承認または放棄することはできない——その行為は常に取り消しうる——と解されて

いる（次に述べるように、この場合には、成年後見人が成年被後見人に代わって相続の承認または放棄をするほかない）。

　未成年者または成年後見人の相続については、法定代理人は制限行為能力者に代わって相続の承認または放棄をすることになる（前述のように、未成年者は、法定代理人の同意を得て、自分で承認または放棄することもできる）。もっとも後見人が被後見人に代わってこれらの行為をする場合、または未成年被後見人がこれらの行為を自分ですることについて、未成年後見人が同意を与える場合において、後見監督人があるときは、その同意を得なければならない（864条本文・5条1項・13条1項6号）。

　(2)　利益相反行為　　親権者が未成年の子に代わって相続の承認・放棄をし、または子が承認・放棄をするのに同意を与える場合には、それが親権者と当該の子、または1人の子と他の子との利益相反する行為に該当しないかを注意することを要する（826条）。たとえば父が死亡し、母と未成年の子Aとが相続人である場合に、母が親権者としてAに代わって相続を放棄する行為は、それによって母の相続分が多くなるという関係にあるから、明らかに利益相反する行為である。これについては相続の承認・放棄が相手方のない単独行為であることを理由とする反対の趣旨の古い判例（大判明治44・7・10民録17輯468頁）があったが、最高裁はこれを変更したと思われる判決をした（最判昭和53・2・24民集32巻1号98頁・基本判例405——この解釈をめぐって意見が分かれる）のは妥当である（親61(2)参照）。なお上の例で、未成年の子A・Bがあり、母がAに代わって相続を放棄する場合にも子の1人と他の子との利益が相反する行為に該当する。前の場合にはAのために、後の場合にはAまたはBのためにそれぞれ特別代理人の選任が必要である。

第4章　相続の承認および放棄

　以上述べたことは、後見人と被後見人が共同相続人である場合に、後見人が被後見人の放棄に同意し、またはこれに代わって放棄する場合にも当てはまる。

　(3)　相続の承認・放棄の撤回・無効・取消し　　いったん相続の承認および放棄をした場合には、法律関係の安定のために撤回ができない。相続の承認および放棄は、915条1項の3ヵ月の熟慮期間内でも撤回することができない（919条1項）。ただし、総則および親族法の規定により相続の承認または放棄の取消しをすることを妨げない（同条2項）。無効についても同様である。すなわち、相続の承認または放棄に無効となる事由（公序良俗違反・心裡留保・虚偽表示など）があるときは無効であり、これらの行為に取消事由（制限行為能力・錯誤・詐欺・強迫など）があるときは、取り消すことができる。この取消しは昭和37年の改正によって家庭裁判所に申述しなければならないことに改められた（同条4項）。なお、この取消権は、追認することができる時から6ヵ月で時効により消滅する。相続の承認または放棄の時から10年を経過したときも同様である（同条3項）。相続による財産変動を早く安定させる趣旨から、普通の法律行為の取消権（それぞれ5年および20年で時効消滅する（126条））より短い期間で消滅することとしたのである。

　なお、たとえば、相続人が放棄をした後で強迫を理由にこれを取り消した場合に、それが熟慮期間中であれば、あらためて限定承認をすることができる。しかし、熟慮期間後であれば、特別の規定がないので、形式論理的には取り消した瞬間に熟慮期間経過の効果として単純承認をしたことになる（921条2号、後述相36(3)参照）。しかし、こう解したのでは、相続の放棄または限定承認を取り消すと（単純承認を取り消すということが考えられるとすればその場合にも）

310

相 33

常に単純承認をしたことになり、取消権を認めた趣旨は没却される。そこで取消後遅滞なく行う限り、あらためて単純承認はもちろんのこと、限定承認または放棄をしうると解されている。

(4) 付款の是非　相続の承認または放棄に条件または期限を付することは許されないし（ただし、限定承認をしうることは別問題）、いったん相続の承認または放棄が有効にされれば、それで相続関係は確定する。

(5) 相続の承認・放棄の方式　相続の放棄および限定承認には一定の方式を必要とするが、単純承認は何らの方式を必要としない。しかし、いずれも相続開始後にすべきであり、開始前に単独行為、契約その他どんな形式でその意思を表示しても無効であると解される。

(6) 熟慮期間の経過　上には相続の放棄を例に挙げたが、相続の承認については注意すべき点がある。すなわちわが民法上、相続人は法定相続分に応じて遺産を相続するのを原則とし、相続開始後一定の期間を経過すれば、当然に単純承認をしたものとみなされ、別段に積極的な意思表示をすることを要しない。したがって、熟慮期間の経過という不作為によってこの効果をそのまま未成年の子または被後見人に帰属させる場合には、親権者や後見人との間に利益相反する行為があると考えることはできない（相35(1)参照）。これに反して、法定代理人が熟慮期間中に積極的に相続の承認をする場合には、それが利益相反する行為に該当する場合も考えられる。たとえば、法定代理人が被相続人に対して債権を有し、相続財産が債務超過の場合に相続人に代わって単純承認をするような場合である。その場合には当該の承認は無効であり、熟慮期間中は特別代理人を選任し、先の承認を否定して相続の放棄ないし限定承認をすること

311

第4章　相続の承認および放棄

が可能であると解される。

　つぎに、熟慮期間の計算が問題になる。すでに述べたように相続人は3ヵ月の熟慮期間を与えられている。相続人に相続財産を調査し（915条2項）、単純承認か限定承認か、それとも相続の放棄かを熟慮するゆとりを与えようという趣旨である。したがって、この3ヵ月は相続人が自己のために相続の開始があったこと——相続の原因である事実と、それによって自分が相続人になったこと——を知った時から起算する（915条1項本文。判例は、「知った時」とは、相続人が相続開始の原因である事実を知り、かつそのために自己が相続人となったことを覚知した時を指すとしている（大決大正15・8・3民集5巻679頁・基本判例430））。被相続人に相続財産が全く存在しないと信ずるにつき正当な期間がある場合は、この熟慮期間は、相続財産の全部または一部の存在を認識した時またはこれを通常認識しうべき時から起算するとした判決がある（最判昭和59・4・27民集38巻6号698頁）。なお、相続人が未成年者または成年被後見人の場合には、その法定代理人が未成年者または成年被後見人のために相続が開始したことを知ったときから起算し（917条）、また、相続人が上の熟慮中に死亡した場合には、その者の相続人が自己のために相続の開始があったことを知った時から起算する（916条）。なお、財産状態がこみいっていて明瞭でないとか、相続人が遠い所に住んでいるというような事情があれば、この期間は、利害関係人または検察官から家庭裁判所に請求して、これを伸長してもらうことができる（915条1項但書）。

34　相続人の相続財産管理義務

　(1)　**注意義務の程度**　　相続が開始すると同時に相続財産は一応相続人に承継されているわけであるが、相続の承認または放棄がさ

れない間は、相続人はまだ終局的・確定的にその相続財産の主体となったわけではないから、相続財産は相続人の固有財産とは別個の特別の財団を構成していると考えることができる。それは一応相続人の管理下におかれるので、相続人は、相続の承認または放棄をするまでの間、利害関係人に対する関係で「その固有財産におけるのと同一の注意をもって、相続財産を管理」する義務を負わされることは先に述べた（918条1項、相25(1)）。なおその後、単純承認をすれば自分の財産になるから管理義務は当然になくなるが、限定承認の場合には、自分の財産になるのではあるが、相続債権者のために、清算が済むまで同じ注意義務でその管理を継続しなければならない（926条）。また、相続の放棄をしたときは、自分の財産でなくなり、その放棄によって相続人となった者または他の共同相続人に引き渡すことになるが、その引渡しまで同じく自己の財産におけるのと同一の注意をもってその財産の管理を継続しなければならない（940条）。

(2) **管理費用等**　相続財産の管理費用は相続財産から出してよい。なお、家庭裁判所は、利害関係人または検察官の請求によって、いつでも相続財産の保存に必要な処分を命ずることができる（918条2項）。この処分の一つの方法として、特別の相続財産管理人が選任された場合には、不在者のための財産管理人に関する規定が準用される（同条3項）。

第2節　単純承認

35　単純承認の意義と効果

(1) **単純承認の意義**　単純承認とは、被相続人の権利義務を無

第4章　相続の承認および放棄

限に承継する——さらに具体的にいえば相続によって承継した債務
について相続人の固有財産をもって全責任を負う（920条）——相
続形態、またはこのことを承認する相続人の意思表示を意味する。
民法は単純承認を相続の本来的形態とみて、相続人が限定承認も相
続の放棄もしないで熟慮期間を経過すれば、すべて単純承認をした
ものとみなしている（921条2号）。したがって、単純承認の意思表
示には、戸籍上の届出または家庭裁判所への申述のような形式は要
求されず、何らかの形で相続人の単純承認をするという意思が表示
されればよいと解され、また実際上はこれさえも積極的に表示され
ることはほとんどなく、熟慮期間の経過によって単純承認とみなさ
れる場合が圧倒的に多い。そこで単純承認は意思表示ではなく、一
定の条件が備われば生ずる法定効果であるとする説もある。しかし
積極的な承認の意思表示があったときは、これに効果を認めてよい
であろう。そして、そうした意思表示があったときは、これについ
て撤回を許さないとか、行為能力の制限、意思表示の瑕疵などを理
由とする取消しを認めてよいであろう。しかしそうだからといって、
判例（大判明治41・3・9民録14輯241頁）のように熟慮期間経過に
よる単純承認までを行為とみなして、これを取り消すことができる
とすることは妥当でない。すなわち、後見人が被後見人に代わって
相続を承認するには、後見監督人があればその同意が必要であるが
（864条・13条1項6号）、熟慮期間の経過によって単純承認をしたも
のとみなされる場合にも、その期間の進行につき後見監督人の同意
を必要とし、それがないとこれを取り消すことができる——別な見
地からいえば、この場合熟慮期間は進行せず後見人はいつまでもそ
の判断を引き延ばすことができる——というような解釈をすべきで
はない。

(2)　**単純承認の効果**　　単純承認の効果として遺産は独立性を失い、相続人の固有財産と観念上融合し一体となる（債権者から財産分離の請求があれば別問題）。その結果、被相続人の債権者（相続債権者）は相続人の固有財産に対してその法定相続分に応じて強制執行ができる。相続人の債権者も相続財産に対して強制執行ができる。——もっとも数人の相続人がある場合には、相続財産は一応全相続人の共同所有に属するから、特定の相続人の債権者が相続財産に対して執行するためには、原則として遺産分割の完了によって終局的に特定の相続人の固有財産となったものに限られる（相16(3)(ウ)(a)参照）。

36　法定単純承認

　相続人が相続財産と自分の固有財産とを混交し、相続財産を処分した後になって、限定承認または放棄をすると、相続債権者および後順位の相続人が損害を被るおそれがある。そこでこのような事由があれば、相続人はもはや限定承認も相続の放棄もできない——当然の帰結として単純承認をしたことになる——ものとした。これを法定単純承認という。民法の認める事由はつぎのとおりである。

(1)　**相続財産の処分**　　相続人が相続財産の全部または一部を処分したときは単純承認をしたものとみなされる（921条1号）。これは、①相続人の通常の意思の推定、②処分後に放棄や限定承認を許すと、相続債権者や共同相続人または次順位相続人が不測の損害を被るであろうこと、③相続人の処分行為を信頼した第三者の保護、さらに④財産の混合による限定承認手続実施の事実上の困難などがその理由であると説明されている。解釈上つぎの諸点が問題になる。

(ア)　**処分の要件**　　相続財産の処分が単純承認をしたものとみなされるためには、相続人が相続の開始を知り、または確実に予想し

第4章　相続の承認および放棄

ながら、されたことを要する（最判昭和42・4・27民集21巻3号741頁・基本判例431）。限定承認もしくは相続の放棄をしない前の処分行為に限られるであろうか。これを肯定すべきものと考える（通説・判例）。なぜならば、921条1号は同条3号と違って、客観点な諸事情から単純承認の効果を認めるものであって、制裁的な意味は、仮にあるとしても稀薄であるし、3号が「相続人が、限定承認又は相続の放棄をした後であっても」と規定しているのと対比しても、そう解することが条文の文理に近いからである。したがって、限定承認または放棄をした相続人が、その後に相続財産の全部または一部を処分しても単純承認をしたものとはみなされない。しかし、その処分行為について、相続債権者または共同ないし次順位相続人に対して、損害賠償の責任を負うことがあるのは、いうまでもない。

　(イ)　処分の意義　　ここに処分とは、管理に対する観念であって、財産の現状またはその性質を変更する事実的処分行為（たとえば山林の伐採、家屋の取壊しなど）および財産の変動を生ずる法律的処分行為（たとえば山林の売却、株式の質入など）を含むと解される。

　(a)　法律的処分行為の無効・取消しの場合　　この後者、すなわち法律的処分行為が、相続人の制限行為能力、意思の不存在（93条－95条）、瑕疵ある意思表示（96条）などの理由によって、無効であり、または取り消された場合には、処分としての効果をもたず、したがって、単純承認したものとみなされる効果も生ぜず（無効の場合）、またはさかのぼって消滅する（取り消された場合）ものであろうか。判例は無効または取り消すことができる行為であっても、なお、単純承認をしたものとみなされた効果には影響がないといい（大判昭和6・8・4民集10巻652頁——ただし、その単純承認とみなされた効果を取り消すことができる場合があることは別問題だとする（大

判大正 9 ・12・17民録26輯2043頁）、相35(1)参照）、これを支持する者も多い。しかし、有力な反対説もあり、相続人が単純承認の意思表示をした場合には、その無効または取消しが問題になるのだから、処分行為の無効の確定ないし取消しによって法定単純承認の効果も当初から生じなかったことになると主張する。そして、915条の熟慮期間が経過した後に処分行為が取り消されたような場合にも、遅滞なく、限定承認または放棄をすれば、その効力が認められるとする。もっとも、10年も15年も経ってから処分行為が取り消されて、相続関係が覆ることは、不都合なので、それには919条 3 項の短い時効期間を準用すべきであるとする。思うに無効や取消しの原因が、相続人の行為能力にある場合には、単純承認自体の行為能力のない者の行為に、単純承認したものとみなすという効果を与えることはいかなる意味においても不当であるから、反対説の主張が正しいであろう。しかし、無効・取消しの原因が、相続財産に関連して存在する（たとえば、相続財産を自分の固有の財産であると思い違いをした場合）のではなく、それと無関係の事項について存した場合（たとえば、相続財産であることを知って譲渡したのであるが、相手方の同一性について錯誤があった場合）にまで、反対説のように単純承認の効果を否定すべきかどうか大いに疑問であろう。むしろ客観的に単純承認の意思があると認定できる場合には、法律的処分行為の効力とは関係なく、単純承認の効果を付与すべきではあるまいか。

　(b)　事実的処分行為の無効・取消しの場合　　上に述べたところは処分が事実的処分行為である場合にもそのまま妥当するであろう。すなわち、この場合には行為能力の問題は起きないようにみえるが、単純承認をしたものとみなされるのであるから、単純承認をする行為能力のない者（たとえば14、5 歳の者）の事実的処分行為は、こ

こにいう処分に当たらない。また行為の瑕疵の問題は起きないようにみえ、相続人が相続財産を事実上処分した場合（少なくともそれが管理義務違反にならない場合）には、事実上の行為について有効・無効の問題は起きないが、やはり単純承認の効果は否定されることになるかどうかは問題である。少なくとも故意に処分した場合——たとえば、家屋を壊した場合——は肯定すべきであろう。

（c）保存行為等の場合　　すでに述べたように相続人は熟慮期間中といっても相続財産を管理・保存する義務を負担するのであるから（918条）、その履行としての保存行為や短期賃貸借契約の締結（602条）はここにいう処分には該当しない。また遺族としての葬式費用の支出や、慣習に基づく軽微な形見分けや、あるいは貸借料の支払のようなものも、同様に処分にはならないと解すべきである。

(ウ)　限定承認との関係　　共同相続人の中の1人が処分行為をしたときはその者だけが単純承認をしたものとみなされるのであるが、そのために他の共同相続人は限定承認ができなくなるであろうか。条文の上では明らかでないが、この場合にも937条の適用があり、したがってその者をも含めて全員で限定承認をすることができるが、相続財産の清算の後に残る債務について、その者は、自分の相続分に応じて自己の財産で弁済する責任を負うことになると解すべきである（相38参照）。

(エ)　未成年者・成年被後見人である場合　　以上述べたところは相続人が未成年者または成年被後見人である場合には法定代理人について判断される。

(2)　相続財産の隠匿・消費など　　「相続人が、限定承認又は相続の放棄をした後であっても、相続財産の全部若しくは一部を隠匿し、私にこれを消費し、又は悪意でこれを相続財産の目録中に記載しな

かったとき」は、単純承認をしたものとみなされる（921条3号）。本号は「隠匿し」、「私に」、「悪意で」された不誠実の行為に対する制裁としての意味をもっている。主としてつぎの諸点が問題となる。

①限定承認または放棄の前に隠匿が行われた場合にも、それが本条1号の「処分」に該当しないならば本号の適用があることは疑いない。

②慣習上または衛生の見地から死者の夜具布団を焼却するようなことは、仮に自己のために行われてもここにいう消費に該当しない。

③財産目録は限定承認の申述の場合にだけ問題となるのであるが（924条）、悪意でこれに記載しないとは、財産を隠匿して相続債権者を詐害する意思をもって記載しないことである。そうして相続人に法定代理人がある場合には、その法定代理人の不正行為の効果も相続人に及び、単純承認をしたものとみなされる。ところでこの相続財産には消極財産（債務）も含まれる（最判昭和61・3・20民集40巻2号450頁）。

④共同相続人が共同して適法に限定承認をした後に一部の者が上の不正な行為をしたときは、限定承認はなお効力を持続し、不正行為をした者だけが清算の後に残る債務について、その相続分に応じて責任を負う（937条）。

上の原則は「その相続人が相続の放棄をしたことによって相続人となった者が相続の承認」（法文上限定承認を除外していない）した後は適用がない（921条3号但書）。すなわち、第1の相続人の相続の放棄はそのまま効力を持続し、第2の相続人の相続が有効とされる。相続債権者の利益を害することもないから、相続人となった者の利益を保護しようとする趣旨である。第2の相続人は第1の相続人の隠匿・消費に対して財産の引渡し、損害の賠償などの請求がで

第4章　相続の承認および放棄

きる。

(3) **熟慮期間の徒過**　すでに述べたようにわが民法は、上の二つの積極的な事由のほかに、熟慮期間（相33(6)参照）の徒過という消極的な事由に、法定単純承認の効果を付与している（921条2号）。これが相続の基本的な形態と考えたわけである。

第3節　限定承認

37　限定承認の意義

限定承認とは、相続によって得た財産の限度においてだけ被相続人の債務および遺贈を弁済する相続形態、またはこのような留保付きで相続を承認する相続人の意思表示を意味する（922条）。相続財産がマイナスであることが明瞭であれば相続人は相続の放棄をすればよいが、プラスかマイナスか不明の場合にこの制度が効果を発揮する。

38　限定承認の方式

限定承認をするには、熟慮期間中に、相続財産の目録を作成して家庭裁判所に提出し、限定承認をする旨を申述しなければならない（924条、家事附則別表第1の92）。熟慮期間を徒過し、または熟慮期間中でも法定単純承認に該当する事由が発生すれば（相36(1)参照）、限定承認をすることができないことはいうまでもない。限定承認は家庭裁判所が申述を受理することによって効力を生ずる。

相続人が数人あるときは、共同相続人の全員の共同でなければ限定承認をすることはできない（923条）。したがって、共同相続人の1人が積極的に単純承認の意思を表示し、または相続放棄の手続をとった場合はもちろん、消極的に限定承認に同意しない場合にも、

他の相続人は限定承認をすることはできない（したがって、債務の承継を免れようとする者は相続の放棄をするほかはない）。一人ひとりの相続分についての清算手続がいかにも煩雑であるというのがその理由であるが、立法論としてはむしろ単独でできることとして、限定承認をしない者については清算後にその相続分に応じた責任を認めるのがよいとする説が有力である。そこで解釈論としても、すでに述べたように、共同相続人の1人について法定単純相続の条件が備わった場合にも、その者が同意する限り、なお限定承認をすることができると解するのが妥当である（相36(1)(ウ)参照）。なお全員で限定承認をした後に一部の者について法定単純承認が起これば、その者は自分の相続分に応じただけの単純承認者としての責任を負うことになる（937条）。

39　限定承認の効果

(1)　**清算の開始**　　限定承認も相続の一形態であり、被相続人に属した一切の財産上の権利義務は相続人に移転する。しかし、相続人は相続によって得た財産の限度においてのみ債務および遺贈の弁済をする責任を負う（相続債権者が限定承認をした相続人に対して債務弁済の訴えを起こした場合には、裁判所は「債権の全額」について「遺産の存する限度において支払うべし」という判決をすることになる（大判昭和7・6・2民集11巻1099頁））。なお、不動産の死因贈与の受贈者が贈与者の相続人である場合に、限定承認をしたときは、死因贈与に基づく限定承認者への所有権移転登記が相続債権者による差押登記よりも先にされたとしても、信義則に照らし、限定承認者は相続債権者に対して不動産の所有権取得を対抗できない（最判平成10・2・13民集52巻1号38頁・基本判例432）。上の結果、被相続人の固有財産すなわち相続財産と、相続人の固有財産とはそれぞれそ

の独自の存在を保ち、前者については、当然に清算が行われることになる。すなわち、

　(ｱ)　相続人・被相続人間の権利義務の存続　　相続人と被相続人との間の権利義務は混同によって消滅しないで存続する（925条）。

　(ｲ)　限定承認者の注意義務　　限定承認者は、その固有財産におけるのと同一の注意をもって、相続財産の管理を継続しなければならない。その際、およそ受任者と同様の地位に立たされる（926条）。相続人が数人ある場合には、家庭裁判所によって管理人に選任された相続人が管理を行う（936条1項）。なお、家庭裁判所は、相続人が相続財産の管理をすることが不可能であるとか、または不適当であるなどの事情がある場合には、別に相続財産の管理人を選任することができる（926条2項・918条2項・3項）。相続人が数人ある場合には、この管理人は、「相続人の中から」選ばなければならないように見えるが（936条1項参照）、数人の相続人がすべて管理人として不適当である場合も起こりうるから、適当な相続人がなければ第三者を管理人に選任できると解すべきであろう。相続人以外の者が管理人に選ばれた場合に、相続財産の管理はその管理人が善良な管理者の注意で管理すべきことには疑問はないが、清算手続までその管理人が行うべきかどうかは明らかではない。現行法の解釈としては、清算手続は相続人が行うとする説が有力である。

　(2)　清算の実行　　そもそも、限定承認は、相続人に対して、その固有財産で弁済しなくてもよいという利益を与える制度であるから、限定承認をした相続人が清算手続を誤って債権者に不利益を与えたときは、その限度で固有財産から弁償しなければならない。そして、その清算手続は、大体において法人の解散の場合よりはやや厳格であり、破産の場合よりは簡易である。

(ア) 除斥公告　　限定承認をした相続人または管理人（以下単に相続人という）は、限定承認をした後5日以内に（ただし936条3項参照）、すべての相続債権者および受遺者に対し、限定承認をしたこと、および2ヵ月を下らない期間を定めてその期間内にその請求の申出をすべき旨を公告しなければならない（927条1項）。この公告には、相続債権者および受遺者がその期間内に申出をしないときは、弁済から除斥される旨を付記しなければならない。ただし、限定承認者は、知れている相続債権者および受遺者を除斥できない（同条2項）。限定承認者は、知れている相続債権者および受遺者には、格別にその申出の催告をしなければならない（同条3項）。公告は官報に掲載してする（同条4項）。

(イ) 換価　　相続財産の清算は通常換価を伴うものであるが、相続債権者に対して弁済をするために相続財産を売却する必要があるときは、競売の方法によらなければならない（932条本文、民執195条）。ただし、相続人は、家庭裁判所が選任した鑑定人の評価に従って、相続財産の全部または一部を自分で引き取ることができる（932条但書）。被相続人の財産を他人の手に渡したくないという相続人の意思を尊重する趣旨である。相続債権者および受遺者はこれらの競売または鑑定に自費で参加することができる。参加の請求があったのに参加させないで競売または鑑定をしたときは、その競売または鑑定は、参加を請求した者に対抗することができない（933条・260条2項）。

(ウ) 弁済　　相続人は前述の予告期間が満了するまでは、たとえ弁済期にある債権者に対しても弁済を拒むことができ（928条）、また、弁済を拒まなければならない（934条1項参照）。期間が満了したら、その申出をした債権者および知れている相続債権者に弁済を

第4章　相続の承認および放棄

する。相続財産が全債務を弁済するに足りない場合には、それぞれの債権額の割合に応じて弁済をする。ただし、先取特権・抵当権等の優先権を有する債権者は、その優先権の効力の及ぶ限度において優先弁済を受ける（929条）。なお、その時までに弁済期が来ていない債権も額面に従って弁済すべく（930条1項）、条件付きの債権または存続期間の不確定な債権は、家庭裁判所が選任した鑑定人の評価に従って、現在の価格で弁済しなければならない（同条2項）。このようにして相続債権者への弁済が終わった後で受遺者に弁済する（931条）。さらに、残余財産があれば、期間内に申し出なかった相続債権者および受遺者で限定承認者に知れなかった者に弁済する。もっとも、特別担保を有する債権者は期間内に申し出なかった場合にも、なお優先弁済を受ける権利を失わない（935条）。

　(エ)　限定承認者の責任　　限定承認者が前述の公告・催告などの手続を怠り、または催告期間内に弁済をする等の行為により、相続債権者もしくは受遺者に正当な弁済を得させなかったときは、これらの者に対して損害賠償の責任を負う（934条1項）。このような相続債権者または受遺者は、情を知って不当に弁済を受けた者に対して求償することもできる（同条2項）。これらの請求権は不法行為に基づく損害賠償請求権と同様に3年の消滅時効、20年の除斥期間にかかるものとされる（同条3項）。

　(3)　限定承認手続の完了　　相続財産におけるプラスとマイナスがぴったり合致する場合のほかは、債務を弁済し終わってなお残余財産が残るか、財産をすべて換価して弁済してもなお債務が残るかいずれかである。前者の場合は、残余財産は限定承認をした相続人に帰属し、相続財産は独自の存在を失う。あまり問題はない。後者の場合は、弁済されない債務が残る。これに対して、限定承認者が

324

弁済の責任を負わないことはいうまでもない。これが限定承認の本来の効果なのである。では論理的には残った債権はどんな性格のものであろうか。一般には、限定承認者は債務を相続するが、責任は相続財産の範囲でのみ負うと説明される。したがって、一種の自然債務であり、限定承認者がその固有財産から任意に弁済すれば、やはり通常の弁済であり、また被相続人の債務について保証をした者は限定承認後も債務の全額について責任を負わされるのである。

第4節　相続の放棄

40　相続の放棄の意義とその社会的作用

(1)　**意義**　　相続の放棄とは、相続の開始によって、不確定ではあるが一応生じた相続の効力——財産に属した一切の権利義務の承継——を相続人が拒絶する行為である。かつての「家」を中心にした制度の下で、相続の放棄の自由を認めなかったが、今はもっぱら財産の承継である。したがって、相続財産がプラスであれば、相続の放棄をする必要はない。プラスかマイナスか疑問の場合には、限定承認をすればこと足りるわけである。しかし、たとえ利益であっても、本人の意思に反してこれを帰属させることをしないという私法の大原則から、それが単純な財産上の利益であればあるだけ、これを拒否する自由を認めるべきであろう。かつ、限定承認の手続自体がかなりわずらわしいばかりでなく、技術的にみても、わが現行法上は共同相続の場合に限定承認をするには共同相続人全員の共同を必要とするので、この共同が得られないときは、債務の承継を免れようとする者は、やはり相続の放棄をすることが必要である。これが相続の放棄の認められている主たる理由である。共同相続人中

325

第4章　相続の承認および放棄

の特定の者のために相続の放棄をするということは、相続の放棄制度の本旨でもないし、また規定の上でも認められていない（相42(1)(イ)参照）。

(2)　社会的作用　　ところが終戦後の改正を経た後の実情によると、相続の放棄は、実際上は主として共同相続の原則を排除して、1人の相続人、多くの場合に長男または家業を承継する者に、単独相続をさせ全財産を承継させるために行われることが多かったといわれる（第1の型）。これは、改正された民法の精神に反するものといわなければならない（ただし、家業の単独承継と均分相続とをどのように調和させるかという課題が存在することは否定できない）。もっとも、実質上の単独相続は相続の放棄だけではなく、別の方式によっても行われている。すなわち、改正民法施行当時は、正式の相続放棄が比較的広く行われていたが、後に相続税法が改正されて、1人相続と数人の分割相続との間に課税の額で大差が生ずるに及んで、形式上は共同相続としながら、実は共同相続人が相続権を主張せず、1人の相続人が事実上全相続財産を支配すること（第2の型）が普及した。しかしこれには、不動産の相続登記、株式の名義書換等が円滑にできず、処分や担保権の設定等が困難であるという難点がある。のみならず、長くこのような状態が放置されると、共同相続人間の権利関係が不明確になり、当事者の間にも不和や不安が生じ、取引の安全が脅かされるおそれもある。もっとも、昭和33年に共同相続人の一部の相続の放棄は全体としての相続税額に影響しないことに改められたので（相税15条・16条参照）、税法上の圧力はなくなった。しかし今日でも、共同相続を前提としながら分割協議のやり方によって財産を1人の手に集めることが行われる（第3の型）。相続財産の評価を人為的に調整したり、他の者が生前に贈

与を受けたとして1人の相続人が積極財産の大部分を承継する分割協議書を作って実質上の相続の放棄をしたりすることが行われるという現象が見られることがあるが、望ましいことではない。

41　相続の放棄の方式

　相続の放棄をしようとする者は、熟慮期間中に、その旨を家庭裁判所に申述しなければならない（938条）。共同相続の場合でも各相続人は単独で放棄することができる。相続人は熟慮期間中に相続財産の調査をすることを許されるが（915条2項）、熟慮期間を徒過し、また、その期間中に相続財産を処分すれば、単純承認をしたものとみなされ、もはや相続の放棄ができないこと（921条1号）はすでに述べたとおりである（相36(1)参照）。相続の放棄は必ず家庭裁判所に対する申述によって行わねばならない——それ以外の方法でやっても無効である——が、申述書には一定の形式的な事項（当事者および法定代理人、相続の放棄をする旨等）を記せばよいのであって、理由を示す必要はない（家事201条5項、家事規則105条1項）。相続の放棄の申述は、受理という審判によって行われるが（家事附則別表第1の95）、相続放棄の有効無効を実質的に判断して確定するものではなく、相続放棄の意思表示を家庭裁判所が受理し、それが申述した相続人の真意に基づくものであることを公証する作用を果たすものと解されている。そして、家庭裁判所が申述書に受理した旨を記載した時に、受理の効果が生ずる（家事201条7項）。有効に行った相続の放棄を撤回することができないことはいうまでもない（相33(3)参照）。なお、家庭裁判所は本人の出頭を求めて審訊するなど相続の放棄がはたして真意に出たものであるかどうかを慎重に確かめたうえで受理するのが普通である（最判昭和29・12・21民集8巻12号2222頁。必ずしも常に審問を行うことを要しないとする）。しかし、

第4章　相続の承認および放棄

相続の放棄の申述が、熟慮期間の経過後であり、もしくは錯誤によるものであったりすれば、受理された後でも利害関係人は後日訴訟においてその効力を争うことができる。

相続の放棄は、共同相続人間の利害に関係するところが大きい。ことに相続財産が債務超過である場合には、相続の放棄をしない共同相続人は放棄した者の分まで債務を引き受けねばならなくなるので、相続の放棄がされたかどうかは重大関心事である。それにもかかわらず、共同相続人に通知することさえも要求されていないのは立法上の大きな手ぬかりといわなければならない（相続の放棄の申述書に共同相続人の氏名住所を書くことさえ要求されていない（家事201条5項参照））。

42　相続の放棄の効果

(1)　相続権の遡及的消滅　　相続の放棄の効果として、相続の放棄者はその相続に関しては、はじめから相続人とならなかったものとみなされる（939条）。すなわち、遺産に属するもろもろの積極的財産も、債務その他の消極的財産もすべて承継しなかったことになる。これが相続放棄の基本的効果である。

昭和37年に改正される以前には、939条はその1項で「放棄は、相続開始の時にさかのぼってその効力を生ずる」と規定し、同2項で「数人の相続人がある場合において、その1人が放棄したときは、その相続分は、他の相続人の相続分に応じてこれに帰属する」と規定していた。その文意はいったん相続人に帰属した相続分が遡及的に「他の相続人」に「その相続分に応じて」分割帰属するとするものであった。そこで「他の相続人」がだれであるかについても、「相続分の割合」の算出方法についても解釈上多くの疑問が生じた（たとえば、配偶者Aと子B・Cが相続人である場合に、B（相続分4分

の1）が相続放棄したときに、Bの相続分がAとCにどのように帰属するか、すなわちそれがCにのみ帰属するのか、AとCに帰属するのかが問題となる。さらに後者の場合に、AとCに帰属する割合も問題となる）。改正法は、相続の放棄者を「その相続に関しては、初めから相続人とならなかったものとみなす」こととしたので、解釈上の疑義は一挙に解決した（前述の例では、相続人はもともとAとCのみであったとされるので、Aの相続分が2分の1、Cの相続分が2分の1となる）。ただ、同年の改正で、第1順位の相続人を「直系卑属」から「子」に改められたので（887条1項）、相続人である子が相続の放棄をし、初めから相続人とならなかったものとみなされても、その子（被相続人の孫）は相続人とならないことが明確になった（相7参照）。また、相続を放棄した者の子が代襲相続人とならないことも明らかである（もっとも、改正前においても、そのように解されていた）。

　⑺　資格の重複と相続の放棄　　重複して相続人の資格を有する者——たとえば代襲相続人である孫で同時に被相続人の養子となった者——は、一方の資格だけの相続の放棄することはできないと解すべきであろう。実務の取扱いはそうであるが、有力な反対説もある。

　⑻　強行規定　　上に述べた相続放棄の効果は、いわば一種の強行規定であって、当事者は相続の放棄にあたってこれと異なる効果を与えること——たとえば共同相続人中の特定の者のために相続の放棄をすること（これを相対的放棄と呼ぶ学者もある）——は認められていない。自分の相続分を特定の者に与えようとする場合には、905条の相続分の譲渡によることができるのであり、共同相続人の1人に譲渡すればその者のために相続の放棄をしたのと同様の効果

第4章　相続の承認および放棄

が生ずる。

(2)　**相続の放棄と対抗要件**　　相続の放棄に関する規定が上のように改められても、相続開始から相続の放棄までの間は観念的には相続の放棄者を含めた相続の効果が生じていて、それが遡及的に変動することには変わりはない。共有説によると共同相続人はその相続分に応じて個々の財産の上に共有持分をもつことになるので、相続の放棄によってその持分の変動を生ずることになる（255条参照）。合有説、ことに共同相続人は遺産を全体として合有するという説によれば、相続の放棄によって全遺産の上の抽象的な相続分に変動が生ずるにすぎないと構成される。しかし、いずれの説によるにせよ相続の放棄者は遡及的に相続人の地位を失うのであり、また相続の放棄は家庭裁判所に対する申述によって行われ、公に確認されるので、相続の放棄に基づく権利変動は個々の財産関係についていちいち対抗要件を備えることを要しないと解される（最判昭和42・1・20民集21巻1号16頁・基本判例84）。たとえば相続債権者または相続債務者にも、いちいち通知する必要はない。もっとも不動産については、相続の放棄前に共同相続人全員のための相続登記（通常共有の登記であり相続人の1人がやれる）がされることがありうる。そうしてそれは相続の放棄があれば抹消すべきものである。そのまま放置して後に相続の放棄者の債権者がその持分を差し押えたような場合にも、相続の放棄者は一種の僣称相続人であるから、これを177条の第三者として保護することはできないであろう。法律行為が取り消された場合と異なることを注意すべきである（物14(1)(ｱ)参照）。このことは、主として合有の登記という特別のものを認めないことから生ずる不都合である（相16(2)参照）。

(3)　**管理継続の義務**　　相続を放棄した者は相続開始の初めにさ

かのぼって確定的に相続人でなくなるのであるが、共同相続人また
は次順位の相続人が相続財産の管理を始めることができるまで、自
己の財産におけるのと同一の注意をもって、その財産の管理を継続
する義務を負う（940条1項）。その内容は限定承認者の管理義務と
同様であり、また家庭裁判所が相続財産保全のために必要な処分を
することができること、およびこの処分によって管理人が置かれた
場合の権限など、相続の承認・放棄前の財産管理の場合と同様であ
る（同条2項・918条2項・3項）。

第5章 財産分離

43 総 説

(1) **財産分離の意義** 財産分離とは、相続によって被相続人の財産（相続財産）と相続人の固有財産とが混合することを阻止し、相続財産を特別財団として、これについて清算手続をとることである。相続によって混合が起こると、相続財産が債務超過であれば相続人の債権者が不利益を被るし、相続人の固有財産が債務超過であれば相続債権者が不利益を被る。もともと被相続人または相続人のそれぞれの固有財産を引当てに取引関係に立った債権者が、相続による両財産の混合によって不利な影響を受けることは迷惑であるといわなければならない。そこで両財産の関係を別々にしてくれというのがこの制度の認められる根拠である。先に述べた限定承認制度と類似するが、限定承認は相続人がイニシアティブをとるのに対し、財産分離は相続人の意思にかかわらず、被相続人の債権者または相続人の債権者がイニシアティブをとって、両財産の混合を阻止する点に特色がある。その手続も限定承認に似ているが、相続人に相続債権に対する責任を免れようとする意思がなく、したがって、相続債権者は結局、相続人の固有財産から弁済を受けられる点で若干の差異がある。

(2) **財産分離の種類** 財産分離には相続債権者または受遺者の請求による場合と相続人の債権者の請求による場合とがあるが、前者は相続財産の状態が良好で相続人の財産状態が不良なときに行われ、後者はその反対のときに行われることになる。手続に多少の差があるが、相続財産を清算してまず相続債権者と受遺者に弁済する点で

は同じである。

財産分離は相続人の単純承認によって相続財産と固有財産との混合が生ずるのを防ぐのであるから、限定承認がされた場合にはその必要がない。また相続の放棄によって相続人に変動が生じ、財産分離の必要がなくなる場合も起こりうる。ただ限定承認や相続の放棄が後に至って無効になることがありうるので（たとえば921条3号参照）、相続人がこれらの手続を進行している場合にも、これと関係なく財産分離の請求をすることができると解されている。これと逆に、財産分離があった後でも、熟慮期間内ならば相続人が全員で限定承認や相続放棄をすることはもとより差し支えない。この場合には財産分離の手続は停止される。相続人または相続財産についての破産手続開始の場合にも上と同様である（破228条参照）。

このように財産分離は理論的には存在意義のある制度であるが、わが国で実際行われることはまれである。

44 相続債権者または受遺者による財産分離

(1) 相続債権者・受遺者による請求　　相続債権者または受遺者は、相続開始の時から3ヵ月以内に、相続人の財産の中から相続財産を分離することを家庭裁判所に請求することができる。3ヵ月が過ぎた後でも、相続財産が相続人の固有財産と混合しない間は、同様に分離の請求ができる（941条1項、家事附則別表第1の96）。この3ヵ月間はたとえ財産の混合が生じても分離の請求ができるのであるが、熟慮期間のように相続の開始を知ったときからではないから、熟慮期間より早く経過することが少なくないであろう。しかし、3ヵ月がすぎた後でも、財産の混合が起きない間は相続人が単純承認の意思表示をし、または法定単純承認の事由が生じていても分離の請求ができるのであり、実際上は熟慮期間と一致する場合が多いと思わ

第5章　財産分離

れる。ここに混合とは事実上識別できなくなることで、いわゆる権利の混同（物17参照）ではない。相続財産の処分や消費は混合を生ずる場合が多いであろう。そうして混合が一部の財産について起きてもそれが全体として混合と認められる限り（したがってきわめてわずかな財産の混合はここにいう混合にならない）全財産について財産分離の請求はできなくなると解すべきであって、相続財産中の特定の財産、たとえば不動産が識別できる形で残っていても、それだけについて分離を請求することは許されない（多数説であるが少数の反対説がある）。

(2)　相続人の債権者の請求による財産分離の請求と手続

(ア)　家庭裁判所の命令　　財産分離の請求があると、家庭裁判所は相続財産および相続人の固有財産の状態その他の事情を総合し、その必要性を判断したうえで、財産分離の命令を出さなければならない。家庭裁判所の命令があると、請求者は5日以内に他の相続債権者および受遺者に対し財産分離の命令があったこと、および一定の期間内に配当加入の申出をすべき旨を公告しなければならない。この期間は2ヵ月を下ることができない（941条2項）。この公告は官報に掲載してする（同条3項）。このようにして請求者は債権の申出を待つのであるが、同時に他方、相続財産は特別の財団となり、相続人はこれを自由に処分することはできなくなる。そうして不動産については処分制限の登記をすれば、仮に相続人がこれを第三者に譲渡した場合にもその者に対抗することができる（945条）。このように相続財産について特別の清算が開始するので、相続人は、たとえ単純承認をした後でも、財産分離の請求があると、以後その固有財産におけるのと同一の注意をもって、相続財産を管理しなければならない（944条1項本文）。

なお、家庭裁判所は相続財産の管理については必要な処分を命ずることができる（943条1項）。その一つとして、管理人を選任することができ（共同相続の場合には原則として管理人が置かれるであろう）、その場合には、この管理人がもっぱら相続財産の管理に当たる（同条2項）。

(イ) 相続債権者・受遺者に対する弁済　　相続人は前記の公告に定められた期間中は相続債権者および受遺者に対し弁済を拒むことができる（947条1項）。期間が過ぎたときは、相続人は相続財産をもって、財産分離の請求または配当加入の申立てをした債権者および受遺者にそれぞれの債権額の割合に応じて弁済しなければならない。ただし、優先権を有する債権者の権利を害することができない（同条2項）。その弁済および換価の方法については、相続財産の換価は原則として競売によらなければならず、相続債権者は受遺者に優先する。また相続人は弁済手続違反について責任を負い、申請者は公告に関して責任を負うなど、限定承認に関する規定が準用されている（同条3項・930条－934条）。

(3) 相続債権者または受遺者による財産分離の効果　　上のような手続によって相続債権者への弁済が行われるわけであるが、その場合つぎのような実体法上の効果がこれに伴っている。

(ア) 優先弁済権　　財産分離の請求をした者および配当加入の申出をした相続債権者と受遺者は、相続財産について相続人の債権者に対して優先弁済権を認められる（942条）。この優先弁済権は、相続財産を構成する財産権の売却、賃貸、滅失などによって相続人が受けるべき金銭その他の物の上にも及ぶのである（946条・304条）。これが相続債権者または受遺者による財産分離の本体的効果である。

(イ) 固有財産からの弁済　　上の優先的弁済をしたうえでなお残

った相続財産に対しては、申し出なかった者と相続人の債権者とが平等の立場で権利を主張できることになる。もし、相続財産が上の優先的弁済にも足りないときは、申し出た債権者たちは相続人の固有財産についてその権利を行うことができるが、この場合には相続人の債権者に優先される（948条）。

(4) **相続債権者または受遺者による財産分離の阻止**　この種の財産分離は、相続人の意思に反して行われ、かつ相続人の財産状態が不良であることの証明ないし疎明なしに受理されるので、時には相続人にとってはなはだ迷惑である場合が起こりうる。そこで相続人はその固有の財産で、相続債権者もしくは受遺者に弁済をして、または相当の担保を提供して、財産分離の命令がされないうちにその請求を防止し（家庭裁判所の審判の際に主張し、これによって家庭裁判所は財産分離を命じないことになる）、またはすでにされた命令の効力を消滅させることができる（949条本文、審判に対する即時抗告によるべきか、家事202条2項1号参照）。相続債権者または受遺者による財産分離の必要がなくなるからである。ただし、相続人の債権者が、これによって損害を受けるであろうことを証明して、異議を述べたときは、財産分離の命令を防止ないし失効させることはできない（949条但書）。

45　相続人の債権者の請求による財産分離

(1) **相続人の債権者の請求による財産分離の意義**　相続人の債権者は、相続人が限定承認をすることができる間、または相続財産が相続人の固有財産と混合しない間は、家庭裁判所に対して財産分離の請求をすることができる（950条1項）。相続によって状態の良くない相続財産が相続人の財産の中へ入り込むことを、相続人自身が限定承認によって阻止しない場合に、これに代わって相続人の債権

者が両財産の混合を阻止するところに相続人の債権者の請求による
財産分離のねらいがあるので、その請求期間も、一方で相続人を中
心にして限定承認をすることができる期間とし、さらに、他方で両
財産が混合しない間は、仮に相続人が単純承認をし、または法定単
純承認の事由が生じても、なお財産分離の請求ができることとした
のである。なにが財産の混合かは相続債権者または受遺者による財
産分離の場合と同じである。

(2) 相続人の債権者の請求による財産分離における清算手続　　分離
財産の清算手続については、民法は、財産分離を請求した者が債権
の申出の公告をすべき旨を定めるだけで、その他は限定承認の規定
と相続債権者または受遺者による財産分離の規定とをこもごも準用
している (950条2項)。実質的には後者の財産分離の場合とほとん
ど差異がない。略述すればつぎのとおりである。

　適式の財産分離の請求があれば、家庭裁判所は必要性を判断した
うえで財産分離の審判をしなければならない。そして相続財産の管
理に必要な処分を命じ (943条1項)、管理人を選任するなどすべて
相続債権者または受遺者による財産分離と同様である (同条2項)。
このようにして相続財産を管理しながら、他方で分離を請求した相
続人の債権者は、相続債権者および受遺者に対して、限定承認の場
合と同様に、一定の期間内に配当加入の申出をするように公告およ
び催告をする (950条2項但書・927条)。

　このようにして、申し出た債権者に対して、配当弁済をする手続
は、先に相続債権者または受遺者による財産分離について述べたと
ころと同様である。なお、不動産について登記をもって対抗要件と
すること (950条2項・945条)、および物上代位の規定が準用されて
いる点 (946条・304条) は、相続債権者または受遺者による財産分

離と同様である。

(3) 相続人の債権者の請求による財産分離の効果

(ア) 優先弁済権　申し出た債権者および受遺者は期間内に申し出なかった債権者および受遺者に優先して相続財産から弁済を受けることができる。このことは950条が929条を準用していることからおのずから明らかである。これに反し、申し出ない債権者については規定がない。もっとも942条を準用していないこと——準用すると申し出なかった債権者と相続人の債権者とが、相続財産について平等になる——と、この種の財産分離の趣旨とから、申し出なかった者も、相続人の債権者に優先すると解することになる。立法論としては明確な規定をおくべきである。

(イ) 固有財産からの弁済　相続債権者らは上の弁済で完済されない残額については相続人の固有財産から弁済を受けることができるが、その場合に相続人の債権者に優先される（948条準用）。これが相続人の債権者の請求による財産分離のねらいである。950条で準用されている948条は配当加入の申出をした債権者、および受遺者だけがこのような制限を受ける旨規定しているが、それでは故意に申出をしない者が出る可能性があるから、相続人の債権者の請求による財産分離に準用された場合には、相続人の固有財産に関しては、すべての相続債権者および受遺者が相続人の債権者に優先されると読むべきである。その結果、配当加入の申出をしない者は、相続財産の配当にあたっては申し出た者に優先され、相続人の固有財産については、相続人の債権者に優先されることになる。

(4) 相続人の債権者の請求による財産分離阻止の可否　なお、950条は949条を準用していないから、相続人の債権者の請求による財産分離については、相続人がこれを防止する方法は認められていな

い。したがって、相続人は財産分離の請求をした者にその債務を弁済して、これを阻止するほかはなく、担保を供することによって阻止する方法は認められていない。立法論としては再考の余地があろう。

第6章　相続人の不存在

46　相続人不存在の意義

相続人の不存在とは、相続人の存否が不確定のことである。すなわち、差し当たり子・直系尊属・兄弟姉妹および配偶者、ならびに代襲相続人が1人も現われないが、どこかに該当者がいるかもしれない状態をいう。遺言者の相続人は存在しないが、相続財産全部の包括受遺者が存在する場合は、「相続人のあることが明らかでないとき」には当たらない（最判平成9・9・12民集51巻8号3887頁・基本判例433）。相続人の所在が不明の場合と異なる（この場合には、不在者の財産管理の問題が起こる（25条以下））。相続人の存否がわからないと、一方ではこれを探さねばならないのであるが、他方その出現までの間、相続財産を管理し、相続債権者に弁済するなどの処理をしなければならない。ところが、形式的には相続人、すなわち、相続財産の主体がいるかいないかわからないのであるから、管理人がだれの代理人として管理行為を行うのか説明できない。そこで民法は、このような場合には相続財産それ自体が主体となるという擬制を用いた。すなわち相続財産それ自体を、清算しながら相続人の出現を待つという目的をもった、法人としたのである（951条）。これは人格継続の原則を厳格に守るわが相続法の建前からすれば当然の帰結かもしれないが、そのこと自体ははなはだしく技巧的であるばかりでなく、相続人が出現するとその法人は存立しなかったものとし、しかもなお、相続財産の管理人が権限内でやった行為はその効力を失わないものとするなど、技巧を重ねることになる。立法技術としてあまりすぐれたものとはいえないであろう。この点に関し

ては人格代表者制（相15⑴参照）がすぐれていることは疑いがない。

47 相続財産法人の管理

⑴ **相続財産の管理人の選任**　相続人のあることが明らかでない場合には、相続財産は別段の手続をしなくても当然に法人（相続財産法人）となる（951条）。このような理論的前提の下に家庭裁判所は利害関係人または検察官の請求によって、相続財産の管理人を選任し、かつ遅滞なくその旨を公告しなければならない（952条、家事附則別表第1の99）。

⑵ **相続財産の管理人の権利義務**　相続財産の管理人は原則として不在者の財産管理人と同様の権利義務を有する（953条・27条－29条）。なお相続債権者または受遺者の請求があるときは、その請求をした者に相続財産の状況を報告しなければならない（954条）。民法は相続財産の管理人が財産を管理し、清算を進行しながら相続人の出現を待つ手続については、一応の順序を定めている。

　㈠　**財産状況報告義務**　前述の家庭裁判所が相続財産の管理人を選任したことの公告の後、2ヵ月間は清算を開始しないで相続人の出現を待っている（957条2項・928条参照）。その間にも相続債権者または受遺者の請求があるときは、その請求をした者に相続財産の状況を報告しなければならない（954条）。

　㈡　**債権申出の公告**　上の2ヵ月を経過しても相続人がわからないときは、相続財産の管理人は遅滞なくすべての相続債権者および受遺者に対して、2ヵ月以上の期間を定めてその期間内にその請求の申出をしなければならず、申出がないと除斥される旨を公告しなければならない（957条1項）。なお、知れている債権者などにはそれぞれに催告すべきであり、これらの者を除斥することはできない（957条2項・927条2項－4項・928条－935条）。

第6章　相続人の不存在

　(ウ)　清算方法　　上の期間が経過すると債権者らへの弁済を開始するのであるが、その清算方法についてはほとんどすべて限定承認の規定が準用されている（957条2項・929条—935条）。期間内に申し出なかった債権者も、残余財産が国庫に帰属するまでは（後述参照）、これから弁済を受けうることを注意すべきである（935条・959条）。相続債権者は、被相続人から抵当権の設定を受けていても、被相続人の死亡前に仮登記がされていた場合を除き、相続財産法人に対して抵当権設定登記手続を請求できない（最判平成11・1・21民集53巻1号128頁・基本判例434）。

　(エ)　相続人捜索の公告　　上の清算と並行して、相続債権者に対する催告の期間が満了しても、なお相続人のあることが明らかでないときは、相続財産の管理人（検察官もなることができる）は、家庭裁判所に対して、相続人があるならば6ヵ月を下らない一定の期間内にその権利を主張すべき旨を公告するよう請求できる（958条）。

48　相続財産法人の消滅

　(1)　相続人がいることがわかった場合　　上の手続のどの段階においてでも相続人が現われて相続を承認すれば、法人存続の必要がなくなることはいうまでもない。しかもこの場合には、民法は相続財産が被相続人から相続人へ直接に移転したという擬制をとるため、法人は存在しなかったものとみなす（955条本文）。しかし、そのために相続人出現前に相続財産の管理人のした行為が効力を失ったりしては第三者が迷惑するので、その権限内でした行為の効力は妨げられないことにしている（同条但書）。考え方を変えれば、むしろ相続財産の管理人はさかのぼってその相続人の代理人であったとみなされるわけで、その権限は相続人が相続を承認したときにはじめて消滅する（956条1項）。この場合に、相続財産の管理人は遅滞な

く相続人に対して管理の計算をしなければならない（同条2項）。

(2) 相続人がついに出現しない場合

(ア) 公告による除斥　相続財産の管理人選任の公告（952条）、債権申出の公告（957条）、権利主張催告の公告（958条）と3回の公告がされ、最後の公告に定めた6ヵ月以上の期間が経過してもなお相続人が現われず、あるいは現われても相続を承認しないときは、相続人はもちろんのこと、相続財産の管理人に知れなかった相続債権者および受遺者もその権利を行うことができない。いいかえれば、これらの者の権利はすべて消滅する（958条の2）

(イ) 特別縁故者への分与　昭和37年改正前の規定では右の期間の経過による相続人らの権利の消滅と同時に、相続財産は国庫に帰属するとされていた（旧959条1項前段・2項。ただし共有持分は消滅する、255条参照）。しかし、昭和37年の改正によって958条の3が設けられ、これらの権利を消滅させたうえで残った相続財産を、被相続人と生計を同じくしていた者（たとえば内縁の妻・事実上の養子・配偶者の連れ子など。手当をもらっていた愛人などは含まれないとされる）、生計を同じくしないが被相続人の療養看護に努めた者、その他被相続人と特別の縁故があった者（たとえば老人ホーム）に相続財産を承継する途が開かれた。すなわち、これらの者から前述の期間の満了後3ヵ月以内に請求があった場合には、家庭裁判所は、相当と認めるときは、清算後残存すべき相続財産の全部または一部をこれらの者に与えることができる（958条の3）。上の処分は審判によって行う（家事附則別表第1の101）。この制度の解釈として、①同条の「請求」とは家庭裁判所の判断を促す意味であり、これらの者に相続財産に対する「請求権」を認めたものではない。したがって相続の対象とならないこと。しかし、②縁故者は被相続人と同時存

第6章　相続人の不存在

在の制約は受けない。したがって特別縁故者の子が特別縁故者と認められることは可能であること、などが審判例を通じて明らかにされた（大阪家審昭和39・7・22家月16巻12号41頁）。なお、昭和41年に居住用の借家権について同じ趣旨の規定が旧借家法に設けられた（旧借地7条ノ2、平成3年に制定された借地借家法も同趣旨の規定をおいている（借地借家36条））。

　㈢　国庫への帰属　　縁故者から所定の期間内に請求がなく、または請求があったが裁判所が相続財産の全部または一部を縁故者に与えなかった場合には、その相続財産は国庫に帰属する（一般収入となる。ただし著作権は消滅する（著作62条1項1号））。この場合には相続は相続財産法人から国庫に移転し、法人は消滅する。相続財産の管理人は現実に財産を引き渡し、管理の計算をしなければならない（959条後段・956条2項）。相続人不存在の場合に、特別縁故者に分与されなかった相続財産は、相続財産管理人がこれを国庫に引き継いだ時に国庫に帰属し、相続財産全部の引継ぎが完了するまでは、相続財産法人は消滅せず、相続財産管理人の代理権も引継未了の相続財産につき存続する（最判昭和50・10・24民集29巻9号1483頁・基本判例435）。

　共有者の1人が死亡した場合にその持分が他の共有者に帰属するという255条と958条の3との関係につき、255条が優先するという学説・実務の扱いもあったが、判例は、958条の3が優先するとし、財産分与がされないことが確定したときにはじめて255条が適用されるとしている（最判平成元・11・24民集43巻10号1220頁・基本判例119。物52(1)参照）。

第7章 遺　言

第1節　序　説

49　遺言制度

　遺言とは、遺言者の死亡とともに一定の効果を発生させることを目的とする相手方のない単独行為である。財産の私的・個人的所有が確立してくると、それに対応して遺言による財産処分の自由が認められるに至ることは、すでに述べた（相2参照）。しかし、それにはそれぞれの国によって遅速のあることはいうまでもない。西欧諸国、特にイギリスでは、まず動産の自由処分から発達して、幾多の変遷を経ながら、広く普及し、遺言による相続は相続制度の中でかなり重要な部分を占めている。わが国でもすでに養老令の中に遺言に関する規定の存在が指摘されているが、その後、封建時代の過程においては、遺言は主として「家」の管理――なかでも「家」の承継者の指定、廃除――に関するものであった。終戦まで行われていた民法は大体これを法制化していたのである。そのためか、遺言の普及する度合いはきわめて低いものであった。しかし、今は相続を純粋の財産相続として規定しており、しかも無遺言相続の場合について、一般の法意識より数歩進んでこれをリードするような詳細な規定を設けている。したがって、被相続人がこれと異なる遺産の分配をしようと考える場合も少なくないであろう。遺言は、わが国においてもかなり行われるようになっているが、今後さらに広く普及することになることは疑いない。

第7章 遺　言

50　遺言事項

　上は主として遺産の相続との関係における遺言について述べたのであるが、人が生前の最終の意思で措置したい事項は、必ずしも遺産の処分に限られない。身分上の問題についてもしかるべき措置を講じたいと望むのは人情の常であり、子孫や近親がその遺志を尊重し、その実現を図るのも、徳義の要求するところである。しかし、法律問題としては、身分上の問題についての遺言事項の範囲はかなり限られている。遺言でできる事項は法律で認められた以下の一定のものに限られる。

⑴　相続に関する事項

　①相続人に関してその廃除および廃除の取消し（893条・894条2項）。民法は遺言による相続人の指定を認めていない。今日では、遺贈、特に包括遺贈（相57⑵参照）によって同じ目的が達せられるからである。

　②相続分に関してその指定および指定の委託（902条）、特別受益者の相続分に関する指定（903条3項）。

　③遺産の分割に関して分割方法の指定および指定の委託（908条前段）、分割の禁止（908条後段）、および分割に関連する共同相続人間の担保責任の指定（914条）。

　④遺留分に関しては侵害額の請求における受遺者または受贈者の負担割合の指定（1047条1項2号）。

⑵　相続以外の遺産の処分に関する事項

　①遺贈（964条）。

　②財団法人設立のための財産の拠出（一般法人157条）。

　③信託の設定（信託2条）。

⑶　身分上の事項

①親子関係創設のための認知（781条2項）。

②後見人および後見監督人の指定（839条・848条）。

⑷　遺言の執行に関する事項　　遺言執行者の指定および指定の委託（1006条）。

51　遺言に関する総則的事項

　遺言制度は遺言者の、明確な、最終の意思を確かめて、これに法的な効果を与えようとする制度である。そこから、つぎのような一般的な性格が出てくる。

⑴　遺言能力　　遺言も一種の意思表示であるから、意思能力のない者のした遺言はたとえ形式を備えていても無効である。しかし、遺言が効力を生ずるときは、遺言者は生存していない。そこで行為者自身を保護する趣旨である制限行為能力制度をそのまま厳格に遺言に適用する必要がない。かえって、これを緩和しても本人の最終意思を尊重するのが妥当である。一般の制限行為能力制度を適用して法定代理人による遺言を認めたり、遺言が効力を生じた後で相続人または法定代理人に取消権を与えたりすることは、いかにも不都合であろう。このことは認知その他の親族法上の行為についてはいうまでもないが、遺言によって財産を処分する場合にも同様である。そこで民法は5条、9条、13条および17条の規定は、遺言には適用されないこととした（962条）。しかし前述のように、遺言もこれに効力が認められるためには、それが本人の正常な意思に基づくことが必要である。それゆえ民法は未成年者については15歳をもって能力の標準とし、それ未満の者の遺言はすべて無効とし（961条）、また成年被後見人が本心に復した時において遺言をするには、一定の条件を備えた（974条）医師2人以上の立会いで行うことを要求し

第7章　遺　　言

ているのである（973条1項）。なお、遺言者が遺言を作成する当時
遺言の能力をもっている限り、遺言の効力発生の時にその能力を失
っていたとしても、遺言の効力に影響しないこともちろんである
（963条）。

(2)　遺言行為

(ア)　無効・取消し事由のある場合　　遺言作成の行為も法律行為
の一種として、法律行為・意思表示の効力に関する民法総則の規定
の適用がある。すなわち、遺言が公序良俗に反していたり（90条）、
心裡留保に当たるときは（93条）、遺言は無効となり、また錯誤
（95条）、詐欺または強迫（96条）があれば、本人はもとより相続人
が取り消すことができる。ただし、公序良俗以外の事由は表意者の
内心の問題であるため、遺言の効力が争われるときには多くの場合
にすでに表意者が生存していないので、その認定はきわめて困難で
あろう。また、後述するように、遺言の撤回が自由に認められるの
で、遺言者本人としては、遺言の無効・取消しを主張するよりは、
新たな遺言をすることによって、前にした遺言の効力を否定する方
が現実的な方法であろう。

(イ)　撤回の可否　　遺言制度は遺言者の最終の意思に効力を認め
ようとするものであるから、一度された遺言も遺言者において自由
に撤回することができ、この撤回権を放棄しても効力がない（1026
条）。

(ウ)　証人・立会人　　遺言が相手方のない単独行為である関係上、
自筆証書以外の方式による遺言については、それが確かに本人の自
由の意思であり、それが正確に記載されていることを保障するため、
遺言の作成にあたって証人または立会人を必要としている。そうし
てその資格要件として、制限行為能力者や当該の遺言についての利

348

害関係人を排除している。公正証書遺言の証人として盲人は欠格者ではない（最判昭和55・12・4民集34巻7号835頁・基本判例442）。以下の者は証人または立会人になることができない（974条）。

　①未成年者

　②推定相続人および受遺者ならびにこれらの配偶者および直系血族

　③公証人の配偶者、4親等内の親族、書記および使用人

　(3)　**遺言の要式性**　　人の最終の意思を確かめようとすると、それがはたして本人の意思であるかどうかを明確にしておく必要からも、またそれがはたして本人の最終の意思であるかどうかを明確にしておく必要からも、厳格な方式が要求される（960条参照）。この方式を守らない遺言はその効力を認められない。有効に成立した遺言の訂正・取消しについても同様であって、所定の形式（968条3項・970条2項・982条・1022条以下）を備えないと、訂正・取消しそのものが無効とされ、元のままの遺言として効力を与えられる。

　(4)　**共同遺言の禁止**　　遺言は必ず1人が1つの証書でしなければならない（975条）。2人以上の者が同一の証書で遺言をしても無効とされる。その訂正や撤回をめぐって困難な問題が起こりがちであり、また、これらの困難を押してでも共同遺言を認める必要もなかったからである。同一の証書に2人の遺言が記載されている場合は、その一方に氏名を自書しない方式の違背があっても、共同遺言として禁止される（最判昭和56・9・11民集35巻6号1013頁・基本判例443）。しかし、夫婦が相互に相手方の相続分を指定し、または遺贈をするために共同遺言をする必要がないわけではない。立法論として考慮に値する。

　(5)　**遺言の解釈**　　遺言も意思表示による法律行為の一種であり、

349

第7章 遺 言

したがってこれを解釈する必要が生ずる（総95参照）。遺言書の解釈にあたっては、遺言書の文言を形式的に判断するだけではなく、遺言書作成当時の事情、遺言者の置かれていた状況等を考慮して遺言者の真意を探究すべきであると解されている（最判昭和58・3・18家月36巻3号143頁、最判平成17・7・22裁判集民217号581頁）。民法は遺言の内容を明確にするために、これに厳重な要式を規定しているが（後述参照）、同時にその解釈についても多くの厳格な基準を定めている。たとえば、前の遺言と、後の遺言または遺言後の生前処分が抵触する場合には、その部分については前の遺言は撤回したものとみなす（1023条）とか、遺贈の目的である権利が遺言者の死亡の時において相続財産に属さなかったときは、遺贈は効力を生じない（996条）、などの規定がそれである。共同相続人中の遺贈を受けた者の相続分がそれだけ減少するという規定（903条参照）も、広い意味では遺言の解釈規定である。これらのことからは、遺言の解釈がかなり厳格に行われなければならないという考え方が出てくるのであるが、しかし、遺言が臨終の際に行われることの多いわが国の実情からすると、内容が不明確な場合も少なくない。遺言の要式性や解釈規定の根本を乱さない限り、合理的な解釈に努めるべきである。その意味で判例が、死期の迫った時の遺言などにおいては、表現の外形にとらわれずに表意者の真意を明らかにすべきであるといっているのは、まことに妥当な態度である。

第2節 遺言の方式

52 総 説

(1) **形式主義** 遺言は、すでに一言したように、それが効力を

生ずるときは遺言者は死亡していて、与えられた効力について異議を述べることはできないし、利害関係人から遺言者の真意を確かめにいくこともできない。そこで、遺言は一定の方式を要求されるのが諸国を通じての立法例である。わが民法は大別して普通方式と特別方式とを定めていて、この方式に従わない遺言は無効とする（960条）。このような形式主義は遺言者にとっては不便の場合もあるが、表意者の真意を明確にし、紛争と混乱を避けるためにはやむをえないところである。

(2) **普通方式・特別方式**　民法の定める方式は、普通方式が3種類、特別方式が4種類である。すなわち、前者は普通の場合に用いられるもので、**自筆証書遺言・公正証書遺言・秘密証書遺言**の3種類がある。後者は普通方式によることができない、または難しい場合に用いられるもので、死亡の危急に迫った場合のいわゆる臨終遺言、特に遭難船舶上での臨終遺言（この二つを**危急時遺言**という）・伝染病隔離者の遺言・在船者の遺言（この二つを**隔絶地遺言**という）の4種類に分かれ、いずれも、遺言者がその特別の事情が止んだ時から6ヵ月間生存すると効力がなくなることを特色とする（983条）。確実な普通方式によることを原則とする趣旨である。なお、普通方式ではすべて遺言は遺言書によりなされ、特別方式による場合であっても、多くの場合遺言書によりなされるが、口頭により遺言がなされる場合であっても、書面が作成される（976条1項、979条1項・3項）。

(3) **行為地法**　外国にある日本人が遺言をする場合には、行為地法によることができる（遺言の方式の準拠法に関する法律（昭和39年）2条1号）。しかし、民法の方式によることもできる。その場合には、公証人の職務（公正証書と秘密証書の場合にだけ問題になる）

第7章 遺　　言

は領事が行う（984条）。

53　普通方式

　特別の事情があって後に述べる特別方式によりうる場合のほかは、遺言は、自筆証書・公正証書・秘密証書の３種のうちのどれかの方式によらねばならない（967条）。

　(1)　**自筆証書による遺言**　　遺言者が自ら遺言書を作成するものであって、最も簡易な方式であるが、死後に遺言書の効力が争われることを防止するために、厳格な要式が定められている。すなわち、遺言者が、遺言の全文（英文でもよい）、日付および氏名を自書し、これに印を押さなければならない（968条１項）。第一に、遺言のすべての部分を自書することが原則であるが、平成30年改正により、相続財産の全部または一部の目録を遺言に添付する場合には、その目録については自書しなくてもよい（たとえば、ワープロで作成する場合が考えられる）とされている（同条２項）。ただし、遺言者は、その目録の毎葉（自書によらない記載がその両面にある場合にあっては、その両面）に署名し、押印しなければならない。後述するように、判例は要件緩和の傾向にあるとされているが、この改正はこのような緩和の傾向に沿うものであるといえよう。なお、他人の添え手による補助を受けた場合であっても、自書能力のあること、他人の意思が介入していないことなど**自書の要件**を満たしていれば、遺言は有効であるとされている（最判昭和62・10・8民集41巻７号1471頁・基本判例440）。第二に、日付・氏名・押印のいずれか一つを欠いても無効である。日付は必ずしも年月を記す必要はなく、遺言作成の日が暦の上で明瞭になればよいが、「昭和四拾壱年七月吉日」と記載のあるものは無効である（最判昭和54・5・31民集33巻４号445頁・基本判例439）。したがって「満60歳の誕生日に」とか、「何

352

年の先祖祭の日に」とかいう記載でもよい。氏名は、単に氏または名を自書するだけでも、本人の同一性が認識できればよいと解されているが（吉川治郎兵衛という者が「をや治郎兵衛」と書いた遺言も有効である（大判大正4・7・3民録21輯1176頁））、全く氏名のないものは、その筆跡から本人の自筆であることが立証できても有効と解することはできない。印は拇印でもよい（最判平成元・2・16民集43巻2号45頁）。遺言書の署名はあるが押印を欠く英文の自筆遺言証書につき、遺言者が帰化した人であることなどの事情からみてこれを有効とした事例がある（最判昭和49・12・24民集28巻10号2152頁・基本判例438）。

　第三に、自筆証書による遺言に加除その他の変更を加えて訂正する場合については、きわめて厳格な形式が要求されていることを注意すべきである（968条3項）。

　(2) **公正証書による遺言**　　公証人が遺言者の口授をもとに公正証書として作成する遺言である。前記の自筆証書の方式は簡単ではあるが、遺言書の紛失や、その変造（たとえばある部分を抹消して読めなくする）のおそれもあり、また、自書できない場合には不可能でもある。その場合には公正証書遺言によることができる。その要件はつぎのとおりである（969条）。

　①2人以上の欠格事由のない証人（相51(2)(ウ)参照）が立ち会うこと。

　②遺言者が遺言の趣旨を公証人に口授（くじゅ）すること。文書の朗読による口授はよいが、口授しないで文書そのものを渡すのはいけないと解される。

　③公証人が、遺言者の口述を筆記し、これを遺言者および証人に読み聞かせ、または閲覧させること。もっとも、先に遺言の趣旨を

第7章 遺 言

あらかじめ伝えられた公証人が文書を作成し、それを本人に読み聞かせ、本人が証人たちの面前で同じ趣旨を述べた——②と③が逆になった——場合も有効とされる（最判昭和43・12・20民集22巻13号3017頁・基本判例441）。

④遺言者および証人が、筆記の正確なことを承認した後、各自これに署名し、印を押すこと。ただし、遺言者が署名することができない場合は、公証人がその事由を付記し、署名に代えることができる。

⑤最後に公証人が、その証書は上に掲げた方式に従って作ったものである旨を付記して、これに署名し、印を押すこと。

なお、公正証書は一般に公証人役場で作成しなければならないが（公証18条2項）、遺言書作成の場合にはこの制約を受けない（同57条）。したがって公証人を自宅や病院に呼んで作ることもできる。

また、口がきけない者が上の公正証書遺言を作成するには、遺言者が公証人および証人の前で、遺言の趣旨を通訳人の通訳により申述し、または自書して、口授に代えなければならないとされ（969条の2第1項）、遺言者または証人が耳が聞こえない者である場合には、公証人は、筆記した口授の内容を通訳人の通訳により遺言者または証人に伝えないといけないとされている（969条の2第2項）。

(3) 秘密証書による遺言　遺言者が封じた遺言書を公証人が公証したものである。遺言の存在は明確にしておきたいが、その内容を自分の生前は秘密にしておきたい場合には、この秘密証書の方式によることができる。つぎの方式に従う（970条）。

①遺言者が遺言書を作り、その証書に署名し、印を押すこと。自筆である必要はないが、加除変更は自筆証書と同じ方式によらなければ効力がない（970条2項・968条3項）。

354

相　53

②遺言者がその証書を封じ、証書に用いた印章をもってこれに封印をすること。

③遺言者が公証人1人および証人2人以上の面前に封書を提出して、それが自分の遺言書である旨ならびにその筆者の氏名および住所を申述すること。ワープロを操作して秘密証書遺言の遺言書の表題および本文を入力し印字した者が970条1項3号にいう筆者であるとされた事例がある（最判平成14・9・24裁判集民207号269頁）。口がきけない者の場合には、通訳人の通訳により申述するかまたは遺言者が封紙に自書すること（972条1項）。

④公証人が、その証書を提出した日付および遺言者の申述——口をきくことができない者が通訳によって申述した場合や申述に代えて封紙に自書した場合にはその旨（972条2項・3項）——を封紙に記載した後、遺言者および証人とともにこれに署名し、印を押すこと。

なお、秘密証書による遺言は上に述べた諸要件を満たさないと無効であるが、それが自筆証書としての方式を具備していれば、自筆証書としての効力を認められる（971条）。無効行為の転換としてよく引用される例である（総128参照）。

(4)　3種の遺言の比較　　上に述べた3種の方式の特色を比較してみると、自筆証書遺言は最も簡便であり、かつ遺言作成の事実もその内容も秘密にすることができるが、証書の保管を確実にする配慮をとらないと、証書そのものを毀滅されるおそれがあり、また改変の危険もある。さらに、遺言の保管者は、相続開始後遅滞なく家庭裁判所に検認手続を請求しなければならない（1004条）。平成30年改正において、このような自筆証書遺言の欠点を補うものとして、特別法（法務局における遺言書の保管等に関する法律〔平成30年法律73

355

号〕）により、遺言書の保管制度が新設された（((5)）。これに対して、公正証書遺言は、公正証書の原簿に記入されるから、毀滅・改変のおそれは絶対にない。したがって、後述の検認の手続も必要でない（1004条2項）。ただ遺言の内容を秘密にしておきたい場合には適しない。また遺言者が重病の場合には、口述と筆記との間に過誤が生ずるおそれも大きい。秘密証書遺言は、上の両者の中間をゆくもので、遺言書の存在は明確にしながら、その内容を秘密にし、その毀滅・改変を防ぐことができる。

(5)　**法務局における自筆証書遺言の保管制度**　公証役場に保管される公正証書遺言と異なり、自筆証書遺言については、破棄されたり、変造されたり、隠匿されたりするおそれがある。また、そのことが原因になって紛争を生ずることがある。さらに、相続人に悪意がなくても、遺言書が存在することを知らずに、遺産の分割が行われる可能性もないわけではない。結局、相続人が遺言書の存在を確実に把握する仕組みのないことがこれらの問題が生ずる原因の一つと考えられることから、平成30年の改正において、法務局における遺言書の保管等に関する法律が制定され、自筆証書遺言を保管する仕組みが創設された。その概要は以下の通りである。

まず、**遺言書の保管所**は、法務大臣の指定する法務局である（遺言書保管法2条）。

遺言者が自ら遺言書保管所（遺言者の住所地もしくは本籍地または遺言者が所有する不動産の所在地を管轄する遺言書保管所）に出頭して、遺言書の保管の申請をする（同法4条）。この場合に、遺言書は、法務省令に定める様式に従って作成された無封のものでなければならない。また、遺言者は、遺言書に添えて必要事項を記載した申請書を提出しなければならない。必要事項とされるのは、①遺言書に

記載されている作成の年月日、②遺言者の氏名、出生の年月日、住所および本籍（外国人にあっては国籍）、③遺言書に受遺者、遺言執行者の記載があるときは、その氏名または名称および住所である。

遺言書保管官は、遺言者の本人確認を行い（同法5条）、保管所の施設内で遺言書の保管を行う（同法6条1項）。そして、遺言書に係る情報の管理は、遺言書の画像情報、申請書の記載事項、保管開始年月日、遺言保管所の名称、保管番号を磁気ディスクをもって調製する遺言書保管ファイルに記録することによって行う（同法7条）。

遺言者は、いつでも遺言書の閲覧を請求できるが、自己の遺言書が保管されている遺言書保管所に自ら出頭してその請求をしなければならない（同法6条2項・4項）。

遺言者は、いつでも自ら遺言書保管所に出頭して、保管の申請の撤回をすることができる（同法8条）。

遺言書の保管を申請した遺言者の相続人その他の者は、遺言書保管ファイルに記録されている事項の証明書の交付を請求できる（同法9条）。

また、誰でも、遺言書保管事実証明書（遺言書の保管の有無、遺言書が保管されている保管所の名称・保管番号等に限られ、遺言書の内容等は記載されない）の交付を請求できる。

そして、遺言書保管所に保管されている遺言書については、家庭裁判所の検認（1004条1項）を必要としない（遺言書保管法11条）。

54 特別方式

特別の事情で、普通方式によって遺言をするのが困難であるか、あるいは不可能の場合には、特別方式に従って遺言をすることが認められている。ただし、遺言者が普通方式によって遺言をすることができるようになった時から6ヵ月間生存するとその効力を失う

第7章 遺　　言

（983条）。なお、これらの場合は日付は有効要件ではないから、書かれた日付が正確でなくても遺言は有効とされる（最判昭和47・3・17民集26巻2号249頁）。

(1)　**危急時遺言**　　死亡の危急に迫った者のための遺言の方式であり、さらに一般の危急時遺言と、難船の危急時遺言とに分けられる。

(ア)　一般の危急時遺言　　疾病その他の事由によって死亡の危急に迫った者が遺言をしようとするときの特別の方式である。それは証人3人（医師である必要はない（最判昭和30・5・10民集9巻6号657頁））以上の立会いのもとで、その1人に遺言の趣旨を口授し、口授を受けた者が、これを筆記して、遺言者および他の証人に読み聞かせ、各証人がその筆記の正確なことを承認したうえ、これに署名・押印する（本人の署名押印は要件ではない）ことによって行われる（976条1項。証人も署名することを要し記名押印は認められない（大判大正14・3・27民集4巻126頁））。一例として、他人から聴取した内容をもとに弁護士があらかじめ作成した草案を立会証人が読み上げたのに対し、遺言者が草案内容と同趣旨の遺言をする意思を口頭で表明したときは、遺言の趣旨を口授したといえる（最判平成11・9・14裁判集民193号717頁・基本判例444）。この場合、他の特別方式と異なり、署名・押印できない者についての特例（981条）が認められないことを注意すべきである。このように公証人の立会いが要求されない反面、遺言の日から20日以内に証人の1人または利害関係人から家庭裁判所に請求してその確認を得なければ、その効力が生じないとされている（976条4項）。ここに確認というのは、遺言が遺言者の真意に出たものであるかどうかを判断する一種の審判であり（同条5項、家事附則別表第1の102）、したがって、遺言のその他の要件——たとえば方式に瑕疵があるかどうか——は確認の

対象とならない。すなわち、利害関係人は後にその効力を争うことができる（前掲大判大正14・3・27参照）。

　(イ)　船舶遭難の場合の危急時遺言　　この場合にも上記一般の危急時遺言とほぼ同様の手続で遺言をすることができる（979条1項・2項）。ただ若干の点で、さらに要件が緩和されている。すなわち証人は2人以上でよく、筆記したものを読み聞かせる手続も省略でき、また署名または印を押すことのできない者があるときは、特例が認められる（981条）。また、家庭裁判所の確認を求める必要はあるが、20日以内という確定期限はなく、遭難解消後遅滞なく請求すればよい（979条3項・4項・976条5項）。

　(2)　**隔絶地遺言**　　その所在が一般の交通から隔絶されているため、普通方式によって遺言をしえない者のための遺言の方式であり、さらに二つの場合に分けられる。

　(ア)　伝染病による隔絶　　伝染病のため行政処分によって交通を断たれた場所にある者は、警察官1人および証人1人以上の立会いをもって遺言書を作ることができる（977条）。これには、遺言者、筆者、立会人および証人は各自遺言書に署名し、印を押さなければならない（980条、ただし981条参照）。法文は「伝染病のため」とだけいっているが、その他の理由によって行政処分が行われた場合にも同様と解すべきである。

　(イ)　船舶中にある場合　　船舶中にある者も一種の隔絶地にあるものに当たる。この場合には、船長または事務員1人および証人2人以上の立会いをもって遺言書を作ることができる（978条）。立会人以外の点では上(ア)に述べたところと同じである。

55　遺言の撤回

　(1)　**遺言の撤回の自由**　　遺言は、人の最終の意思を尊重する制

第7章 遺　　言

度であるから、一度有効な遺言書を作った後でも生前に、いつでも、何ら特別の理由がなくとも、自由にその全部または一部を撤回することができる（1022条）。効力を生じない間の意思表示の撤回は本則として自由なわけであるが、遺言の場合には特にその自由が強調され、遺言者はこの撤回権を放棄できないものとされている（1026条）。すなわち、遺言を撤回しない旨を、たとえば受遺者との契約により、あるいは遺言書にこれが最終のものであるなどと書くことにより、表示しても、無効である。

　なお、ここにいう撤回とは別に、錯誤・詐欺・強迫による遺言は、総則の規定に基づいて遺言者本人またはその相続人において、これを取り消すことができる。この場合には、遺言は相手方のない意思表示であるから、その取消しの意思表示が一般人に知られうるような方法を講ずれば足り（総130参照）、つぎに述べる撤回のような方式をとることを必要としない。むしろ、自由に遺言を撤回できるのであるから、遺言者本人が錯誤等による取消しをする必要がないともいえる。

　(2)　**遺言の撤回の方式**　　上のように、遺言の撤回は自由にできるが、それは原則として遺言の方式によらなければならない（1022条。ただし、自筆証書遺言の場合には変更の方式で行われる場合も少なくないであろう）。遺言に方式を必要とした趣旨から当然であるが、先の遺言と同じ方式である必要はない。公正証書による遺言を後で自筆証書または特別の方式で撤回してもよい。

　(3)　**遺言の撤回の擬制**　　遺言書作成後の諸般の事情から先の遺言につき撤回の意思が推定される場合にも、遺言の方式による撤回がないと、これを解釈によって撤回されたものとして取り扱うことはできない。後にされた遺言が、先の遺言と衝突するような場合に

も、解釈上の疑義が生ずる。そこで民法はつぎの四つの場合には、遺言が撤回されたものとみなすことによって、解釈の途を開き紛争を避けることとしている。したがってこの四つは限定的なものと解される。

(ア) 抵触する後の遺言　　前の遺言と後の遺言とが抵触するときは、その抵触する部分（1023条1項）。ここに抵触とは、両者が両立できない場合を意味し、後の遺言が先の遺言に条件をつけた場合は抵触ではない。

(イ) 遺言者の処分　　遺言者が、遺言をした後に、その内容と抵触する生前処分その他の法律行為をした場合（1023条2項）。たとえば、特定の遺贈の目的物をその後第三者に譲渡した場合には、その部分に関しては撤回したものとみなされる。もっとも、後の行為が前の遺言と両立させない趣旨でされたことが明白であればよく、必ずしも後の行為によって前の遺言が法律上または物理的に執行が不能になった場合に限られない（大判昭和18・3・19民集22巻185頁、最判昭和56・11・13民集35巻8号1251頁・基本判例447）。しかし、抵触する後の行為が結局その目的を達しないで終わったような場合には、なお遺言が生きていると解すべき場合が多いであろう（最判昭和43・12・24民集22巻13号3270頁）。

(ウ) 遺言書の破棄　　遺言者が故意に遺言書を破棄したとき（1024条前段）。ただし、公正証書による遺言は遺言者の所持する正本を破棄しても原本が公証役場に保存されているから、破棄だけでは撤回とみなされず、他の方法――たとえば自筆証書の方式によって公正証書遺言を破棄する――によらなければならないと解される。なお、一部を抹消したときは、それが完全に読みとれないようにされない限り破棄には該当せず、したがって、変更の形式を備えてい

ないと、抹消されないものとして扱われることを注意すべきである。

(エ) 目的物の破棄　　遺言者が故意に遺贈の目的物を破棄したとき（1024条後段）。

(4) 撤回の効力　　遺言が撤回されたときには遺言ははじめからなかったと同様の結果となる。ところがこの撤回行為がさらに撤回され、またはそれが効力を失った場合には、先に撤回された遺言が復活するかの問題を生ずる。わが民法は遺言の形式による撤回がある場合と、撤回とみなされる行為があった場合とを区別せずに一様に復活しないという主義をとった（1025条本文）。普通の場合の遺言者の意思に適するであろうし、反対の結果を望む者にはあらためて遺言書の作成を要求したほうが、遺言者の真意を明確にするからである。ただし、撤回が遺言書の作成（たとえば自筆証書）によって行われたときに、その後これが破棄された場合にも、先の遺言（たとえば公正証書によった場合を考えよ）が復活しないという主義を貫くべきかどうか問題であろう。なお、第1の遺言が第2の遺言で撤回され、それが第3の遺言でさらに撤回された場合、第1の遺言の効力が復活するとした判例が現われた（最判平成9・11・13民集51巻10号4144頁・基本判例448）。前述の趣旨に沿ったものであろう。

なお、撤回が錯誤、詐欺または強迫によった場合には、法律行為の一般原則に従ってこれを取り消すことができることはいうまでもない。この場合には、先の遺言は、当初から撤回されなかったものとして効力を有する（1025条但書）。

相 55—56

第3節　遺言の効力

56　一般的効力

(1) **遺言の効力発生時期**　　遺言は遺言者の生前に成立すること
はいうまでもないが、その効力は、遺言者の死亡の時に生ずる
(985条1項)。遺言が、その成立の時ではなく、遺言者の死亡の時
に効力を生ずるとされるのは、遺言が終意行為であるという性質上
当然である。また、遺言は遺言者の死亡した時に、特別の措置をま
つまでもなく、効力を生ずるのであるが、それは、遺言を相手方の
ない意思表示であると考えれば、これまた当然である。もっとも、
遺言の内容である事項が効力を生ずるためには、特別の手続を要す
ることがある。しかし、これは遺言としての効力の発生とは別問題
である。すなわち、たとえば推定相続人の廃除の遺言は、遺言者の
死亡と同時に廃除の意思表示として効力を生じ、したがって遺言執
行者において、遅滞なく家庭裁判所に廃除の請求をするわけであり
(893条前段)、廃除の審判があればその審判の効力が、その性質上
被相続人の死亡の時にさかのぼるのである（同条後段）。遺言が停
止条件付きであるならば、遺言は条件成就の時からその効力を生ず
る（985条2項）。しかし、「条件が成就した場合の効果をその成就
した時以前にさかのぼらせる意思」が遺言の中に表示されていれば
(127条3項)、死亡の時までさかのぼって効力を生ずると解すべき
である。

(2) **遺言の無効・取消し**　　遺言者はその生存中は遺言を失効さ
せようと思えば、しいて無効・取消しを主張するまでもなく撤回で
きるし、有効ならしめようと思えば、やり直せばよい。したがって、

363

第7章 遺 言

遺言の無効・取消しが問題になるのは事実上もっぱら遺言者が死亡してからである。ところで、方式を欠く遺言、遺言能力のない者のした遺言、公序良俗に反する事項を内容とする遺言は無効である。しかし、遺言は相手方のない単独行為であるから心裡留保は常に有効となり（93条）、通謀虚偽表示に関する規定は適用の余地がない（94条）。なお、錯誤、詐欺または強迫による遺言は遺言者において取り消せることはいうまでもないが（撤回ではない（1025条但書参照））、相続人もこの取消権を行使することができる（120条）。

以上が財産法的な内容の遺言に関する通則であるが、親族法的な内容の遺言は親族法上の行為の一般的性格の影響を受けるわけである。実際上問題になるのは認知と相続人の廃除であろう。前者は認知が真実と合致する限り無効・取消しの問題は起きない（785条、親43(1)(ウ)参照）。後者については問題が起こりうるが、家庭裁判所の審理の過程で、要件の有無と同時に廃除の意思表示に瑕疵があるかないかが判断されることになろう。

(3) **特殊な無効原因**　被後見人が、後見の計算の終了前に、後見人またはその配偶者もしくは直系卑属の利益となるような遺言をしたときは、その遺言は無効とされる（966条1項）。遺言は後見人が代わって行い、またはこれに同意を与えるということはないのであるが、後見人は事実上被後見人に強い影響力を与えていることが少なくないので、不当な干渉から被後見人（遺言者）を保護するために、このような遺言を無効としたのである。ただし、後見人が遺言者の配偶者・直系血族または兄弟姉妹である場合には無効とならない（同条2項）。

57 遺 贈

(1) **遺贈の意義**　遺贈とは、遺言による財産の無償譲与である。

受遺者に一定の負担を負わせること（負担付遺贈）もできる。死因行為（遺言者の死亡によって効力を生ずる）である点で通常の生前贈与と異なり、また単独行為である点で死因贈与とも異なる。遺言がなければ法定の割合で相続人たちに帰属すべき財産について、それと異なる処分をするものであり、相続分の指定・分割方法の指定とともに、遺言事項のうち特に重要なものである。

遺贈は遺留分を侵害しない範囲で遺産の自由処分を認めるものであり（遺留分を侵害する場合には、侵害額の支払請求を受ける可能性がある）、「遺言の自由」というのは実はその本体は遺贈の自由である。これに関する民法の規定は、遺言者の有していたであろう意思の内容を条文に定めたものが多い（言い換えれば、遺言者の意思を解釈する規定といえよう）。その結果、多くの場合に遺言者はこれらの解釈規定と異なる定めをすることが認められている（988条・992条・994条・995条・996条・999条・1002条・1003条）。結局、遺贈に関する規定には任意規定、ことに解釈規定がきわめて多いということになる。これは親族・相続関係の規定が多く強行法規であるなかで、大きな特色といえよう。

(2) **遺贈の種類**　　遺贈には包括遺贈と特定遺贈とがある（964条）。前者は、積極・消極の財産を包括する相続財産の全部またはその分数的部分ないし割合による遺贈であり（たとえば「相続財産の2分の1、または4割をAに遺贈する」というのがその例）、後者は、特定の具体的な財産的利益の遺贈である（たとえば「甲不動産をBに遺贈する」というのがその例）。両者はその効力において全く異なることを注意すべきである（なお、ここで「包括」ということばが用いられているが、「包括承継」・「特定承継」というときの「包括」とは異なる用法であることに注意を要する）。

第 7 章　遺　　言

(3)　**受遺者と遺贈義務者**　　遺贈を受ける者として遺言中に指定されている者を**受遺者**という。自然人だけでなく、法人も受遺者になれるし、また遺言者の相続人も受遺者になれる（903条参照）。相続人と同一の欠格事由が認められている（965条・891条参照）。なお、受遺者は遺言が効力を生じた時、つまり遺言者が死亡した時に生存していなければならない（同時存在の原則）。遺言者の死亡以前に受遺者が死亡した場合には（32条の2の同時死亡の場合を含む）、受遺者の地位の承継（一種の代襲受遺）は認められないから、結局、遺贈はその効力を生じない（994条）。ただし、遺言中に特に受遺者の相続人に承継を認める旨を表示してあれば（これを補充遺贈という）それに従う。なお、胎児は遺贈に関してもすでに生まれたものとみなされる（965条・886条）から、胎児に遺贈することはできる。

　遺贈を履行する義務を負う者を**遺贈義務者**という。通常は相続人であるが、場合によっては包括受遺者（990条）、または相続財産法人の管理人（952条）である場合もある。なお遺言執行者があれば、これらの者の代理人として遺贈の履行に当たることになる（1012条1項）。

(4)　**遺贈の承認・放棄**　　遺贈は単独行為であり、原則として遺言者の死亡の時に効力を生ずるものとされるが（985条1項）、そのために受遺者は遺贈を受けることを強制されるわけではない。受遺者は遺贈を承認しまたは放棄する自由を有する（986条1項）。もっとも、遺贈義務者その他の利害関係人は、受遺者に対して遺贈を承認するか放棄するかを催告する権利を認められている（987条）。受遺者が承認または放棄をしないで死亡したときは、遺言者がその遺言に別段の意思を表示していない限り、その相続人は自己の相続権の範囲内で承認または放棄することができる（988条）。一度された

承認または放棄は、意思表示の瑕疵もしくは未成年または成年後見を理由とする取消しのほかは、撤回できないこと、相続の場合と同様である（989条・919条2項・3項参照）。なお、その方法、効力などは包括遺贈か特定遺贈かによって異なる。それぞれの項で検討する。

(5) **遺贈失効の効果**　遺贈が受遺者の欠格その他の理由で効力を生じないときは、または受遺者の放棄によって効力がなくなったときは、受遺者が受けるべきであったものは、相続人に帰属する（995条本文）。もっとも、遺言者が、たとえばAが遺贈を受けないときはBに遺贈すると遺言しているときは、第二の遺贈があるわけで、それに従う（同条但書）（包括受遺者の放棄の場合は939条の適用があるが、その効果を異にしない）。

(6) **遺贈による権利の承継の対抗要件**　平成30年改正において、相続による権利の承継について、法定相続分を超える相続について登記、登録等の対抗要件を具備しないと第三者に対抗できない旨の規定が新設されたが（899条の2、相18参照）、遺贈は、包括承継である相続と異なり、特定承継であるから、この規定は適用されない。

58　包括遺贈

(1) **包括遺贈の意義**　包括遺贈とは、すでに述べたように、遺産の全部または一定の割合額の遺贈である。内縁の妻に遺産の3分の1を与えるとか、事実上の養子に実子と同じ割合の遺産を与えるとかいうのが、その例である。

(2) **包括遺贈の効果**　「包括受遺者は、相続人と同一の権利義務を有する」ものとされる（990条）。したがって、遺言で定められた割合の相続分を有する相続人が1人増えたと考えればよい。そこから、つぎのような効果が生ずる。

367

第7章 遺　言

　(ア)　物権的効力　　相続人と同様に、遺言者の一身に専属した権利義務を除き、その財産に属した一切の権利義務を承継する（896条）。この承継は、遺言が効力を生ずると同時に当然に生じ（物権的効力）、遺贈義務者の履行の問題を生じない。

　(イ)　共同所有の関係　　そうして包括受遺者と相続人、包括受遺者と他の包括受遺者の間には共同相続人相互の間におけると同様の関係が生ずる。すなわち、遺産の共同所有関係が生じ（898条・899条）、分割の協議をすることになる（907条1項）。

　(ウ)　包括遺贈の承認・放棄　　また、遺贈の承認・放棄についても、相続に関する915条から940条までの規定の適用があり（したがって限定承認もできる）、遺贈の承認・放棄に関する986条および987条の適用はないと解されている。

　(3)　包括遺贈と相続との異同　　上に述べたように、包括受遺者はその権利義務の内容においては、ほとんど相続人との間に差異がない。したがって、多少の疑問はあるが包括遺贈に基づく請求権は、相続回復請求権の短期消滅時効の適用があると解すべきであろう。ただ、包括受遺者は、相続人ではないから、遺留分を有しない。むしろ、包括遺贈によって相続人の遺留分が侵害される場合には、特定遺贈の場合と同様に、遺留分侵害額を負担し、その支払を請求される可能性がある（1046条・1047条）。また、遺贈は、遺言によって財産を与えるのであるから、これに条件や負担を付することができる点（負担付遺贈）（1002条・1003条・1027条参照）で相続と異なるのである。さらに、前述のように、受遺者が相続開始以前に死亡した場合に、原則として遺贈が失効する点も、代襲相続の認められる相続と異なる点であるということができよう。

368

59 特定遺贈

(1) **特定遺贈の意義**　特定遺贈は、包括遺贈に対し、具体的な財産を目的とする遺贈である。特定の不動産を長男に与えるとか、金1,000万円を末子に与えるとかいうのがその例である（もちろん、相続人以外の者に遺贈することができる）。特定物を目的とする場合と不特定物を目的とする場合とがあり、その効力を異にすることを注意すべきである。

特定受遺者は特定の財産権について贈与契約における受贈者と同様の地位に立つ。そこで第一に、目的である財産権はいつ受遺者に移転するか、第二に、遺贈義務者が受遺者に目的財産を引き渡すまでの両者の関係はどうか、そして、遺贈義務者はどのような義務を負担し責任を負うか、第三に、目的財産権が他のものに変形した場合の物上代位性いかんなどが問題になる。以下に述べるように、それぞれについて一応の規定がおかれている。

なお、特定遺贈の放棄・承認は、包括遺贈や相続の放棄・承認とその性質を異にするので特別の定めがおかれている。

(2) **特定遺贈の効果**

(ア)　**物権的効力**　特定遺贈にあっても、遺言が効力を生ずると同時に、受遺者は当然に権利を取得する。すなわち、特定物を目的とする場合には物権移転の効果を生ずるし、不特定物を目的とする場合には、これを請求する債権が成立する。遺贈の目的である特定の財産権は、遺言が効力を生ずると同時に受遺者に移転するか（物権的効力）、それとも、遺贈義務者に遺贈実行義務を生じ、その履行をまってはじめて移転するか（債権的効力）は従来争われてきた。判例は物権変動一般に関する意思主義（176条参照）をここでも貫いて、物権的効力を生ずるのが本則であるとしている（大判大正5・

11・8民録22輯2078頁・基本判例436。事案は債権の遺贈についてである
が）。学説は分かれている。問題は、わが民法における物権変動を
どう統一的に理解するかにかかっている。わが民法の解釈としては、
債権関係は、特別の障害がない限り、物権関係に移行するとみるの
が、妥当であろう。そうであればこの原則は特定遺贈の場合にも働
いて、目的物が特定していないとか、遺言による留保があるという
ような障害がない限り、特定遺贈の目的物は遺言が効力を生ずると
同時に物権的に受遺者に移転するものと解すべきものと考える（物
10⑵参照）。このように、特定遺贈に物権的効力があるとしても、
これを第三者、たとえば当該財産を差し押えた相続人の債権者に対
抗するためには対抗要件を具備することを要することはいうまでも
ない（最判昭和39・3・6民集18巻3号437頁）。すなわち、177条・
178条・467条などの規定が適用される（なお、平成30年改正により新
設された相続による権利の承継について対抗要件を定めた899条の2の適
用対象ではない）。

　(ｲ)　遺贈義務者の地位　　遺言が効力を生じてから目的物の引渡
しが完了されるまでの期間（たとえば遺贈が停止条件付の場合を考え
よ）の遺贈義務者の地位は、やや贈与の目的物の引渡義務を負担す
る贈与者に似ているが、なおいくつかの特則が定められている。す
なわち、

　(a)　担保請求権・果実収得権・費用償還請求権　　まだ履行期が
来ない場合には、受遺者は遺贈義務者に対して相当の担保を請求す
ることができる（991条）。また、遺贈の履行を請求することができ
る時から以後に生じた果実は受遺者に帰属する（992条）。その反面、
遺贈義務者が遺贈の目的物について費用を支出したときは、受遺者
に対して求償することができる（993条・299条）。

（b）　相続財産に属しない権利の遺贈　　遺贈の目的である特定の財産権が、遺言者の死亡の時に相続財産に属しなかったとき——遺言後の生前処分で属さなくなった場合は、遺言の撤回とみなされる（1023条2項）——は遺贈は効力を生じない（996条本文）。ただし、遺言者の意思が特に取得してでも与えよということにあると認められるときは有効であり（同条但書）、遺贈義務者はその権利を取得して受遺者に移転する義務を負う。この義務の履行が不可能であるか（たとえば所有者が譲渡してくれない）、過分の費用を要するときは、価額を弁償しなければならない（997条）。

（c）　遺贈義務者の引渡義務　　平成30年改正前においては、遺贈義務者の担保責任について、一方で、不特定物を遺贈の目的とした場合において、遺贈義務者が履行として物を引き渡した場合には、遺贈義務者は目的物の追奪については売主と同様の担保責任を、物の瑕疵については瑕疵のない物を引き渡す義務を負担すると規定し（旧998条）、他方で、遺贈の目的である特定の物または権利が第三者の権利の目的である場合——目的である土地の上に第三者のために地上権または抵当権が設定されているような場合——には、遺言者が反対の意思を表示していない限り、遺贈義務者は担保の責任を負わないと規定していた（旧1000条・566条・567条参照）。しかし、平成30年改正によって、旧998条の内容を修正し、遺贈義務者の引渡義務について、遺贈義務者は、受遺者に対して、遺贈の目的である物または権利を相続開始の時の状態で引き渡しまたは移転する義務を負うと規定した（新998条本文）。このような改正は、平成29年の債権法改正によって新たに定められた贈与者の引渡義務（新551条）と平仄を合わせたものである。その結果、遺贈の目的である物または権利が第三者の権利の目的となっていた場合であっても、遺贈義

第7章 遺 言

務者は、そのままの状態でその物を引き渡し、または権利を移転すれば足りるので、1000条は削除された（受遺者は遺贈義務者に第三者の権利を消滅させるべきことを請求できない）。そして、もし、相続開始後に、目的物または目的権利が特定したときは、その特定時点の状態で引き渡せばよい。ただし、遺言者がその遺言に別段の意思表示をしたときは、その意思に従う（新998条但書）。

(ウ) 遺贈における物上代位　遺贈の目的物が滅失しもしくは変造されまたは占有を喪失した（たとえば奪われた場合など）ために現に相続財産中にない場合にも、それが第三者に対する償金請求権として存在する限り、その請求権を遺贈の目的としたものと推定される（999条1項）。これと反対に、遺言者が付合・混和によって合成物または混和物の単独所有者または共有者になったときは、その全部の所有権または持分を遺贈の目的としたものと推定される（同条2項）。この場合、償金支払の義務が相続の当時まだ履行されていないとしても、受遺者はその義務を負わないと解せられる。また債権、たとえば特定の家屋の買主として有する債権を遺贈の目的とした場合において、遺言者が当該債権の弁済を受け、かつ、その受け取った物がなお相続財産中にあるときは、その物を遺贈の目的としたものと推定される（1001条1項）。上の場合に債権が金銭を目的とするものであれば、たとえ相続財産中にその債権額に相当する金銭がないときでも、その金額を遺贈の目的としたものと推定される（同条2項）。

(3) 特定遺贈の放棄・承認　特定受遺者は遺言が効力を生じた後は、いつでも遺贈の放棄をすることができ、その効力は遺言者の死亡の時にさかのぼり（986条）、相続または包括遺贈の場合のように期限が定められていない。その方式についても定めがないから、相

続人に対する意思表示によってすると解せられている。その反面、遺贈義務者その他の利害関係人は、相当の期間を定めて承認するか放棄するかを催告することができる。期間内に回答がなければ、承認したものとみなされる（987条）。

60　負担付遺贈

負担付遺贈とは、受遺者に一定の給付をすべき義務を課した遺贈である。この種の遺贈は包括、特定の区別なく認められ、負担は遺贈の目的物と全く関係のない事項であってもよい。また、負担の利益を受ける者にも制限はない。相続人でも第三者でもさらに不特定の一般公衆であってもよい。したがって、負担の履行を請求する権利は、ただ相続人またはその代理人である遺言執行者だけが有する（1027条参照）。

負担付遺贈を受けた者は、遺贈の目的物の価額を超えない限度においてのみ、負担した義務を履行する責任を負う（1002条1項）。したがって、また、負担付遺贈の目的の価額が限定承認（931条）、または遺留分回復の訴え（1046条等）により、減少したときは、受遺者は遺言に別段の定めがない限り、その減少の割合に応じてその負担を免れる（1003条）。

受遺者が遺贈の放棄をしたときは、遺言で別段の意思表示（たとえば、負担を受ける者が受遺者になることを認めていない場合など）をしていない限り、負担の利益を受けるべき者は自分で受遺者になることができる（1002条2項）。

負担付遺贈を受けた者が、その負担した義務を履行しないときは、相続人または遺言執行者は履行請求の訴えを起こして強制執行することができるが、相当の期間を定めてその履行を催告し、もしその期間内に履行がないときは、遺言の当該の部分の取消しを家庭裁判

第7章　遺　　言

所に請求することもできる（1027条、家事附則別表第1の108）。

第4節　遺言の執行

61　遺言書の検認

　人が死亡したら、その者の遺言書の保管を依頼された者またはそれを発見した者は、相続の開始を知った後、遅滞なくこれを家庭裁判所に提出して、その検認を請求しなければならない（1004条1項、家事209条以下、同附則別表第1の103）。遺言書が真に遺言者の作成にかかるかどうかを確かめ、その改変を防ぎ、保存を確実にする趣旨である。したがって、遺言書は家庭裁判所で相続人またはその代理人の立会いをもって開封され（1004条3項）、特にその方式に関する事実を調査確認し、一定の事項を調書に記載する（家事211条）。保管人または発見者が遺言書の提出を怠り、その検認を経ないで遺言を執行し、または家庭裁判所外で開封した場合は過料に処する（1005条）。ただし、公正証書による遺言については公証人によって公の記録が残されているから、検認手続を必要としない（1004条2項）。また、法務局における遺言の保管がなされていた場合にも、遺言の現状、保管状況等は明白であるので、検認手続を必要としない（遺言保管法11条）。

　検認は主として遺言の存在とその外形の検証保護のために行われるのであるから、検認を受けたからといってそれで遺言の有効が確定するわけでもないし、検認を受けない遺言が無効になるわけでもない。すなわち遺言の内容そのものは、検認と関係なく、形式的または実質的理由によって、あるいは無効となりあるいは有効となる。

62　遺言の執行

　遺言の執行とは、遺言の効力が発生した後、その内容を実現する行為をいう。遺言はその内容によって、たとえば相続分の指定（902条・903条3項）などのように、相続の開始と同時に効力を生じ、特に執行を必要としないものと（この種のものとしては後見人・後見監督人の指定（839条・848条）、遺産の分割に関する指定（908条）、共同相続人間の担保責任の指定（914条）、遺言執行者に関する指定（1006条1項）、遺留分侵害額の支払請求における受遺者、受贈者の負担額の制限（1047条1項2号）などがある）、たとえば、不特定物の遺贈のようにその執行を必要とするものとがある。後者はさらに認知、推定相続人の廃除およびその取消しのように、必ず当該の相続人以外のだれかが届出または審判の請求をしなければならないものと、特定遺贈・寄附行為などのようにその履行が必要ではあるが、相続人がこれを行ってもよいものとに分かれる。このように、遺言の内容いかんによって、遺言を執行する者（遺言執行者）を必要とする場合が存在するのである。受遺者の選定を遺言執行者に委託するという遺言は、遺言の利用目的が公益目的に限定されているため、上目的を達成できる被選定者の範囲が国または地方公共団体に限定されていると解されるときは有効である（最判平成5・1・19民集47巻1号1頁・基本判例437）。

63　遺言執行者

　⑴　**遺言執行者の選任・解任・辞任**　　遺言者は遺言で1人または数人の遺言執行者を指定し、またはその指定を第三者に委託することができる（1006条1項）。委託を受けた者は、遅滞なく、その指定をして、これを相続人に通知しなければならない（同条2項）。もとより、この委託を辞することはできるが、その場合には遅滞なく

第7章 遺　　言

その旨を相続人に通知しなければならない（同条3項）。遺言執行者に指定された者はいやでも就職しなければならないわけではないが、就職未定のままでその態度を明確にしない場合には、相続人その他の利害関係人は、相当の期間を定め、その期間内に就職を承諾するか否かを確答すべき旨を催告することができる。期間内に確答がなければ就職を承諾したものとみなされる（1008条）。いずれにしても、就職を承諾したときは直ちにその任務を行わなければならない（1007条）。遺言執行者がはじめから指定されていないとき、またはなくなったときは、家庭裁判所は利害関係人の請求によって、遺言執行者となるべき者の意見を聞いたうえでこれを選任する（1010条、家事附則別表第1の104）。

　上のいずれの場合にも相続人が遺言執行者に選ばれることは差し支えないが、未成年者および破産者は遺言執行者にはなれない（1009条）。いったん選任された後でもこのような事由が生ずると当然に失格する。なお、遺言執行者がその任務を怠ったとき、その他正当の事由があるときは、利害関係人はその解任を家庭裁判所に請求することができる（1019条1項、家事附則別表第1の106）。また、遺言執行者は、正当な事由があるときは、家庭裁判所の許可を得て、その任務を辞することができる（1019条2項、家事附則別表第1の107）。

　(2)　**遺言執行者の性格と職務権限**　　遺言執行者は遺言者の意思を実現するものであるが、死亡した遺言者の代理人であるとすることは形式的には困難であろう。また相続財産の信託的所有者であるとみることも、遺言が財産関係に限られるわけでないから適当でない。そこで、民法は、相続財産の主体がすでに相続人に移転していることから、遺言執行者を相続人の代理人とみなす規定をおいたのであ

376

る（旧1015条）。しかし、これでは相続人廃除の場合の遺言の執行を説明することはできない。学説においては、同条の趣旨は、遺言執行者のした行為の効果が相続人に帰属することを明らかにする点にあると考えられてきた。平成30年改正においては、このような学説に従って、同条を改正し、遺言執行者がその権限内において遺言執行者であることを示してした行為が相続人に帰属することを明文化した（1015条）。これに合わせて、1012条において、遺言執行者の職務が遺言内容を実現するためにあることを明文化したのである（1012条1項）。

　要するに、遺言執行者は、遺言内容を実現するために、相続財産の管理その他遺言の執行に必要な一切の行為をする権利と義務を有する（1012条1項）。

　(ｱ)　職務　　遺言執行者は就職を承諾したら直ちにその任務を開始しなければならない（1007条）。とりわけ、遅滞なく相続財産の目録を作成して──相続人の請求があればこれに立ち会わせ、または公証人に作成させて──これを相続人に交付しなければならない（1011条）。このように職務権限の及ぶ財産の範囲を明らかにしたうえで、遺言に定められた一切の行為をする義務を負担する（1012条1項）。また、遺贈の履行は遺言執行者のみが行うことができる（同条2項）。そして、管理行為の実施上の権利義務、任務終了時の義務等については委任の規定が準用される（同条3項・644条・645条から647条・650条、1020条・654条・655条）。なお、管理行為は自分で行うことを要するが──個々の権利の行使、義務の履行を第三者に委任することはできると解される──遺言者が許している場合、またはやむをえない事由のある場合には、第三者にその任務を行わせることもできる（1016条1項）。この場合には、選任監督について

責任を負うことになる（同条2項）。なお、遺言執行者が数人ある場合には、保存行為は各自単独でできるが、その他の行為は、遺言に別段の意思表示がない限り、過半数で決する（1017条）。

㈦　権限　　遺言執行者は、相続財産について——遺言が特定財産にのみ関するときはその財産について——排他的な管理権を有する。すなわち、遺言執行者は、遺言執行に必要な範囲で財産の管理その他一切の行為をする権限を有し（1012条1項）、その行為は相続人に対して直接に効力を生じる（1015条）。そして、その範囲で相続人は相続財産上の管理権を失い（1013条）、相続人がした処分は無効とされる（大判昭和5・6・16民集9巻550頁、最判昭和62・4・23民集41巻3号474頁・基本判例446。ただし1014条参照）。その結果、特定受遺者が目的である財産の引渡しや移転登記を請求するには相続人ではなく遺言執行者を相手方にしなければならない（最判昭和43・5・31民集22巻5号1137頁）。特定の不動産を特定の相続人Aに相続させるという遺言がされた場合に、他の相続人がこの不動産を自己名義の所有権移転登記をしたとき、遺言執行者は、その登記の抹消請求のほか、Aへの真正な登記名義の回復を原因とする所有権移転登記手続を求めることもできる（最判平成11・12・16民集53巻9号1989頁・基本判例445）。

　遺言執行者がいる場合に、相続人のした処分が無効とされるという仕組みのもとでは、相続財産に関して相続人と取引関係に入った者が不測の損害を被ることが起こる。特に遺言執行者を指定している遺言書が相続開始後長い期間が経ってから発見されたような場合には、はなはだしく取引の安全を害することになる。遺言がかなり行われている現在、何らかの立法的措置を講ずる必要が痛感される。

㈼　報酬　　遺言執行者は原則として無報酬であるが、遺言の中

に報酬について定めがあればそれに従い、定めがなくても、家庭裁判所が相続財産の状況その他の事情によって報酬を定めた場合には、それによって報酬が支払われる。その支払は原則として後払いである（1018条・648条2項・3項・648条の2）。

　(エ)　執行に関する費用　　遺言の執行に関する費用——検認の費用もここにいう執行費用と解すべきである——は相続財産の負担とされる。しかしそれによって遺留分を減ずることはできないとされている（1021条）。これはどういう意味であろうか。たとえば相続財産4,000万円、直系卑属A1人が相続人である場合に、2,000万円を第三者Bに遺贈する遺言があり、遺言執行の費用が200万円かかったとしよう。この場合に遺言執行者はBに2,000万円を交付し、残りの1,800万円をAに引き渡せばよいのであろうか。それとも執行費用の200万円をAの負担とするとそれはAの遺留分に食い込むので、これをAに負担させることはできない、すなわち、その部分については執行不能としてBの負担とし、執行者はBに1,800万円を交付すればよいのであろうか。前説によると、執行費用は一応相続人の負担となり、相続人は遺留分侵害額の支払請求をするほかはないのに対し、後説によると、執行費用が遺留分に食い込む場合は、その限りにおいて当初から受遺者の負担とされるわけである。学説は分かれているが、遺留分制度の改正により、その法的性質が物権的効果を有する減殺請求から債権的効果しかない侵害額の支払請求に変わったことを考慮すると、前説が妥当ではないかと考える。

第8章　配偶者の居住の権利

第1節　序　　説

64　比較法からみた家族の居住の保護

　被相続人と同居していた家族（法律上の配偶者だけでなく、内縁の配偶者、未成年の子、事実上の子などを含めて）が相続後においても当該住宅に従来と同様に居住し続けられように保護するための法制度については、ヨーロッパではかなり前から立法によってその解決が図られてきた。

　被相続人がいかなる権利に基づいて家族で当該住宅に居住していたかという観点から考察すると、①被相続人が単独でその住宅（土地・建物）を所有していた場合、②被相続人が単独でその住宅（建物）を賃借していた場合、③被相続人が単独で他人から土地を賃借し、その地上に単独で住宅（建物）を所有していた場合、④被相続人と家族（主として配偶者）が住宅に関する権利（所有権または賃借権）を共有（または準共有）していた場合など、いろいろな場合が考えられ、被相続人の死亡により残された遺族の居住を保護するためには、これらの具体的事例のそれぞれの場合について、法的にどのように扱うかを論ずる必要がある。

　なお、夫婦間においては、一方の死亡による相続の場合だけでなく、離婚または一方の死亡に伴う夫婦財産制の清算の場合にも同じような問題が生ずる。諸外国の法制度では、この二つの問題の両方を視野に入れて、法制度を構築している。

夫婦間における相続の場面に限定して立法論として考察すると、その具体的な法制度としては、①遺産分割において、配偶者が住宅について優先的に取得することを認めること、②相続により住宅を取得しない配偶者に居住する権利を認めること、③住宅の賃借について、夫婦が当然に共同賃借人になることなどが考えられる。

65　わが国における家族の居住の保護

　わが国では、この問題を直接に扱う実定法の規定としては、これまでわずかに、建物の賃貸借において、相続人なくして死亡した賃借人と同居していた内縁の配偶者・事実上の養子に借家権の承継を認める規定が置かれているのみである（借地借家36条（本条は、もともと、昭和41年改正によって新設された借家法7条の2を引き継いだものである））。また、昭和37年民法改正により新設された特別縁故者に対する財産分与（958条の3）によって、内縁の配偶者等が被相続人と同居していた住宅を取得できる可能性がないわけではない（相48(2)(イ)）。いずれにせよ、法律上の配偶者に対する住宅の保護がほとんど図られていないのに、内縁の配偶者等に対する法的な配慮がなされているのは、やや均衡を欠くという印象は否めないところであった。これに対して、平成30年の改正は、被相続人が居住建物を所有していた場合に生存配偶者に居住権を認めるものであって、画期的な立法と評価できる。

　この改正によって、新たに「配偶者の居住の権利」と題する章（新1028条から1041条まで）が設けられた。改正法では、配偶者居住権と配偶者短期居住権の二つが認められている。いずれも、被相続人の財産に属していた建物に配偶者が居住していた場合に、相続開始後もその建物に居住し続けられる権利であるが、前者の場合にはその権利が終身存続するのに対して、後者の場合にはその権利が短

期間（概ね6ヵ月）しか存続しないとされている。

　ただし、被相続人が配偶者以外の第三者と居住建物を共有していた場合において、配偶者は配偶者居住権を取得できない（1028条1項但書）だけでなく、被相続人が居住建物を賃借していた場合については、改正の対象外となっている（ちなみに、フランス民法1751条1項は、夫婦の居住に実際に供されている建物の賃貸借について、夫婦が共同賃借人になるとと規定していて、この規定は強行法規とされている）など、諸外国の立法例に比較して依然として不十分な部分が残されている。

第2節　配偶者居住権

66　配偶者居住権の意義

　配偶者居住権というのは、前述のように、被相続人の財産に属していた建物（居住建物と呼ばれている）に配偶者が居住していた場合に（後述する配偶者短期居住権と異なり、配偶者が無償で居住していたことを要しない）、相続開始後もその建物に居住し続けられる権利である（1028条1項本文）。ただし、被相続人が居住建物を配偶者以外の者と共有していた場合には、配偶者居住権は認められない（同項但書）。

　なお、被相続人の死亡後も配偶者の居住を保護する制度について、立法論としては、他人の所有物を使用する権利を、ローマ法やフランス民法で認められていた人役権である用益権（usufruit）あるいは用益物権として構成することも考えられるが（わが国の旧民法にも規定されていた）、民法は、単なる債権的な利用権として構成している。ただし、財産的価値を有するものとされている。

配偶者居住権によって配偶者の居住が保護されることはいうまでもないが、相続財産に属する居住建物の価値が居住建物の所有者（居住権の存続する間は、処分権のみを有する）と配偶者居住権を有する配偶者（使用収益権を有する）に分属することから、相続において、従来のように居住するために建物所有権を取得する場合に比べて、配偶者が他の財産（たとえば現金・預金など）をより多く得られる可能性があることになる。また、高齢者が再婚をする場合に、配偶者に居住権を与え、子に所有権を与えることによって、相続人間の利害調整を図ることができるようになったことも重要である。

67　配偶者居住権の成立

(1)　**配偶者居住権の成立**　　配偶者が配偶者居住権を取得するのは、つぎの二つの場合である。第一に、遺産の分割によって、配偶者居住権を取得するものとされたときである（1028条1項1号）。第二に、遺言によって配偶者居住権が遺贈の目的とされていたときである（同項2号）。

遺産の分割は、相続人の協議によるのが原則であるが、協議が調わないとき、または協議ができないときは、共同相続人の請求により家庭裁判所が審判により行う（907条、相27参照）。この場合において、家庭裁判所は、つぎの二つの場合に配偶者が配偶者居住権を取得する旨を定めることができる（1029条）。第一に、共同相続人間に配偶者が配偶者居住権を取得することについて合意が成立している場合である（同条1号）。第二に、配偶者が家庭裁判所に対して配偶者居住権の取得を希望する旨を申し出た場合において、居住建物の所有者の受ける不利益の程度を考慮してもなお配偶者の生活を維持するために特に必要があると認めるときである（同条2号）。

(2)　**配偶者居住権の存続期間**　　配偶者居住権の存続期間は、原則

として、配偶者の終身の間である（1030条本文）。ただし、遺産の分割の協議もしくは遺言に別段の定めがあるとき、または家庭裁判所が遺産の分割の審判において別段の定めをしたときは、その定めるところによる（同条但書）。

(3) **配偶者居住権の登記**　　居住建物の所有者は、配偶者居住権を取得した配偶者に対して、**配偶者居住権の設定の登記**を備えさせる義務を負う（1031条1項）。したがって、配偶者居住権を取得した配偶者は、建物の所有者に対して、その登記を請求することができる。そして、登記がなされると、居住建物について物権を取得した者その他の第三者に対抗することができ、また、居住建物の占有を妨害する者に対する妨害の停止および不法に占有する者に対する明渡しを請求することができる（同条2項・605条・605条の4）。これらの規定は、配偶者居住権は、建物賃借権に類する債権的利用権であるが、配偶者がすでに居住建物に居住していることから、相続債権者に不測の損害を生じさせないために、引渡しを対抗要件とせず（借地借家31条参照）、登記を対抗要件としたうえで、配偶者に用益物権と同様に登記請求権を認めたものである。そして、不動産賃借権に関する規定を準用し、登記された場合に、妨害排除請求権を認めたものである。

68　配偶者居住権の内容

(1) **無償の使用収益権**　　配偶者は、配偶者居住権により居住建物の全部について無償で使用および収益をする権利を取得する（1028条1項）。配偶者短期居住権と異なり、無償使用だけでなく収益権も認められている。その法的性格は、用益物権ではなく、賃借権に類似する債権的な利用権と解されている。そのため、使用貸借・賃貸借に関する多くの規定が準用されている（後述する）。そ

して、使用収益権について、以下のように規定している。第一に、配偶者は、従前の方法に従い、善良な管理者の注意をもって、居住建物の使用および収益をしなければならない（1032条1項）。第二に、配偶者居住権は、譲渡することができない（同条2項）。第三に、配偶者は、居住建物の所有者の承諾を得なければ、居住建物の改築もしくは増築をし、または第三者に居住建物の使用もしくは収益をさせることができない（同条3項）。第四に、配偶者が1項、2項に違反した場合において、居住建物の所有者が相当の期間を定めて是正の勧告をし、その期間内に是正がされないときは、居住建物の所有者は、当該配偶者に対する意思表示によって配偶者居住権を消滅させることができる（同条4項）。

(2) **居住建物の修繕**　配偶者は、居住建物の使用および収益に必要な修繕をすることができる（1033条1項）。他方で、居住建物の修繕が必要である場合において、配偶者が相当の期間内に必要な修繕をしないときは、居住建物の所有者は、その修繕をすることができる（同条2項）。居住建物が修繕を要するときは、配偶者は、自らその修繕をするときを除いて、居住建物の所有者に対し、遅滞なくその旨を通知しなければならない。また、居住建物について権利を主張する者があるときも、配偶者は、居住建物の所有者に対し、遅滞なくその旨を通知しなければならない（同条3項本文）。ただし、居住建物の所有者がすでにこれを知っているときは、この限りでない（同項但書）。

(3) **居住建物の費用の負担**　配偶者は、居住建物の通常の必要費を負担する（1034条1項）。一方で、配偶者が居住建物を無償で使用収益することができ、他方で建物所有者が配偶者居住権の存続期間中に建物を使用できないことを考慮したものである。通常の必要

385

第 8 章　配偶者の居住の権利

費に当たるものとしては、小修繕にかかる費用、公租公課などが考えられる。そして、通常の必要費以外の費用については、583条2項（買戻目的物についての費用負担）の規定が準用されている（同条2項）。したがって、196条の規定に従って、配偶者は、居住建物の保存のために支出した金額その他の必要費を居住建物の所有者から償還させることができる。また、配偶者が居住建物の改良のために支出した金額その他の有益費については、その価格の増加が現存する場合に限り、居住建物の所有者の選択に従い、その支出した金額または増価額を償還させることができる。ただし、有益費については、裁判所は、居住建物の所有者の請求により、その償還について相当の期限を許与することができる。

69　配偶者居住権の消滅と居住建物の返還

　配偶者は、配偶者居住権が消滅したときは、居住建物の返還をしなければならない（1035条1項本文）。ただし、配偶者が居住建物について共有持分を有する場合は、居住建物の所有者は、配偶者居住権が消滅したことを理由としては、居住建物の返還を求めることができない（同項但書）。そして、配偶者が相続の開始後に附属させた物がある居住建物または相続の開始後に生じた損傷がある居住建物の返還をする場合について、599条1項・2項および621条が準用されている（同条2項）。599条1項・2項が準用される結果、配偶者は相続開始後に居住建物に付属させた物があるときは、居住建物を返還するときに、その物を収去する義務を負うと同時に収去する権利も有する。ただし、居住建物から分離するのに過分の費用を要する物については、収去する義務を負わないし、収去する権利も有しない。また、621条が準用される結果、配偶者は、相続開始後に居住建物に生じた損傷を原状に復する義務を負う。もっとも、通常

386

の使用および収益によって生じた居住建物の損耗および居住建物の経年変化は、原状回復の対象となる損傷に含まれない。また、その損傷が配偶者の責めに帰することができない事由によるものであるときは、配偶者は原状回復義務を負わない。

70　使用貸借・賃貸借の規定の準用

　配偶者居住権には、すでに述べた規定のほか、使用貸借・賃貸借の規定が多く準用されている（1036条）。第一に、597条1項および3項が準用される結果、配偶者居住権は、当事者が期間を定めたときにその期間が満了することおよび配偶者の死亡によって、終了する。第二に、600条が準用される結果、居住建物の所有者の損害賠償および配偶者の費用償還は居住建物が返還された時から1年以内に請求しなければならず、また損害賠償請求権については、居住建物が返還された時から1年を経過するまでの間は、時効は完成しない。第三に、613条が準用される結果、配偶者が居住建物を適法に転貸した場合には、転借人が所有者に対して債務を直接履行する義務を負うなど転貸借と同様の効果を生ずる。第四に、616条の2が準用される結果、居住建物が全部滅失したときは、配偶者居住権が終了する。

第3節　配偶者短期居住権

71　配偶者短期居住権の意義

　配偶者短期居住権というのは、配偶者が被相続人の財産に属していた建物に相続開始の時に無償で居住していた場合に、相続開始後も一定期間（比較的短期間であるが）その建物を無償で使用できる（居住し続けられる）権利である（1037条1項本文）。その法的性質は、

第 8 章　配偶者の居住の権利

配偶者居住権と同様に債権的な利用権である。そこで、使用貸借・賃貸借の規定が準用されている。さらに、配偶者居住権の規定も準用されている。なお、①配偶者が配偶者居住権を取得した場合、②配偶者が欠格事由により相続人になれない場合（891条）、③配偶者が相廃除により相続権を失った場合（892条）には、配偶者短期居住権は認められない（1037条1項但書）。

72　配偶者短期居住権の成立

　配偶者短期居住権が認められるのは、以下の二つの場合である（後述するように、そのそれぞれについて配偶者短期居住権の存続期間が異なる）。第一に、居住建物について配偶者を含む共同相続人間で遺産の分割をすべき場合である（1037条1項1号）。遺産分割において、配偶者が居住建物の所有権を取得した場合、あるいは、配偶者居住権を取得した場合には、配偶者がそれぞれの権利に基づいて居住建物に居住し続けられるので、配偶者短期居住権を認める必要はない（同項但書参照）。結局、遺産分割において、配偶者以外の共同相続人が居住建物の所有権を取得し、配偶者居住権が認められなかった場合に、配偶者短期居住権が認められる。第二に、それ以外の場合すなわち、居住建物が遺産分割の対象とならない場合、および配偶者が遺産分割の当事者とならない場合である（同項2号）。前者に当たるのは、①配偶者以外の共同相続人に対して、居住建物について相続させる旨の遺言がなされた場合、②配偶者以外の共同相続人または第三者に居住建物の遺贈または死因贈与がなされた場合である。後者に当たるのは、①配偶者が相続を放棄した場合、②遺言により配偶者の相続分がゼロと指定された場合、③遺言により配偶者に居住建物を相続させないとされた場合である。

73　配偶者短期居住権の内容

(1)　無償使用権　　配偶者は、居住建物の所有権を相続または遺贈により取得した者に対して、居住建物について無償で使用する権利を取得する（1037条1項）。そして、配偶者は、従前の用法に従い、善良な管理者の注意をもって居住建物の使用をしなければならない（1038条1項）。また、配偶者は、居住建物を取得した者の承諾を得なければ、第三者に居住建物を使用させることができない（同条2項）。これらの規定に違反した場合には、居住建物を取得した者は、配偶者に対する意思表示によって、配偶者短期居住権を消滅させることができる（同条3項）。

　他方、居住建物を取得した者は、配偶者による居住建物の無償使用を受忍しなければならず、第三者に居住建物を譲渡するなどの方法により、配偶者の居住建物の使用を妨げてはならない（1037条2項）。しかし、居住建物を取得した者は、いつでも配偶者短期居住権の消滅の申し入れをすることができる。ただし、後述する配偶者短期居住権の存続期間内は、配偶者による居住が保護される（同条3項）。

(2)　配偶者短期居住権の存続期間　　配偶者短期居住権の存続期間については、2つの場合を分けて定めている。第一に、配偶者を含む共同相続人間で遺産分割をすべき場合には、遺産分割により居住建物の帰属が確定した日または相続開始の時から6ヵ月が経過する日のいずれか遅い日に終了する（1037条1項1号）。遺産分割がきわめて早期に終了した場合であっても、配偶者の居住が最低6ヵ月は保護されることを定めたものである。なお、この規定は、遺産分割までの間の使用貸借契約の合意を推認したものとする判例（最判平成8・12・17民集50巻10号2778頁）の考え方を参考にしたものと説明さ

れている。第二に、それ以外の場合には、居住建物取得者による居住権消滅の申し入れ（同条3項）の日から6ヵ月を経過する日に終了する（同条1項2号）。

なお、配偶者が居住建物に係る配偶者居住権を取得したときは、配偶者短期居住権は消滅する（1039条）。

74 配偶者短期居住権の終了と居住建物の返還

配偶者短期居住権が消滅したときは、配偶者居住権を取得したことによる場合を除いて、配偶者は居住建物を返還しなければならない（1040条1項本文）。ただし、配偶者が居住用建物について共有持分を有するときは、配偶者短期居住権が消滅したことを理由に居住建物の返還を請求することはできない（同項但書）。

配偶者が相続開始後に附属させた物がある居住建物または相続開始後に生じた損傷がある居住建物を返還する場合には、配偶者居住権の場合と同様に、599条1項・2項および621条の規定が準用されている（同条2項）。

75 使用貸借等の規定の準用

配偶者短期居住権には、使用貸借・賃貸借のほか配偶者居住権の規定が多く準用されている（1041条）。第一に、597条3項が準用される結果、配偶者の死亡によって、配偶者短期居住権は消滅する。第二に、600条が準用される結果、居住建物の取得者の損害賠償および配偶者の費用償還は居住建物が返還された時から1年以内に請求しなければならず、また損害賠償請求権については、居住建物が返還された時から1年を経過するまでの間は、時効は完成しない。第三に、616条の2が準用される結果、居住建物が全部滅失したときは、配偶者短期居住権が終了する。第四に、1032条2項が準用される結果、配偶者は配偶者短期居住権を譲渡することができない

相　73—75

（相68⑴参照）。第五に、1033条が準用される結果、居住建物の修繕に関しては、配偶者居住権の場合と同様に扱われる（相68⑵参照）。第六に、1034条が準用される結果、居住建物の費用負担については、配偶者居住権の場合と同様に扱われる（相68⑶参照）。

391

第9章 遺 留 分

76 総　　説

　遺留分とは、相続人のうち、被相続人の一定の近親者に留保された相続財産の一定の割合であり、被相続人の生前処分または死因処分によって奪うことのできないものである。

　(1) 財産処分の自由とその制限　　人は、生前にその財産を自由に処分できるのと同様に、死後の財産の帰属を自由に決定できるはずである。

　しかし、先に述べたように（相3参照）、①死者の財産に依存して生活していた者のために、その遺産のうちの一定のものを留保することが、私的所有の機能の延長として考えられる。ことに国家が国民の生活を保障する義務を引き受ける場合には、その反面において、私的財産にこのような拘束を加えるのである（福祉国家イギリスの依存者相続分の制度がその例であるといえよう）。②また、死者の名義になっている財産の中に、他の者の潜在的持分が含まれているのが一般である場合には、遺産の清算にあたってこれを顕在化させることが要請される。これらの理由から、遺産の一部を一定の者のために留保するという制度が設けられるに至る。これが近代法における遺留分の制度である。その仕組みとしては、生活に必要な一定の額を、必要の期間だけ遺産から給付するというものもある（労働災害で死亡した者の遺族補償年金にはこの考え方が取り入れられている（労災16条の2参照））。しかし、多くは特定の財産または一定額の財産ではなく、相続財産の一定の割合を一定の者に留保するという構成をとる。わが民法もまたこの主義を採用している。

(2) **財産処分の制限の範囲**　遺留分は、遺産の一定の割合であるべきであり、したがって、遺贈だけを制限するのが本則である。しかし、それでは被相続人が死亡の直前に贈与して遺留分制度を潜脱するのを防ぐことができない。そこで、わが民法は、一定の範囲で、生前の贈与にも制限を及ぼしている。そのために、その制限される贈与前の財産——遺産に当該の贈与を加えたもの——を遺留分算定の基礎である相続財産としている（1043条参照）。具体的相続分算定の基礎である相続財産（相22⑴参照）と異なることを注意すべきである。

(3) **遺留分侵害の効力**　平成30年改正前においては、遺留分が侵害された場合には、遺留分権利者には、遺留分減殺請求権が与えられていて、その行使によって、物権的効果が生ずるものとされていたために、遺留分を侵害する遺贈または贈与の効力について論じられていた。そして、被相続人のした贈与または遺贈は、それが遺留分を侵害する場合でも、当然に無効とされるのではなく、したがって、全財産を他人に贈与しても、公序良俗に反して無効となるわけではないと解されていた（最判昭和25・4・28民集4巻4号152頁）。要するに、相続人はその遺留分を保全する限度まで上の贈与または遺贈の効力を消滅させることができる（消滅させるかどうかは相続人の自由意思に委ねられている）という構成をとるものであると理解されてきた。

　そして、平成30年改正前においては、遺留分の侵害されている相続人には、形成権である遺留分減殺請求権が賦与されていて（旧1031条）、相続人が減殺請求権を行使すると、遺贈または贈与は遺留分を侵害する限度で失効し、その権利は、減殺請求権を行使した遺留分権利者に帰属するものとして、物権的効果を生ずるものとさ

第9章 遺 留 分

れていた（最判昭和51・8・30民集30巻7号768頁等）。しかし、その結果、多くの場合において、受遺者・受贈者と遺留分権利者との間の共有関係が生ずることになり、新たな問題が生ずることが指摘されていた。もっとも、受遺者・受贈者には、減殺を受けるべき限度において、遺贈または贈与の目的物の価額を弁償して返還義務を免れることができるとされていた（旧1041条）。これに対して、平成30年改正は、遺留分についての権利を金銭債権化し、遺留分を侵害された相続人は、受遺者または受贈者に侵害された額の支払を請求することができるものと改めた（新1046条1項）。これによって、遺贈または贈与が遺留分を侵害する場合であっても、遺贈または贈与の効力が失われるものでないことが明確となった。したがって、物権的効果と関連する条文は削除された（たとえば、旧1040条）。ただし、形成権である点においては、従来と変わらず、侵害額の支払請求権を行使すると、金銭債権が発生する。

77 遺留分権利者と遺留分侵害額の支払請求権の性質

(1) **遺留分権利者**　　遺留分を有する者を遺留分権利者という。兄弟姉妹以外の相続人は遺留分権利者である（1042条）。すなわち、子（その代襲相続人を含む）・直系尊属・配偶者らが相続人である場合には、遺産の一定の割合がこれらの者のために保留され、これを侵害する贈与や遺贈を否認することはできないが、受贈者や受遺者に対して遺留分侵害額の支払請求の途が開かれている。

(2) **遺留分侵害額の支払請求権の性質**　　遺留分を保留する権利（遺留分侵害額の支払請求権）は相続が開始してはじめて現実のものとなる。相続が開始する以前には、現に相続が開始したとすれば遺留分を侵害することの明らかな贈与がされても、これに対して法律的手段をとることはできない。しかし、遺留分権利者は、相続開始

前にその遺留分を放棄することはできる（1049条1項）。この場合に注意すべきは、相続の放棄と違って（939条参照）、共同相続人の一人が遺留分を放棄しても、他の遺留分権利者の遺留分が多くなるのではないことである（1049条2項）。したがって、遺留分があらかじめ放棄されると、それだけ被相続人が自由に処分できる部分が増すことになる。民法は、たとえば、親がその子に対する地位を利用して一部の子に遺留分を放棄させるようなことを防ぐ趣旨で「家庭裁判所の許可を受けたときに限り、その効力を生ずる」こととしている。

　なお、遺留分権利者である相続人から相続分を譲り受けた者は遺留分権をともに取得すると解すべきであるが、遺留分権だけを切り離して譲渡することはできない。

　(3)　**遺留分と取得時効**　　平成30年改正前において、遺留分減殺請求に対して、相手方は取得時効の成立を主張できないと解されていた（最判平成11・6・24民集53巻5号918頁）。しかし、平成30年改正によって、遺贈または贈与が遺留分を侵害する場合であっても、侵害額の支払請求という金銭債権が生ずるにとどまり、遺贈または贈与の効力に直接の影響を及ぼすものではないから、このような問題を生じない。

78　遺留分の算定

　(1)　**遺留分算定の意義**　　遺留分の割合は、まず、だれが相続人であるかによって相続財産に対する遺留分の割合が定められ（1042条1項）、相続人が数人ある場合には——代襲相続の場合をも含めて——法定相続分の割合によって各相続人の遺留分が算定される（同条2項・900条・901条・887条2項）。これを細説するとつぎのようになる。

第9章 遺 留 分

(ア)　遺留分の割合　　昭和55年改正前においては、直系卑属が相続人である場合（直系卑属のみが相続人である場合、直系卑属と配偶者が相続人である場合）の遺留分は2分の1、その他の場合（配偶者だけが相続人である場合、配偶者と直系尊属が相続人である場合、配偶者と兄弟姉妹が相続人である場合）の遺留分はいずれも3分の1であった（昭和55年改正前1028条）。これに対して、昭和55年改正では、先に述べた配偶者相続分の拡大（相21(1)(イ)）を中心とする改正と歩調を合わせて、配偶者または直系卑属が相続人に加わっている場合は2分の1、その他の場合は3分の1と改正した（昭和55年改正後1028条）。つまり、配偶者の遺留分を直系卑属のそれと同じにし、拡大を図ったのである。そして、平成30年改正では、条文の番号は繰り下げられたが（1042条）、遺留分の割合については変更されていない。

　各種の組合わせについてみると、つぎのとおりである。

　①配偶者だけが相続人であるときは2分の1。

　②直系卑属（子またはその代襲相続人。以下同じ）だけが相続人であるときは2分の1。

　③配偶者と直系卑属が相続人であるときは2分の1。

　④直系尊属だけが相続人であるときは3分の1。

　⑤直系尊属と配偶者が相続人であるときは2分の1。

　⑥配偶者と兄弟姉妹が相続人であるときは、配偶者は2分の1、兄弟姉妹には遺留分がない。

　⑦兄弟姉妹（またはその代襲者）だけが相続人であるときは遺留分なし。

(イ)　共同相続人各自の遺留分率　　上に述べた順序に従って各相続人の遺留分の割合——遺留分率の適用——を例示すれば、つぎの

とおりである。

①遺産9,000万円、妻だけが相続人であれば

　妻は……………………9,000万円×1/2＝4,500万円

②遺産9,000万円、A・B・Cの3人の子が相続人であれば、各自
　の遺留分は

　A・B・Cそれぞれ……9,000万円×1/2÷3＝1,500万円

　Aがa・b2人の子を残して死亡しているとすれば

　a・b……………………1,500万円÷2＝750万円

③遺産9,000万円、妻とA・B・Cの3人の子が相続人であれば

　妻は……………………9,000万円×1/2×1/2＝2,250万円

　A・B・Cそれぞれ……9,000万円×1/2×1/2÷3＝750万円

④遺産9,000万円、父母が相続人であれば

　父母それぞれ…………9,000万円×1/3÷2＝1,500万円

⑤遺産9,000万円、父母と妻が相続人であれば

　妻は……………………9,000万円×1/2×2/3＝3,000万円

　父母はそれぞれ………9,000万円×1/2×1/3÷2＝750万円

⑥遺産9,000万円、妻と兄と妹が相続人であれば

　妻は……………………9,000万円×1/2＝4,500万円

　兄と妹は………………0

⑦兄弟姉妹だけが相続人であれば遺産がいくらあっても遺留分は零

(2)　**遺留分算定の基礎となる財産**　　上に述べた遺留分算定の基礎
となる財産は、被相続人が相続開始の時において有した財産の価額
に、その贈与した財産の価額（贈与財産が金銭の場合は、相続開始時
の貨幣価値に換算した価額（最判昭和51・3・18民集30巻2号111頁・基
本判例449））を加えた額から債務の全額を控除してこれを算定する
（1043条1項）。被相続人が相続開始時に債務を有していた場合にお

397

ける遺留分の侵害額は、被相続人が相続開始時に有していた財産全体の価額にその贈与した財産の価額を加えた額から債務の全額を控除して遺留分算定の基礎となる財産額を確定し、それに法定の遺留分の割合を乗じて算定した遺留分の額から、遺留分権利者が相続によって得た財産の額を控除し、同人が負担すべき相続債務の額を加算して算定する（最判平成8・11・26民集50巻10号2747頁）。相続人のうちの一人に対して財産全部を相続させる旨の遺言がされ、当該相続人が相続債務もすべて承継した場合、遺留分の侵害額の算定においては、遺留分権利者の法定相続分に応じた相続債務の額を遺留分の額に加算することは許されない（最判平成21・3・24民集63巻3号427頁・基本判例450）。つぎの諸点が問題になる。

　(ｱ)　相続開始時の財産　　相続開始の時において有した財産とは、一身に専属するものを除いた正味の遺産であるが、祭祀用財産を含まない。条件付権利または存続期間の不確定な権利は、家庭裁判所が選定した鑑定人の評価に従ってその価格を定める（1043条2項）。

　(ｲ)　相続人以外の者への贈与　　贈与は、相続開始前1年以内にしたもののすべて、および1年前の日より前でも当事者双方が遺留分権利者に損害を加えることを知ってした贈与を加算する（1044条1項）。この規定は、平成30年改正前の1030条に当たるものである。旧規定もとでは、相続人に対する贈与（特別受益として相続財産に算入される）もこれに含まれるものと解されていた（さらに1044条で903条が準用されていた）。しかし、平成30年改正では、相続人に対する贈与について新たな規定をおいたので（同条3項）、ここでは、相続人以外の者に対する贈与のみが対象となる（ただし、特別受益を受けていた相続人が相続放棄等によって相続人でなくなった場合には、1項が適用される）。なお、相続人に対する贈与については(ｳ)で後述

する。ただし、1年前の日より前になされた贈与については、贈与当時に客観的には遺留分権利者に損害を加える事実が存在し、主観的にも当事者双方がそのことを知っていたことを侵害額の支払請求をする遺留分権利者が証明しなければならない。判例は、将来の価格の変動まで考慮に入れるべきであるというが（大判昭和11・6・17民集15巻1246頁）、贈与が相当に古いものである場合には、悪意の立証はかなり困難であろう。なお、受贈者の行為によって贈与の目的である財産が滅失し、またはその価額に増減を生じても、原状のままであるものとして評価する（同条2項・904条）。

　負担付贈与がなされた場合には、贈与した価額は、その目的の価額から負担の価額を控除した額とする（1045条1項）。当事者双方が遺留分権利者に損害を加えることを知って不相当の対価でした有償行為は、当該対価を負担の価額とする負担付贈与とみなす（同条2項）。

　㋑　特別受益分（相続人への贈与）　　平成30年改正前は、1044条で903条が遺留分に準用されていたので、共同相続人が生計の資本として受けた——具体的相続分の算定の場合に加算されるべき——贈与（特別受益分、相22⑴㋑参照）も遺留分算定の基礎となる財産に算入され、その分だけ特別受益者の遺留分から減額されることになるとされていた。そして、判例は、民法903条1項の定める贈与（特別受益）は、特別の事情のない限り、1030条（平成30年改正前）の要件を満たさないものでも遺留分算定の基礎となる財産に算入され、遺留分減殺の対象となるが、例外として、相続開始より相当以前になされたものであって、減殺請求を認めることが贈与を受けた相続人に酷であるなどの特段の事情があるときは、遺留分減殺の対象とならないとしていた（最判平成10・3・24民集52巻2号433頁・基

第9章 遺 留 分

本判例451)。このような判例理論をふまえて、平成30年改正によって新たな規定が定められた。すなわち、相続人に対する贈与については、1044条1項の規定は、一方で「1年」の期間が「10年」と修正され、算入される贈与の価額は、「価額（婚姻若しくは養子縁組のため又は生計の資本として受けた贈与の価額に限る。）」と修正されている（同条3項）。

　なお、平成30年改正前は、単に903条を準用するとしていただけであったので、持戻し免除の意思表示がなされた場合における扱いについて、明確でなかった。判例は、相続人が持戻し免除の意思表示をしていた場合であっても、贈与の価額は遺留分算定の基礎となる財産に算入され、特別受益に当たる贈与についてされた持戻し免除の意思表示が遺留分減殺請求により減殺された場合、当該贈与に係る財産の価額は、遺留分を侵害する限度で、遺留分権利者の相続分に加算され、当該贈与を受けた相続人の相続分から控除されると解していた（最決平成24・1・26家月64巻7号100頁）。しかし、平成30年改正では、実質的に903条1項の内容を1044条3項に取り込んだにとどまり、持戻し免除の意思表示の有無にかかわらず、特別受益に当たる贈与が遺留分算定の基礎となる財産に算入されることが明確になったので、判例の解釈と異ならないことになる。

　なお、共同相続人間において、無償で相続分の譲渡が行われた後に、譲渡した者が死亡した場合に、その相続において、前記相続分の譲渡は、譲渡に係る相続分に含まれる積極財産および消極財産の加賀等を考慮して算定した当該相続分に財産的価値があるとはいえない場合を除いて、903条1項の贈与に当たるとした判決がある（最判平成30・10・19民集72巻5号900頁・基本判例452）。遺留分減殺請求権に関する判決ではあるが、改正後の遺留分侵害制度において

400

も先例としての意義を有するものである（前述のように、903条1項の贈与は遺留分算定の基礎となる財産に算入される）。

(エ)　相続分の指定　　平成30年改正前においては、相続させる旨の遺言や相続分の指定が遺留分を侵害する場合について、遺留分減殺請求の対象になるかどうかは、必ずしも明確ではなかったが、判例は、遺留分減殺請求の対象となることを認めてきた（相続させる旨の遺言に関する最判平成3・4・19民集45巻4号477頁・基本判例429（ただし傍論）、相続分の指定に関する前掲最決平成24・1・26）。しかし平成30年改正では、これらの遺言による処分が遺留分を侵害する場合に、それによって財産を取得した者が遺留分侵害額を負担することが明文の規定で認められた（1047条1項）。

(オ)　控除すべき債務　　控除すべき債務の中には、被相続人から承継される債務のほかに、相続税その他の公租公課および葬式費用をも含むと解せられる。遺贈によって相続人が負担した債務は減殺されるべき債務だからもちろんこれを控除しない。

79　遺留分に基づく侵害額の支払請求

(1)　侵害額の支払請求権の性質とその当事者

(ア)　支払請求権の性質　　遺留分権利者およびその承継人は、受遺者または受贈者に対して遺留分侵害額に相当する額の金銭の支払を請求することができる（1046条）。平成30年改正前の遺留分減殺請求権と同様に、一種の形成権であり、受贈者または受遺者に対する意思表示で足りる（平成30年改正前の遺留分減殺請求権に関する最判昭和41・7・14民集20巻6号1183頁）。その性格は財産上の権利であり、相続の目的となるばかりでなく、債権者代位権の目的となると解されている（423条）。なお、判例に、遺留分権利者が被相続人の全財産を譲り受けた相続人に遺産分割の協議の申入れをしたのを

401

第9章 遺 留 分

遺留分減殺の意思表示をしたものとするものがある（最判平成10・6・11民集52巻4号1034頁）。

(イ) 当事者　遺留分侵害額の支払請求ができる者は遺留分権利者およびその承継人（相続人および相続分の譲受人）である。その請求を受ける者は受遺者・受贈者またはその相続人である。すでに述べたように不相当の対価で被相続人から財産を譲り受けた者も、当事者双方が遺留分権利者に損害を加えることを知ってした場合には受贈者とみなされる（1045条2項）。負担付贈与はその目的の価額の中から負担の価額を控除したものについて遺留分算定の基礎となる財産に算入される（同条1項）。

(2) 侵害額の支払請求権行使

(ア) 行使の効果　侵害額の支払請求権は、形成権であって相手方に対する意思表示で足りることは先に述べた。支払請求権行使の結果、受贈者または受遺者は侵害額に相当する金銭を支払わなければならない（1046条1項）。平成30年改正前においては、遺留分減殺請求によって遺贈または贈与によって受遺者または受贈者に帰属していた目的財産が遺留分権利者に帰属するという物権的効果を生ずるものであったが（旧1031条）、改正により、金銭債権化したので、遺贈または贈与の効力はそのまま維持され、受遺者または受贈者は侵害額の支払義務を負担するにとどまることとなった。また、遺留分権利者は贈与の減殺によって得た財産をもって相続財産の費用（本来、相続財産の中から支弁する）を支弁することを要しないとされていた（885条2項）。そこで、贈与が減殺されるとそれによって得た財産は遺留分権利者の固有財産に帰属すると解されてきた。この規定については、遺贈と贈与を区別して扱う根拠が不明などの批判があり、立法論としては疑問があるとされてきた。平成30年改正

では、遺留分侵害の回復について、前述のように現物返還ではなく、金銭債権のみが発生するとしたことから、この規定は不要となり、削除された。

　⑷　侵害額の算定　　平成30年改正において、侵害額の算定について、従来実務で行われてきた算定方法を明文化した（1046条2項）。すなわち、以下のような順序によって計算される。

　まず、1042条の規定に従い、遺留分を算定する。つぎに、その遺留分額から遺留分権利者が受けた遺贈または903条1項に規定する贈与の額を控除する。さらに、900条から902条まで、903条および904条の規定により算定した相続分に応じて遺留分権利者が取得すべき遺産の価額を控除する。そして、被相続人が相続開始の時において有した債務のうち899条の規定により遺留分権利者が承継する債務の額を加算する。このようにして算定された額を遺留分権利者は、遺留分侵害額として、受遺者等に請求できる。たとえば、相続開始時の相続財産が、3,000万円、債務額が2,000万円で、相続人は2人の子（AとB）であるが、Aに対する生前贈与が1億2,000万円、Bに対する生前贈与が1,000万円であったとする。この場合にBの遺留分侵害額は以下のとおりである。遺留分算定の基礎となる財産は、相続開始時の財産3,000万円に生前贈与である1億2,000万円および1,000万円を加算し、債務である2,000万円を控除した1億4,000万円である。そして、Bの遺留分額は、その2分の1の2分の1であるから、3,500万円となる。つぎに、遺留分の額からBの受けた生前贈与額1,000万円およびBが取得すべき遺産の額3,000万円（Aは相続分を超える生前贈与を受けているために具体的相続分は0である）を控除し、Bの承継する債務額1,000万円を加算した500万円が遺留分侵害額となる。結局、BはAに対して侵害額500万円

第9章　遺　留　分

の支払を請求することができる。

　なお、裁判所は、受遺者または受贈者の請求により、遺留分侵害額の支払について、期限を許与することができる（1047条5項）。

　(ウ)　受遺者または受贈者の負担の順序と割合　　遺留分侵害額を負担すべき贈与または遺贈が2以上あるときは、一定の順序と割合とに従って行わなければならない。①まず受遺者と受贈者があるときは、受遺者が先に負担する（1047条1項1号）。②受遺者が複数あるとき、または受贈者が複数ある場合においてその贈与が同時になされたものであるときは、遺言者が別段の意思を表示していない限り、受遺者または受贈者がその目的の価額の割合に応じて負担する（同項2号）。③受贈者が複数ある場合においてその贈与が同時になされたものでないときは、後の贈与の受贈者から順次前の贈与の受贈者が負担する（同項3号）。

　遺留分侵害額の負担額を定める際における遺贈または贈与の目的の価額の評価方法については、904条、1043条2項および1045条の規定が準用されている（1047条2項）。すなわち、受贈者の行為によって、その目的である財産が滅失し、またはその価格の増減があったときであっても、相続開始の時において現状のままであるものとみなして、その価額を定める（904条）。また、遺贈または贈与の目的が条件付きの権利または存続期間が不確定な権利であるときは、家庭裁判所が選任した鑑定人の評価に従って、その価格を定める（1043条2項）。そして、遺贈または贈与が負担付きである場合には、その価額は、その目的の価額から負担の価額を控除した額とし（1045条1項）、遺贈または贈与が不相当な対価でなした有償行為であるときは、当事者双方が遺留分権利者に損害を加えることを知っていたときに限り、その対価を負担額とする負担付贈与とみなし、

404

その価額は、その目的の価額から不相当な対価を控除した額とする（同条2項）。

㈡　遺留分権利者の承継債務　　遺留分侵害額の支払請求を受けた受遺者または受贈者が遺留分権利者が承継した債務について、弁済その他の債務を消滅させる行為をしたときは、消滅した債務の額の限度において、遺留分権利者に対する意思表示によって遺留分権利者に対して負担する遺留分侵害額の支払債務を消滅させることができる（1047条3項）。

㈥　受遺者または受贈者の無資力　　受遺者または受贈者の無資力によって生じた損失は、遺留分権利者の負担に帰する（同条4項）。

⑶　**遺留分の個別性**　　遺留分権利者が数人ある場合に、各自の遺留分はそれぞれ独立であり、その算定は一人ひとりについて行われ、その行使も各自の自由にまかされていて、共同の行動に出る必要はない。したがって、すでに一言したように、一部の者が遺留分を放棄しても、他の者の遺留分がそれだけ増えるわけでもない。

以上述べてきたところを具体的な例について考えてみると——遺産9,000万円、妻と3人の子A・B・Cが相続人である場合に、通常ならばその具体的相続分は、妻4,500万円、A・B・Cそれぞれ1,500万円であり（相21⑵設例1①参照）。その遺留分はそれぞれ2,250万円と750万円である（相78⑴㈡③）。もしAに対して4,500万円の遺贈がされていると、Aは相続分より3,000万円多く受け取ることになるから、その相続分を受けることはできない。この3,000万円を他の共同相続人がどのように負担するかについて説が分かれていることは先に述べたとおりである（相22⑴㈡）。そのうち、配偶者別格の原則に沿って、配偶者を除いてB・Cだけで負担すると

第9章 遺 留 分

いう説によれば、B・Cの具体的相続分は零となり、妻は4,500万円を受ける。したがってB・Cだけがその遺留分の全額を侵害され、妻の遺留分は侵害されないことになり、B・CはAに対してそれぞれ750万円の減殺請求をすることができる。

上の説明でもわかるように、遺留分そのものは比較的明確であるが、その侵害が起こるかどうかは、共同相続人の一人に対する贈与または遺贈によるマイナスを共同相続人の間でどのように負担すると解するか、放棄の効果がだれに及ぶか（この点は昭和37年改正で解決した）にかかることが多いのである。

80 遺留分侵害額の支払請求権の消滅

遺留分侵害額の支払請求権には特に短期の権利行使期間が定められている。すなわち、遺留分権利者が相続の開始および遺留分を侵害する贈与または遺贈があったことを知った時から、1年間で消滅する（1048条前段）。権利関係を早く安定させようとする趣旨である。注意すべきは、この時効の起算点は単にその贈与または遺贈の存在を知るだけでなく、その贈与または遺贈が遺留分を侵害するものであることを知った時とされていることである。したがって、たとえば共同相続人の一部が特定遺贈を受けている場合に、遺産の分割が手間取り、1年以上経過した後で特定遺贈の目的物の価額が意外に大きく、他の相続人の遺留分が侵害されていることがわかったときは、なお遺留分侵害額の支払請求をすることができる。他面たとえば、贈与を無効だと誤信していたような場合には、この期間は進行しないとされる。その結果、平成30年改正前においては、贈与の存在を知って数年たってからでも、減殺権者はまず贈与無効の訴えを起こし、これに敗訴した場合にその時から減殺請求権の消滅時効が進行すると主張する危険があることが指摘されていた。それに答え

406

るかのように、つぎの判例があった。すなわち、被相続人の財産の
ほとんど全部が贈与されたことを遺留分権利者が認識している場合
には、その無効を信じているため遺留分減殺請求権を行使しなかっ
たことがもっともと首肯しうる特段の事情が認められない限り、そ
の贈与が減殺できるものであることを知っていたと推認するのが相
当である（最判昭和57・11・12民集36巻11号2193頁）。また遺留分侵害
額の支払請求権は相続開始の時から10年の経過によって消滅する
（同条後段）。なお、平成30年改正前において、遺留分減殺請求権の
期間制限について、同趣旨の規定が定められていた（旧1042条）。
学説では、期間制限は短期・長期ともに除斥期間であるとする見解
が有力であったが、平成30年改正では、金銭債権となり、民法の一
般債権と同一の規律に従うものと解される。

第10章　特別の寄与

第10章　特別の寄与

81　序　　説

　昭和55年改正によって、共同相続人中に、被相続人の財産の維持
増加に寄与した者があるときに、その者に本来の相続分に加えて、
寄与分を与える制度が新たに設けられた（904条の２、相23参照）。
しかし、寄与分を得られるのは、相続人に限られる。そこで、たと
えば、夫の死後にその配偶者が夫の父母の療養看護に努めていたと
しても、それらの者の相続において、遺産の一部が与えられること
はない。また、昭和37年改正によって新設された特別縁故者への財
産分与制度は、このような場合にも適用される余地はあるが、被相
続人に相続人がいない場合に限られている（958条の３、相48(2)(イ)）。
そこで、従来の制度の不備が指摘されていた。

　このような状況において、平成30年改正によって、相続法の制度
として、被相続人の親族であって、相続人以外の者について、相続
人における寄与と同様の寄与が認められる場合に、金銭の支払請求
権を与える特別の寄与の制度が創設された。条文数は、わずかに１
ヵ条であるが、新たに、「特別の寄与」という表題で第10章が立て
られた。

82　特別の寄与の意義

　特別の寄与というのは、被相続人に対して無償で療養看護その他
の労務の提供をしたことにより被相続人の財産の維持又は増加につ
いて寄与したことを意味する（1050条１項）。共同相続人のうちに、
被相続人の財産の維持または増加に寄与しているものがあるときに、
その相続人の相続分を算定する場合に考慮される寄与分制度（904

条の2）と同様の場合を想定しているが、無償で労務の提供をしたことが要件とされている。対価が支払われている場合には、特別の寄与として考慮する必要がないと考えられたためである。

そして、特別の寄与を請求できる者（**特別寄与者**と呼ばれている）は、被相続人の親族に限られている（1050条1項）。一方で、親族であっても、①相続人、②相続の放棄をした者、③欠格事由があるために相続人になれない者（891条）、③廃除によってその相続権を失った者（892条）は除かれる。①が除かれているのは、相続人については、相続分の算定において、寄与分が考慮されるから、それ以上に考慮する必要はないためである。②は、本人の意思によって相続財産を取得する意思のないことが明らかな場合であり、③・④は、これらの者に相続権を認めることが妥当でない場合である。②～④が除かれているのは、いずれの場合にも、相続財産の一部を与えることも適切でないと考えられるためである。他方で、親族でない者は、この制度の対象外である。これらの者は、従来の特別縁故者への分与制度の恩恵を受けるにすぎない。

83 特別の寄与の内容

特別寄与者は、相続の開始後、相続人に対し、特別寄与者の寄与に応じた額の金銭（**特別寄与料**と呼ばれている）の支払を請求することができる（1050条1項）。特別寄与料の額については、寄与分制度と同様に、当事者間の協議で定められるが、当事者間に協議が調わないとき、または協議をすることができないときは、特別寄与者は、家庭裁判所に対して協議に代わる処分を請求することができる（同条2項本文）。

家庭裁判所は、寄与の時期、方法および程度、相続財産の額その他一切の事情を考慮して、特別寄与料の額を定める（同条3項）。

第10章　特別の寄与

家庭裁判所が考慮すべき事由についても、寄与分制度と同様である。家庭裁判所に対する審判の申立ては、特別寄与者が相続の開始および相続人を知った時から6ヵ月を経過したとき、または、相続開始の時から1年を経過したときは、することができない。権利行使の期間を短期にしているのは、特別寄与者は、相続開始の事実（被相続人の死亡）を知っているのが通常であると考えられるからである。

　そして、特別寄与料の額は、被相続人が相続開始の時において有した財産の価額から遺贈の価額を控除した残額を超えることができないとされている（同条4項）。

　特別寄与料は、その支払義務者である相続人が負担するのであるが、相続人が数人ある場合には、各相続人は、特別寄与料の額に当該相続人の相続分（900条から902条によって算定される）を乗じた額を負担する（1050条5項）。

410

事 項 索 引

① 配列は50音順。
② 序，親，相は，それぞれ序論，親族法編，相続法編を表わし，通し番号で示す。
③ 見出中の──は大見出を，〜は大見出をふくむ中見出を示す。

あ　行

悪意の遺棄
　　………親24(1)・29(1)(イ)・54(1)
遺骸
　被相続人の──の所有権
　　………………………相14(2)(オ)
遺言………………………相1(2)・49〜
　──の解釈………………相51(5)
　──の口授………………相53(2)
　──の効力………………相56〜
　〜発生時期……………相56(1)
　──の執行………………相62
　〜に関する費用……相63(2)(エ)
　──の自由………………相57(1)
　──の証人・立会人の欠格
　　………親12(1)(ウ)・(2)，相51(2)
　──の抵触………………相55(3)
　──の撤回………………相51(2)・55
　〜の効力………………相55(4)
　〜の推定………………相55(3)
　〜の方式………………相55(2)
　詐欺・強迫による〜……相55(4)
　──の特殊な無効原因…相56(3)
　──の能力………………相51(1)
　──の方式………………相52〜
　──の無効・取消し……相56(2)
　──の要式性……………相51(3)

外国にある日本人の──
　　………………………相52(3)
隔絶地──………相52(2)・54(2)
危急時──………相52(2)・54(1)
　一般の──………相54(1)(ア)
　船舶遭難の〜………相54(1)(イ)
共同──の禁止………相51(4)
制限行為能力者の──…相51(1)
公正証書──………相52(2)・53(2)
詐欺・強迫による──
　　………………相55(1)・56(2)
自筆証書──………相52(2)・53(1)
　〜の保管制度…………相53(5)
推定相続人の廃除の──
　　………………………相56(1)
停止条件附──………相56(1)
秘密証書──………相52(2)・53(3)
臨終──………………相52(2)
遺言行為…………………相51(2)
遺言事項…………………相50
遺言執行者………………相62・63
　──の権限…………相63(2)(イ)
　──の職務…………相63(2)(ア)
　──の選任・解任・辞任
　　………………………相63(1)
遺言書
　──の印…………………相53(1)
　──の開封……………相61

411

事項索引

——の確認…………………相54(1)(ア)
——の偽造・変造・破棄・
　隠匿……………………相11(1)
——の検認…………………相61
——の氏名…………………相53(1)
——の破棄………………相55(3)(ウ)
——の日付…………………相53(1)
——の保管所………………相53(5)
遺言書保管官………………相53(5)
遺言書保管ファイル………相53(5)
遺言制度……………………相49
遺産…………………………相15(2)
——の管理…………………相25
——の共同所有　→　相続財産
——の分割　→　遺産分割
遺産管財人…………………相15(1)
遺産合有説
　各個——………………相16(2)(イ)
　総——…………………相16(2)(イ)
遺産（の）分割
　………相1(1)・15(2)・24・25〜
——の基準…………………相26(1)
——の禁止…………………相24
——の効果…………………相28
——の自由・制限………相26(2)
——の審判…………………相27(3)
——の遡及効……………相28(1)
——の対象（預貯金）……相16(3)
——の対抗力……………相28(2)
——の方法………相26(1)・27
　〜の指定………………相20(1)(ウ)
——前における預貯金債権の行
使
協議——…………………相27(2)

指定——……………………相27(1)
被認知者の——請求権…相28(3)
利害関係人の——参加　相27(4)
異姓不養……………………親49
遺贈………………相20(1)(ウ)・57
——における物上代位
　………………………相59(2)(ウ)
——の果実………………相59(2)(イ)
——の承認・放棄………相57(4)
——の費用求償…………相59(2)(イ)
——の目的物の破棄……相55(3)
——を受けた相続人……相22(1)
特定——……………相57(2)・59
　〜の効果………………相59(2)
　〜の放棄・承認………相59(3)
負担附——………相57(1)・60
包括——……………相57(2)・58
　〜の効果………………相58(2)
補充——…………………相57(3)
遺贈義務者…………………相57(3)
——の引渡義務…………相59(2)
遺贈失効……………………相57(5)
遺族年金………相13(3)・22(2)(イ)
遺族補償………相13(3)・22(2)
遺留分……………相1(3)・76〜
——制度の根拠………相3(2)(イ)
——の個別性……………相79(3)
——の算定…………………相78
　〜の基礎となる財産…相78(2)
　〜するための財産……相5(4)
——の放棄………………相77(2)
——の割合………………相78(1)
遺留分減殺請求権
　…………………………相76(3)

412

事項索引

遺留分（請求）権者……相79(1)(イ)
遺留分侵害額の支払請求権
　　　……………………相20(2)
　　──行使の効果………相79(2)
　　──の消滅……………相80
　　──の性質………相78(2)・79(1)
姻族…………………親9(1)・(2)(ウ)
姻族関係…………………親10(3)
　婚姻解消と──……親26(3)(ア)
氏……………………………親6
　──の決定…………親6(1)(イ)
　──の変更…親6(1)・51・55(2)
　　子の〜……親57(2)・60(2)(イ)
　　準正子の〜………親57(2)(イ)
　　連れ子の〜………親57(2)(イ)
　──の法律効果………親6(2)
　棄児の──…………親57(1)(ウ)
　戸籍法による改──……親57(3)
　婚姻解消（離婚）と──
　　……親26(3)(ア)・30(2)・31(4)
　　子の──…親31(4)・56(1)
　　親子の──…………親57
　　夫婦の同一──
　　……………親6(1)(イ)・24(3)
　　養子縁組と──……親51(2)
　　離縁と──…………親55(2)
AID　→　非配偶者間人工授精
AIH………………………親45(1)
縁組　→　養子縁組
　──の取消請求権……親12(1)(イ)
親子　→　しんし

　　　　か　行

寡居期間……………………親19(3)

家族法の原理………………序3
形見分け………………相36(1)(イ)
家団論…………………相13(2)
家庭裁判所の審判………親8(2)
家督相続………親2(3)，相4(1)
監護義務………親60(1)・66(2)(ア)
監護者
　──の決定…………親60(1)(イ)
　認知と──…………親43
　離婚と──…………親31(2)
管理権喪失
　──の請求権………親12(1)(イ)
　──の取消請求権……親12(1)(イ)
逆縁婚…………………親19(4)
教育義務………………親60(1)
協議に代わる審判………親8(2)
協議離婚
　──の取消し・無効…親28(3)
共同相続　→　相続
共同相続人の担保責任……相28(4)
共有財産の分割………親25(1)(ア)
居住建物
　──の修繕…………相68(2)
　──の費用負担………相68(3)
　──の返還…………相69・74
居所指定権……………親60(1)(ア)
寄与分……………………相22
近親婚の禁止
　………親12(1)(ウ)・(2)・19(4)
継親子…………………親9(2)(ア)
系譜……………………相14(2)(ア)
継母親子………………親9(2)(ア)
血族………………親9(1)・(2)(ア)
　自然──……………親9(2)(ア)・

事項索引

　　　　　　10⑴・11⑴
直系——………………親 9⑵(ア)
傍系——………………親 9⑵(ア)
法定——………親 9⑴・⑵(ア)・
　　　　　　10⑵・11⑵
限定承認………………………37〜
　——の効果………………相39
　——の清算………………相39
　　〜の開始………………相39⑴
　　〜の実行………………相39⑵
　——の方式………………相38
限定承認手続の完了………相39⑶
権利の承継の対払要件
　………………相18・27⑴・57⑹
子
　——の引渡請求………親60⑴(イ)
　——の監護・教育………親60⑴
　——の利益………………序 3
合意に相当する審判………親 8⑷
後見………………………親64〜
　——開始の審判………親64⑵(イ)
　　〜を請求する権利…親12⑴(イ)
　　〜の取消し………親41⑷(ウ)
　——事務の監督………親66⑹
　——の開始………………親64⑵
　——の機関………………親65
　——の事務………………親66〜
　——の終了………………親67
後見監督人…………親65⑵・66⑶
　——の解任・辞任……親65⑵(イ)
　——の欠格
　　………………親12⑴(ウ)・65⑵(イ)
　——の職務………………親66⑸
　——の選任………………親65⑵

　——の注意義務………親66⑸(ア)
指定未成年——………親65⑵(ア)
選定未成年——………親65⑵(ア)
後見登記等に関する法律
　………………………親64⑴(カ)
後見人…………………親39⑵・65⑴
　→　成年後見人
　→　未成年後見人
　——の解任・辞任……親65⑴(ウ)
　——の監護・教育の権利義務
　　………………………親66⑵(ア)
　——の居所指定権……親66⑵(ア)
　——の欠格
　　………親12⑴(ウ)・⑵・65⑴(ウ)
　——の職業許可権……親66⑵(ア)
　——の選任………………親66⑸(イ)
　——の注意義務………親66⑶(ア)
　——の懲戒権…………親66⑵(ア)
　——の報酬………………親66⑶(イ)
指定未成年——………親65⑴(ア)
公的扶助………………親 3⑷・78
香典………………………相22⑵(エ)
考慮期間　→　熟慮期間
個人主義の原則………………序 3
戸籍………………………………親 7
　——の記載………………親 7⑶
　——の届出………………親 7⑶
　　認知の〜………………親43⑴(イ)
　——の編製………………親 7⑵
戸籍筆頭者………………親24⑶
戸籍法…………………親 7⑴(イ)
婚姻………………………親14〜・16
　——の解消………親15⑶・26〜
　　〜の原因………………親26〜

414

――の効果………親15(2)・23～

――の実質的要件…………親19

――の成立………親15(1)・16～

――の届出………………親18

　～をしないこと……親21(1)(イ)

　～の受理…………親18(1)(ア)

――の取消し…………親20・22

　～の効果……………親22(4)

――の取消原因…………親22(1)

――の取消権者…………親22(2)

――の取消請求…………親22(3)

――の取消請求権……親12(1)(イ)

――の費用分担………親25(2)(イ)

――の無効………………親20～

――の無効確認…………親21(2)

――の予約………………親33

――を継続し難い重大な事由

………………親29(1)(オ)

　未成年の――……親19(5)・24(4)

婚姻意思の不存在………親21(1)(ア)

婚姻契約…………………親16

婚姻障害…………………親19

婚姻制度の変遷……………親14(2)

婚姻適齢……………………親19(1)

婚姻法………………………親14(1)

――の内容………………親15

婚姻予約不履行者…………親35(1)

婚約………………………親17

さ　行

祭具…………………相14(2)(ア)

再婚禁止期間………親19(3)・41(3)

財産分与…………………親32

――の額・方法…………親32(3)

財産分離……………相1(1)・43～

――の請求…………相44(1)・(2)

　～の防止………………相44(4)

――の命令………………相44(2)

　～の消滅………………相44(4)

　第一種――………相43(2)・44

　～の優先弁済権……相44(3)(ア)

　第二種――………相43(2)・45

　～の効果………………相45(3)

　～の優先弁済権……相45(3)(ア)

祭祀（用具）の承継……親6(2)・

24(3)・26(3)(イ)・55(3),

相4(2)(ア)・14

　離婚と――……………親30(3)

裁判離婚主義…………親27(2)(ア)

里親………………………親60(1)(オ)

300日問題………………親41

事実婚主義………………親18(3)

実子………………………親40～

児童福祉施設長…………親60(1)(オ)

死亡の時期………………相5(2)

借家権の承継……………相65

受遺者……………………相57(3)

――に対する弁済……相44(2)(イ)

――の相続財産の競売・鑑

定の参加……………相39(2)

――の担保請求権……相59(2)(イ)

重婚………………………親9(2)

重婚的内縁関係………親28(4)・34

習俗的儀式婚主義…………親18(3)

熟慮期間…………相5(2)・33

――の計算……………相33(6)

――の徒過（経過）

………………相35(1)・36(3)

415

事項索引

順縁婚……………………親19(4)
準婚……………………親18(2)・41(2)
準正………………………………親44
職業許可権………………親60(1)(エ)
除斥公告………相39(2)(ア)・48(2)(ア)
人格代表者…………………相15(1)
親権………………………………親58～
　　──に服する子…………親59(1)
　　──の共同行使……………親62
　　──の行使の濫用
　　　……………………親58・63(1)(ア)
　　──の財産管理…………親61(1)
　　　～の計算………親61(1)(イ)
　　──の辞任…………親63(2)
　　──の喪失　→　親権喪失
　　──の停止…親63(1)(イ)・(3)(イ)
　　──の変更…………親59(2)
　　──の妨害排除請求…親60(1)(イ)
　　共同──……………親59(2)(ア)
　　単独──……………親59(2)(イ)
　　嫡出でない子の──…親59(2)(イ)
　　養親の──…………親59(2)(イ)
親権者………………………親59(2)
　　──の権利義務………親60・61
　　──の財産上の代理権…親61(1)
　　──の注意義務……親61(1)(ア)
　　──の懲戒権…………親60(1)(ウ)
　　──の身分上の代理権…親60(2)
　　──を行う者の行為能力
　　　……………………親59(3)
　　離婚と──……………親31(1)
親権喪失……………………親63
　　──の請求権…………親12(1)(イ)
　　──の審判…………親63(1)(ア)

　　──の取消請求権……親12(1)(イ)
人工授精子…………親41(1)・45(1)
親子………………………親2(2)・38～
　　実──………………親39(1)
　　法定──……………親39(1)
親子関係……………………親38～
　　──存否確認の訴え……親41(8)
　　──不存在の訴え………親41(6)
親子法………………………親39
親族………………………………親9(1)
　　実方の──…………親10(2)
　　養方の──…………親10(2)
親族関係……………親2・12(1)
　　──の効果………………親12
　　　親族法以外の～………親13
　　──の消滅………………親11
　　──の重複………………親10(4)
　　──の発生………………親10
　　──の範囲………………親9(2)
親族権……………………………親4
親族図……………………………親9(2)
親等………………………………親9(2)(ア)
推定の及ばない子……………親41
生活扶助の義務……………親78(3)
生活保持の義務
　　……親60(1)・78(3)，相3(2)(イ)
制限行為能力者制度…………序1
生殖補助医療により生まれた子
　　　→　人工生殖子
性同一性障害者…………親7(3)(イ)
成年後見監督人の選任…親65(3)(ア)
成年後見人…………親65(1)(イ)，64
　　──の選任…………親65(1)(イ)
　　法人である──………親64(1)(エ)

416

事項索引

成年後見の審判………親29(1)(エ)
成年被後見人………親65(1)(イ)・66
　　——の相続の承認・放棄
　　………………………相33(1)
生命保険金………相13(3)・22(2)(ア)
世帯…………………………親2(2)
相続……………………親2(3), 相2
　　——させる遺言………相27(1)(イ)
　　——の効力………相1(1)・13〜
　　——の根拠………………相3
　　共同——………………相15
　　　債務の〜………………相17
相続開始
　　——の原因……相4(2)(イ)・5(1)
　　——の時期………………相5(2)
　　——の場所………………相5(3)
相続回復請求権………相13(2)・
　　27(2)(ア)・28(2)・29〜
　　——の原告………………相30(1)
　　——の行使………………相31(1)(ア)
　　——の効力………………相31
　　——の消滅………相30(2)・31(2)
　　——の当事者……………相30
　　——の内容………………相31(1)
　　——の被告………………相30(2)
相続欠格
　　——の効果………………相11(2)
　　——の事由………………相11(1)
相続権……………親12(1)(ア), 相24
相続権喪失の効力………相9(2)(ア)
相続債権者…相16(3)・17(2)・35(2)
　　——に対する弁済
　　………相39(2)(ウ)・44(2)(イ)・(3)
　　——の相続財産の競売・鑑定の

参加…………………相39(2)(イ)
　　——の権利行使…………相28(5)
相続財産………………相5(4)・15(2)
　　——に関する費用……相5(4)(イ)
　　——の隠匿・消費………相36(2)
　　——の換価………………相39(2)(イ)
　　——の鑑定………………相39(2)(イ)
　　——の管理義務…………相34
　　限定承認者の〜……相39(1)(イ)
　　財産分離請求後の〜
　　………………………相44(2)(ア)
　　——の管理費用…………相34(2)
　　——の共同所有…………相16
　　〜の共有論……………相16(2)
　　〜の合有論……………相16(2)
　　——の競売………………相39(2)
　　——の国庫帰属………相48(2)(イ)
　　——の混合………相44(1)・45(1)
　　——の処分………………相36(1)
　　——の処分行為………相36(1)(イ)
　　事実的〜………………相36(1)(イ)
　　法律的〜………………相36(1)(イ)
　　——の返還請求…………相11(2)
相続財産管理人の選任
　　……相39(1)(イ)・44(2)(ア)・47(1)
相続財産法人………………相47
　　——の管理人の管理計算
　　………………………相48(1)
　　——の管理人の権利義務
　　………………………相47(2)
　　——の消滅…………………相48
相続財産目録
　　………………相36(2)・63(2)(ア)
相続債務……………………相20(4)

417

事項索引

相続資格の重複……………相6(2)
相続登記………………………相42(2)
相続人………………相1(1)・6～
　──の寄与…………………相23
　──の順位…………………相7
　　兄弟姉妹の～………相7(3)
　　直系尊属の～………相7(2)
　　直系卑属の～………相7(1)
　　配偶者の～……………相8
　──の所在…………………相46
　──の廃除…………………相12
　　～の原因……………相12(2)
　　～の効果……………相12(4)
　　～の手続……………相12(3)
　　～の取消し…………相12(5)
　──の不存在……相1(ア)・46～
　　血族──………………相7
　　僭称──…相29(1)・30(1)(ウ)・
　　　　　　　31(1)(ウ)・(2)(エ)
相続の承認・放棄……親60(2)(イ),
　　　　　　相1(1)・13(2)・32～
　──の自由…………………相32
　──の通則…………………相33
　──の撤回・無効・取消し
　　………………………相33(3)
　なお　→　相続放棄
相続分………相1(1)・19・22・24
　──算定の基礎………相5(4)(ア)
　──の指定…………………相19
　　～の委託…相20(1)(エ)・(オ)
　　遺留分違反の～……相20(2)
　──の譲渡…………………相24
　　兄弟姉妹の──…相21(1)(イ)
　　具体的──………………相19

　　～の算定……相20(3)・22・23
　　子の──…………相21(1)(イ)
　　指定──…………………相19
　　代襲相続人の──……相21(2)
　　嫡出子の──……相21(1)(イ)
　　嫡出でない子の──…相21(1)(イ)
　　抽象的──………………相19
　　直系尊属の──…相21(1)(イ)
　　特別受益者の──　→　特別
　　　受益者
　　配偶者の──……相21(1)(イ)
　　法定──…………相19・20
相続分権……………………相16(3)(ア)
相続編の内容…………………相1
相続放棄……………………相40～
　──の効果…………………相42
　──の方式…………………相41
　　相対的──………相42(1)(イ)
　なお　→　相続の承認・放棄
相続法の沿革…………………相4
相続持分権……………相16(3)(ウ)
贈与
　──の価額…………相22(1)(イ)
　──を受けた相続人……相22(1)
尊属……………………親9(2)(ア)

た　行

体外受精子…………………親41(1)
待婚期間………………………親19(3)
胎児……………………………親10(1)
　──の受遺者能力………相57(3)
　──の相続能力…相10・27(2)(ア)
代襲相続……………………相9～
　──人の相続分　→　相続分

──の要件……………………相9(2)

退職金……………相13(3)・22(2)(ウ)

代諾縁組…………………親47(1)(ア)

代理出産…………………親45(2)

代理母……………………親45(2)

多数当事者の抗弁………親43(2)(イ)

単純承認…………………相1(1)・35～

　　──の効果…………………相35(2)

　　　法定──………………………相36

男女平等の原則…………………序3

父

　　──を定める訴え………親41(3)

嫡出

　　──である子　→　嫡出子

　　──でない子…………親40・42

　　　～の氏………………親57(1)(イ)

　　──の推定………………親41(2)

　　　～の適用範囲…………親41(5)

嫡出子……………親10(1)・40・41

　　──の氏………………親57(1)(ア)

　　　推定されない──………親41(6)

嫡出否認の訴え

　　…………親12(1)(イ)・60(2)(イ)

嫡母庶子………親9(2)(ア)・38(1)(ア)

調停……………………………親8(3)

　　──に代わる審判………親8(4)

　　──の行われる事件……親8(3)

調停前置主義………………親8(3)

ＤＶ法　→　配偶者からの暴力の
　　防止及び被害者の保護に関する
　　法律

同時死亡…………相5(2)・9(2)(ア)

同時存在の原則……相5(2)・10(1)

等親制……………………親9(2)(ア)

同棲………………………………親37

同性婚……………………………親14

特別縁故者………………………相23

　　──への分与…………相48(2)(イ)

特別受益者の相続分…………相22

特別代理人の選任……親41(4)(イ)・
　　61(2)・66(3)(ア)・(5)(イ)，相7(1)

特別の寄与……………相23・82

　　──の内容…………………相83

特別養子……………親56，相7(1)

特別養子縁組

　　──の効果………………親56(3)

　　──の要件………………親56(2)

　　──の離縁………………親56(4)

な　行

内縁…………親17・33～・41(2)

　　──と遺族補償…………親35(5)

　　──の解消………………親36

　　──の効果………………親35

　　──の成立………………親34

内縁予約の不履行……………親17

日常の家事による債務…親25(2)(ウ)

任意後見契約……………親64(1)(オ)

任意後見契約に関する法律

　　…………………………親64(1)(オ)

任意後見監督人…………親64(1)(オ)

認知………………………………親43

　　──の訴え……………親60(2)(イ)

　　──の効果………………親43(3)

　　──の遡及効…………相28(3)

　　──の取消しの訴え…親43(1)(ウ)

　　　強制──………………親43(2)

　　　死後──………親43(2)(ア)・44

事項索引

任意——……………………親43(1)
認知請求権の放棄………親43(2)(ウ)
認知訴訟
　　——における父子関係の確認
　　………………………親43(2)(イ)

は　行

配偶関係……………………親10(3)
　　——の消滅………………親11(3)
配偶者………………………親9(2)(ウ)
　　——からの暴力の防止及び被害
者の保護に関する法律
　　………………………親24(1)
　　——の相続権……相6(1)・8(2)
　　——の不貞行為………親29(1)(ア)
配偶者居住権…………相8(3)・66
　　——の成立…………………相67(1)
　　——の存続期間…………相67(2)
　　——の消滅…………………相69
　　——の登記…………………相67(3)
　　——の内容…………………相68
配偶者相続制………相4(2)・8(1)
配偶者短期居住権……………相71
　　——の終了…………………相74
　　——の成立…………………相72
　　——の有続期間…………相73(2)
　　——の内容…………………相73
配偶者別格の原則…………相8(2)
配当加入の申出
　　…………相44(2)(ア)・45(3)(イ)
卑属………………………親9(2)(ア)
非嫡出子　→　嫡出でない子
非配偶者間人工授精
　　………………………親41・45(1)

被保佐人……………………親68(2)
被補助人………親5(1)(ア)・73(1)
夫婦…………………………親2(2)
　　——間の契約……………親24(5)
　　——の協力義務…………親24(1)
　　——の互助の義務
　　………………………親12(1)(ア)・(2)
　　——の貞操義務…………親24(1)
　　——の同居義務…………親24(1)
　　——の扶助義務
　　…………親12(1)(ア)・(2)・24(1)
　　——の別産制…………親25(2)(ア)
夫婦財産契約………………親25
夫婦財産制…………………親25
父子関係……………………親42(3)
不貞の抗弁………………親43(2)(イ)
扶養…………………………親78
　　——の事情の変更………親80(3)
　　——の程度・方法………親80(2)
扶養義務
　　——者……………………親79(2)
　　〜の順位………………親80(1)
　　——の発生………………親79
　　親子間の——…親39(3)・60(1)
　　親族的——………………親78(3)
　　夫婦間の——　→　夫婦
扶養者
　　要——……………………親79(1)
扶養請求権
　　——の行使………………親69(4)
　　——の発生………………親69(3)
扶養能力……………………親69(2)
扶養料
　　認知と子の——の負担…親43(3)

判例索引

　最判　平成17・4・21裁判集民216-597······························親35(5)
　最判　平成17・7・22裁判集民217-581·····························相51(5)
　最判　平成18・7・7民集60-6-2307···························親47(1)(ア)
＊最判　平成18・9・4民集60-7-2563········親43(2)(イ)・45(1)，相10(2)
　最判　平成19・3・8民集61-2-518·····························親35(5)
＊最決　平成19・3・23民集61-2-619······························親45(2)
　最判　平成19・3・30家月59-7-120·····························親31(3)
　最判　平成20・12・11裁判集民229-303··························相28(1)
　最判　平成21・1・22民集63-1-228··························相16(3)(ウ)
＊最判　平成21・3・24民集63-3-427·····················相20(4)・78(2)
　最決　平成22・8・4家月63-1-97···························親60(1)(イ)
　最判　平成22・10・8民集64-7-1719·························相16(3)(ウ)
　最判　平成22・10・15民集64-7-1764························相16(3)(ウ)
　最決　平成23・2・17家月63-9-57·······························親50
　最判　平成23・2・22民集65-2-699·············相21(1)(イ)・27(1)(イ)
＊最判　平成23・3・18家月63-9-58·····························親31(3)
　最決　平成24・1・26家月64-7-100·················相20(2)・78(2)(ウ)
　最決　平成25・3・28民集67-3-864···············親31(2)・59(2)(エ)
　最大判　平成25・9・4民集67-6-1320·················序1，相21(1)(イ)
＊最決　平成25・12・10民集67-9-1847·························親41(2)(ウ)
　最判　平成26・1・14民集68-1-1······················親43(1)(ウ)
＊最判　平成26・2・25民集68-2-173·························相16(3)(ウ)
＊最判　平成26・7・17民集68-6-547·························親41(4)(ア)
　最大判　平成27・12・16民集69-8-2427·················序1，親19(3)
　最大判　平成27・12・16民集69-8-2586·························親24(3)
＊最決　平成28・12・19民集70-8-2121·······················相16(3)(ウ)
　最判　平成29・1・31民集71-1-48·························親47(1)(ウ)
　最決　平成29・12・5民集71-10-1803·····················親60(1)(イ)
　最判　平成30・10・19民集72-5-900·······················相78(2)(ウ)

最判　平成 3 ・12・17民集 50- 10-2778 ··相73(2)

＊最判　平成 4 ・12・10民集 46-9-2727 ···親61(1)(ア)

＊最判　平成 5 ・ 1 ・19民集 47-1-1 ··相62

最判　平成 5 ・11・ 2 家月 6-9-40 ··親29(1)(オ)

＊最判　平成 6 ・ 9 ・13民集 48-6-1263 ···親66(3)(ア)

＊最判　平成 6 ・11・ 8 民集 48-7-1337 ···親60(1)(イ)

最大決　平成 7 ・ 7 ・ 5 民集 49-7-1789 ···相21(1)(イ)

＊最判　平成 7 ・ 7 ・14民集 49-7-2674 ··親56(3)

＊最判　平成 8 ・11・26民集 50- 10-2747 ···相78(2)

最判　平成 8 ・12・17民集 50- 10-2778 ··相72(2)

＊最判　平成 9 ・ 1 ・28民集 51-1-184 ···相11(1)

最判　平成 9 ・ 3 ・ 2 民集 51-3-1609 ··相13(2)

＊最判　平成 9 ・ 4 ・10民集 51-4-1972 ···親31(3)

＊最判　平成 9 ・ 9 ・12民集 51-8-3887 ··相46

＊最判　平成 9 ・11・13民集 51- 10-4144 ··相55(4)

＊最判　平成10・ 2 ・13民集 52-1-38 ··相39(1)

＊最判　平成10・ 3 ・24民集 52-2-433 ··相78(2)(ウ)

最判　平成10・ 6 ・11民集 52-4-1034 ···相79(1)(ア)

＊最判　平成11・ 1 ・21民集 53-1-128 ···相47(2)(ウ)

最判　平成11・ 6 ・24民集 53-5-918 ··相77(3)

＊最判　平成11・ 7 ・19民集 53-6-1138 ···相31(2)(ア)

＊最判　平成11・ 9 ・14裁判集民193-717 ···相54(1)(ア)

＊最判　平成11・12・16民集 53-9-1989 ···相63(2)(イ)

＊最判　平成12・ 2 ・24民集 54-2-523 ··相22(1)(ア)

＊最判　平成12・ 3 ・ 9 民集 54-3-1013 ···親32(3)

最決　平成12・ 3 ・10民集 54-3-1040 ··親35(4)・36

＊最決　平成12・ 5 ・ 1 民集 54-5-1607 ·······················親31(2)・59(2)(エ)

＊最判　平成14・ 6 ・10裁判集民206-445 ·······················相18・27(1)(イ)

最判　平成14・ 9 ・24裁判集民207-269 ···相53(3)

最判　平成16・ 4 ・20裁判集民214-13 ··相16(3)(ウ)

最判　平成16・ 7 ・ 6 民集 58-5-1319 ···相 6 (1)

＊最決　平成16・10・29民集 58-7-1979 ···相13(3)

判例索引

最判 昭和53・7・13判時908-41……………………………………相24

最判 昭和53・7・17民集 32-5-980…………………………………親50⑵㈠

＊最大判 昭和53・12・20民集 32-9-1674……………………相30⑵・31⑵㈠

最判 昭和54・3・23民集 33-2-294…………………………………相28⑶

最判 昭和54・3・30民集 33-2-303…………………………………親24⑵

＊最判 昭和54・5・31民集 33-4-445…………………………………相53⑴

＊最判 昭和55・7・11民集 34-4-628…………………………………親32⑶

最判 昭和55・11・27民集 34-6-815…………………………………相13⑶

＊最判 昭和55・12・4民集 34-7-835…………………………………相51⑵㈦

＊最判 昭和56・4・3民集 35-3-431…………………………………相11⑴

最判 昭和56・6・16民集 35-4-791…………………………………親41⑻

＊最判 昭和56・9・11民集 35-6-1013………………………………相51⑷

＊最判 昭和56・11・13民集 35-8-1251………………………………相55⑶㈣

＊最判 昭和57・3・19民集 36-3-432…………………………………親43⑵㈠

最判 昭和57・11・12民集 36- 11-2193………………………………相80

最判 昭和57・11・18民集 36- 11-2274………………………………親61⑵㈠

＊最判 昭和57・11・26民集 36- 11-2296………………………親61⑵㈠・㈣

最判 昭和58・3・18家月 36-3-143…………………………………相51⑸

最判 昭和58・4・14民集127-3-270…………………………………親35⑸

最判 昭和58・12・19民集 37- 10-1532………………………………親32⑶

最判 昭和59・4・27民集 38-6-698…………………………………相33⑹

最判 昭和61・3・20民集 40-2-450…………………………………相36⑵

最判 昭和61・7・18民集 40-5-991…………………………………親60⑴㈣

＊最判 昭和62・4・23民集 41-3-474…………………………………相63⑵㈣

＊最大判 昭和62・9・2民集 41-6-1423……………………………親29⑴㈺

＊最判 昭和62・10・8民集 41-7-1471………………………………相53⑴

＊最判 平成元・2・9民集 43-2-1…………………………………相27⑵㈦

最判 平成元・2・16民集 43-2-45…………………………………相53⑴

＊最判 平成元・4・6民集 43-4-193…………………………………親43⑴㈦

＊最判 平成2・9・27民集 44-6-995…………………………………相27⑵㈦

最判 平成2・11・8家月 43-3-72…………………………………親29⑴㈺

＊最判 平成3・4・19民集 45-4-477………………………相27⑴㈣・78⑵㈢

＊最判　昭和43・12・20民集 22- 13-3017……………………………相53(2)

　最判　昭和43・12・24民集 22- 13-3270…………………………相55(3)(イ)

　最判　昭和44・ 4 ・ 3 民集 23-4-709……………………………親18(1)(イ)

＊最判　昭和44・ 5 ・29民集 23-6-1064………………………親41(5)(イ)・(7)

＊最判　昭和44・10・30民集 23- 10-1881…………………………相13(1)

＊最判　昭和44・10・31民集 23- 10-1894…………………………親21(1)(ア)

＊最判　昭和44・12・18民集 23- 12-2476…………………………親25(2)(ウ)

＊最大判　昭和45・ 7 ・15民集 24-7-861………………親41(5)(ア)・(8)

　最判　昭和45・11・24民集 24- 12-1943…………………………親29(1)(エ)

＊最判　昭和46・ 1 ・26民集 25-1-90…………………………相18・28(1)

　最判　昭和46・ 4 ・20判時631-53………………………………親61(2)(ウ)

　最判　昭和46・ 5 ・21民集 25-3-408……………………………親29(1)(オ)

＊最判　昭和46・ 7 ・23民集 25-5-805……………………………親32(2)・(3)

＊最判　昭和46・10・22民集 25-7-985……………………………親47(1)(ウ)

＊最判　昭和47・ 2 ・18民集 26-1-46………………………………親66(3)(ア)

　最判　昭和47・ 3 ・17民集 26-2-249…………………………………相54

＊最判　昭和47・ 7 ・25民集 26-6-1263……………………………親21(1)(イ)

　最大判　昭和48・ 4 ・ 4 刑集 27-3-265…………………………親 9 (2)(ア)

＊最判　昭和48・ 4 ・12民集 27-3-500…………………親28(4)・49(4)

　最判　昭和48・ 4 ・24家月 29-9-80……………………………親61(2)(イ)

　最判　昭和49・ 2 ・26家月 26-6-22……………………………親60(1)(イ)

　最判　昭和49・ 3 ・29家月 26-8-47………………………………親42(2)

　大阪高決　昭和49・ 6 ・19家月 27-4-61……………………………親80(2)

＊最判　昭和49・12・24民集 28- 10-2152…………………………相53(1)

＊最判　昭和50・ 4 ・ 8 民集 29-4-401……………………………………親48

＊最判　昭和50・10・24民集 29-9-1483…………………………相48(2)(ウ)

＊最判　昭和50・11・ 7 民集 29- 10-1525…………………………相16(3)(ウ)

＊最判　昭和51・ 3 ・18民集 30-2-111………………相22(1)(イ)・78(2)

　最判　昭和51・ 8 ・30民集 30-7-768……………………………相76(3)

　名古屋高金沢支決　昭和52・ 3 ・23家月 29-8-33……………親59(2)(ウ)

＊最判　昭和53・ 2 ・24民集 32-1-110……………………親 7 (3)(ウ)・43(1)(イ)

＊最判　昭和53・ 2 ・24民集 32-1-98………親61(2)(ア)・66(3)(ア)，相33(2)

判例索引

　　最判　昭和37・12・25民集 16- 12-2455······························相13⑵

＊最判　昭和38・2 ・ 1民集 17-1-160····································親35⑴

＊最判　昭和38・2 ・22民集 17-1-235·······························相18・31⑴⑺

＊最判　昭和38・9 ・ 5民集 17-8-942····································親17⑴

＊最判　昭和38・11・28民集 17- 11-1469·····························親28⑶⑺

　　最判　昭和39・2 ・27民集 18-2-383···································相31⑵

＊最判　昭和39・3 ・ 6民集 18-3-437···相18

　　最判　昭和39・3 ・ 6民集 18-3-437··································相59⑵⑺

　　大阪家審　昭和39・7 ・22家月 16- 12-41····························相48⑵⑷

＊最判　昭和39・8 ・ 4民集 18-7-1309···································親54⑴

　　最判　昭和39・9 ・ 4民集 18-7-1394······························親17⑶・36

＊最判　昭和39・9 ・ 8民集 18-7-1423·································親47⑴⑺

＊最判　昭和39・9 ・17民集 18-7-1461·································親29⑴⑷

　　最判　昭和40・2 ・ 2民集 19-1-1·····································相13⑶

＊最大決　昭和40・6 ・30民集 19-4-1089··························親 8⑵⑺

＊最大決　昭和40・6 ・30民集 19-4-1089··························親24⑴

＊最大決　昭和40・6 ・30民集 19-4-1114··························親25⑵⑷

　　広島高松江支決　昭和40・11・15高民集 18-7-527····················親34

＊最判　昭和41・2 ・15民集 20-2-202································親41⑹

＊最大決　昭和41・3 ・ 2民集 20-3-360·······························相27⑶

　　最判　昭和41・7 ・14民集 20-6-1183·······························相79⑴⑺

＊最判　昭和42・1 ・20民集 21-1-16·······························相42⑵

＊最判　昭和42・2 ・ 2民集 21-1-88··································親24⑸

＊最判　昭和42・2 ・17民集 21-1-133·······························親79⑶

＊最判　昭和42・2 ・17民集 21-1-133·······························親80⑴

　　東京家審　昭和42・2 ・18家月 19-9-76···························親41⑷⑺

　　最判　昭和42・2 ・21民集 21-1-155··································相13⑵

＊最判　昭和42・4 ・27民集 21-3-741·······························相36⑴⑺

＊最大判　昭和42・5 ・24民集 21-5-1043·····························相13⑵

＊最大判　昭和42・11・ 1民集 21-9-2249·····························相13⑵

　　最判　昭和43・5 ・31民集 22-5-1137······························相63⑵⑷

＊最判　昭和43・10・ 8民集 22- 10-2172·······························親61⑵⑺

426

判例索引

＊大判　昭和18・9・10民集 22-948‥‥‥‥‥‥‥‥‥‥‥‥相13(2)

　最判　昭和25・4・28民集 4-4-152‥‥‥‥‥‥‥‥‥‥‥‥相76(3)

　最判　昭和25・12・28民集 4-13-701‥‥‥‥‥‥‥‥‥‥親41(8)・48

＊最判　昭和26・2・13民集 5-3-47‥‥‥‥‥‥‥‥‥‥‥‥親80(2)

＊最判　昭和27・2・19民集 6-2-110‥‥‥‥‥‥‥‥‥‥親29(1)(オ)

　最判　昭和27・5・6民集 6-5-506‥‥‥‥‥‥‥‥‥‥‥‥親24(5)

＊最判　昭和27・10・3民集 6-9-753‥‥‥‥‥‥‥‥‥‥親47(1)(ア)

＊最判　昭和29・1・21民集 8-1-87‥‥‥‥‥‥‥親35(4)・43(2)(イ)

＊最判　昭和29・4・8民集 8-4-819‥‥‥‥‥‥‥‥‥‥相16(3)(ウ)

　大阪高判　昭和29・8・21高民集 7-8-601‥‥‥‥‥‥‥親43(2)(イ)

　最判　昭和29・12・21民集 8-12-2222‥‥‥‥‥‥‥‥‥‥‥‥相41

　最判　昭和30・5・10民集 9-6-657‥‥‥‥‥‥‥‥‥‥‥相54(1)(ア)

＊最判　昭和30・5・31民集 9-6-793‥‥‥‥‥‥相16(3)(ウ)・26(1)(ア)

＊最判　昭和31・2・21民集 10-2-124‥‥‥‥‥‥‥‥‥‥親32(2)・(3)

　最大判　昭和32・2・20刑集 11-2-824‥‥‥‥‥‥‥‥‥‥親11(3)(ア)

＊最判　昭和32・6・21民集 11-6-1125‥‥‥‥‥‥‥‥‥‥親43(2)(イ)

　最判　昭和32・9・19民集 11-9-1574‥‥‥‥‥‥‥‥‥‥‥相30(1)

　最判　昭和33・3・6民集 12-3-414‥‥‥‥‥‥‥‥‥‥‥‥親24(5)

＊最判　昭和33・4・11民集 12-5-789‥‥‥‥‥‥‥親33(3)・35(1)・(3)

　最大判　昭和33・5・28民集 12-8-1224‥‥‥‥‥‥‥‥‥親60(1)(イ)

＊最判　昭和33・7・25民集 12-12-1823‥‥‥‥‥‥‥‥‥親29(1)(エ)

　大阪高決　昭和33・7・28家月 10-9-71‥‥‥‥‥‥‥‥‥‥親80(2)

＊最判　昭和34・6・19民集 13-6-757‥‥‥‥‥‥‥‥‥‥相17(2)(イ)

　最判　昭和34・7・3民集 13-7-905‥‥‥‥‥‥‥‥‥‥‥‥親21(2)

＊最判　昭和34・7・14民集 13-7-1023‥‥‥‥‥‥‥‥‥‥親25(2)(ア)

＊最判　昭和34・8・7民集 13-10-1251‥‥‥‥‥‥‥‥‥‥親28(3)(ア)

＊最判　昭和35・2・25民集 14-2-279‥‥‥‥‥‥‥‥‥‥‥親61(2)(ア)

　最判　昭和35・3・15民集 14-3-430‥‥‥‥‥‥‥‥‥‥‥親60(1)(イ)

　最判　昭和36・4・25民集 15-4-891‥‥‥‥‥‥‥‥‥‥‥親29(1)(オ)

　最判　昭和36・12・22民集 15-12-2893‥‥‥‥‥‥‥‥‥‥相17(3)

＊最判　昭和37・4・10民集 16-4-693‥‥‥‥‥‥‥‥‥‥親43(2)(ウ)

＊最判　昭和37・4・27民集 16-7-1247‥‥‥‥‥‥‥‥‥‥‥親42(2)

判例索引

　大判　大正14・3・27民集4-126··相54(1)(ｱ)

　大判　大正14・5・30新聞4···相13(2)

　大決　大正15・7・20刑集5-318···親24(2)

＊大決　大正15・8・3民集5-679···相33(6)

　大判　大正15・10・11民集5-703·····················親7(3)(ｳ)・43(1)(ｲ)

　大判　昭和2・5・17新聞2692-6··親24(2)

　大判　昭和2・5・27民集6-307···相14(2)

　大判　昭和2・5・30新聞2705-5··相13(2)

　大判　昭和3・11・24新聞2938-9···親17(3)

　大判　昭和3・12・6新聞2957-6··親41(6)

　大判　昭和4・7・4民集8-686···親43(1)(ｲ)

＊大判　昭和5・6・16民集9-550···相63(2)(ｲ)

　大判　昭和6・2・20新聞3240-4··親34

　大判　昭和6・8・4民集10-652···相36(1)(ｲ)

＊大判　昭和7・2・9民集11-192···相31(2)(ｴ)

　大判　昭和7・5・11民集11-1062·····················親10(2)，相9(2)(ｳ)

　大判　昭和7・6・2民集11-1099··相39(1)

　大判　昭和7・10・6民集11-2023···親35(2)

　大判　昭和8・12・1民集12-2790··相31(2)(ｲ)

　大判　昭和10・10・15新聞3904-16··親17(3)

　大判　昭和11・6・17民集15-1246··相78(2)(ｲ)

　大判　昭和11・12・4民集15-2138···親18(1)(ｱ)

　大判　昭和12・4・8民集16-418···親34

　大判　昭和12・5・26民集16-891··親47(2)

　大判　昭和13・3・9民集17-378··親60(1)(ｲ)

　大判　昭和13・4・12民集17-675···相31(2)(ｴ)

　大判　昭和13・7・27民集17-1528···親48

　大判　昭和14・12・26民集18-1663···親47(2)

＊大連判　昭和15・1・23民集19-54···親41(6)

　大判　昭和15・9・20民集19-1596··親41(6)

　大判　昭和16・2・3民集20-70··親28(3)(ｱ)

　大判　昭和18・3・19民集22-185···相55(3)(ｲ)

424

判 例 索 引

① 序，親，相は，それぞれ序論，親族法編，相続法編を表わし，通し番号で示す。
② ＊印の判例は，民法基本判例集に登載のものである。

　　大判　明治34・10・ 3 民録 7-11……………………………………親79(3)
　　大判　明治39・ 5 ・17民録 12-758…………………………………親70(1)(ア)
　　大判　明治41・ 3 ・ 9 民録 14-241…………………………………相35(1)
　　大判　明治41・ 3 ・26民録 14-340…………………………………親32(3)
　　大判　明治44・ 7 ・10民録 17-468…………親61(2)(ア)，相30(1)・33(2)
　　大判　明治44・11・27民録 17-727…………………………………親59(3)
　　大判　明治45・ 4 ・ 5 民録 18-343…………………………………親43(2)(イ)
＊大判　大正元・12・19民録 18-1087…………………………………親60(1)(イ)
　　大判　大正 3 ・12・ 1 民録 20-1019…………………………………相11(2)
＊大連判　大正 4 ・ 1 ・26民録 21-49…………………………………親33・35(1)
　　大判　大正 4 ・ 7 ・ 3 民録 21-1176…………………………………相53(1)
＊大判　大正 5 ・11・ 8 民録 22-2078…………………………………相59(2)(ア)
＊大判　大正 6 ・ 2 ・28民録 23-292……………………………………親36
＊大連判　大正 8 ・ 3 ・28民録 25-507………相 9 (2)(イ)・29(1)・31(1)(ア)
　　大判　大正 8 ・ 5 ・12民録 25-760…………………………………親35(2)
　　大判　大正 8 ・ 6 ・11民録 25-1010…………………………………親34
　　大判　大正 9 ・ 1 ・21民録 26-9……………………………………親61(2)(ア)
　　大判　大正 9 ・ 5 ・28民録 26-773…………………………………親34
　　大判　大正 9 ・ 9 ・18民録 26-1375…………………親18(1)(ア)・21(1)(ア)
　　大判　大正 9 ・12・17民録 26-2043…………………………………相36(1)(イ)
　　大判　大正10・ 5 ・17民録 27-934…………………………………親35(2)
＊大判　大正10・ 7 ・25民録 27-1408…………………………………相14(2)
　　大判　大正11・ 2 ・25民集 1-69……………………………………親21(2)
＊大判　大正11・ 7 ・25民集 1-478……………………………………相12(2)
＊大判　大正11・ 9 ・ 2 民集 1-448…………………………親47(1)(ウ)・50(1)(ア)
　　大連判　大正12・ 7 ・ 7 民集 2-438…………………………………親50(2)(ア)

423

事項索引

――の解消　→　離縁
――の効果………………………親51
――の成立………………………親47
――の届出………親48・50(1)(イ)
　～の受理………………………親49
――の取消し…………………親50(2)
　～の効果……………………親50(2)(エ)
――の取消原因………親50(2)(ア)
――の取消権者………親50(2)(イ)
――の取消請求………親50(2)(ウ)
――の無効………………………親50(1)
――の予約……………………親47(2)
――を継続し難い重大な事由
　…………………………………親54(1)
尊属――の禁止
　…………親12(1)(ウ)・(2)・4(2)
代諾――………親47(1)(ア)・60(2)(イ)
夫婦共同――…親49(4)・53(1)(イ)
未成年――……………………親49(5)
無効な――……………………親47(1)(ウ)
養子縁組障害………………………親49
養子制度…………親38(2)(イ)・46
完全――………………………親56(1)
養親子…………………………親39(1)
ヨーロッパ養子協定………親56(1)

ら　行

利益相反行為………………………相33(2)
後見の――………親66(3)(ア)・(5)(イ)

親権の――……………………親61(2)
離縁…………………………………親52
――の効果……………………親55
――の届出……………………親53(1)(ウ)
協議上の――…………………親53
　～の無効・取消し……親53(3)
裁判上の――…………………親54
代諾――………………………親60(2)(イ)
単意（単独）――……………親53(2)
離縁原因………………………親54(1)
離婚…………………………………親27～
――と親権者…………………親31(1)
――の一般的効果……………親30
――の世俗化・自由化……序4
――の届出……………………親28(1)
――の目的主義（破綻主義・客
　観主義）……………………親27(2)(ア)
――の有責主義（主観主義）
　…………………………………親27(2)(ア)
協議上の――……親27(2)(イ)・28
裁判上の――…………………親29
事実上の――……親28(4)・41(2)
準――……………………………親41(2)
精神病――……………………親29(1)(ウ)
離婚原因………………………親29(1)
離婚障害………………………親28(2)
離婚請求………………………親29(1)(オ)
――の棄却……………………親9(2)

墳墓……………………相14(2)(ｱ)
包括遺贈……相1(2)・4(2)(ｲ)・58
法定財産制…………………親25
法律的形式婚主義…………親18(3)
保佐…………………………親68〜
　──開始の審判………親68(2)
　〜を請求する権利…親12(1)(ｲ)
　──の開始……………親68(2)
　──の事務………………親70
　──の終了………………親72
保佐監督人…………親69(2)・71
保佐人………………………親69(1)
　──の解任…………親69(1)(ｲ)
　──の欠格…………親69(1)(ｲ)
　──の辞任…………親69(1)(ｲ)
　──の相続の承認・放棄
　……………………………相33(1)
補助…………………………73
　──開始の審判の取消し
　……………………………親77
　──の開始……………親73(2)
　──の事務………………親75
　──の終了………………親77
補助監督人…………親74(1)・(3)
補助人………………親74(1)・(2)
母子関係……………………親43

ま　行

未成年
　──の婚姻……親19(5)・63(3)(ｱ)
　──の相続の承認・放棄
　……………………………相33(1)
未成年後見
　……親64(1)・65(1)(ｱ)・66(2)(ｱ)

未成年後見人……親64(1)(ｴ)・65(1)
　──の選任……………親65(1)
　──の指定……………親65(1)
未成年被後見人…親65(1)(ｱ)・(2)(ｱ)
みなし相続財産……………相5(4)
身分…………………………親2(1)
身分関係……………………親2・3
身分権………………………親4
身分的法律関係の特質………親3
身分的法律行為……………親5
　──と公序良俗………親5(3)
　──における意思の不存在
　……………………………親5(2)(ｱ)
　──における詐欺・脅迫
　……………………………親5(2)(ｲ)
　──の強行規定………親5(3)
　──の行為能力………親5(1)
　──の要式性…………親5(4)
身分法上
　──の審判の非公開………親8
　──の紛争処理……………親8
無効行為の転換
　………………親7(3)(ｳ)，相53(3)
無償使用権…………………相73(1)
無償使用収益権……………相68(1)
面会交流（面接交渉）………親31(2)
持戻し免除の意思表示……相20(3)

や　行

遺言　→　いごん
結納…………………………親17(3)
養子………………親10(2)・46〜
　完全──………………親56(1)
養子縁組……………………親46〜

421

著者略歴

我妻　榮（わがつま　さかえ）
　明治30年米沢市に生まれる。大正９年東京帝国大学卒業，東京大学教授，東京大学名誉教授，法務省特別顧問。昭和48年10月逝去。

有泉　亨（ありいずみ　とおる）
　明治39年山梨県に生まれる。昭和７年東京帝国大学卒業，京城大学法文学部を経て東京大学教授，社会科学研究所教授，東京大学名誉教授。平成11年12月逝去。

遠藤　浩（えんどう　ひろし）
　大正10年米沢市に生まれる。昭和25年東京大学卒業，学習院大学教授，学習院大学名誉教授。平成17年５月逝去。

川井　健（かわい　たけし）
　昭和２年広島市に生まれる。昭和28年東京大学卒業，北海道大学助教授・教授，一橋大学教授，一橋大学名誉教授。平成25年５月逝去。

野村　豊弘（のむら　とよひろ）
　昭和18年東京都に生まれる。昭和41年東京大学卒業，学習院大学専任講師，助教授，教授，学習院大学名誉教授。

民法3　親族法・相続法　第4版

2003年11月20日　　第1版第1刷発行
2005年10月5日　　第2版第1刷発行
2013年1月25日　　第3版第1刷発行
2020年3月20日　　第4版第1刷発行

著　者　　我妻　榮
　　　　　有泉　亨
　　　　　遠藤　浩
　　　　　川井　健
　　　　　野村　豊弘

発行者　　井村　寿人

発行所　株式会社　勁草書房

112-0005　東京都文京区水道2-1-1　振替　00150-2-175253
（編集）電話 03-3815-5277／FAX 03-3814-6968
（営業）電話 03-3814-6861／FAX 03-3814-6854
堀内印刷所・中永製本

©WAGATSUMA Sakae, ARIIZUMI Tôru, ENDÔ Hiroshi,
KAWAI Takeshi, NOMURA Toyohiro 2020
ISBN978-4-326-45120-3　　Printed in Japan

JCOPY ＜出版者著作権管理機構　委託出版物＞
本書の無断複写は著作権法上での例外を除き禁じられています。
複写される場合は、そのつど事前に、出版者著作権管理機構
（電話 03-5244-5088、FAX 03-5244-5089、e-mail: info@jcopy.or.jp）
の許諾を得てください。

＊落丁本・乱丁本はお取替いたします。
http://www.keisoshobo.co.jp

小型でパワフル名著ダットサン！
通説の到達した最高水準を簡明に解説する。

ダットサン民法 ◆◆◆◆◆◆◆◆◆◆◆◆◆◆◆◆◆◆◆◆◆◆◆◆◆◆◆◆◆

我妻榮・有泉亨・川井健・鎌田薫

民 法 1　総則・物権法　第4版　　　　　　　　近刊

我妻榮・有泉亨・遠藤浩・川井健・野村豊弘

民 法 3　親族法・相続法　第4版　　　　　　　　本書

◆◆◆◆◆◆◆◆◆◆◆◆◆◆◆◆◆◆◆◆◆◆◆◆◆◆◆◆◆◆◆◆◆

現代によみがえる名講義

我妻榮著　遠藤浩・川井健補訂

民法案内 1　私法の道しるべ　第二版　　四六判　1,800円

我妻榮著　幾代通・川井健補訂

民法案内 3　物権法 上　　　　　　　四六判　1,800円

我妻榮著　幾代通・川井健補訂

民法案内 4　物権法 下　　　　　　　四六判　1,800円

我妻榮著　川井健補訂

民法案内 5　担保物権法　上　　　　　四六判　2,000円

我妻榮著　川井健補訂

民法案内 6　担保物権法　下　　　　　四六判　2,200円

はじめて学ぶ人に読んでもらいたい民法の名所案内の地図。

我妻榮・良永和隆著　遠藤浩補訂

民　　法　第10版　　　　　　　　　B6判　2,300円

ある民法学者の足跡、その学風、思想、人生観を辿る。

遠藤浩先生随想集刊行委員会編

百花繚乱たれ　　　　　　　　　　四六判　2,700円

勁草書房刊

＊表示価格は2020年3月現在、消費税は含まれておりません。